当代体育学者文库

武术家口述史研究

赵光圣　郭玉成　等著

人民体育出版社

图书在版编目（CIP）数据

武术家口述史研究/赵光圣等著. -- 北京：人民体育出版社，2022

（当代体育学者文库）

ISBN 978-7-5009-5743-0

Ⅰ.①武… Ⅱ.①赵… Ⅲ.①武术—体育运动史—研究—中国 Ⅳ.①G852.09

中国版本图书馆CIP数据核字（2020）第021045号

*

人民体育出版社出版发行
北京盛通印刷股份有限公司印刷
新 华 书 店 经 销

*

787×1092　16开本　23.75印张　395千字
2022年7月第1版　2022年7月第1次印刷

*

ISBN 978-7-5009-5743-0
定价：93.00元

社址：北京市东城区体育馆路8号（天坛公园东门）
电话：67151482（发行部）　　邮编：100061
传真：67151483　　　　　　　邮购：67118491
网址：www.psphpress.com
（购买本社图书，如遇有缺损页可与邮购部联系）

国家社会科学基金项目（批准号：13BTY058）
项目名称：武术家口述史研究（结项证书号：20180982）

课题组成员：赵光圣　郭玉成　李守培　郭发明
　　　　　　阴晓林　崔　晨　杨亮斌　王培含
　　　　　　刘韬光　王　琨　漆振光　周维方
　　　　　　张路平　李重申　孙传晨　徐贵华
　　　　　　李文博　陈新萌　雷季明

作者简介

赵光圣 教育学博士、教授、博士生导师，中国武术八段、武术散打国际级裁判。曾任上海体育学院武术技击教研室主任、武术系主任、武术学院院长、中国武术博物馆馆长、上海体育学院院长助理、上海体育学院副院长、上海市体育局副局长等职务。

曾担任国家武术散打队主教练、教育部全国学校体育联盟（中华武术）首任主席、教育部高等学校体育教学指导委员会委员。现任上海市体育局党组成员、一级巡视员。现主要社会兼职：中国武术协会副主席、上海市体育总会常务副主席。

长期从事武术教育教学和训练竞赛理论与实践研究，主要研究方向：武术教育与武术竞技。曾以第一作者和通讯作者在《体育科学》《中国体育科技》《上海体育学院学报》等学术期刊发表科研论文60余篇；2018年主持完成国家社会科学基金项目《武术家口述史研究》；以第一负责人主持完成"民族传统体育专业人才培养模式构建与实践"科研课题，并获上海市教学成果奖；主编《武术格斗基础教程》作为民族传统体育本科专业主干教材，并获"上海市优秀教材"一等奖；编著《奥林匹克跆拳道》，主编国内第一部供高校使用教材《跆拳道运动教程》；参与《体育大辞典》《中国武术百科全书》《中国武术教程》等编著工作。曾获得"上海市育才奖"，并两次荣获"中华人民共和国体育运动荣誉奖章"。

郭玉成 上海体育学院教授、博士、博士生导师、博士后合作导师。复旦大学新闻传播学博士后（2005—2007年）。2009年教育部新世纪优秀人才支持计划、2012年国家体育总局首批优秀中青年专业技术人才百人计划、2013年山西131领军人才工程、2015年上海市浦江人才计划、2019年楚天学者计划入选者。2009年、2020年获教育部高等学校科学研究优秀成果著作奖（人文社会科学）。2020年主持国家社会科学基金重大项目。2021年获教育部首批新文科研究与改革实践项目。

现任上海体育学院武术学院院长、中国武术博物馆馆长，中国体育历史研究院、中国体育非物质文化遗产研究院常务副院长，民族传统体育学学科带头人、首批国家级一流本科专业武术与民族传统体育专业负责人、首批国家级一流本科课程《武术》负责人，教育部中华优秀传统文化传承基地（武术）负责人。

学术与专业兼职：中国体育科学学会武术与民族传统体育分会秘书长，教育部全国学校体育联盟（中华武术）秘书处负责人，中国武术协会科研委员会副主任委员，上海市非物质文化遗产保护工作专家委员会委员，《中国岩画》《复印报刊资料·体育》《中国体育科技》《上海体育学院学报》编委，中国岩画学会体育岩画研究专业委员会秘书长。

目 录

导论：武术家口述史研究范式的建构 …………………………（1）

上篇　武术家口述史个人研究

第一章　邱丕相教授口述史研究…………………………………（14）

1 武术教材编写与专著出版 ……………………………………（15）
2 职业感悟 ………………………………………………………（18）
3 竞技武术散打项目试点与开展 ………………………………（20）
4 武术竞赛裁判工作及经历 ……………………………………（21）
5 "文革"中的武术 ……………………………………………（26）

第二章　张山先生口述史研究……………………………………（29）

1 武术工作经历 …………………………………………………（30）
2 国家级武术裁判员的产生 ……………………………………（31）
3 学校武术开展情况 ……………………………………………（32）
4 武术外交工作 …………………………………………………（33）
5 散打运动的试点 ………………………………………………（36）

6 1980年武术座谈会与1982年武术工作会议 …………… (38)

7 武术科研工作 ………………………………………… (41)

8 国际武术联合会技术委员会 ………………………… (41)

9 武术段位制 …………………………………………… (42)

10 主编及参编武术教材 ………………………………… (43)

11 武术研究院成立 ……………………………………… (44)

12 "文革"时期的武术 …………………………………… (46)

13 武术挖掘整理工作 …………………………………… (46)

14 竞技武术工作 ………………………………………… (48)

第三章 夏柏华教授口述史研究 ……………………………… (49)

1 竞技武术训练 ………………………………………… (49)

2 竞技武术套路比赛与执裁 …………………………… (51)

3 武术散打试点与规则制定 …………………………… (54)

4 撰写与主编武术教材 ………………………………… (58)

5 电视剧武术指导工作 ………………………………… (60)

6 武术研究院工作 ……………………………………… (61)

7 武术交流活动 ………………………………………… (63)

8 师徒传承 ……………………………………………… (64)

9 职业经历总结 ………………………………………… (65)

第四章 门惠丰教授口述史研究 ……………………………… (69)

1 习武与授武之路 ……………………………………… (69)

2 武术文化交流 ………………………………………… (74)

3 创立东岳太极拳 ……………………………………… (78)

  4 武术继承与发展……………………………………………（80）

第五章　王培锟教授口述史研究…………………………………（87）

  1 散打项目的开展………………………………………………（88）
  2 武术挖整工作…………………………………………………（89）
  3 武术竞赛裁判及经历…………………………………………（90）
  4 武术对外传播…………………………………………………（92）
  5 竞技武术套路与规则的编写…………………………………（97）
  6 "文革"时期武术生存状况…………………………………（100）

第六章　习云泰教授口述史研究…………………………………（102）

  1 《中国武术史》的撰写与出版………………………………（103）
  2 职业与社会工作经历…………………………………………（104）
  3 参与武术竞赛规则修订工作…………………………………（106）
  4 中华人民共和国成立初期武术相关见闻……………………（107）
  5 "文革"时期个人经历………………………………………（109）
  6 竞技武术………………………………………………………（112）
  7 武术家生活状态、社会责任与精神境界……………………（113）

第七章　庞林太先生口述史研究…………………………………（114）

  1 习武历程………………………………………………………（115）
  2 查拳源流………………………………………………………（117）
  3 武术训练………………………………………………………（119）
  4 竞技武术发展…………………………………………………（125）

5 规则修订 ……………………………………………………（126）

6 奥运经历 ……………………………………………………（127）

7 散打执教经历 ………………………………………………（128）

第八章 陈昌棉先生口述史研究 ……………………………（129）

1 执教经历 ……………………………………………………（130）

2 竞技南拳 ……………………………………………………（130）

3 南拳流派 ……………………………………………………（132）

4 南拳发展 ……………………………………………………（134）

5 南拳风格特征 ………………………………………………（135）

6 训练方法 ……………………………………………………（137）

7 武学感悟 ……………………………………………………（138）

8 技术创新 ……………………………………………………（140）

9 教材编订 ……………………………………………………（141）

10 交流经历 ……………………………………………………（142）

11 "文革"武术 ………………………………………………（144）

第九章 陈顺安先生口述史研究 ……………………………（146）

1 武术运动员选材、训练、管理 ……………………………（146）

2 武术国际交流 ………………………………………………（149）

3 "网络化"段位制建设 ……………………………………（152）

4 武术的产业化发展 …………………………………………（153）

5 浙江武术发展史 ……………………………………………（154）

6 中日交流 ……………………………………………………（156）

7 传统武术与竞技武术 ………………………………………（158）

8 武术对个人生活状态、社会责任、精神境界的影响 ………（161）

目录

第十章　杨振铎先生口述史研究 （163）

1 父、祖辈的遗产 （163）

2 传承拳法的责任 （165）

3 教拳收徒 （167）

4 杨氏太极拳及其发展 （168）

5 "文革"时期的经历 （172）

6 "上山下乡"期间的经历 （173）

7 24式太极拳 （173）

第十一章　刘鸿雁教授口述史研究 （175）

1 习武体会 （175）

2 省队工作经历 （182）

3 河北体育学院工作经历 （185）

4 武术挖掘整理 （186）

5 不同时期的武术发展情况 （187）

6 竞技武术发展情况 （190）

7 武术家生活状态、社会责任和精神境界 （190）

第十二章　袁祖谋先生口述史研究 （192）

1 摔跤项目在海外的开展 （192）

2 摔跤国际赛事的创办历程 （195）

3 手搏项目的创立历程 （196）

4 手搏运动的推广历程 （203）

第十三章 曾于久教授口述史研究 …………………………（205）

  1 报考武汉体育学院并留校任教的情况 …………………………（206）

  2 个人的习武经历 …………………………………………………（207）

  3 影响武术专业能力提高的其他因素 ……………………………（211）

  4 武术散打试点与竞赛规则制定的情况 …………………………（213）

  5 武术散打试验的难点 ……………………………………………（215）

  6 从事武术散打运动项目最深刻的印象 …………………………（216）

  7 开展武术散打运动项目的意义 …………………………………（217）

  8 对武术研究的主要贡献 …………………………………………（219）

  9 对武术套路、武术散打、跆拳道的评价 ………………………（222）

下篇　武术家口述史专题研究

第一章　中国传统武术的当代社会价值及传播方略 …………（226）

  1 中国传统武术的当代社会价值 …………………………………（227）

    1.1 当代社会价值需求的总体分析 ……………………………（227）

    1.2 中国传统武术当代社会价值与功用 ………………………（228）

  2 中国传统武术当代社会价值的传播方略 ………………………（232）

    2.1 回归中国传统武术的主流文化地位 ………………………（232）

    2.2 依据社会价值需求做好传统武术发展的顶层设计 ………（234）

    2.3 提高传播主体的职业素养 …………………………………（234）

    2.4 构建标准化的传播内容体系 ………………………………（235）

    2.5 根据价值传播需要选择适宜的传播模式与传播手段 ……（237）

3 结语 ·· (239)

第二章 学校武术教育中的武德传承内容及对策 ············ (240)

1 学校武术教育中的武德传承内容 ······························· (241)
    1.1 武德传承内容的选择依据 ································· (241)
    1.2 武德传承内容的具体阐述 ································· (243)
2 学校武术教育中的武德传承对策 ······························· (247)
    2.1 重视武德伦理规范教育 ···································· (247)
    2.2 加强武术礼仪教化功能 ···································· (248)
    2.3 强化学生意志品质的磨砺 ································· (248)
    2.4 注重教师口传身授的潜移默化 ··························· (249)
    2.5 突显武术历史人物典故的激励作用 ····················· (250)
3 结语 ·· (250)

第三章 学校武术教育中技击功能的传承现状及对策 ········ (252)

1 学校武术教育中技击功能的传承现状 ·························· (253)
    1.1 学校武术教育技击功能传承目标定位与实践的错位 ········ (253)
    1.2 学校武术教育主体的武术认知、期待与冲突 ············ (255)
    1.3 学校武术教育技击素材的选择标准单一，内容结构僵化 ··· (257)
    1.4 学校武术教育技击方法注重工具性传承，忽视技击智慧的开发
        ··· (258)
2 学校武术教育中技击功能的传承对策 ·························· (259)
    2.1 从国家和民族层面强调尚武精神，加强行政干预力度 ····· (259)
    2.2 由技击上升为文化教育，增强技击文化意识 ············ (261)
    2.3 由单一拳种进阶中国武术，维护武术系统生态 ········· (262)
    2.4 多维度解析技击方法，更新习武主体思维方式 ········· (263)

2.5 强化套路、突出技击，巩固技击功能传承效果 …………（265）

　　3 结论 ……………………………………………………………（266）

第四章　竞技武术套路国际化发展历程、问题及对策………（268）

　　1 竞技武术套路国际化发展历程 …………………………………（268）

　　　1.1 竞技武术套路国际化发展的开端：访美表演 ……………（268）

　　　1.2 竞技武术套路国际化发展的推进：援外交流 ……………（269）

　　　1.3 竞技武术套路国际化发展的转折：赛事举办 ……………（270）

　　　1.4 竞技武术套路国际化发展的走向：奥运之路 ……………（271）

　　2 竞技武术套路国际化发展问题 …………………………………（272）

　　　2.1 各国发展规模不均暴露武术国际化推广的失衡 …………（272）

　　　2.2 动作评价的模糊限制了武术套路竞赛的发展 ……………（273）

　　　2.3 严格的评判标准缺失导致关于竞赛不公的争论 …………（274）

　　　2.4 大众传媒和文化差异造成武术国际传播的障碍 …………（274）

　　3 竞技武术套路国际化发展对策 …………………………………（275）

　　　3.1 规范标准的订立与简化动作的适应改变 …………………（275）

　　　3.2 难度技术的创新与动作编排的实践路径 …………………（276）

　　　3.3 公平公正的执裁制度与评价方法的协调一致 ……………（277）

　　　3.4 文化自信的树立与借鉴西方的和谐发展 …………………（278）

　　4 结语 ……………………………………………………………（279）

第五章　竞技武术套路难度动作发展历程及对策…………（280）

　　1 竞技武术难度动作发展历程 ……………………………………（280）

　　　1.1 难度未现，难度不难：武术在传统与竞技中徘徊（1949—1958）

　　　　　……………………………………………………………（280）

1.2 难度模糊，废立不定：武术在表演性与技击性争论中彷徨
（1959—1992）……………………………………………（284）

1.3 难度明晰，发展迅速：武术发展迅速，走出国门走向世界
（1993—2004）……………………………………………（288）

1.4 发展停滞，难度普及：竞技武术发展陷入瓶颈（2005—2015）
…………………………………………………………………（289）

2 竞技武术难度动作发展对策…………………………………（290）

2.1 明确武术难度动作本质，确定难度动作的发展方向………（290）

2.2 综合多方力量，改变武术难度的研发模式…………………（291）

2.3 降低难度动作分值，设置难度创新分………………………（293）

2.4 加强武术科研，以科技助力难度的创新……………………（293）

3 结语……………………………………………………………（295）

第六章 竞技武术南拳体系的发展历程及对策……………（296）

1 竞技武术南拳体系的发展历程………………………………（296）

1.1 萌芽期：以传统功法为依据，初步明确竞技南拳技术风格体系
…………………………………………………………………（297）

1.2 形成期：以公平竞技为原则，统一创编竞技南拳规定套路体系
…………………………………………………………………（298）

1.3 探索期：为提高比赛观赏性，制定竞技南拳服装器械标准体系
…………………………………………………………………（299）

1.4 发展期：向国际化赛事追进，不断完善竞技南拳竞赛规则体系
…………………………………………………………………（301）

2 竞技武术南拳体系的发展对策………………………………（302）

2.1 扎根传统南拳基本功法体系，继承发展传统南拳技术精华 …（302）

2.2 加强竞技南拳自选套路创新，丰富竞技南拳项目体系内容 …（303）

2.3 提高服装器械的标准化水平，大力弘扬传统南拳文化内涵 …（304）

2.4 依据国际标准完善竞赛规则，促进竞技南拳的国际化传播 …（305）

3 结语…………………………………………………………………（305）

第七章 中华人民共和国成立初期武术的生存状态及启示…（307）

1 中华人民共和国成立初期武术的生存状态………………………（309）

  1.1 经济制度改变，动摇了武术生存根基……………………（309）

  1.2 社会道德内涵改变，转变了武术人伦关系………………（310）

  1.3 生活模式改变，改变了武术生存空间……………………（312）

  1.4 教育体制转变，制约了武术人才的培养…………………（314）

  1.5 对传统的排斥，削弱了文化间支撑关系…………………（316）

2 武术生存状态变化因素分析………………………………………（317）

  2.1 认识论的转变………………………………………………（317）

  2.2 集体主义的兴起……………………………………………（318）

  2.3 文化生态的改变……………………………………………（319）

3 中华人民共和国成立初期武术生存状态对现代武术发展的启示

  ……………………………………………………………………（320）

  3.1 着力挖掘武术经济价值，夯实武术发展的基础…………（320）

  3.2 加强现代武德内涵阐释，确立新的武术人伦关系………（321）

  3.3 改革武术教学内容，凸显武术教育的科学性……………（321）

  3.4 构建武术文化生态，树立系统性的文化保护观点………（322）

4 结语…………………………………………………………………（323）

第八章 "文革"时期的武术生存状态及启示…………………（324）

1 "文革"时期的武术生存状态探析…………………………………（325）

1.1 武术在"破四旧"的岁月中被禁止 …………………………（325）
　　1.2 武术家以"反动学术权威"之名遭受批斗 …………………（326）
　　1.3 武术在"文革"时期为迎合政治形势而异化 ………………（327）
　　1.4 武术教学得以复苏 …………………………………………（329）
　　1.5 武术训练、赛事的恢复为武术提供发展基础 ……………（330）
　2 "文革"时期武术口述史研究的启示 ……………………………（331）
　　2.1 尊重历史：重建"文革"武术史，还原武术"文革"记忆 …（331）
　　2.2 正视历史：对于史料去伪存真，注重严谨性与客观性 ……（332）
　　2.3 传承历史：挖掘、阐扬隐蕴其中的有益成分 ………………（334）
　3 结语 ………………………………………………………………（335）

第九章　中华人民共和国成立后的武术对外交流历程及启示

………………………………………………………………………（336）

　1 中华人民共和国成立后武术对外交流发展历程 …………………（336）
　　1.1 中华人民共和国成立之初"政治挂帅"的访问表演开启了
　　　　武术对外交流新形势 …………………………………………（336）
　　1.2 "文革"时期的"武术访美"事件推动了武术对外交流的逐步
　　　　恢复与发展 ……………………………………………………（339）
　　1.3 "改革开放"后竞技武术引领了武术对外交流的快速发展和
　　　　全面推进 ………………………………………………………（342）
　　1.4 21世纪初的"武术入奥"事件见证了武术对外交流的辉煌
　　　　 ……………………………………………………………（345）
　2 武术对外文化交流中存在的问题 …………………………………（347）
　　2.1 武术国际交流与推广的技术内容问题 ………………………（347）
　　2.2 武术国际交流与推广的"文化能力"问题 ……………………（349）

2.3 武术国际交流与推广的文化冲击、文化冲突问题 …………（351）
2.4 武术国际交流与推广的制度建设和体制改革滞后问题 ……（352）
3 中华人民共和国成立后武术对外交流历程的启示 ……………（353）
 3.1 转变武术传播思路和理念，实现传播目标"人"的回归 …（353）
 3.2 深刻认识自身文化的内涵与特征，传播武术文化核心价值观
  ………………………………………………………………（355）
 3.3 保障武术对外交流的平等与民主，塑造"和谐""文明"
  "道义"的武术形象 ……………………………………（357）
 3.4 坚定武术文化"走出去"战略，重构科学、系统、完善的文化
  发展战略 …………………………………………………（358）
4 结语 ………………………………………………………………（360）

导论：武术家口述史研究范式的建构

导论：
武术家口述史研究范式的建构

"述往事，思来者。[1]"司马迁以史明志，同时也道出了口述历史的价值。以口述的形式追忆历史，以口语化的形式表述历史，以口述者的经验与学识评述历史，让后人能从"人"的角度认识历史、了解历史、感悟历史，从而传承历史与其承载的文化，应是口述史研究者的历史责任。近代的人称《二十四史》为帝王家谱，那么，口述史研究是否可以作为百姓家谱，反映社会记录、民间历史，作为历史的组成部分，这也正是口述史研究者在努力实现的目标。作为一种新兴研究形式，口述史研究"有常规、无定法、运用之妙、存乎一心"[2]。因此，口述史研究既存在本土化的问题，也存在学科特色的现实。武术家口述史研究课题就是基于此思考，探索从范式角度、以人为本的武术口述史问题。

1 武术家口述史的研究意义与现状

为什么要做武术家口述史？1995年著名导演、剧作家张骏祥先生接受口述历史采访，总共只持续了7分钟，他最后说的话回答了这个问题——"你们做得太晚了……"[3]。是的，武术家作为中国武术历史的亲历者与见证人，承载了一个时期的历史与文化，记录和研究他们的口述历史，就是在保存即将

---

[1] 司马迁. 史记[M]. 文天, 译注. 北京: 中华书局, 2016: 441.
[2] 陈墨. 口述历史门径使用手册[M]. 北京: 人民出版社, 2013: 20-21.
[3] 陈墨, 启之. 中国电影人口述史丛书——长春影事: 东北卷[M]. 北京: 民族出版社, 2011: 5（序）.

逝去的武学著述。2015年，著名武术家蔡龙云先生逝世后，课题组给期刊社的信函中这样写道："作为中国武术界的泰斗，蔡龙云先生的逝世带走了一个时代，但他对中国武术的贡献将永垂青史。"作为民国以来的武术大家、武术界的"季羡林"先生，蔡先生的离去确实带走了一个时代的武术记忆，而这种宝贵的历史记忆将一去不复返。蔡先生是课题确定未完成的口述史采访对象，此外还有马贤达先生，课题立项之前有张文广先生、何福生先生、刘玉华先生等。武术家是中国武术史中的人物，他们的不断离世，带走了历史记忆与文化遗存，也给武术研究者敲响了警钟——"武术家口述史研究"开始得太晚了。但好在现在已经开始了，这应是对武术而言的时代价值和未来意义。

武术家口述史研究主要有三部相关性著作。张文广先生《我的武术生涯》以自述自作形式，记录了其少年立志习武，投身中华人民共和国体育事业，创建中华人民共和国武术学科，规范发展武术运动，"文革"期间的武术工作，"改革开放"以后编写武术著作、参加武术重大赛事、投身武术国际交流等；内容包括个人生活史、专业史及民国至中华人民共和国以来的部分武术史[1]。该著作以朴素的语言形式，自述自作，具有口述史的文字特点。李仲轩口述、徐皓峰整理的《逝去的武林——1934年的求武纪事》是带有文学特色的口述史作品，其中融入了李仲轩老人的个人生活史、形意拳专题史及民国以来传统武术的生存状态[2]。该作品具有口述史研究的形式，运用文学写法处理口述史料，可读性强，但仍有学术研究缺憾。张路平的博士论文《蔡龙云武学思想研究》以口述史方法作为主要研究方法之一，以口述史料为论据，论证了蔡龙云武学思想的"三观"（整体观、发展观、求实观）"六论"（道德论、教育论、学术论、技击论、艺术论、体育论），以及蔡先生文武贯通、成为中华人民共和国竞技武术的开拓者、中华人民共和国武术教育的奠基人的历史叙述[3][4]。以上著作具有武术家口述史研究的部分特征，尚需按照口述史方法形成研究范式。

---

[1] 张文广.我的武术生涯[M].北京：北京体育大学出版社，2002.
[2] 李仲轩，徐皓峰.逝去的武林——1934年的求武纪事[M].北京：当代中国出版社，2006.
[3] 张路平.蔡龙云武学思想研究[D].上海：上海体育学院博士学位论文，2011.
[4] 邱丕相，郭玉成.丹心精论高岸深谷——漫谈武术泰斗蔡龙云先生对中国武术的贡献[J].上海体育学院学报，2016（1）：1-3.

2 武术家口述史研究范式建构的理论与实践依据

研究范式是与常规科学研究密切相关的术语，或者说，是常规科学研究不可分割的组成部分。"常规科学是指坚实地建立在一种或多种过去科学成就基础上的研究，这些科学成就为某个科学共同体在一段时间内公认为是进一步实践的基础。"[1]因此，研究范式能够吸引一批科学研究的拥护者，并为进一步的研究提供借鉴。但是，研究范式并非一成不变，其在科学探索不断前行过程中也在不断进步。这里涉及"以西解中"的问题，那么是对西方研究范式过度依赖、全盘接受，还是实事求是，根据研究需要进行科学化改造、合理借鉴呢？毫无疑问，西方理论对我们部分研究具有辅助作用，但过度使用，甚至盲目使用，是缺乏文化自信和学术自信的表现，既难以真正研究中国事物，也难以形成创新成果。如果一国学者不能用本国语言和思维方式表述自己的学术观点和思想，创新是根本谈不上的。对此，我国学者开始探讨研究范式的中国化问题。张祥龙教授提出避免用生硬范式框架，把20世纪以来仍然流行的盲目西方化的硬性研究范式进行反省和转变，形成中西结合体[2]。吴飞教授也认为，成熟的学术范式不是靠简单的国际接轨，而是需要对西方思想、中国现实和文化传统十分了解才可建构，并推动学术发展与进步。

"口述史"概念自1948年美国哥伦比亚大学艾伦·内文斯（Allan Nevins）教授首次使用以来，其研究在包括中国在内的许多国家快速发展。与其他学科一样，口述史研究同样存在范式转换的问题。学者王拓在研究"非遗"口述史时就发现，关于"非遗"口述史的认知存在较大差异，没有形成普世、系统、完整的理论体系[3]，这其实就是建构研究范式的问题。学者藏艺兵在研究民间歌手口述史时，试图建立一种研究模式，因为他发现需要有适用

---

[1] 托马斯·库恩. 科学革命的结构[M]. 金吾伦, 胡新和, 译. 北京：北京大学出版社，2012：10.
[2] 张祥龙. 中国研究范式探义[J]. 北京大学学报，2015（1）：19.
[3] 王拓. "非遗"传承人口述史研究的困难与向度——"非遗"口述史研究文献述评[J]. 浙江艺术职业学院学报，2013（4）：88.

"各类民间艺人"的共有模式[1]，这同样是建构研究范式的问题。建构口述史的研究范式，使之本土化、中国化，已出现专题研究。学者李卫民就试图冲破口述史理论研究的围城，赞成学者辛逸之要形成中国特色口述史学派的观念，以已有史学经验和口述史路径，根据中国口述史料经验，着力建构本土化的口述史理论体系，并形成学术专著[2]，足见口述史研究学术范式建构的可行性。该成果为武术家口述史研究范式的建构提供了理论依据。而2007年国家社科基金艺术学重点项目"中国电影人口述历史"研究启动，及由此结集出版、影响巨大的《中国电影人口述历史丛书》十卷本成果[3]，又为本研究"以人（武术家）为本"的出发点提供了实践依据。由此认为，构建武术家口述史的研究范式有意义且切实可行。

3 武术家口述史研究范式的主体要素

3.1 武术家口述史的研究对象与时间范畴的确定

"武术家""体育家""教育家"词语在《现代汉语词典》中均未收录，但"家"有"掌握某种专门学识或从事某种专门活动的人"的解释[4]。"武术家"未在《武术》《中国武术教程》等教材中界定，在《中国武术百科全书》《中国武术实用大全》中也未解释。"体育家"在《体育大辞典》中也未收录。可见，与科学家、艺术家、教育家、体育家一样，"武术家"存在于人们的普遍认知中，为大家所熟知，且以定向认识为主。康戈武教授在推广中国武术段位制工作中曾提出，"武术七段"可称作武术家，是较早对"武术家"含义进行的标准化认定。尽管没有概念界定，但"武术家"群体一直在武术研究者的视野中，如武术史专家林伯原研究近代前期民间武术家向城市移动带来的流派分化问题，涉及"民间武术家"概念，并以"大刀

---

[1] 臧艺兵.民间歌手研究的口述史模式——理论视角与方法[J].音乐研究（季刊），2005（4）：46.
[2] 李卫民.本土化视域下的口述历史理论研究[M].上海：上海人民出版社，2014：14.
[3] 陈墨，黎煜，胡龙华.前所未有的口述历史[J].电影，2012（4）：98-99.
[4] 中国社会科学院语言研究所词典编辑室.现代汉语[M].第7版.北京：商务印书馆，2016：623.

导论：武术家口述史研究范式的建构

王五"王子斌、杨氏太极拳创始人杨露禅、八卦掌董海川、形意拳郭峪生和尚云祥等武术家举例[1]；学者周群关注近代武术家群体的研究视角，涉及津门韩慕侠、三皇炮锤李尧臣、通备武艺马凤图、融汇形意太极八卦的孙禄堂等武术家[2]。此外，还有关于当代武术家生存状态的研究，以及针对某一位具体武术家的研究，等等。

关于"武术家"概念及标准界定，学者马卫平的研究具有借鉴价值。他在研究民国体育家时，对"体育家"进行了操作定义，认为"体育家"可以指个体，如马约翰；也可以指群体，指在一定历史时期内，由于地缘、血缘、学缘等关系结合在一起，对体育问题进行专门研究的人群，包括大学教授、中小学教师、学者及其他相关研究人员；群体选择的标准，依据民国时期创办的《勤奋体育月报》刊载的60位体育家称为"民国体育家群体"。鉴于"武术家"概念的相对性和非标准性，从学术研究的角度，为尽量减少争议，可用中国武术协会评审认定的"中国武术九段"为"武术家"研究群体；如果从"抢救、保护"的角度，以"权威、资历、年龄"为主要考虑因素，可选择国家体育总局武术研究院于2010年聘任的首批18位专家张文广、蔡龙云、马贤达、习云泰、夏柏华、门惠丰、吴彬、张山、江百龙、邱丕相、庞林太、陈昌棉、杨振铎、梁以全、吕紫剑、刘鸿雁、陈顺安、康戈武等（国家体育总局武术研究院武术字〔2009〕404号文件）作为"武术家口述史主要采访对象"，同时，可根据专业、区域、拳种等研究需要增补采访对象。

口述史研究是为了弥补正史中见物不见人的缺憾，以人为本，让活态的人走进历史，发掘历史文献中无法看到的深层文化、生活、思想，同时，口述史可以补充、补正、互证历史记录的重要事件，使历史更加圆满和充实。从目前在世的武术家来看，大多出生于中华人民共和国成立之前，从武于中华人民共和国成立之后，因此，从历史研究角度，所涉及武术史的时间范畴应以新中国武术史为主体内容，同时涉及个别民国武术史事。新中国武术史方面，以武术大事件为主，同时与新中国历史一致，是新中国历史的组成部分。比如在内容上关于"大跃进""四清""文化大革命"等时期的武术情况。由于民国时期

---

[1] 林伯原.中国近代前期武术家向城市的移动以及对武术流派分化的影响[J].体育文史，1996（3）：15.
[2] 周群.中国近代武术家群体研究的视角问题[J].安庆师范学院学报，2009（7）：58-60.

开始习武、从武的武术家大多已离开人世,所以,口述史研究的重点只能以新中国武术为主,而完善这部分资料其实也是在做"抢救"工作。2014年,中共中央党史研究室组织力量编辑出版《新中国口述史(1949-1978)》[1],也是把历史亲历者、见证者的口述史料整理作为迫在眉睫、时不我待的工作来抓,这与我们研究武术家口述史的初衷一致,旨在把中华人民共和国武术史的"活资料"永远记录在历史中,让后人了解完整、生动的过去,以史为鉴,更好地走向未来。

3.2 武术家口述史研究中重要历史事件及研究专题的选取

口述历史是以个人回忆的形式对重要、重大历史事件进行再现或重现,是根据个人经历、经验、认识重建历史,包括国家史和个人史。然而,武术家在其武术生涯中经历的事情很多,哪一件值得进入口述历史的范畴呢?如果选择武术大赛,以武术家邱丕相教授为例,他曾经连续担任4届亚运会总裁判长,那么,哪一次需要讲述呢?这其实也不难,历史学家编写历史的过程中也面临同样问题,所以,历史不仅是记录,还是要进行研究的,需要在纷繁复杂的实践中寻找历史的要义,为后人找到来路提供依据。著名历史学家吕思勉先生指出,"社会上的事情,固然记不胜记,却也不必尽记……只须记得使社会成为现在社会的事情就够了"[2]。武术的各类活动自然很多,这是为了推动武术的国内外传播所必须的,但并非全部要记入历史。国家层面的武术竞赛、社会武术、青少年武术、武术科研、武术国际交流活动每年有数十项,每周均有;省级层面的活动包括各个省、自治区、直辖市等,每个地方也有数十项;县级以下的活动有多少已经没法准确统计了。在这些活动中,总有创新性、重要性的活动需记录下来,若干年之后不断删减,在后人使用时就更少了。但是,以现代人的视角,其认识与前人不同,也与后人不同。保存重要的历史信息,只能从现代人的角度出发,能否流传,需留待后人筛选。

根据民国以来的武术家年龄和武术经历,重要武术事件的时间选择可以近百年为时间段。研究形成"中国武术百年大事记",为口述访谈做好前期准备。

---

[1] 曲青山,高永中. 新中国口述史[M]. 北京:中国人民大学出版社,2015.
[2] 吕思勉. 中国通史[M]. 武汉:华中科技大学出版社,2016:2.

导论：武术家口述史研究范式的建构

因为，随着年龄的增大，遗忘是不可克服的生理现象。为接受访谈的武术家提供百年武术编年事件，有助于受访对象回忆自己的武术经历，与武术发展的历史事件结合起来，从而形成回忆主线，建立个人与国家相结合的口述史故事体系。针对民间武家，要制订个人武术简史，从研究者的角度筛选重要事件，使受访者能够顺着主线回到过去经历的年代。因此，口述史与访谈法是不一样的，形式类似，内容和结果大不一样。当然，武术发展的百年回顾，只是便于实际操作，并非绝对遵从，研究者可以根据每个受访对象的实际习武、从武经历筛选其中部分年代的内容。但是从课题研究的总体安排考虑，时间段的选择要能够适合所有的受访对象，宽泛一些是合理的。

百年武术重要历史事件，可参阅官方武术信息、武术史书、专业武术期刊相关信息来研究制订。本课题的"中国武术百年大事记"形成过程具体如下：1909—1936年中国武术大事记，参考《中华武术》杂志2001年第9期"中国武术百年大事记"，并以国家体委武术研究院编纂《中国武术史》[1]为依据增删；1937—1949年中国武术大事记，以国家体委武术研究院编纂《中国武术史》为依据自行整理；1950—1999年中国武术大事记，参考中国武术协会官方网站—协会资讯—中国武术大事记—"建国以来中国武术大事记1950—1999年"一文，根据需要增删；2000—2012年中国武术大事记，参考"中国武术在线"网站中的"中华武术二十年大事记"一文，以中国武术协会官方网站等相关报道为依据，根据课题需要增删；2013—2014年中国武术大事记，以中国武术协会官方网站新闻中心相关报道为依据，根据研究需要自行整理。

专题口述史研究需要以中国历史的发展脉络为宏观背景，同时结合武术史的重要事件，或者某一时期民间武术的社会现状进行设计。前述中共中央党史研究室编著的《新中国口述史》，其内容涉及面较广，史料性较强，个人史较为突出，专题史涉及较少，大、中、小题目范畴均有。比如"新政协筹备工作的难忘经历""毛泽东首次访苏的铁路安全保卫工作""反右派亲历记""大跃进在安徽亳县""杨尚昆谈庐山会议""我参与指挥了中国第一次核试验""文化大革命初期的北大工作组""中日邦交正常化亲历记"等[2]。个人口述为主，没

---

[1] 国家体育总局武术研究院. 中国武术史 [M]. 北京：人民体育出版社，1996.
[2] 曲青山，高永中. 新中国口述史 [M]. 北京：中国人民大学出版社，2015.

有对"文化大革命"等历史事件进行专题性研究。这是口述史普遍采用的研究方法，陈墨先生的中国电影人口述史研究也在使用。成都大学与成都市川剧院联合组织的《川剧老艺术家口述史（成都卷）》项目，也是只采用了个人为主的口述方式，对30多位老川剧艺术家进行采访、笔录、录音、录像，记录了其表演经验、曲目的改进、人生的感悟等[1]。武术家口述史研究，可在常规个人口述基础上，进行专题研究，即集合众多武术家的口述史料，结合文献记载，探寻重要武术史事的深层内容，如竞技武术套路的形成、竞技武术散手（散打）的试点、"文革"时期的武术、《少林寺》电影的拍摄、国际武术联合会的成立、天安门万人太极拳表演、散打职业赛事的发展、北京亚运会武术比赛、世界杯武术赛事的开辟、《武术》教材的编写，等等。从对历史深度解读的角度考虑，围绕武术重要事件的专题口述史研究应是武术口述史、口述史领域的研究走向。

3.3 武术家口述史研究的具体方法、史料处理及在专题研究中的史料运用

口述史研究进入武术学术领域时间不长，且尚未形成如陈墨先生的电影人研究的系统性、影响大的成果。所以，许多武术研究者对口述史研究方法与访谈法区分不清，甚至有人认为口述史研究的呈现成果仅是访谈内容，这其实是对口述史访谈的误读。毫无疑问，口述历史的建构主要是通过采访、访谈形式进行的，但是口述史研究有规定性的程序或流程。课题组在实施课题之前需专门进行口述史研究方法的培训，明确口述史研究与其他武术研究的不同，涉及法律问题、伦理问题和社会责任，在访谈之前需要与访谈者签订具有法律效力的授权书，明确访谈人与受访武术家的权利和义务，对不便公开的原始口述史料，要做好保密工作，签订保密协议，以免对受访武术家造成不良影响。武术家口述史研究，旨在抢救和保护有价值的口述史料，并以此为基础，形成有助于武术发展的学术成果。为此，需要学术的严谨、方法的科学、结论的客观，以为武术史研究提供宝贵的记忆和记录。具体操作时，研究者需要梳理近现代以来的武术大事，厘清受访者个人史、家庭史、习武史与习武经历，制订共

---

[1] 万平. 川剧老艺术家口述史[M]. 北京：人民出版社，2014.

导论：武术家口述史研究范式的建构

性的中国武术大事记，个性的个人专业成长史，并在访谈之前交给受访者，之后进行预访，合理间隔时间后，预约进行正式访谈。正式访谈也不是简单的访谈，需要安静、熟悉，便于受访者的记忆回到事件所在年代，穿越时空，追寻真实的历史事件。

武术家口述史料获取后的处理十分重要，研究者需要甄别"叙事的真实与历史的真实"。同一事件的不同口述人往往形成不同的叙事结果，同一口述者针对同一事件在相隔几年或数十年后的复述有时也会有差异。因此，口述历史研究者需要从记忆的真实里发现历史的真实。学者程歊在谈到直隶、山东交界义和拳首赵三多的出身材料时，发现与其关系密切的传教士、当地知县、当地居民在不同年代的叙事比较细致，但却从"小地主"到"赤贫农"，差异较大。分析后发现是由于叙事人的特定位置和叙事的特定年代造成的，还有与赵三多的支持面和对立面不同，对史实不同方向的夸大造成的[1]。课题组在做武术家口述史专题研究时，发现针对同一问题，不同专家所谈事件总体一致，只是每人经历的细节不同，可见采访的武术家都能较真实地回忆和叙述所经历的事件。比如针对一次亚运会比赛，张山先生与邱丕相教授谈论的情况完全一致，只是作为官员和总裁判长的经历不同，谈的角度不一样。如果在研究中碰到同一事件的不同结果，可以与文献、报道互证；如果没有文献报道，可以根据是否是亲历者和见证者、何时和什么场合口述，及与被述人是什么关系等综合分析，以获得合理结论。

民国以来，尤其是中华人民共和国成立后，武术进入快速发展期，以竞技武术为主，社会武术、武术科研、青少年武术协同发展，标志性、创新性的武术事件层出不穷，而这些事件又对后续武术发展具有重要作用。因此，针对同一事件的群体记忆有助于立体呈现更加深入、更为真实的武术历史。比如竞技武术散打竞赛规则发展历程、竞技武术南拳体系的形成发展、传统武术的现代化过程等。武术家个人专题呈现个人特点，如门惠丰教授与太极拳、康戈武教授与段位制、张山先生与国家武术政策、邱丕相教授与《武术》教材、夏柏华教授与散打运动、王培锟教授与武术学科建设、习云泰教授与《中国武

---

[1] 定宜庄，汪润. 口述史读本[M]. 北京：北京大学出版社，2011：217-218.

术史》、杨振铎先生与杨氏太极拳、陈昌棉先生与南拳,等等。专题研究则是众多武术家针对同一问题的口述,比如针对"北京2008 武术比赛",分别访谈,形成参与该赛事专家群的集体回忆与口述史料,研究时与文献记载、报道融合使用。当前口述史学界对文字呈现的要求是"真实与规范",中科院熊卫民认为要"真或信""美或达",尊重史料和观点,同时,在客观基础上,使文意清晰,文字流畅[1]。武术家口述史研究过程,要保存口述者头脑中的活的历史,要提供便于口述者回忆的适宜环境,在尊重历史的基础上,力求全真复原。在处理和使用口述史料中,要与文献互证、互补,超越文献,形成创新性成果。

4 结语

武术家是武术历史的亲历者、见证人,是武术历史事件中的人物角色。武术家口述历史研究可以建立正史之外的鲜活史料库,可以补充武术史中的重要历史事件、历史史实,忽略一般历史人物的不足,可以反映特定历史时期武术的真实社会形态和发展现状。但是,列入采访对象的武术家一般年龄较大,口述史研究的工作可以说是在与时间赛跑,非常遗憾的是,在课题立项之后,仍有列入采访对象的武术家离我们而去,包括武术泰斗蔡龙云先生,在我们扼腕叹息的同时,更督促我们课题组加快研究的进度,提升课题组成员的责任心和使命感,增强大家研究的动力,促使大家更加同心协力,用口述历史成果建立起武术过去与现在的事件联系。在国家全面推进优秀传统文化传承的历史大背景下,武术口述史、武术家口述史研究迎来了发展的历史良机。

从口述史研究的现状来看,全盘引进与吸纳改进一直是共生共存的两个话题。随着口述史研究中国化、本土化进程的加快,特色化、领域化已成为当前口述史研究的重要问题。研究有法,而无定法。武术的口述史研究、武术家口述史研究均需建立基本的研究范式,在遵循口述史研究规范的基础上,形成有

---

[1] 王宇英.当代中国口述史:为何与何为[M].北京:中国大百科全书出版社,2012:40-42.

导论：武术家口述史研究范式的建构

助于推动武术口述史发展的基本规范。本文基于此思考，在借鉴已有口述研究文献的基础上，结合课题组关于武术家口述史研究的实际与实例，形成武术家口述史研究的基本范式。这种范式可看作"范式转换"。其实，在以此为"范式"的研究在本文完成之前，课题组的研究成果已经在陆续发表，个别论文已经被文摘类权威期刊转载，这也是对本研究提出的范式的事实验证。总而言之，武术家口述史研究范式的建构，是在为加快中国武术口述史料库建设提供可资借鉴的实践经验，以及理论和方法依据。

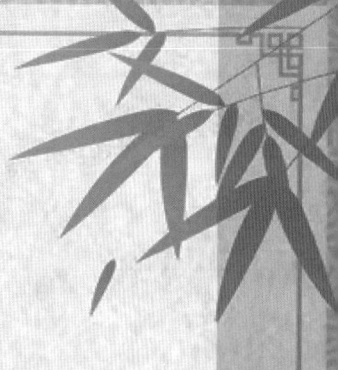

上篇

武术家口述史个人研究

第一章 邱丕相教授口述史研究

时间：2015年7月11—12日。

地点：上海体育学院科技园（11日、12日上午）；上海体育学院武术研究中心（12日下午）。

采访人：赵光圣　郭玉成；**摄像**：郭发明；**文字整理**：李守培　郭发明　刘韬光　陈新萌。

受访者简历：

邱丕相，男，1943年生，山东青岛人，教授，我国首位民族传统体育学博士生导师、上海体育学院体育学博士后流动站导师组成员，中国武术九段，首批国际级武术裁判，全国"十大武术名教授"之一，国家体育总局武术研究院首批专家委员会委员，享受国务院特殊津贴。曾任上海体育学院武术系主任、上海市政协委员、国务院学位委员会体育学科评议组成员、中国体育科学学会理事兼武术分会副主任、中国武术协会常委兼裁判委员会副主任、全国体育学院武术教材组组长、全国武术教练员岗位培训指导组副组长。多次出任亚运会武术比赛、世界武术锦标赛、全国武术大赛的总裁判长，并多次参加国际、国内武术竞赛规则的制定与修改。

1961年考入上海体育学院，1965年留校任教，从事武术教育教学工作近50年。曾荣获全国体育系统先进工作者、全国体育科研先进个人、上海市高校名师，多次荣获全国体育优秀裁判员等荣誉。参加编写国际武术联合会组织的国际推广套路。著有《中国武术文化散论》、《TAI JI》（英文版）、《武术初阶》、《防身绝招100例》、《棍术》、《枪术》、《太极拳初阶》（中英文对照）等10余部著作。曾担任全国体育学院教材组组长、全国高校民族传统体育系列教材总主编。出版教材曾获全国优秀教材特等奖、国家体委优秀教材一等奖、上海市优秀教材一等奖。

1 武术教材编写与专著出版

赵：邱老师，您有两本比较有影响的书，一本是《青萍剑术》，一本是《武术初阶》，能不能介绍一下编写的过程。

邱：《青萍剑术》源自1983年开始的全国武术挖掘整理工作，当时有人提出来武术的东西很多，我们的家底到底有多少？到底有多少拳种、拳种有多少名家？提出这个问题以后，各地开始着手挖掘整理当地的传统武术，上海体育学院作为一个专业的院校，当然义不容辞。它承担什么任务呢？这是蔡龙云老师的主意："我们就整理《青萍剑术》吧。"为什么整理青萍剑呢？有个河北沧州人，叫卢振铎。他的儿子卢俊海继承了他的全部六套青萍剑。蔡老师提出挖掘青萍剑术后就找到这个电车三厂的工人卢俊海。卢俊海平时业余时间在复兴公园练武术、教武术。找到后，由我具体负责此事。怎么做呢，他是个练拳的，不能写不会写，要整理技术，首先要学会技术，然后拍摄录像。青萍剑术六路，就是这么拍下来的，在全国武术挖掘整理成果汇报展上展览，我去做的解说。当时先是在东北热河武夷山庄，后来到故宫展览过，介绍上海体院挖掘整理的青萍剑术。青萍剑术是中国的一套非常传统的剑术，当时在中国系统地掌握一到六路的人几乎没有，正式出版的是青萍剑术一路，但当时我们把一到六路都整理出来了。

赵：那《武术初阶》呢？请您谈一下。

邱：武术初阶是基本功。入门的初步，上台阶的第一步。基本功都有，这个是上海教育出版社来跟我谈的，说："邱老师，能不能写武术入门的书，最好有知识性的东西，也有技术性的东西，把他们放在一本里"。这样他就给我出了些题目，然后我就根据这些题目设想一下来回答，比方说有一个问题，现代武术和古代武术哪种功夫好，写一段话，描述古代武术、现代武术等。后来，上海教育出版社把它又扩展了，包括我研究的一些论文和后来写的一些剑术、棍术、长兵的内容。同时期还出版了《青少年体育运动》，上海人民出版社的，关于学校武术的，有拳术和短棍。我接触比较早的武术书，名字就叫《武术》，也是上海教育出版社出的，蔡龙云老师、王菊蓉老师、许金民老师、王培锟老师合作编写，我参加编写了两三章。

赵：邱老师还参加了全国武术教材的编写，并担任全国体育院校武术教材组组长，您能介绍一下教材编写的整个过程吗？

邱：1976年粉碎"四人帮"以后，蔡老师当时是全国体育学院的教材组组长，我跟着蔡老师做教材秘书。北京体育大学的张文广老师、武汉体院的温敬铭老师、沈阳体院的薛仪衡老师、西安体院的马贤达老师，当时都参加了教材编写。教材完成之后，很快就过去五年，国家体委开始调整教材组人员，任命我担任组长，一担任就是三届。尽管我是组长，但年龄最小，比我大的有马老师，还有穆秀杰，北京体育大学成传锐老师，成都体院习云泰老师。我本身性格比较和气，态度也比较谦和，走群众路线，但是该拿主意的时候也得拿主意。我印象中很深的一件事情，组团去香港前，成老师突然过世了，使我感觉很伤感。成老师技术非常好，东北人，练通背拳，他的剑术长穗剑是一绝。我记得1974年我第一次在全国武术做裁判的时候，成老师说："邱，我看你挺灵的，我教你长穗剑，有没有兴趣啊？"我一听很高兴，但裁判工作很忙，没有机会。老师主动提出来要教我，很高兴的。

我们这个教材获得了国家级的特等奖，它不是体育界的特等奖，是全国所有的教材中武术被评为特等奖，没有想到！普修教材，写起来不用花很大力气，相对轻松。专修教材花的力气大，获得特等奖，也是出乎我的意料。我了解了一下，有几个原因，首先要感谢张文广老师，他当时是评议组的，力推中国武术；第二个就是篮球、田径教材等其他教材可能还不如外国，那么体育竞技教材跟外国比不上，所以只有武术可以拿上这个层面，这在世界上是领先的，因此可以评为特等奖。这本教材编写比较规范，经得起检查，图文并茂、章节清楚。黄皮的，分普修和专修。后来2004年出了一本《中国武术教程》，这本内容比较系统一些。

赵：这本《中国武术教程》获得上海市优秀教材一等奖。

邱：对，上海市一等奖，可惜当时没有继续去报教育部奖，参加全国的评选。

赵：还有一本关于马王堆导引术。

邱：编马王堆导引术，是当时一个日本的体育社会学家真浦良纯先生，在第12届亚运会时找到我，说总裁判长应该是专家了吧，您能不能把马王堆的导引图再现？我一想这是新课题，就说可以试试。他当场提供我一些资料，我回来后着手查找相关资料，对着图一个个研究琢磨，整理了一套技术。当时没有在国内推广，日本高校利用暑假，请我去教授马王堆导引术。这时的技术可以说是邱式马王堆导引术，后来国家体育总局健身气功管理中心计划要编创的时候，我说本来就是国家的、老祖宗的东西，我不能占这个功劳，谁也不能把这变成自己的专利占有它，我应该是个铺路石，就把已经编的44个动作提供给编创组，我们在这个基础上形成了12式马王堆导引术。

赵：能谈谈您的《中国武术文化散论》的编写情况吗？

邱：《中国武术文化散论》是我多年积累的一些讲稿、笔记、论文。最早我出版了一本《武海泛舟》，研究生帮着搞的，不太理想，当时写技术方面的书非常多，我自己也写。技术书的做法是第一步拍照片，第二步根据照片请人画图，第三步根据图写动作过程、写图解。这套写作流程是跟蔡老先生学来的。当时武术人练拳的很多，但能写成书的人很少，蔡老师在全国方面处于权威、领先的地位。蔡老师帮过很多人写，帮邵善康写醉拳，还有胡汉平的武松脱铐。蔡老师有个很大的特点，就是你动作做了以后，他就把你整个动作过程很清楚地描述出来，先写脚，再写身体，再写手，先写哪再写哪，动作要领、提示很完整的一套。

我当时也出过技术书，希望出一本有理论阐述的。就这样，在《武海泛舟》的基础上加上论文、手记和发表的一些文章合成一本书。为什么叫"文化散论"呢，我感觉武术里面有文化，还蕴含文化哲理、医理、易理，所以有加强这方面宣传的含义。其中还有很大的一段是竞赛场上的回忆。那是我做裁判的时候，武术从"改革开放"开始出第一本杂志《武林》后，《武魂》《中华武术》也都出来了，赛事成为他们很重要的报道来源，记者报社都是必到的，基本上比赛结束在火车上就开始写赛事回忆。我到家写好了后稿子就寄给他们，也是答应了要给他们的。《体育报》《中华武术》《武术健身》《武林》

《武魂》，整理到一起，再加上论文和到国外去的一些随感，也放进来了，因为比较杂，所以叫散论。

赵：2011年邱老师又出版了一本《武术文化传承与教育研究》。

邱：这是国家社科基金的，当时是研究青少年武术文化传承。有一年教指委在黑龙江开会的时候，黑龙江省教育厅副厅长在我们晚上吃饭的时候来了，有感而发："我这次到日本去，日本的少年太厉害了，大冬天穿着短裙、短裤，一二一走得非常抖擞有精神，日本武士道精神现在还在发扬，我们中国的孩子不能这么娇里娇气，中国的孩子要拿起大刀片来练啊。"他很激动，当时说，武术怎么能不开展呢，教育太重要了，中国的孩子这么软弱可欺是不行的，你们都是搞教育的，你们写教材，教材里面没有武术我不签字。然后我对这个厅长说，听了你的话很受鼓舞，我就是武术人，太受鼓舞了，所有的教育厅长、教育局长都有你这个思想的话，我们学校武术就开展起来了。

他看到了民族精神和武术的关系，这点非常重要。武术能培养刚健有为的进取精神，另外还能培养厚德载物的品质，武术要讲礼啊，讲宽容啊，所以说这两方面的品质都可以培养。武术是非常好的方式方法，应该抓住品质，千万不要把它只当作一个技术放到体育课里面。今天学篮球，明天学体操，这一学期里面武术排两次课，两次课你能让他学什么。学套路，前面教后面忘，一个学期里面一次课两次课不行的，仅仅是体育课不行的。我们当时提出一个观点，给教育部施加影响，但做不到，在体育课之外，要排一个武术课，就是一周里面一个课表里面要排一次体育课，一次武术课，或者就叫国学课。我希望我们领导层都有提高武术这方面的认识，千万不要认为就是个耍拳的，它在培养民族精神和道德品质方面蛮好的。

2 职业感悟

赵：邱老师，您是武术专业国内最早的博士生导师，武术博士生培养从无到有，您是如何着手和开展该项工作的。

邱：上海体育学院是一所务实求真的高等学府，它不张扬，教师们踏踏实实钻研业务，兢兢业业融于教学，勤勤恳恳从事科研，这是学校的校风。教师的职业要求自己不断学习。我担任教师，1973年带第一届工农兵学员，就感觉到了他们对知识、技术的渴求，那我必须得加油，不断学习，把外面学的东西传授给他们，作为教师，学生推着你走，你不得不走。为了教学需要，不断加强学习，这也属于教学相长。

1996年，上海体育学院获批武术理论与方法博士点之后，由我担任博士生导师。博士怎么带，我当时也没经验。按照邓小平同志摸着石头过河的思路，就跟两个进来的博士生讲，我得跟你们一块学习。怎么带，我心里也没数，就一边学一边研究吧。我印象当中，对学科和专业的概念我们当时没有完全把握清楚。比如，有一次一位民族大学的老师说，"邱老师当年我报考你的博士生你不要我啊。"我说不是不要，是因为你会少数民族体育，不会武术。我就会武术，不懂少数民族体育，怎么教你啊？所以说我不能招你，也就不要报考。我当时是把专业和学科作为一个概念，认为我是练武术的，博士生也只能招武术的，甚至招收散打方向的博士生，也觉得比较吃力。那么，回过头来看，是对专业和学科的概念不清楚，当时还觉得足球专业的博导招收体操的博士生不合理，其实人家考的是运动训练学的博士生导师。学科层面和专业层面不同，这也是当时认识上的局限性。当然我们招博士，技术一点不会的话，也没法理解。没有体会，理论也研究不深。

赵：您指导毕业了很多博士，现在有多位都是学科的带头人，能谈一下您的经验吗？

邱：第一届进来的时候教授一些技术。后来我发现与学生讨论更重要，讨论解决不了再看书，再找资料，就是反复地讨论探索，开拓思维去探索。当时我带博士的时候，主张跨学科研究，仅仅就武术研究视野比较窄，需要开拓创新，如研究散打不能光谈技术，也要研究生理、生化的，结合训练学、心理学研究。从多个学科来开拓研究武术。当时有的人不一定同意这个观点。第一次武术科学大会的时候给我的启发很大，请了武术界外的科学家作报告，感觉武术要走上科学化一定要跨学科研究。

再有是从黑龙江学科组会上提出来的，我说要鼓励学生承担风险性研究，如果一个问题都很清楚了你再把他整理一遍叙述一遍，这不是博士生论文，这是在重复别人的研究。我主张承担一点风险，敢于提出发展中的问题，武术重要问题发现以后，并对怎么解决进行研究，但是做这个研究是有风险的，我是在学科组呼吁专家们支持研究生们做风险研究，选那些还讨论不定的来研究，只要他们整个方法思路达到一定的水平就可以定。所以他们的观点，跟专家不一定一样，不要因为这个就投了反对票，就把学生打下去，因为那样的话学生都走四平八稳的道路，难以创新。不要因为跟你有相反的观点，就不看重他，可能历史会看重他，不一定是你答辩委员对，也可能将来是这个学生对。应该看他的研究思路、研究方法、论据是否充分，观点是否新颖。

3 竞技武术散打项目试点与开展

邱：我长时间接触竞技武术，在我原来的概念中套路就是武术的全部，在那个时期竞技武术就是武术的全部，因为我们去参加全国比赛也好、观摩也好，看到的都是这些东西。1979年，国家体委也发现了民间武术应该支持，随后就开始搞挖掘整理。挖掘整理以后，第一次在广西搞全国武术观摩交流大会，大会上民间出来的人很多，包含的内容也很多，包括练硬气功的，我记得是一个广东的农民，他的手老茧很厚，鹅卵石，啪，劈断了。还有湖南的一位用卧叉做表演，当然这里面有些是功夫，有些是技巧，不全是功夫，这是我的理解。

散打1979年在北京、武汉、浙江试点。当时为什么开展散打运动，1956年有个座谈会，很多专家在争论，是舞还是击，新中国不提倡打，一下到了20世纪70年代末，好多人反映你们这武术运动员练的什么武术啊，路上碰到小流氓都被吓跑，连一点自卫能力都没有，这就是因为，武术的发展到了花法以后就单纯求花法了。戚继光讲满片花草，从技击格斗方面是没有功夫了，当然不排除有些运动员也行的，但是这个和套路技术有关系，只练套路技术的人，他见了流氓、野孩子不知道怎么出手也是存在的。当时张山同志就这个问题一直在提，后来国家体委也考虑单搞套路不行，这是一条腿走路，要搞对抗项目。

对抗项目一开始在搞实验的时候也是希望保持中国传统，但一打呢，就看不到传统拳了，大家一看不行，套路的东西在实战当中有距离，所以说北体、武体、浙江在实验以后慢慢的才形成今天的散打体系。现在有一些同一拳种的实战比赛，有的就是设计的。我的看法，第一种是实战的，第二种就是拳家们模拟的，假设对方打我的头我怎么打，假设对方打我的腰我怎么打。它假设了很多形式，设计了很多招法，要运用的时候不能这么用，当然有人说有用，一招熟嘛，把这一招一直练可能你在对抗的过程中会用上，但是一般情况下，拳家们假设的东西有一定的个人防身技能，但是和竞技实战还不是一个东西。这已被散打证明了。散打的技术不可能和套路的技术完全吻合。这是我的一个看法。

4 武术竞赛裁判工作及经历

赵：邱老师曾连续四届担任亚运会武术比赛总裁判长，请您谈一下您的裁判经历。

邱：裁判经历对我来说很重要的，它让我走出校门了，走向了更广阔的武术世界。回想当初，"文化大革命"以后，武术比赛逐步恢复，最早在上海是1974年左右，那个时候上海开始恢复比赛，上海体院就开始组织一个队，由王培银老师和我两个人带，就是上海高校队，参加上海市武术比赛。"文化大革命"以后，中间停了很多次后开始恢复这个比赛，在上海普陀体育馆举行的。虞定海、陆根秀、卫志强、刘同为他们几个都是上海高校队的。

全国比赛那个时候在济南开始搞了一次，1973年，济南的一次比赛，也是尝试性的比赛。我记得那次蔡老师、王菊蓉老师、马贤达老师都去了。1976年的时候，搞了一次全国武术观摩赛，是专业队性质的，但是那时候由于极左思潮批林批孔，裁判员叫评判员，比赛也不评名次，就显示一下。除了裁判员，当时还有一批工农兵评论员，有没有封资修的东西要检查的。在这个时候，讲到"文革"时期的武术，越"左"越好了。让各个专业队走向工农兵，为工农兵服务，所以才把对练开始改成镰刀、铁锤、锅盖、锄头等拿出来当器材对练。还有一个比较普及的是，语录拳、诗词拳，像什么"下定决心不怕困难"，我跟王老师都编过，北京体院也编过，毛主席诗词《蝶恋花》，"舞武"，我还编过"红军不怕远征难"，动作基本上接近那个词的形象吧。我印象中，北体大编的那个"蝶恋花""我失骄杨君失柳"，一个提膝亮掌，比较形象。1976年以后，大家慢慢回过来了。这个时候上海的比赛，1974、1975年就开始了。1976年的时候在西安搞了一次比赛，我没去。那次比赛马贤达老师负责。1975年"批林批孔"，那时候比赛当中主线就是"批林批孔"，不断地进行批评，发现什么问题都在进行批判属于封资修的，包括批师道尊严，其中也有矛头对向张老师。我记得在体育报上发表了很大一版，北京体育大学师生"批林批孔"，其中矛头也对向张文广老师，张文广老师是个非常好的老师，非常谦虚平和，是没有门户之见的一位老先生。

1979年第四届全运会，我第一次在全国比赛上做裁判，那次还有成传锐老师、蔡龙云老师、王菊蓉老师、马贤达老师。我们在那个期间的学习交流很多，我记得那次裁判员考试，蔡老师、马老师、王老师出题，我交了一个头卷，马老师因为比较熟，就说"邱，不错啊，交头卷还拿了个100分"。在这个比赛过程中，吴彬老师是北京队的教练，北京队他带得非常好，他跟李俊峰分带男女队，蝉联十年的团体冠军，除了有的个人单项和个人全能，团体冠军一直是由北京队拿，他的这个严格训练、规矩训练很重要，这是第一。第二，北京队是吃百家饭长大的，所有的名教练、名运动员都被吴老师请去过传授技术，带带运动员教一套拳。我跟蔡老师、马贤达老师一起在北京编写剧本的时候，马老师抽空就要去北京队辅导，干啥呢？教李连杰翻子拳，吴老师帮他重新设计了一下，更适用表演竞赛的需要。所以北京队当时的运动成绩遥遥领先，动作规格非常好。

我第二次参加裁判工作是在云南，云南这次我是担任长兵组的副裁判长，门惠丰老师是裁判长，大概是1986年，那次又进行了一次国家级的裁判考试，考试以后我就被批准成为国家级裁判。我记着再后来是在上海的五运会，我做裁判。六运会在广州的时候，担任了长兵组的裁判长。再后来我第一次担任总裁判长是在1989年湖南长沙的全国武术比赛上。担任裁判工作认识人很多，交流和看的比赛也很多，也在不断丰富我的技术。

这个期间我参加了几次规则的修改，包括第一次国际竞赛规则。第七届全运会，比赛越来越激烈，各个省对奖牌越来越看重，省政府亲自介入，副省长亲自担任代表团团长。那一次，在丹东的预赛我去了，决赛的时候我没去。决赛时出了一个状况，就是好几家代表团的团长，亲自找张耀庭反映"比赛不公"。

张耀庭回到北京提出武术竞赛问题需要改革、必须改革，改革的方向是增强可比性、可操作性。裁判当中也确实存在一些问题，在这个情况下开始改革，怎样增加可比性呢，那么就提出来搞难度动作，请专家帮我们设计了一些指定难度动作，所有的人都必须做这个动作，比方说抛枪，一个前滚翻再接枪，接不住的话要扣分，就是硬扣分，这个是比较方便的，指定难度确立了。再发展到后面，指定难度行不通了，指定难度大家都行了，天天练都很熟，参赛的五十个运动员，起码有三十个都完成了，又不行又得看其他的了。再往前走就提出来武术套路难度分组，分级别：A组难度、B组难度、C组难度，你选择A组难度起评分就高，B组难度起评分低，使得武术套路来了个转向，教练员以前训练是基本功、套路，几个分段，几个半套，几个整套，甚至练超套。现在不是了，运动员体力好的时候先攻难度，整天旋风脚转体两周等，容易受伤了。关于这个问题，我们讨论竞赛的时候就说：这个对走向世界是不利的，一般的国家的教练都是私人教练，如果运动员负伤的话他要负责的，行不通。还有，为了弹跳得高一点，地毯加了一层。加了以后，地毯就专归武术用了。本来地毯卷起来还可以打羽毛球，现在地毯卷不起来了，大范围推广以及推向世界就是问题。

武术套路的比赛，一开始吸取了西方体操的评分方法，在借鉴这个基础上还要保留它的风格，比如说技术风格要占分数，精气神要占分数，功力也要占分数，但是这样一弄，最后主要就是看难度，难度完不成，回家，难度完成了以后回过来说，比什么？又是模糊评分没法比了。所以回过来讲，学习西方适可而止，不能学的太多。我还是赞成解放初期规则的基本特点，我以前跟王岗讲过："粗估细评。"所谓"粗估"，中国武术手眼身法步、精神气力功，是一套练完以后，给我什么印象，你们两个谁好，应该是看的出来、比的出来的。比了以后基本上这个分值已经定了，你们俩之间名次谁前谁后已经定了。然后再考虑有一些技术细节的细评。在这个基础上，尽管你的整体应该说是好的，但如果你犯规很多失误很多，扣分完可能你就下去了。我感觉基本上要维持竞赛的话还是要这样。粗估是整体印象，武术搞到后来还是整体的印象，功力、精气神、技术规格，打一个总体分数，我总体认为他比他略好，他就排在他前面去。出现失误是另外的事。

下面我讲四届亚运会和三届世界锦标赛，我经历了这七次国际的赛事。第十一届北京亚运会，当时是最大的正式的国际赛事了，国家非常重视。我记得我们在北京体育大学办裁判训练班，进行考试，有好几个年龄大一点的裁判因为考试不过关被淘汰出局了。这是武术第一次进亚运会，裁判培训考试相当严格，而且办了国际班，国外也选拔了一部分裁判员来参加这个赛事。当时这个比赛的一个问题，谁来做主裁判长国家体委不宣布。从六月份开始，通知和选调一部分裁判，进行试运转，由我来暂时负责试运转，之后又进行第二次试运转，由我负责，将来谁干什么都不知道。我当时全力以赴，期间发烧病倒了，半夜里送到医院去，第二天起来还照干。后来，马上就武术比赛了，通知我来担任总裁判长。

当时武术处的是赵双进赵处长，他后来到武术研究院当秘书长，还有蔡老师，当时他们都对我印象不错。我一开始认识赵双进老师是全国挖整的时候，我的印象是这样，1972年全国武术工作会议，他们说蔡老师这个学生不错，文笔也挺好。当时我是调研员，我开夜车写材料，一次写到晚上三四点钟，我把这份报告从门缝里塞到赵处长的屋里，写了个条说要到厦门去，报告交给他一看，印象很好，条理清楚也很中肯，这是第一次印象。所以，第二次全国武术工作会议的时候也调到北京去，参加工作组。温力老师也是工作组成员，参加筹备全国工作会议。当时我父亲正患肠癌，不行了，我去青岛看了父亲一下就去北京了，耽误了一天，赵处长就说你和马明达都来晚了，不能参加了。当时我有点傻了，已经跑到北京来了，后来我就住到北京大学李士信家，过了几天以代表的资格回来参加会议了。写全国武术会议工作总结的时候，把我叫去了，写到某一个题的时候大家有点怵头，我就说我来试试吧。写了以后赵处长一看很满意。后来杭州、出国到日本的比赛，赵处长信任我，感觉我这个人不死板，很正派，他认为这是最重要的素质。所以他一直坚持这个观点，有能力很重要，但是公正不公正是最关键的。再加上徐才院长对我也是这么一个印象，所以担任裁判工作我比较合适。

亚运会武术比赛是成功的，中国扬眉吐气。

广岛亚运会，日本是主办国，武术项目在这一届里面进入了，不算正式进入,亚奥理事会当时是不准备进。当时日本太极拳武术联盟的主席村冈久平先生,这个人为中国武术做了许多贡献,他说武术不仅是中国的,它还要走向世界。我们不要按奥运会的路走,奥运会没有武术项目,亚运会应该有,这是我们东方的体育。在亚奥理事会上提出来了,后来在广岛亚运会上又把武术第二次推进亚运会。

广岛武术比赛升组委会的时候村冈久平来了,他提出一个要求,就是上场的裁判能不能由竞赛委员会来决定。我当时提出来"这不可以",按照国际竞赛规则规定,临上场的裁判都由总裁判长来确定,我们会力求公正。他一听这个,就把意见收回了。所以我在日本比赛,包括后来在大阪举办的东亚运动会比赛给我的印象是日本人民"比赛就是比赛",在他们国家比赛,没有一个人出来做工作,包括我们都非常熟悉的、国际武联当中的川崎、石原等人。他们都担任副总裁判长了,跟我很近,但没有说邱老师我们下一个项目请你关照一下,一句话都没有。接待服务人员非常好,日本一个名次没拿,都还是非常好,没有说比赛拿不到名次马上给你脸色看。这一点我当时是很受感动的。广岛亚运会尽管日本没有拿到金牌,但冈村久平还是说服了亚奥理事会的成员,把武术放进来,这是很不容易的。

第十三届曼谷亚运会散打第一次进入。一个项目连续三届进入就可以列为常设项目。曼谷碰到的问题是泰国的武术很弱,他们不想让武术进亚运会。我们派了人跟他们交涉以后泰国答应了,设武术项目。

韩国釜山亚运会,报的时候武术计划拿5块(散打3块,套路2块),但散打这边,大级别的都输了。剩了小级别的,小级别的一个是叫康永刚,广东省运动员,56公斤级,打得不错,拿了一块。还一个就是刘泽东,上海体育学院的。这次比赛,我记得他在第一场比赛的时候被摔倒了,第一局输了,他非常冷静,后面连拿两局。进入决赛的时候非常严峻,我那时候感触特别深,国家利益与民族精神都在这里爆发,你这时候真切的感受就是运动员在下面真是要刻苦训练,比赛场上你要是再熊包的话,真是给国家丢人、给民族丢人。当时韩国观众人多,在起哄乱叫。但刘泽东非常清醒,保持中远距离,起脚打拳得分,到近距离之后就跟对手僵持,到两秒就分开了。所以说我们运动员在这个时候一定要咬住牙,要想到那一刻,代表国家代表民族。国际比赛真是和国内比赛不一样,是一场没有硝烟的战争,非常的激烈。真要下功夫认真考虑,刀对刀、枪对枪的时候，就看出来了。

第四届世界武术锦标赛是在上海第八届全运会完了以后接到的通知，并马上奔赴意大利罗马的赛场了。在那里最重要的印象是，我们说武术走向世界、推向国际了，但是在这届世界锦标赛上，罗马当地的市民都不知道，那里没有观众。只有运动员，非常萧条。所以我感觉，武术真正地走向世界并没有那么容易。奥委会的人说起空手道他们都知道，说武术套路，他们不懂啊。有一年在马来西亚，奥委会组委会利用午餐的时间，观看中国队去表演武术基本功和主要竞赛项目。所以武术走向世界还是有一定距离的。我在第四届世界锦标赛的感觉很强烈，特别是民众当中普及上差别很大，少数人代表一个国家参赛了。承办方接到这个任务，想象得很简单，结果那么多人去了，饭都开不出来，中午就是一盘面条等一两个小时都上不来。国外的条件并没有想象的那么好。

第七届世锦赛在澳门，我印象最深的是上海体院拿了两块金牌，一块是吴钞来的散打，还有一块套路金牌。

5 "文革"中的武术

赵："文革"前"四清"运动的时候还练武术吗？

邱："四清"的时候，学校里学习照样，1964年的时候，我参加过一次"小四清"，到青浦。1965年就是"大四清"了，我到松江，蔡老师他们都在下面搞"四清"，王培锟老师在枫泾搞"四清"。等于是叫社会主义社教工作队，长期住在下面，总指挥是党委书记范鸿恩，是社教工作团的副团长。后来我又调到了新五公社，就是六七届，比我低两届的一帮学生在那"社教"，我当联络员。

赵：邱老师，您了解的中华人民共和国成立初期到"文革"前那一段的武术是什么状况啊？

邱：中华人民共和国成立初期的时候，谁都不敢出来练武术，民间武术是没有的。1952年，国家发出来毛主席"发展体育运动，增强人民体质"的号召以后，国家体委成立了一个武术科，负责管理、组织、推广民间活动，武术科最早编了初级拳、简化太极拳，后来又组织了比赛，编创了比赛套路。武术科两个人，一个是毛伯浩，一个是李天骥。蔡龙云老师，是新中国武术的主要开拓者之一。毛伯浩比较信任他，将他调到北京去以后，整理长拳动作术语，现在讲标准化。编长拳的动作，整理东西，都是蔡老师协助武术科开始的。在此之前，在天津举行了第一届全国民族传统体育观摩大会，在大会结束的时候，蔡老师和蔡鸿祥老师表演了一个四路华拳对打，当时有照片，是很精彩的。后来在这个风雨操场他们也表演了一次。这个大会结束后他们进京表演过，蔡老师讲，他练了一套剑，张文广老师练了一套刀。蔡老师把长拳发展得气韵生动，讲究起伏转折变化，当时领导人也做过指示，出过一本小册子叫《民族体育之花》。

学校开武术课是1958年，全国民族形式体育表演及竞赛大会是1953年。在那个基础上，编制了规定比赛套路，设置比赛规则，一开始都是评。1953年以后，国家体委重用蔡龙云老师，北京的活动蔡老师参加了很多，编教材、写书、开座谈会、研讨，当时是很重要的人物。到20世纪80年代的时候，当时还不叫武术研究院，叫武术处。武术研究院也很重用我。

国家体委从1961年开始编写教材，组织的专家包括蔡龙云老师、张文广老师、习云泰老师，后来是夏柏华、翟金生等年轻老师进来了。第一次编写的武术教材是上、中、下三册，1961年第一版。当时集中在西山，开会讨论编写，最后蔡老师串稿。那时候没叫主编，就叫教材编写组，蔡老师是组长。实际上就等于现在的主编。这个当时都有任命书的，我自己也有任命书。全国体育学院通用教材。后来第二次就变成了一、二、三、四共四册，四册又变成两册，上、下册，又改成普修、专修，就是我开始接手了。

赵：邱老师您刚才说，"文革"的时候从哪一年又开始教武术了？

邱：1973年。那时候复课了，复课闹革命，不是全体闹革命。

赵：武术的有没有？

邱：蔡老师家住在上海淮海路，不住在学校。武术教师受冲击不是很严重，那时候他们是一般的教师还不是教授，还不是学校很重要的人物。后来不上课，就自己练练武术，我们当时成立了小分队，一个是武术小分队，一个是游泳小分队，武术小分队我跟王培锟老师负责，有时候他去有时候我去，当时1965级的，1969年毕业的，也有一些学生。他们有些爱好者报名参加武术小分队，我们反正是经常和他们在一块，经常带着练练，业余时间跟我们一起练长拳类的武术内容。夏天的时候，带着学生到松江去的叫游泳小分队。带着人在那里训练民兵，教他们游泳，或者到工厂里面去。

理论课根本没有，就是练练。当时练的就是"下定决心，不怕牺牲"，带着他们练基本功，学点套路。

第二章　张山先生口述史研究

时间：2015年5月14—15日。

地点：北京市西藏大厦。

采访：阴晓林　郭玉成；**录像录音**：阴晓林　张路平；**文字整理**：阴晓林　李守培　郭发明。

受访者简历：

张山，男，1937年生，北京人，中国武术九段，国际级武术裁判，国家体育总局武术研究院首批专家委员会委员，"中华武林百杰"之一。1961年考入北京体育学院，1965年毕业于武术系，分配到国家体委武术处工作。历任国家体委武术处副处长，中国武术协会副主席，国家体育总局武术研究院副院长、武术运动管理中心副主任，中国体育科学学会武术分会秘书长、副主任，国际武术联合会首任技术委员会主任等。多年来一直从事武术竞赛、训练和科研工作。曾组织裁判员、教练员、运动员和中国武术段位的技术职称评定工作。组织参与《中国武术史》《四十八式太极拳》《四式太极拳竞赛套路》《中国武术百科全书》《中国散手》《中国太极推手》《中国武术段位制教材》《武术竞赛套路》等编审工作。领导参与了1980年的武术工作座谈会、1982年的全国武术工作会议及为期三年的武术挖掘整理工作。组织参与了武术散打项目的10年试验工作。1974年首次组织中国武术代表团访问了美国、墨西哥、中国香港，担任副团长。1998年退休后，仍致力于武术工作传播与研究工作。

1 武术工作经历

阴：请简单介绍一下您的工作经历？

张：1965年从北京体育学院毕业，毕业后分配到国家体委武术处工作，当年正好是全运会，刚工作就参加了全运会的工作，那时武术还是表演项目。全运会以后就去山西长治搞"四清"去了，那时候大学毕业的都要下去锻炼，当时正好赶上"四清"运动。李达同志带队去的山西，搞了半年县社"四清"（农村"四清"），后来抽调到交通局又搞了半年，然后"文化大革命"就开始了。1966年撤回来参加"文化大革命"，当时刚大学毕业，毕业就参加全运会，接着就去搞"四清"，所以对当时的形势也不是太了解。谁是保皇派，谁是走资派，哪里搞得清楚，实际上我就是观望派，比较保守。"文化大革命"开始一年后，两派就比较明朗了，我们属于保皇派，就是保守派。有的司长前两天还在做报告，原来都是一路人，突然就变成走资派了，当时很不理解这些。有些极左思想的人就公布一些材料，查档案，说谁是特务什么的。我就觉得什么事都应该实事求是，那些过左思想的有些也是政治原因。当了这么多年领导，说打倒就打倒了，也不理解这个事，那两三年我属于保守派，保皇派和造反派实力差不多。1969年我就被下放了，这期间的工作都停了，除了一些重大的外事活动外。国际性的比赛参不参加？国家体委就写申请报告，乒乓球世界锦标赛，申请了还可以参加，全国性的比赛都停了，该减的减了，一般的双边活动就取消了。像世界锦标赛和亚运会这样的比赛还是要派队员参加，即使参加也没有原来的重视程度。这样的比赛有的人认为是"锦标主义"，都怕批判，很多人都不愿意出国，也不愿意当教练。1969年秋，我被下放到了山西屯留"五七干校"劳动，当时分成几个连。国家体委的这些人编为二连，赵双进是指导员，邹培安是体委的保皇派，是连长，我是副连长，兼任抓生产的排长。

阴：您下放后有没有开展武术活动？

张：下放后也就是看看书，自己练练，刚去的时候也教民兵一些擒拿格斗，因为"四清"主要是劳动为主，主要是开会，清理一些干部的经济问题。在屯留待了三年不到，抓"5.16"分子回北京一年，抓连队的生产两年。1972年回来后基本上就是抓业务，那时候武术处的人都下去了，回来后我们的档案也找不着了，原来的资料都堆放到储藏室去了。到储藏室一看，都是一些画报、过去的书籍、破奖杯，基本上乱哄哄的，有用的被拿走了，没有用的留下了。后来找了几个体育学院的老师帮着整理书籍和档案，档案有的丢了，有的就放在别的处室保管了。当时那个形势，下放也就不准备回来了，下放劳动什么时候能回来？都不知道。1972年周总理在接见体委领导的时候就问，你们的干部都在干嘛呢？都在屯留呢，怎么去屯留了？又屯又留，赶快回来，赶紧回来抓业务。"文化大革命"到了后期，大部分人下去了，留下的不到三分之一，有的处室就一个不留，大球、田径留了几个人。总理说都赶快回来，这才回来。回来后就开始抓业务，1972年5月，安徽搞了第一届全国武术邀请赛，他们找了十几个单位参加，我去看了下，搞得还不错。我赶快给体委写了个报告，9月份"文革"后第一次比赛就在山东济南开始了，以后就一年一次。其他的摔跤、射箭等也陆续开始比赛。当时不是说抓革命促生产嘛，抓革命也要抓业务，业务不搞，光搞运动也不行啊。从这时起，我才算是走上了自己毕生事业的正轨。

2 国家级武术裁判员的产生

阴：请您介绍一下武术裁判的情况？

张：当时我问过武术处的同志，武术国家级裁判有几个？他们说就你老师一个，一直没有批，我说有档案吗？档案也没有，也查不到，可能也没有档案，但是就张文广老师被认可是国家级裁判。当时就给司里提建议，一个裁判，每年一次比赛，这也不符合武术的发展。我让武术处的业务骨干给我提供一个大名单，一个小名单，这部分人可以特批一下。大名单20人左右，小名单10个左右，凡担任过裁判长、副总裁判长、总裁判长的业务骨干，最后划了10个人。以司的名义上报，1979年国家体委正式批准了蔡龙云、顾留馨、王菊蓉、邵善康、何福生、沙国政、温敬铭、李天骥、马贤达、潘清福10个人为国家级裁判员。报上去十来天就批下来了，他们都是业务骨干，在全国都当过裁判长以上职务，既要照顾到面，又要照顾到权威性和技术性。后来请他们10个人拟定今后考国家级裁判的标准和要求，拿个方案，第二年又批了15个。所以我就说啊，事在人为，你自己都不重视怎么行？接着我建议武术处就保留了武术一个项目，把其他项目都分出去了。国家级裁判有了，武术以外的项目都分出去了，武术处就管一个武术，从人力和物力上就摆上位置了。当时的考试内容，第一是规则，不能不理解规则。第二是要考技术，一套拳，一套器械，长短都行。不会要求太严，但是起码这两项加起来说明你懂武术，你会练。第三是理论口试，回答规则，提炼一部分重要的，主要是以这三个为主。后来又增加了一些看录像，现场打分，再后来又把外语也加上了，国际武联成立后一点外语不懂也不行啊。一开始就是理论和技术测试。

3 学校武术开展情况

阴：**您读书的时候武术如何考核？**

张：学过的套路要达标，比如甲组枪、甲组刀、剑术等，老师给你打分。属于教案内容的东西都要考试，因为是专业，达不了标，老师会辅导你再考核直到达标。

阴：**请您谈谈高校武术教学情况。**

张：我到武术处工作之前，体育教材中就有武术这个内容，是选修的，事实上就很少落实。这个老师要是会，他就教点儿，如果不会，而是足球的，他就教足球，田径的他就教田径，所以形同虚设。因为它是选修，你可以修，也可以不修。体育教材中有武术方面的内容，像初级拳、青年拳等，就是没有人教，即使是搞武术的，当了体育老师，他也不愿意教。为什么呢？太累！第二个呢，它不作为你的工作量来进行检查。不作为工作量，为什么呢？因为是选修的，比如篮球、田径、跳高、跳远，这个算指标。当时咱们国家要求体育达标，达标的内容就不包括武术。不包括武术，你教了武术，没有达标的要求，又不算工作量。其他的比如田径，我今天有几个通二级的，明天有几个通一级的，这个就有成绩，这也影响了武术的推广。所以学校里的老师即使会武术，他也不去教武术，因为他辛苦了半天，没有工作量。根据这个情况，武术院成立以后，我就提出中小学体育老师要把武术作为体育达标的内容。关于这个，国家体委也同意了，教委也有人参加了，最后没有通过，到现在武术都没有作为体育达标的内容。

关于武术作为体育达标的内容，我在职的时候就和体育司的同事们商量过，他们认为缺乏师资。师资问题，我们武术中心、武术协会可以帮着他们培养，但他们感觉还是不如其他的项目好搞，因为有现成的老师，球类和田径老师比较多。开了两次协调会，都没有落实，单方面重视是不行的，教委不重视是不行的，最后就不了了之。中小学学习武术的人群是很庞大的，不要忽略这个人群。老年人学得简单，学得少，主要是为了健身。真正继承下来，应该是在青年当中、中小学当中进行推广和普及。

4 武术外交工作

阴：请您谈一下1974年的武术外交活动。

张：1972年，中国和美国关系解冻，基辛格来中国运作尼克松访华，有了《中美上海公报》。在尼克松访华之前，基辛格先来做铺垫，给他安排了去北京体育学院参观，陪同的是国家体委副主任李青川，表演的是体院的国家青训队，主要是以小孩为主。看体操表演的时候他不做声，因为体操比较普及，美国也有，一看武术的时候他很惊讶，问这是什么项目？从来没有见过，他就一直鼓掌，李青川就告诉他是中国的传统项目，历史悠久，国粹，武术。基辛格没有见过这个项目，问能不能去美国表演啊？李青川是副部级干部，他也定不下来啊，他就说这个可以商量。后来基辛格就说欢迎武术团去美国交流。报告送上去以后，总理就知道这个事情了，后来总理接见基辛格的时候他又提出来欢迎武术团访问美国，总理说可以，答应下来了，给外交部、教育部、体委就下文了。

这个事要做好，准备组团去美国访问，是1973年初定下来的，当年下半年6月份左右就开始调人了。调研组分成两路去全国调研，因为当时对全国的情况不了解，先搞一个大队伍，训练一段时间再选拔。蔡龙云老师就带一个队伍去云南、湖北、山西等地，我带一个队伍去上海、安徽、北京、山东等地。走了一圈，回来后一综合，初选了大概有100多人，训练大概1个月以后选拔，剩下80多人，1个月以后又选拔剩下50多人，最后选拔剩下30多人。要考虑到三点，第一项目内容丰富，第二水平要高，第三运动员身材形象要好，女165厘米以上，男170厘米以上。技术要好，项目要丰富，形象气质要好。留下来的人要进行政审，个别的人一审不行。"文化大革命"后期，由于极左思想，政审很重要。有的人技术不错，形象不行也不行，社会关系有点复杂也不行。形象、技术、项目要求很严，经过多次审查。最后都觉得很好了，然后拉出去表演，去张家口，去天津，主要看技术行不行，失误不失误，表演的气氛行不行，进场、退场怎么走步都要严格要求，比如退场要退着回去。第二是服装，服装要突出民族特点，绸子、缎子服装，女的是大襟的，男的是对襟的，另外不能太花哨，稍微有点装饰可以，服装要美观大方，看着漂亮，要适合运动，表演当中不能影响动作，这是对服装的规定。短袖的，鸡心领，下边灯笼裤，颜色尽量花哨一点，红黄绿颜色要适合项目。第三就是音乐，请了中央民族乐团的李焕之，让他来帮忙，他那时候也是刚从干校回来，回来半年多不到一年，自己也是搞点创作啊什么的，一说给代表团配乐，很开心。我们负责车接送，中午管饭，他们就来了一些骨干。给他们提的要求就是你们先看项目，哪些项目需要配乐，哪些不需要，哪个项目需要什么乐器，基本套路修改好了，不动了，定下来了，才可以开始配乐创作，他们需要计时，需要看整个套路的启动，高潮，结束。看完了，配乐，配乐完，我们也要看啊，看看合适吗，几个大动作要赶得上音乐，要吻合，不可能每一个动作都配上音乐。经过几次反复，音乐问题解决了，动作解决了，运动员有音乐后练得不一样了，要跟着音乐走，要随好音乐，所以这样也有个磨合的过程。音乐也完成了，套路也完成了，就拉出去表演，表演了好几场，反应还可以。还去天津制作了托运的行李箱子，道具的行李怎么设计？器械的箱子怎么设计？长器械、短器械怎么设计？服装立式的箱子怎么设计？设计好后，还要招标，用人造革包上，都在天津制作。最后遇到一个难题，我们过去没有放磁带的录放机，用的磁带是大盘的，大盘的录音带，这机器是哪里搞的呢？北京青云机械厂制作的。当时给它的特殊任务还很尖端，很多厂子搞不了，拿出去就太落后了。我们没有小磁带，还要转换，在国内已经很先进了，带了两台，害怕坏了，到现在我还留着呢，要作为纪念品，作为文物留着，箱子，喇叭，还留着。准备两套表演的音乐，害怕消磁，美国那个是个小机子，放地上就开始放音乐，我们的电子设备太落后了，害怕出事，害怕有人捣乱。现在还不知道磁带能不能放，机子也在，磁带也在。

访美，国家体委很重视，外交部、教育部也参与了。团长是国际司的郭雷，他主要是负责外交谈话，我是副团长，主要负责照顾运动队，今天表演什么，明天表演什么，主要是业务上的。另外一个副团长兼翻译，是副处长，那个副团长给团长当翻译。这次出访，应该是中华人民共和国成立后第一个正式的武术代表团。1960年武术也出去过两次，那是缅甸，周总理是团长，陈毅是副团长，正好那时候缅甸有个庆祝活动，也算个双边活动，有体育、宗教、文艺、军事、杂技等，包括随从人员共400多人。体育的就是武术和足球去的，十几个人吧。还去过捷克斯洛伐克，也是随着体育代表团去的。真正组织武术代表团，就是这一次，而且是美国，是没有建交的国家。第一个代表团是乒乓球，在这之前，沈阳杂技团去了，如果这样算，我们是第三个，体育的是第二个。在美国访问很轰动，很受重视，尼克松接见并合影，还参观了白宫，进行了表演。我们代表团去了一个中央电视台的记者负责拍照录像，每天的录像都要先给大使馆审查，然后寄回国内中南海，给主席看，他不是看技术，主要是看行程，看什么规格接待，主要看政治动向，看美国的政治气候。访问前的准备领导很重视，我们也很重视，也有些摸不着头脑，也在探索。

阴：你们总共待了多长时间？

张：接近60天。我们先在墨西哥下机，在墨西哥城首演，然后是其他的大城市。估计在墨西哥的目的是练兵、外交啊、表演等。先在墨西哥适应，在墨西哥待了十几天然后去美国。当时都很重视，报纸都在登报。欧洲的一些国家也很重视，影响很大，十几年以后都有影响，去完美国，随后很多国家要求去表演，都安排不过来，每年有三次，每次都要一个多月。有时候分配不过来，我们还带着技巧队去，后来技巧也上来了，有时候还带些其他的项目参加，比如硬气功表演。有时候就两个省去这里，两个省去那里。1974年以后的那10年出访任务很多。

5 散打运动的试点

阴：请您介绍一下散打运动的试点工作。

张：1977年就有群众反映了，1978年三中全会后，"改革开放"提出来，思想界很活跃，武术界也有人提出来，武术光搞套路不搞技击，好像少了一根腿似的，很多群众来信反映。北京的人提的内容比较多，其中北京东城区武协李光，他提出武术散手要提倡，这样武术的内容更全面丰富，不能光搞套路，武术技击为什么不搞？国民党那时候就提出来打，1936年和1937年搞过两次擂台比武，也没有成型，报纸曾经评论过像斗牛，像斗鸡。我们要是再搞，是不是和国民党一样呢？曾经有过论文不赞成打，提倡武术以健身为主，所以就以套路为主了。这个一直就延续下去了，一直到1978年提出来，我们就写了个报告，提出应该对散打技击研究，武术的技击特点怎么提倡，怎么体现？从体育项目这个角度去研究整理、去发展行不行？1978年开始运作，1979年北体、武体、浙江省体委三个单位作为试点。文件也下去了，请一些过去搞散打的人去试试，一开始的时候，自己单位先打，免得有伤害事故，主要是研究技术和规则，每个单位就叫他们表演表演，先自己内部表演，自己单位的几个人打一打。第二步，咱们再交流，武体和北体打一打，这样就发现一些问题，规则不足啊，怎么限定、怎么得分、多长时间、场地有多大、几局、一局比赛多长时间、间歇时间多长、怎样算得分？定下一些规范，然后就再打打看看，规则大概研究了四五次，其中还包括用几个裁判？像击剑似的一个主裁判、一个副裁判行不行？边裁、场裁，分别管什么？慢慢就成形了。

1982年就开始搞了对抗项目。1978年、1979年开始运作，1982年武术交流观摩大会上专门组织的去表演，去打，基本上按照五个级别。1982年举行了对抗项目表演赛，推手也作为对抗项目，为什么只抓散打，没有抓长兵和短兵呢？当时也试验了，感觉还不能反映刀剑的风格，你这个动作算什么呢？算劈，算刺，还是截？就感觉这个项目有点歧义，和刀剑不一样，和枪的动作也不一样，只有一个直刺式的，后来考虑就别抓这么多了，先抓徒手的吧，都想搞也不行，包括器材问题、裁判问题、场地问题等。就先搞散手。对抗项目多，以后再说吧，10年以后，1989年就开始正式比赛了，就算定下来了，各地有这个积极性，教练也有积极性。试验10年了，如果再这样继续试验下去，大家的积极性就会降低了。一个项目不给他立项，老试验也不行啊，一个是教练没有积极性，第二个体委也不给资金了。试验阶段各个省也发现了一些问题，谁去改进这些问题？技术不提高，身体素质不提高，比赛完后发现问题要解决问题，这样子运动员水平就提高了，再比赛一次又提高了。现在的运动员抗打能力、攻击能力都很强的。因为他天天研究这个事啊，以前试验的时候就不行，散兵游勇不行，你得有专业队，有一批人来专门研究从事这项工作才可以。运动员也研究，教练员也研究，医务人员也研究，慢慢这个项目就提高了。

当时我就给体委领导说，别搞了吧？试验了10年了，就别搞了，实际我说的反话，下边都没有积极性了，不搞了。领导说不搞怎么行啊，都试验10年了。我说要搞可以，你要给我搞成全国比赛项目。变成全国比赛，各省就奔着金牌去了，他就有经费了，他就要招队员去了，就有专业队了，就稳定地训练了。老是业余的散兵游勇，水平上不来。领导就说那你们写报告吧。接着规则书出来，教材出来，批准了，我就把裁判单独立项，运动员等级啊什么的，一年就出来了。领导说了话你得跟上啊，规则正式出版，运动员等级和套路一样，教材《中国散手》也出来了，这样一下子就推出来了。这个项目的试验时间是比较长的，如果试验5年也早就推上去了，领导认为应该积极、稳妥地开展这个项目。我是故意将领导一军，10年都拍不了板这哪行啊，也不是说没人搞，也不是规则没有成型，就是因为没有专业队，没有专门的人研究它就上不来，得有全国比赛，各省市的体委主任要拿金牌，这个项目不就成型了嘛。

1989年开始先迈出第一步，再考虑第二步，武术套路列入全运会了，我就考虑散打也要列入，这样档次就提高了，这样各省市就更重视。我就跟领导探讨能不能把武术散打列进去？口头说不行，后来我就写报告，当时给他们说的时候，负责这个事的，竞赛处就说，你别费这个事了，武术套路已经给你们了，都列入全运会了，你这个算了吧，以后再说吧，好多项目都没有牌，你们这个已经有牌了，就挡住了。后来我就找徐寅生，我说武术套路已经列入全运会了，散打已经是全国比赛了，散打能不能也列入啊？他说你们9个级别怎么列入啊？我说能不能给1个牌？他说那怎么打啊？我说你给1块牌，我们就有办法，就够用了，你给1块牌，这个项目又提高了，救了这个项目了，要不然这个项目列为全国比赛了，全运会没有，这个位置还是不行。最后就把他说服了，徐寅生讲那就1块啊，多了不给了！最后就批了1块牌。我就想和坐公交车一样，这么多人都想上车，你就别想有个座位，你能够上车就不错了，你还考虑座位？你只要进入全运会，1块牌也行，我估计以后会增加几块的，我就想先别贪多，有1块你就知足吧。这1块牌，对武术界、对散打来说太重要了。

一进入全运会，我们马上就召开了一个散打工作会议，教练员领队都要参加。你要鼓动鼓动啊，项目已进入全运会，1块牌，怎么设？打团体，谁得分多就是谁的，还对训练、医疗、武德、技术、训练等方面提出一些建议，哪个队对散打运动的贡献大，训练、医疗、科研都在这做个介绍，有的队做了很多工作。一是项目档次提高了，二是哪些队做的比较好的，在这里亮亮相，介绍一下经验，对大家是个进步。搞散打的以后你更重视，不搞散打的，你要知道这个项目的动向，有的单位以前没有队，为了团体分，就趁着这个机会新组队了。我觉得这1块牌来之不易，含金量还是很大的。

第七届全运会完了以后，八运会3块，现在全运会是6块了，所以说项目的发展还是要靠自己去宣传。有人就说，处长啊，这项目还试验啊？别试验了，你试验这个成绩不算啊，教练员打了比赛不算成绩啊。我说别着急，慢慢来，我们还要坚持，不是坚持一个月两个月，是坚持10年。这个项目现在已经是全国比赛，亚运会、东南亚运动会等也都形成了。

6 1980年武术座谈会与1982年武术工作会议

阴：请您介绍一下1980年武术工作座谈会以及1982年武术工作会议的情况？

张：1980年武术工作座谈会在工人体育场举行，大概40多人，很多老的武术家基本上都请到了。其中有一个政协常务副主席赵君迈，这个人是留日的，除了学习武术还学了柔道，对武术特别热爱，所以那次会也邀请他出席了，老武术家张文广、温敬铭、蔡龙云等都参加了。为什么开这次武术座谈会呢？因为1978年全国体育工作会议上决定，下一届全运会（1983年）不设立武比赛项目，武术将作为一个表演项目，主要原因是这个项目还是非奥运项目。当时武术界反响比较大，马贤达、李德印、门惠丰、张文广他们都给我打了电话，还有的写信，像温敬铭老师、蔡龙云老师。全运会这么大一个运动会，过去都有武术，下一届怎么没有了？武术界反响很大，都认为全运会不应该把武术取消，这是开会的原因之一。

  我们不能因为全运会不设武术就开会针对领导啊，所以召开这个会主要是贯彻上边的精神。但是大家都一致认为武术要进入全运会，不进入意味着不重视，搞成表演以后专业队也没有武术了，业余体校也取消武术了，当时就出现这个情况了。比如广西队周树生他们就去新加坡了，曾铁明去澳门了，队伍解散了，还有些队伍本来业余体校有第二梯队，人数减少了，也不再招生了，有的队伍就转业了，辽宁队去体育馆看大门，去表演了，以表演为主，正规训练就少了。没有全国比赛，就表演了，安徽也是正规训练少了，主要下去表演了。江西队原来在上海体院训练，后来也不练了，没有比赛了嘛，还要这个干嘛啊？有的编制控制了，有的转向了，有的取消了。所以他们就呼吁，老张啊，你要给领导反映一下，全运会不能没有武术。领导就不这么认为了，就说，小张啊，你不能和他们一样想，你要做他们的工作，不能站在他们的立场给党组提意见。后来呢，我也理解领导的意思，定这个活动主要是奥运战略，凡是奥运会的项目才进入，不是奥运项目的一律不进入。各省市开始不重视武术了，有的都撤销了武术，基于这种情况我们是不是召开一次会座谈座谈，全运会不设武术也不能放松啊，但是大家一致认为不能取消武术。会议召开得差不多了，我就找李梦华和荣主任，跟他们说，会议开得差不多了，是不是见见面听听意见、对对话啊。荣高棠、李梦华还有运动司的李威就过来了，主要是李梦华和荣高棠讲话。不是说不重视武术，还是重视的，为什么把武术作为表演项目呢，表演是广义的比赛，运动队不能取消，不能因为表演取消运动队，总的来说表演是广义的比赛，以后还要搞比赛，这一届已经定了，就先这样吧，下一届再说。大家也应该理解，不能说体委定了，我们开个座谈会就变了？总体上是奥运战略，后来武术为什么又进了呢，因为武术要向国际推广，你向国际推广，自己都不重视，国际上怎么看你啊？为了武术向国际上推广，武术是以非奥运项目进去的。

  1984年全国武术比赛的时候，邀请了国际上的十一二个国家和地区，召开了一个座谈会，主要是讨论武术如何向国际推广。最后形成了几个文件。第一，需要中国武术协会牵头，1985年搞一次国际武术邀请赛。第二，尽快成立国际武联筹委会，在西安成立的。第三，搞一个呼吁书，就是希望国际武术组织积极支持武术推广发展。1984年开始启动，1985年第一届，1986年第二届是在天津举行的，叫"天津日报杯第二届国际武术邀请赛"。1985年在西安比赛期间成立国际武联筹委会也是经过中央批准的，要不然没有权威性，正式成立是1990年第十一届亚运会的时候。前边都是筹委会，筹委会主席是徐才同志，正式成立后李梦华担任第一届国际武联主席。1980年开完会，大家总体感觉领导不一样了，最后概括起来就是广义的比赛，专业队不能停。大家有个稳定感，下一次进不进全运会再说。下边反响强烈，领导也这么定了，只有按照现在的状况把武术安排好，开展好。我也做了些文章，我就在表演后边加了个"赛"字，我不叫"全国武术表演大会"，我叫"全国武术表演赛"，只要有个"赛"字，下边可能还认可。温敬铭老师对我的评价就是，老张啊，你加了个"赛"字，这个分量就重了，表演哪有金银铜牌啊？赛就有了，下边就认了，就有奖励了。1988年、1989年搞表演赛期间，就把规程扩大了，增加了传统拳、传统器械三类，项目增加了，金牌多了，面也广了，教练高兴了，就是因为增加了6个项目，奖牌多了，评职称的时候算。当时我们考虑的不是金牌的多少，而是表演赛的内容不要太单调，要丰富。正好巧合了，各个运动队也不会像全运会那样重视，表演赛就表演赛吧，参加就是了。

这个期间正好是香港的影视界要拍片子，第一部片子是《塞外夺宝》，国内第二部是《云冈石窟》，过了好几年才放，第三部片子是《少林寺》，第四部片子是《武林志》。这几部片子一出台，调运动员就比较好调一点，不是全运会项目，你们去吧，要不然的话还真的不放，他得去拿金牌去啊，害怕运动员受伤啊，拍了电影运动员就不好管理了。那段时间，我又正好配合香港公司拍《少林寺》，拍《少林寺》的时候徐寅生和李梦华都很支持，拍这个片子配合他们调运动员的时候都是拿着国家体委的信去的，不然的话人家也不放。比如我去山东的时候，体委主任季明涛专门开了党委会，就这么定吧。1980年座谈会期间，梦华跟我们说，"会后召开了一些会议，你们好好准备准备，准备好了我们开一个全国武术工作会议，解决一些当中的问题，1980年会议中大家也提到了要搞散打、搞技击类项目、比赛、武术向外推广的问题，不能光搞套路，也要搞技击，我们召开全国武术工作会议来讨论一下"。准备了一年多，1982年就开了全国武术工作会议，这是中华人民共和国成立后第一次武术工作会议，当时被称作里程碑式的会议，徐才做的报告，李梦华做的总结。提了很多问题，比如说，把挖掘整理的工作提上日程，把武术推广工作提上日程，把散打这个事情定下来，"积极、稳妥"地开展，以前也搞了，但是没有形成正式的文件。包括科研的问题，运动队的管理问题，思想教育的问题，总共提了十来个问题。所以1982年的武术工作会议内容还是很丰富的。

7 武术科研工作

阴：1987年成立了中国体育科学学会武术分会，并组织了论文报告会，请您介绍一下。

张：当时搞这个活动武术院还没有落成，当时在首都体育馆办公，徐才同志是第一届武术院院长。他比较重视武术科研，科研工作要摆上日程，武术院不搞研究怎么行啊？武术院要搞点课题研究。以前没有搞过也没有经验。准备了接近半年，发下文，征文，反馈回来，评议。开会要派代表参加，还要做论文报告，评选奖项。那次会议，李梦华也参加了，徐才、徐寅生也参加了，参加会议的大概有三四百人，就在射击场那块。专门出了个论文集。应该说论文报告会质量还是很高的，还成立了学术会，我当秘书长，夏柏华做副秘书长，主任是徐才。那次会议之后，武术院开始把科研作为很重要的工作来抓。两三年举行一次。后来举行了多次，就有些针对性。当前需要解决的一些问题，举个例子，比如武术定义，到底怎么定义？比如武术进奥运怎么进，什么项目进去？第二种类型的就是自由发展，你觉得什么重要自己拟题目。

8 国际武术联合会技术委员会

阴：请介绍一下1995—1999年担任国际武术联合会技术委员会主任的情况。

张：国际武联筹委会1985年成立。1990年正式成立国际武联，1990年在亚运会期间，当时没有下设机构，后来考虑你总要有个技术部门吧？现在不光有个技术委员会，还有传统委员会、推广委员会，越来越细化。我是第一任技委会的主任，吴彬是副主任，还有英国的、美国的、意大利的、加蓬的，总共9个人。在1995年巴尔迪摩第三届世界武术锦标赛期间成立的，主要负责技术问题，比如比赛的技术问题、裁判员考试、世界锦标赛地点的考察等。当时也列了些章程，技委会成员怎么组成？几个人？主任几名？副主任几名？委员几名？几年一换？第一届还制定了一些比赛制度。下一次比赛在哪里举行，我们要去考察，比如场馆的问题，吃住的问题，当地领导的重视程度，像奥运会一样的模式，要考察资质，有没有条件举行？我们第一届也就是建章立制，第二届我也就退休了。

9 武术段位制

阴：请您介绍一下武术段位制？如何实施？第一批九段的评选标准是什么？

张：启动时间从1986年武术院成立以后就开始考虑了，怎么搞？名称叫不叫段位制？进展缓慢，当时下边的群众要求，其他项目都有职称啊，运动员等级啊，我们很多人没有名头。运动员技术等级的名称也反反复复的。要有特色，因为是民族传统体育，还特别回避健将啊什么的。武士和武英？社会上有这个要求，比如有的老拳师和一些名人出去教学没有名头。其他的项目都有了，空手道、柔道、跆拳道啊等。武术也要开始搞，1993年、1994年就开始展开工作。交给北京体育大学去研究这个事情，作为课题。当时主要考虑的是群众，民间的、社会上的、管理上的人员。定几个条件，怎么评选？用"段"好吗？大概经过3年的时间差不多了，搞了问卷调查，征求意见，组织过有关专家来研讨，包括教材设置、技术标准。制定的时候考虑主要项目，如长拳、太极拳、南拳等，还有就是其他拳术，暂时没有进入技术标准的，比如八卦掌等归类为其他。一至三段，老同志编的套路就拿过来用，不需要再重新编了，就用现成的套路就可以了。一开始评段怎么评啊？能不能先批一批啊？采取套段形式，六段以下下放，七段以上国家控制，难度适中，不要太难了，就是个荣誉，不要复杂化，初衷还是考虑民间拳师。现在有二十多个段位内容了，设多少拳种为宜要论证，不能老开口子增加内容。到底增加多少啊？要国际上讨论，都来提意见，不能太随意，随便一个项目都上，不行的。不要太多，要学习跆拳道，少而精。不能把所有项目都加进来，先论证，再考虑教材、光盘、技术、骨干的问题。要论证，要讨论，怎么评、怎么套段？领导就说你把九段提个大名单和小名单，大名单18个人，小名单五六个人。大名单不能用了，资格最老的人先出来，要严格点。张文广、蔡龙云、马贤达、刘玉华、何福生、沙国政等，刘玉华不评。最终就是张文广、蔡龙云、何福生。严格了八段必须副教授以上，有的是教授，但是资格不行，副教授是七段，这个属于套段。要搞得隆重一点，就在人民大会堂1998年4月搞了个授段仪式，伍绍祖也去了，还有李梦华等，后边的段位名单公布一下就行了。

10 主编及参编武术教材

阴：您还主编了一些书，能否简单介绍一下教材的编写目的以及背后的故事？

张：编写书也是从推广武术的角度出发的，要有个标准化的问题，技术啊，等等。比如24式太极拳，1956年开始推出的。北京人到日本教学，上海人给纠正，这不行啊，要规范，要制定标准动作，便于推广。技术规范，理论统一。为何搞武术馆校的教材啊？因为很多武校就没有教材，很多教练都是练习几年武术就留校任教了。他教什么啊，怎么教啊？也是个规范化的问题。教教这些教练，教教这些校长，提高教学水平。武术大百科的书呢，想着就是比较全面地把武术的东西归纳一下，作为一个工具书。像国际推广套路也是考虑的竞赛问题，比如竞赛，你是叫他编套路啊，还是我们来编写叫他们学习呢？我们对这些教练进行培训，他们再去教学就有了相对比较统一的技术要求和规范了。

11 武术研究院成立

郭：请您介绍一下1986年3月31日武术研究院成立的情况。

张：1982年回到处里，那时候老干部上台，新提拔的干部要下来，1978—1982年提拔的一批干部免了一部分，1981、1982年给老干部落实政策。感觉两套班子管理武术不好，好事大家争，坏事都互相推脱。武术处是个处级单位，武术院是个局级单位，而武术处还要管着武术院，我们是国家体委直属单位，这不好。都搞一个业务就有矛盾，考虑到继续下去矛盾越来越多，我就给徐才同志建议把武术处取消合并过来。比如同样搞一个活动，武术院是搞科研，而武术处是搞比赛，他们搞活动叫我们缴费，我们没有这部分开支，路费啊，吃住啊，都要武术院开支，我们想要搞些座谈会他们还不同意，你说搞这些干嘛呢？都是搞武术的。武术院要搞个活动啊什么的，武术处那几个人就说时间安排不了，开不了。搞比赛呢，他们是主体，他们安排我们来做什么。我就和李梦华讲，他说合在一块可以啊。比如一些外事活动武术处给我们安排，研究院呢你到国外研究什么啊？你不在中国研究？我们要用个人呢，做裁判去了，我们发通知了还不知道，我们这边都报到了，他那边就说你赶快过来做裁判。人员、事情都出现了交叉。

1986年3月31日武术院成立，这个是我提议的。把我调过去，干部司给我谈了，要我过去支撑一下，徐才同志任院长，我呢调入，意思就是1年左右副院长就要提。1986年过去筹建，借调两人配合，我们3个就筹建这事。办公场地都没有，我们去租场地，在附近租呢，领导说，你们最好离体委远一点。首都体育馆东三楼的办公室，基本上三楼都包了。武术院成立是1982年武术工作会议以后，那时武术发展得很快，三四个人来负责已经不行了，必须得扩大规模，增加人员编制，原来都是调别人来干事。1984年开始写报告，那时候提出武术向外发展了嘛，一开始不是报的武术院，当时是报的成立武术司，要不就成立武术馆，这个名上边也不同意。后来上边教育部门、劳动人事部门说，现在比较重视科研，你们就成立武术研究院得了。最后就是国家体委武术研究院。

定下来以后就是我负责这个事，那时候没有车，后来我们就从射击场借了一个吉普车，坏了的，修一修就用，就这样开着这个车到处跑。当时正好亚运会筹备组也在首都体育馆，所以就搭他们的班车上下班。1986年运作了一年后，1987年就建议武术处合并过来。徐才同意，李梦华也同意，后来就叫我、赵双进、付志全，我们三人写了个报告，最后就同意了合并。1987年下半年合并过来了，增加了一个外事处，从国际司调了几个人，增加了一个竞赛处，我就到竞赛处当处长了，下边有几个兵。还有科研、气功、训练、资料室、办公室、外事等这些机构。训练处主要搞培训，外事处主要是国内和国际推广。现在的武术院是霍英东投资建设的，趁着亚运会的东风划了块地。这就是武术院建院的起因和过程。

郭：《武术史》的编写情况请您介绍一下。

张：原来没有《武术史》，最早的是习云泰写的，大家反映还是有些缺陷，需要继续完善。张耀庭在任的时候就着手开始找人编写。王玉龙调过来开始着手武术史的编写。经过3年多的时间写完，叫简史，因为台湾、香港、澳门没有进去。当时的现实情况不可能把港澳台写进去，我们先写，以后再加进去，总要先有这个东西以后再完善。写的时候不能站在个人角度，要站在国家角度，拿不准的宁可不写或者有争议的几个问题宁可不写。历史上的事情有一个了解深入的过程，不要有倾向性，尽量客观，还有些文字上的筛选。

郭：请您再介绍一下1987年武术学会成立的背景。

张：1986年武术院成立后，要抓几个大工作，武术研究院不搞研究不搞科研不行啊。当时徐才就提出来摸摸底，看看全国武术的科研水平。当时就发文了。当时还成立了3个组来评审论文，比如竞赛方面的、历史研究方面的，还有其他的。研究评审出来后组织开会，不能都来啊，就通知一些人来参加，哪些人要在大会上发言等。就在射击场八大处那边举行。

郭：中国武术科学学会是怎么成立的？

张：开完会后成立的，先搞大会，还想搞这么个学会，后来就和体育科学学会申请成立。我当时还是秘书长，这个机构有标志性的，在科学界很重要。

12 "文革"时期的武术

郭：请您介绍一下"文化大革命"期间的武术活动。

张：一开始武术没有受影响，后来搞"破四旧"武术就受影响了，因为武术是传统的东西，有人说是封建的东西，尤其是一些武术老师有一些政治上的牵连，后来武术就干脆不叫练了，刀枪都入库了，公园里几乎没有人练习武术了。那时候比赛基本就停了，除了一些大的有影响的项目还在开展，比如体操啊什么的，要参加国际大赛。那时候运动员不想练，教练不想教。我那时候刚毕业都不了解，我们都不知道什么，也不知道批评什么人，批谁啊？一开始是批判贺龙、李达、李梦华他们，后来就开始批判各个司处的领导。很多都是不实的，有些就是虚构，比如有人是特务什么的。过去的一些老人都有点问题，实际上他们在中华人民共和国成立后都已经交代过了，到了"文化大革命"又把这些问题翻出来了，又开始批判。比如有人在国民党撤退的时候买了一套假军服穿上了，是少校的服装，不知道的以为你怎么穿这个呢？什么身份啊？实际上他只是买来穿的，觉得好玩而已。你像体操处有位老师，过去在湖北工作，过桥的时候需要收费，老收费啊，他同学是特务连的，他就找同学办了个通行证，他不是特务，他是老师，后来就按照特务来批评。

13 武术挖掘整理工作

郭：请您介绍一下武术挖掘整理工作。

张：1982年武术工作会议就把"挖整"重视起来了，用3年左右的时间进行了全国性武术普查，其实1978年、1979年就已经开始了，那时候"改革开放"大家思想就开始活跃了，当时就组织了几个人下去调研了解。1980年提出来了，1982年重视起来，1983年在南昌开了这个挖整动员会，在会上就提出挖整的要求，各省市用3年时间由专人来做这个事情。当时国家体委给各省市一些经费，各省市也要提供一些经费来支持这个工作。国家体委拿出来两三百万元来支持，如果不够用，各省市要提供经费。1984年在承德就搞了第一届挖整展览，各个地方要展示挖整的成果，资料啊、兵器啊什么的。每个地方给一块地方来展示。当时在承德搞得很好，后来就到国家体委来搞一次。为什么搞到这里来呢，领导觉得搞得不错，很赞赏，领导就说你们把承德的那些弄北京来展览一下。普通人看不了，只能是各个司轮流来看，最后的评价都是很满意，觉得搞得不错。这些既是一种了解，也是对领导的一种宣传，他们都去看了，他们对武术也加深了了解。这是第一次。

第二次是1986年在北京故宫东朝房，在那里展览了一个礼拜。这回就有了个总结，一是挖整成果的展览，二是要对挖整的先进集体和先进个人进行表彰。所以有不少先进单位、先进个人，然后领导给颁奖，那时候是雄狮奖，最好的就是雄狮奖，后边的就是牌子了，雄狮牌。三年挖整就算是告一段落了。后来不是说129种拳种嘛，其实不止129种，我看了登记表总共大概300多个，有些是很小的拳种。后来他们就定了个规矩，要有点名气，还要有人练。最后归纳了就是129种，其实登记有名字的有300多个。当时就定了个标准，总共16个字"源流有序、拳理明晰、风格独特、自成体系"。刚刚有几十年的不能进去，要有历史，不能新编一套就放进去啊，谁都可以编，那不就多了？那不上千了？

挖整的作用：一是对全国武术的分布有个概括的了解，对武术的发展普及也有个概括的了解。哪个地方不错，哪个地方开展得好，等等，就是普查性的摸家底；第二，各省市也是个摸底。国家根据这些资料也搞了武术史和拳械录。挖整的成果是显著的，我在的时候，当时想着搞十大拳种的规定套路，最后搞了八个，定位是主要拳种，在国内开展比较普遍的拳种，比如少林拳、南拳、八极拳、劈挂拳、螳螂拳、八卦掌、形意拳、通背拳等，这几个搞了，其他没有搞完，还有五种太极拳也搞了。其实还有很多好的拳种开展得不错，应该继续整理，比如查拳、翻子拳等。当时就想着先搞10个拳种推广一下，然后接着搞。当时我的想法就是搞完这些拳种接着就办班，叫各地去弄，接着就搞交流比赛。后来这项工作没有跟上，国家不抓就没有那么大的影响力，不搞单项比赛影响力就不够大。应该说这些也是在挖掘整理的基础上搞出来的。

郭：1978年、1979年的挖整调研怎么选人？怎么设点？调研什么？

张：去了就是了解本地拳种的情况，主要是和体委、老拳师、传承人进行座谈，了解一下，听听意见。国家体委出函，自己出钱，地方接待。地方体委提供支持，比如当地有名气的老拳师有哪些、在哪里、教什么拳种、开展的怎么样？然后再和这些老拳师进行座谈，听听他们的意见，对武术的发展有什么想法。另外一个呢，就是年轻一点的，搞专业队的以及院校的也可以参加这个会议，也听听他们的意见，听听他们的问题，有什么建议，有什么展望？他们就说有些老拳师年龄都大了，有些都去世了，有些老拳师生活困难都没有人管啊什么的。全国二分之一的省市都预先调研了，他们只是带几个问题去征求意见，他们也不能表态啊。你们觉得挖整怎么搞、武术怎么推广、技击怎么搞啊？有些问题我们没有提出来，他们就提出来了，比如"文化大革命"的器械被收缴啦，有些老拳师还带着帽子呢，还没有平反，等等。

14 竞技武术工作

郭：请您介绍一下竞技武术的情况。

张：其实原来武术科也做过一些，过去武术也搞比赛，中华人民共和国成立前也搞过，中华人民共和国成立后就把武术定位为体育项目了，不是以技击为主了。即使1978年以后把散打列进去，其实也是突出了体育性，不是突出技击性或者一招制敌，为什么不能打眼踢裆？这个项目应该考虑1958年武术协会的成立，武术协会成立后武术比赛应该吸取别的项目的比赛经验，参照了体操的模式，打分、时间、场地、裁判设置、动作要求、难度设置，我们有自己的动作特点。后来我们编这些规定套路，甲级啊乙级啊，当时编这些套路的时候也是想着和运动员等级挂钩，甲组的就是健将级别的，乙级的就是一级，三级拳就是三级的，初级拳就是初级的，少年的。当时还没有和运动员这一块连在一起，当时的思路就是和运动员等级挂钩。一开始编这些套路的时候就是要突出武术的风格，但技巧性的东西多了些，学习体操学的有点多了。其实这些套路还是不错的，起步的时候吸收其他项目的形式，之前的比赛没有规定套路的时候就是自选套路。

第三章　夏柏华教授口述史研究

时间：2015年7月12—14日。

地点：夏柏华教授北京家中。

采访：郭玉成　徐贵华；**摄像**：王琨；**文字整理**：徐贵华　王琨　李守培　郭发明。

受访者简历：

夏柏华，男，1937年生，安徽郎溪人，中国武术九段，国际级武术裁判，全国"十大武术名教授"之一，国家体育总局武术研究院首批专家委员会委员。1957年就读于北京体育学院。1961年留校任教。1979年，组建北京体育学院武术散手队。1985年，借调至国家体委武术挖掘整理领导小组工作，任副组长。1986年，调入国家体委武术研究院工作，先后担任理论研究部主任、技术研究部主任。1993年担任大型电视系列片《武术世界》的技术指导。历任中国武术协会副秘书长，中国体育科学学会武术分会秘书长、副主任。曾参与编撰全国体育院校通用教材《武术》《中国武术拳械录》《中国武术史》《中国散手》《中国武术百科全书》等著作。

1 竞技武术训练

郭：1971年您开始做北体青训队的训练工作，请您介绍一下当时的情况。

夏：那是"文化大革命"的时候，1971年，因为我们属部队分管，所以首先开始的青训队进校，然后恢复武术专业招生，第一个招的就是青训队。青训队的时候我们是中队的，男女两个队分开一起训练，我是男队教练，女队是门惠丰老师带。

徐：青训队的队员那时候是怎么选上来的？

夏：不是我们选的，派人到底下招的。那时候招队员有特别的要求，一个是政治审核很严格，另外一个要招年轻的、真正基层的，培养接班人。训练从基本功开始，他们是一点也不会，基本功都不会，就是按照长拳教材从练习基本功到学习套路，中华人民共和国成立后都以长拳为主。

郭：1972年美国的尼克松总统和基辛格博士参观北京体育学院青训队武术表演，请您介绍一下当时的情况。

夏：基辛格博士来的时候经常来北体参观，他看到的就是我们青训队的小孩，我们用查拳的素材自己编的一些长拳小套路，当时那种精神面貌，那种动作规格、气势，基辛格博士看了觉得很好。

郭：基辛格博士来北体，那尼克松总统呢？

夏：那是后来成立国家队去美国表演的。主要是基辛格博士那时候一看中国武术的这种气质、精神，回去汇报了情况，邀请中国武术队访美。美国我没去，队员去了，那时候还在"文化大革命"期间，张山同志当时在武术处，他们组建的国家队，山东队选了五六名队员，各省队选了一些队员。尼克松总统看了很赞赏。这个青训队带的是成功的，青训队完了以后就恢复了武术专业招生考试，这个时候是1972年。

郭：1974年，您被中央征调到山西大寨组建和训练少儿武术队的情况，能给我们介绍一下吗？

夏：对，我前后去了8次，每次去一两个月，时间加起来是两年。这个主要原因是什么呢？当时大寨开始组建武术队，我带了一个学生，她是山西人，要去实习，我们就去组建、训练大寨的武术队。后来因为他们表演任务很重，旅游的人到大寨参观梯田、社办企业，那些社办企业都约武术队去表演。另外，接待外宾特别多，接待外宾的表演就以武术为主，而且陈永贵自己喜欢武术，他是中央委员，他的孙女是大寨武术队的主力队员，所以调我过去组建训练这个武术队。

郭：您的队员是来自哪里？主要教什么内容？

夏：队员就从整个大寨挑出来的。教的内容那时候也是长拳类，刀枪剑棍拳。还有三个对练，其中一个是"三个棍对一个棍"，三个棍在外边、一个棍在中间，中间那个就是陈永贵的孙女，这个项目是我们压轴的，特别受欢迎。这个少年武术队带出来以后，效果很好，而且参加地区比赛的成绩都比较好。

2 竞技武术套路比赛与执裁

郭：1959年您代表北体参加北京市武术比赛是第一次吗？

夏：第一次，因为当时1960年要办全国武术比赛，北京市要选队员。我在班上成绩还是可以的，我就报了这个，他们都没有报。比赛结果我是全能第三，北京晚报都登过，那次拿到第三名以后我挺高兴的。

郭：1976年您在华东地区武术比赛中开始担任裁判长，就是济南武术比赛，请您谈谈这次执裁的经历与体会。

夏：华东地区武术比赛，我是拳术组裁判长，马贤达老师是总裁判长。那是"文化大革命"之后恢复的武术比赛，这个时候我们是参照过去比赛的经验，过去的规则是一大本书，抄体操那种形式，每个写的都很细，当时不可能拿那么一本让裁判员学习啊，那是不可能的。后来就根据动作规格、演练技巧这些要求进行规则修改。这次规则修改，很重要一个特点是突出武术强调攻防的本质特点，这个很明显，因为受到"文化大革命"冲击以后，我们就发现一些带有政治性的东西，戏剧、舞蹈化的东西很明显，那个空中劈叉、刺剑完全照抄戏剧动作，那时候政治化就搞这个，我们当时就反对。

我在裁判长开会的时候提出来，搞这个的话，不是舞蹈化、戏剧化了？武术的根本特点是什么？现在武术被人家说舞蹈化、戏剧化，关键就在这儿。用武术的名字做它自己，攻防技术是武术的核心嘛，这个规则一改就很明显，特别是技法的要求、功力的要求、劲力的要求，通过演练技巧表现手眼身法的配合，全都要求这个东西。现在想想，修改比赛规则的时候，我跟马贤达老师的思想是一致的。有的老拳师好不容易来参加全国比赛，来了看到那些戏剧化、舞蹈化的动作就说这个武术的技击特点不明显。

郭：*这次规则修订是你们在比赛之前专门修订的吗？*

夏：比赛之前按这个要求修订的，是在"文革"之前规则的基础上。最早的规则是中华人民共和国成立以后天津武术大会做的，搞得太笼统。我们这次是把几个大的方面归类，那个分值基本还是用一个评估性的，要量化，体操就是量化。当时我们规则修改得就比较简练，从几个方面来要求，特点很清楚。

郭：*有没有参照其他的规则？*

夏：没有，我们在过去规则基础上，一个是天津武术大会的规则，后来又参照蔡龙云老师为主制定的一个规则。我跟马贤达老师一起在这两个基础上修改的。最终，确定了整个套路比赛要强调技击特点、攻防特点。围绕攻防特点的话，比如，第一个架子与技法的结合问题，不能为了漂亮而漂亮，有架子没有技法，绝对不是武术的东西，这很清楚。第二个，演练的一些东西，重点看什么，看演练技巧、演练风格的体现，讲劲力的运用、功力的表现，看这方面，这是武术真正要追求的东西。

郭：*您从70年代初做裁判长到现在，能对自己的裁判经历做一个回顾吗？*

夏：我是从进大学的第二年开始，就跟张老师做套路裁判，这个是在实践中学习的，老师带着我们，这很重要。我觉得这个裁判八字方针是对的，"严肃认真、公正准确"。作为裁判，我说具体要有两方面，一是工作态度要端正，因为裁判就是法官，一定要公正，不能带适合个人品味的东西。我做裁判的时候就不要本位主义，应该按规则办事。裁判你要做的话，先要把自己的思想态度、问题理念弄清楚。我是这样说的，我们裁判员，类似法官的身份，制定规则是个导向，是记录武术发展的导向，不能有个人的东西掺杂进来。即便你个人有看法，还是要服从规则，按规则办事。第二个，不要问为什么，因为你有这个权利你就得无私，这是工作态度问题。那你业务上面也要精通，我认为精通规则的话，除了有文字上精通、含义上精通，一定还要有亲身经历和研究，要去实践，你不去实践你看不出来的。外行看热闹，行家看门道，门道在哪？你自己不体会、不练，哪知道门道在哪，武术到底在这个功夫上是怎么体现、技术水平高低在哪体现。虽然我们好多院校出身的，但一般来说比较窄，因为中华人民共和国成立以后就是以长拳为主。

现在回头看这个规则的问题，一个是用了西方的模式、西方的文化来制定规则，不是民族体育项目的特点。特别是奥运会提出的口号"更高、更快、更强"，它是从竞技角度来参考的，作为武术比赛的话，不是这种体系。我前段时间看到一篇论文说西方文化冲击了中国传统文化，伍绍祖同志当体委主任的时候讲过，咱们进奥运的那时候为国争光是一件光荣的事情，对国家做贡献，但是不能把我们传统武术的特点、民族体育项目的特点丢了，没有特色就没有国际性，民族性也没了。现在我们看过去武术的裁判规则，一直是一种评估，评估性的不等于量化，它有些好量化、有些不好量化。特别这个内外兼修的问题，内在东西在外形上看不出来的，那就看裁判研究、体验怎么样。比如说，那个规则几次修改，最早的规则，中华人民共和国成立后的规则，开始都是套用体操的，那么多的规则是有规则等于没规则，因为裁判员不可能记得那么多东西。后来又简化，简化的要领就要突出来，有个过程。另外，评分分值的划分，也是不断进步，但是竞技武术发展到今天，拿套路来说，现在搞的这个进奥运的，是完全按照西方那个"更高、更快、更强"的理念来的。武术绝对量化是不可能的，不能像体操那样，它不是体操，体操也不是全部量化。不可能像百米掐表，一撞线那个表就停了。规则修改应该是个升华过程。在我的思想中，是以武术演练为本，竞技武术套路就是演练，演练最核心的东西在于形和法的要求一定要细，形和法要有规矩、有要求，特别是演练技巧，主要是精神，内外都要练，形神要合一，而且武术演练的过程是全身运动，以腰为主宰的身法配合，这个也是最难练的东西。裁判看这些东西就要看得出来，每个动作的劲力表达、一拳一腿的功夫是要看得出来的，不可能去量化，不能只讲跳得高、翻跟头、旋转多少度。按照过去中央国术馆的要求，大的话强种强国，再具体一点是强身健体、防身自卫，只为这个目的。关于难度，有一个体操出身的领导，他说，你们那个难度，单腿着地，这个要伤害身体的，我们体操都不允许，这种动作是要扣分的。太极拳，打一个单拍脚着地，那个受伤率很高。练武术结果都受伤了，那还叫强身健体？

郭：夏老师，竞技武术是从无到有的，您对这个过程熟悉吗？比如说现在的长拳以前是没有的。

夏：这种长拳以前没有，是编创的，风格不完全按照传统风格要求了。长拳要求是舒展大方、快速有力。长拳有舒展大方这一流派，还有小巧玲珑一派。现在的长拳第一个是看动作规格，第二个看演练水平，它有具体要求。

郭："南刀""南棍"这两个词是不是在竞技武术里边才有？

夏：本身就有南刀、南棍。南拳是一个大类，南拳里头又分很多，广东南拳跟广西南拳又不一样。广东南拳的话，陈昌棉老师，他是虎鹤双形拳为主，所以后来我们编的教材基本都是从传统中取材。

3 武术散打试点与规则制定

郭：从1979年散打试点开始，您一直参与散打技术和规则的制定和修订工作，请您谈一谈具体情况，以及散打项目的发展。

夏：散打是后来的事，到1979年开始，要算的话比较早了。散打在国内发展有两大因素。国内主要是贺老总，贺龙分管我们，分管我们体育。他看到我们有次接待外宾表演的时候，有一个老师练长穗剑式长，就在那儿比划。贺老总看了特别气愤："你们这是什么！是唱戏啊，还是跳舞啊？"这兵武是同源的，军人对武术的看法跟一般人绝对不一样。所以要说到散打，前面我们没搞的话，1960年大比武的时候贺老总已经将了我们一军，他说："你们体育学院的武术老师、摔跤老师，能和我们的擒拿格斗较量较量吗？"我们院长钟师统回来就在大会上说："贺老总点你们武术、摔跤了，你们再不搞技术改革就没出路了。"

郭：您什么时候带散打队？

夏：散打试点阶段，我跟学生们打。我是跟学生打出来的，为了搞散打，我跟学生足足打了三年。一开始跟他们实战，他们都不是我的对手，后来小子们练啊练的，也挺厉害了。我老说技能是打出来的，结果打了三年以后，我就从技法总结出，要从所有传统武术中吸取攻防技法。腿法是难事，所以我后来研究。重点就是查拳的弹腿功，而且我认为弹腿功还有一个优点，它没有开裆的机会。你们打鞭腿开裆，我们是夹着护着就上去，不危险。

郭：**直接正面起。**

夏：对，都正面，现在不是都这样吗。我在河南跟一个队员打的时候，我看到他要用鞭腿，他鞭腿还没有起来，我一个丁腿打在他胯上，把他打趴在那儿。这是经过打总结出来的。我为什么喜欢形意拳手法，它攻防结合的，不只是冲拳，那个拳都是护着的，包括劈拳都是护着，左右护着打，线路也很清楚。形意拳三体式，它都是缩的，一股整劲合着打出去，它是护着的。我们现在只知道打，不知道防守，攻防结合，一防就出去了，快得很、接得好，我认为这个实用。所以我总结了"技术要简洁实用"，不是花，现在有的好花用不上，像我有经验的，只要一动我就知道他预兆太大、动作幅度太大。

郭：**后来散打试点开始，您开始做散打裁判。**

夏：散打从规则到制定裁判法，这一套东西都是我带头搞起来的。从一开始三个单位试点到后来要搞规则，就以我为主，我调研了很多地方，全国调研。在这之前我跟学生实践三年以后，搞出来一本书《武术散手训练初探》，包括技术体系、战术运用，那个小册子很薄的，那是最早的，很早就出来了。

张文广老师一开始就做了一个"散打实施训练法"，是在华侨的催促中形成的，华侨说"武术源于中国，我们中国自己却不搞散打这个项目"，华侨对国家提了这个建议。"文化大革命"以后，武术恢复，就开始考虑对抗性项目了。过去都还是武术一讲"对抗技击"就"唯技击派"，1957年的时候"唯技击论"是"右派言论"，是"四旧"。武术的核心特点就是技击特点，这本身就是对的，那时候谁要说这个谁就是右派，好多老师被划成右派。

现在回头看，规则几次反复，对武术技术的看法，早就发现了这个搂抱的问题，搂抱影响技术的发挥啊，我特意提出来："这个要赶快限制，搂抱以后加摔法是可以的。"现在散打比赛里面有很多消极，我早就发现这个问题了。

郭：当时您主要带哪些人一起做这些事情？

夏：那时候在试点中，我的助手是朱瑞琪，我的实验对象就是我这个队，后来包括浙江省一位姓王的同志对规则提出来一些建议。提出来以后，这个规则是中华人民共和国成立后第一次打擂台赛，在沈阳，三个试点单位，两个单位比赛，这是按照规则打擂台，那规则提出来的话就是经过试验的，打的时候让浙江姓王的同志当裁判，级别也不分，就是一个队出三个人。短兵也是，浙江没有试验短兵，就是武汉体院跟我们。这时候这两个项目，是我们先搞起来的。规则也是，经过他们提供规则，后来我又起草规则，然后公开赛我又有规则，在这个基础上再调研。全国运动会到云南昆明，我把规则带去在大会上征求意见。这个规则当时就是有一个原则，安全第一。当时拳击有打死人的事故，把拳击停了一下，因为这个竞技类体育项目又不是打架，你死我活不可以的，不能违背这个原则。

徐：关于安全问题，沈阳擂台赛比武过程中有没有安全保护措施，比如说拳套护具？

夏：戴护具的。安全问题，一个就是技法，按照武术的踢、打、摔、拿、跌，我们就是踢、打、摔，因为擒拿是反关节打法，给你一合劲，"啪"一下就错位了，肯定伤人，而且薄弱关节你要去打的话，那肯定受伤率高。体育竞技项目安全第一，不能出问题。跌是"地躺打法"，我们也有一些"地躺打法"，但是倒地受限制。我用的摔法是快摔法，快跤，不会那么慢，抱着半天那种不公平。我的技法是吸收传统的技法，原则就是简洁实用、防守严密、动作要严谨，按这个原则来取材，不能花哨，像对练那样是不可能的。严谨的话就是形意那种放进去缩小打击面，这个都是形意拳里面出来的，所以我下手的时候打法主要是形意。

拳套一开始是分指拳套，后来就带那个分级别的拳套。戴不戴拳套我征求过很多意见，一般老拳师都反对戴拳套，他们说这个影响很多手法。但是你要不戴拳套的话，我们试过，在重庆打比赛的时候就戴分指拳套，我要求在大赛前都把指甲剪掉。结果人在打实战的时候血都充起来，一打，破一点皮就血流满脸，不合适，对观众影响也不好。所以后来我规定还是要戴拳套，老拳师们很反对，说这种规则这样那样。后来征求意见的时候，派我到瑞典去了，中国台湾的一个人在瑞典教散打，那次去，就因为瑞典开设散打比较多，他经常到台湾打擂台赛。他跟我讲，他们有次打比赛，法国队最后基本都是被打得用担架抬上飞机的，太残忍了。我觉得这样不行，那种你死我活，甚至打到举手投降的，绝对不可以的，那不叫体育比赛。所以我们一开始就为武术提出来三条，第一就是安全第一，然后是技术，有利于技术的发挥。我还征求了一下意见，能不能打脸，他说他们不准打脸、打头部，因为危险性很大，很重要的一点是这西方的小伙子美不美就在脸蛋上，你把他脸蛋打破了、鼻子打歪了，他根本不来。我说要是这样的话，武术打上中下三盘，那三盘就没了，作为自卫防身培养的话，头部更重要，规定就是头盔一定要戴，我没有把头盔去掉，他们也有不同意戴头盔的，最后经过试验还是戴头盔的好。所以这个散手过程呢，后来是有些改进，但是散手发展的目的是什么，这个宗旨要清楚，你是体育竞赛项目，但是你打得不激烈、太死板的话，有影响。现在来看，比如说腿法，本来打小腿得一分，而且有句话叫"步不稳则拳乱"，这是从根上打你，后来又把这个去掉，说去掉好看，结果都打点不进攻了。

徐：当时计分制是怎么划分的？

夏：打腿得一分，躯干以上得两分，拳打头得一分，脚打头得两分，好像是，因为武术界过去说"手是两扇门，全凭脚打人"，对腿法比较重视。摔法就是看你怎么摔，先后倒地得一分，如果摔完自己站着得两分。裁判是两个场上裁判，一边一个，有个主裁判，有个记录。三个裁判一起看，打一分叫停，跟击剑差不多，但是这个不激烈，后来就改了。

徐：夏老师，散打第一次试点选择北京体育学院、武汉体育学院和浙江省体委这三个试点单位是怎么定的，为什么定在这三个试点单位？

夏：我们学校是国家体委直属重点单位，而且张文广张老师当年也是打的方面、摔的方面很有名的，温敬铭老师当年在中央国术馆也是在这方面有名。真正来讲呢，真正打的像温敬铭、沙国政和我们张老师都是1936年柏林奥运会去表演的那个队伍。浙江省体委他们当时已经开始搞起来了，自己报的。因为试点需要三个单位，距离也拉得比较开一点，一个北京、一个武汉、一个浙江。后来同步，其他省市也试点，我们就是先行一步试点罢了。

徐：刚试点的时候，民间好多人对我们这个散打试点有一些看法。

夏：他们是有看法的，最大的毛病就是他不懂这个东西，当然后来从技术来看，我也认为它不太全面，不能完全体现武术的概念。有的人是这样定义的，认为中国武术是传统格斗技术的总称。中国武术千年的发展，传统格斗技术多少年啊，你说我们选用哪个呢？拳种类别来讲，你用哪个呢？哪个比较实用？直、摆、勾三个拳，我们一开始也用这个，很简单，按照长拳就是冲拳，形意拳就是崩拳。直线打是两点距离最短最快的，谁能傻子一样拐着弯打，那是不可能的。三条线的打法是比较典型的，一个横线、一个上下线、一个直线，线性分类嘛。我们当时散打从那个规则上讲可以用各个拳种流派来打，因为它是体育项目，没有规则、没有技术，怎么评？

他们普遍认为就是拳击加腿，一个是"戴了护具以后，束缚了所谓三个关节打人"，全都是这样讲的。因为作为体育项目，安全是第一的，体育是增强体质，不能用这个伤人的，这是一条宗旨，武术本身也是强身健体，培养你一种训练能力、防身自卫能力，不是说我要打死几个人，完全不可以。而且武术讲武德，一个是口德、一个是手德，手德就是点到为止，所以民间敢切磋。比赛的时候怎么叫他控制？竞争很激烈，不能点到为止伤害就要大了，那就要护具保护，不然要伤人的。

腿法他们没说，就说三个拳。后来我们也出现好多拳，比如，鞭拳，戴了拳套也可以这样打，一样打得很厉害，我们规则并不是写死的必须直、摆、勾这三个拳。用摔法的话，我们提倡中国式快摔、快跤，不提倡柔道那个，我们当时还规定抱在一起几秒钟不跌跤就要拉开，不给你这样弄的。

4 撰写与主编武术教材

郭：夏老师在高校工作很多年，包括在武术院，编了很多次教材，您能介绍一下编写教材的经历或中间的一些事情吗？

夏：教材我主要写的体育院校教材，我们是编审组，这个主要有三大块我写过，院校教材的话，教育训练是我写的，像武术的有些教学原则、教学方法、训练原则，跟现在这个训练学、教育训练学有些结合。但是我们按传统的手法，这个教材的套路教学方法除了我们学院以外，吸收了蔡龙云老师那个套路教学方面的一些经验，这个我很清楚。训练方面也是，我主要根据训练原则，结合我们这个项目的特点，用一些传统训练方法。

《中国武术拳械录》，我是执行主编，那个材料在这个书前面有前言，都是各地挖掘整理上报的。《中国武术拳械录》的内容主要就那么几大块：第一个，拳种源流，必须把源流的发展经过都要写得很详细，就是源流有序；第二个，拳种技术体系和理论体系；第三个就是风格特点，拳种、流派的不同主要是它风格特点不一样，还有就是流传，社会上的流传、认可。大家都按这个写。每一个拳种报上来，各个省市逐级从最基层到中层、到省，省里汇总，再报到我这，我找院校年轻一点、文笔比较好的，再一起汇总。包括当时的陈国荣、周金彪，都参加了这个工作。最后按照上报材料汇总完了以后，再回到各地征求意见，地方上都有武术协会，我给协会委员们都发过去征求他们意见，征求地方意见后再汇总。一开始我写的是"武术编创"，出版社说这个文字一定要说明。后来我跟徐才说"这个又不是我创写的东西，从下面报上来汇总的，只是经过我们审查、考证、汇集了"，后来没办法，上面写的我是执行主编。一开始70多个县120多个拳种，根据材料的详细情况先出版了将近80个拳种，其他没出版的那些报得太简单，以后可以作为拳种写，还要体现不同风格。很清楚，挖整还没完，现在还在挖整，现在是挖整第一阶段，你可以报。所以后来成立武术研究院就是这个道理。

郭：散打著作还有一部《中国散手》。

夏：《中国散手》是最后编的。现在的基本框架没跳出我那个，就是技术性东西多了一些，特别是摔跤的东西比较多。

郭：《中国武术段位制技术理论教程》《全国武术（馆校）教材》这两本书的编写过程您熟悉吗？

夏：这两个我都参加了审核。

郭：那时候您是在武术研究院科研部吗？

夏：科研部，我之前都是科研部，因为科研部和理论部结合了。

5 电视剧武术指导工作

郭：在1982年电视连续剧《西游记》的拍摄过程中，您担任武打设计和教练，可以谈一谈当时的具体情况吗？

夏：《西游记》是这样出来的，当时，中央电视台计划有四大本，呼声最高的就是《西游记》，因为国外华侨看到日本拍的《西游记》，编排内容、武打设计等，闹得不像话。本来是《红楼梦》要先拍的，后来华侨反应很大，所以，我们中国也要拍一个《西游记》。后来中央决定，四大名著中的《西游记》先拍，后面再拍《红楼梦》。拍的时候有延安过来的杨洁，她是老同志了，杨洁就说《西游记》武打设计很难找，很犯愁。正好这个时候，第一个唐僧叫汪粤，唐僧不是前后配了三个嘛，第一个叫汪粤，他是电影学院毕业的，他在电影学院上学的时候，他们电影学院的形体训练课，我曾经去教过。我教他们练武术、摆架子、练功，学一些套路，实打轻走，就是不真打，帮他们训练这个，方法都是很确切的。根据演员的需要，他们说，中国的演员不会中国的武术简直搞笑，老是替身，所以就在形体训练里面增加了中国武术。

后来他们演员说，这个别发愁，找我们夏老师，我们都跟他学的，那老师会的东西很多。杨洁就带了摄制组，到体育学院找我，到我家找我，就谈到这个事，说请我出来当《西游记》的首任武打设计。我当时课程很多，带着研究生班，七四届研究生班就是我带的，又带了加拿大公派的一个留学生，叫乔安丽，是中国第一个体育的外国留学生，郝心莲也是我研究生。后来院里研究同意，我的课由别人带，合同一年。

我去的话任务很清楚，一个是我本身要演老妖道角色，有时候也要跟"猴子"（孙悟空）打斗。我是"猴子"的武术教练，要教他练功，特别是猴的动作，猴棍的运用我们一般是在北京训练，一个月的准备期，到外头拍一个月，再回北京休息，这样轮流出外景，外景早就定好了。我是始终在剧组住的，在招待所，我带他到北京西城区体育馆，提前给他练习，包括基本功练习、"猴子"动作练习，还给他编了一套猴棍、猴拳。这个是我在业务上根据剧情需要给他设计动作、练功，这是一个任务。现场拍摄，我要在现场，包括安全问题，他都是在馆里练功啊，到了外景，比方说从山上跳下来、树上跳下来，负责他的安全、技术指导。

后来参加了《三国演义》，刘、关、张"桃园结义"那场，刘、关、张他们不是有自己的乡兵嘛，结拜兄弟以后，乡兵都要来比试、演习，那一场也是我设计动作给他们练。刘、关、张那三个演员都不会武术，都是我给教、编动作，把北京那个武警第十三中队调出来训练他们当"乡兵"。

郭：您1993年还担任过大型电视系列片《武术世界》的技术指导。

夏：对，《武术世界》是怎么产生的呢？当时院里成立一个组，就是要拍十盒带子对外宣传，10集，一小时一集。这个带子是香港艺术公司拿钱，上海一个电影学院还有什么学院的，剩下它管。选择拍摄内容的是我，我给他编排，这个主要考虑的是，比如说少林是一盒带子，武当是一盒带子，按这个分。24式太极拳是我拍的，我主讲24式，讲解示范，动作的内容含义都讲了，这一盒带子现在国外反响也很大。很多老外给我发信息说："夏老师，我们就看这个24式，这个太极拳是你教的，我们就跟着带子练太极拳。"那是因为对外宣传的需要，搞的这个事情。我就在民间把好的项目提取出来，一直在全国拍了很多，名川名迹都去了，武当山也去了。到四川找吕紫剑，叫他练八卦刀。在全国跑，好东西都集中起来了，这个过程帮我进一步了解和掌握了武术。

6 武术研究院工作

郭：1985年成立中国武术研究院之后开始调人。您1986年到武术研究院理论部工作，请谈一谈在武术研究院的工作经历。

夏：1985年我还在全国武术挖掘整理领导小组呢，当的副组长，那个全国的拳种评比总结大会以后，成立武术研究院这个事国务院真的批下来了，批下来就考虑到调人。业务方面就考虑了三个人，蔡老师一个，我一个，吴彬老师一个，这业务就等于是徐才同志的左右手，当时我知道《商调函》已经发到体院了。我管的理论这一部分，因为是武术研究院，科研方面要跟上，我又分管科研；吴彬老师是技术方面。

郭：您当时在体院做什么工作？

夏：我那时在体院是教研室副主任，我挖掘完了以后，他们就物色到我了。当时我还有顾虑，因为我感到院校还是比较好，主要觉得在院校待了这么多年，工作比较顺，也很满意，所以当时要调的时候，我心里在考虑。后来我想既然定下来了，不去不是不服从组织领导吗？我就找我们姓赵的院长，他说给我考虑三天。后来我说我考虑了，咱们体育学院人才济济啊，新建成的单位刚好也是缺人，我也是想到外头去锻炼锻炼，还是决定走，这样就去了。一过去就负责理论部，这个跟我前面挖整有关系。

郭：您能谈谈在理论部的一些记忆比较深刻的事情吗？

夏：理论部最主要的任务是在挖掘整理以后，要完成三大件：一个是《中国武术拳械录》，一个是《武术概论》，最后一个是《中国武术史》。因为《中国武术史》从来没有，国家没有正式发布过，一开始就习云泰个人写的。武术史本来是北京师范学院一位搞体育史的老师写的，当时叫他写的时候呢，我看了一下他写的纲目，他那个就跟徐才同志的路子差不多，以每一个时代的兵器情况导致武术技术的变化，讲这个。有一次开科学报告会，研讨会的时候我征求意见，当时马明达老师参加这个会，他看了以后说这个提纲跟兵器史有什么区别啊，武术真正的发展是因为文化。马明达老师的观点是"文化的不断发展"，这个观点我感到很新颖，我叫徐才同志、蔡龙云同志都来听，武术属于文化范畴，文化发展，武术跟着发展。后来定下来就叫马明达同志主写，马明达同志说可以写，必须给他派两个助手，这个时候点的康戈武跟林伯源。

7 武术交流活动

郭：2001年的时候，您担任菲律宾国家队的总教练，能介绍一下当时的情况吗？

夏：到菲律宾做教练的原因是以前我就去过菲律宾，因为之前在海南搞了一个太极养生这样的大型比赛，叫去给他们菲律宾辅导太极拳，教的效果很好，反应也很好。后来他们就请我去当国家队教练，在我没去以前，邱建华已经去了。我去的话就分开来带，他主要带长拳类的，我是南拳和太极拳。

郭：菲律宾当时水平怎么样？您去的时候。

夏：菲律宾一直比较强，陈国荣去过很多次，张玉萍也去过很多次。菲律宾比较重视武术。我去带了四个月，带队参加马来西亚的东南亚运动会。

郭：2002年在北京举行的中、日、韩太极拳交流大会上，您作为名家表演了24式太极拳。请您谈谈当时的具体情况。

夏：对，那次赛会我打了24式。他们点我去，我做了准备，下来以后吴彬老师还夸奖。完了以后要辅导太极拳，分开辅导，24式到我这儿来，我把24式每个动作的用法讲得很清楚，这个太极拳怎么用，掤、捋、挤、按什么法、什么劲儿，这些我一边剖析一边做示范。那次特别宣传了太极拳，日本人喜欢太极拳。

孙中山先生说得很好，武术就是防身自卫；张之江说的练打兼能。会练不会打，那练武术追求什么？你看套路编排，事实上套路编排的原则肯定主要还是为了全民锻炼身体，但是有些动作组合是有战术思想的，为什么编这个组合？那是有特定的战术，这样编排的套路就很实用。编排的时候，套路要跟实战结合，像那个长拳，套路编排都有战术，剖析的话就是怎么打、怎么对付。

过去我看到一个谚语"不学兵法，别学武"，学武术必须要学兵法。不学兵法，武术学不通的。这套路编排，当然要注意动作的基本要求以锻炼身体为主，另外是为了练招，把招练熟，熟能生巧，然后战术意识知道了，体能也有，这才能活学活用。所以武术界有一句话叫"千招破万招，用活算一招"。

8 师徒传承

郭：从文化传承的角度，请夏老师谈一下您的师徒传承经历。

夏：收徒是1988年第一次接触，这个第一次就是与武术院举办"国际武术节"，先在浙江杭州开幕，闭幕在深圳。期间李铁映提出来中医和武术可以按照传统来收徒传艺，李铁映是分管文体方面工作的。因为我是院校出身，那么他提出来以后，我一开始还没有这种"收徒"意识。1994年，陈国荣引荐我到浙江台州办散打教练员培训班，教完以后当地一位老拳师和他徒弟感觉我有东西、有功夫，约我到他们那去。先到黄岩教了一个班，又到路桥教太极拳，各路拳都教，从此以后每年都去。

2001年我第一次收徒，那么多年去路桥，也教了他们很多东西，时间长了大家感情也很深，有的学生就提出来想拜师。当时我思考了一些因素是可以的，张耀庭同志当院长的时候，我们向总局研究院汇报过武术的这种传统收徒仪式可行。所以后来他们一再要求拜师，我经过认真思考，第一批收了8个，第二批收了2个，前后收了10个人。我考虑过收徒的传统应该与时俱进，既要传授好的东西，更主要是示范作用，所以我收徒有四个点，第一是选择标准，就按我那64字武术训，特别前8个字"德才兼备、以德为先"是我择徒第一条标准。第二是收徒目标，收你们将来干什么？要"完成武业、服务社会"，继承我这武术事业，为服务社会来收你们的。第三，不收钱、不磕头。第四，因为武术界有门派之争，团结很重要，我就有一个要求："你原来的师父必须同意，而且要他推荐，这是尊师重道。"你把你原来的师父忘掉啦？为了什么目的啊？最近《武术发展纲要》叫我提意见，我根据我的体验："第一个要提倡的是收徒传业！"把武术真正传统的根保下来，再加上一些好的东西去引导，把这一支传承武术的力量传下去。说心里话，中华人民共和国成立后的武术，就是以我们院校为主搞起来的，现在应该回到民间去，当然我们院校的人不也是民间上来的吗？

郭：这"64字武术训"您是怎么研究出来的？

夏：这个跟我对武术研究的体验有关系，比如说老师，武术界有句话说得很好，"有什么样的老师就有什么样的徒弟"。像我们张文广老师，我的成长过程一直受张老师的影响、带动和教育。张老师的"为人师表"的确影响很大，张老师的"为人帅表"是公认的，包括中央国术馆在的时候。张老师对我练功和自己练功有"五字"要求，五个字叫"会、对、巧、妙、绝"，这五个字高度概括了怎么一步步要求学生、要求自己练功，看看自己爬到哪个坡了，这很重要。第一步你要学会，不会就不好练；学会，你要按规格要求，规矩一开始要会。第二个要对，技法要对、方法要对、外形架式要对，武术讲外有架、内有法，这个是质量要求，学会不一定做对。巧，都说熟练才能生巧，必须经常练、重复练，才能找到巧。到后面这个"妙"就是内在东西，精神和身法的高度协调，内外兼修这种境界有没有，比如说"天有三宝日月星，人有三宝精气神"，你怎么练这些内在的好东西，这个就要说到巧妙；到妙的阶段，当然妙的话，我现在感到技艺更妙。最后叫"绝"了，就是说这招能够实用、用得上，不能说了半天这个不会用、那个不可能。对于"绝"的话是相对的说法，东西没有绝对的，"半步崩拳打天下"那是夸张性的，但是这个说绝了，这招也绝了，这招他要用绝了，别人就比他差，这是练功的五步要求。"64字武术训"就是受张老师的影响和他"五字"练功要求的启发做出来的。

9 职业经历总结

郭：夏老师您选择从事武术作为职业的体会能否总结一下？

夏：从不后悔，我想这武术啊，我认为从传统文化来讲，从孔子开始，他是主张文武兼备的，他讲得很清楚，"有文事者必有武备，有武备者必有文备"，要达到文武兼备，这是培养人才很重要的两个方面。我们做的就是这个工作，也是培养人才，所以我不后悔。

郭：您是从大学教师开始，到后来做教授，又做到官员，您觉得有什么遗憾，有哪些东西还可以再做吗？

夏：我现在感觉到就是我们武术的发展问题，比如说院校培养，怎么培养。人才培养我有看法的，我不知道你们课时安排怎么样，像我们那个年代，武术就是要练功，"功夫"这个词有两个解释，一个是你从事一个事业所付出的时间和精力的总和，一个是你从这个事业提高到一定的技能水平和修养。武术的教育，很重要的就是要练，不要从理论又回到理论，现在有这个现象。我的体会就是，要按照真正的技术、严格的要求进行训练，这个方面要加强。我们武术界说"只要一出手，就知有没有"。在国外教，推广武术技术很重要。推广武术不一定要比赛，武术界可以切磋，但是不一定冲着奥运会那模式练武术，孙中山先生早就说了练武术的目的，大了讲就是卫国自卫，具体来讲还是这个目的。当然了，武术的功效更重要的是武德教育问题，像我收徒，是以德为先的，过去董海川也说得好，武德不好的人，技艺上不了身的，而且武德不好的人不能教的。现在我感到院校教学在技术方面的训练要求或手段安排值得考虑，纯理论到底有什么意义？全部的纯理论拿过来以后也没深度，因为理论是来自实践的，理论也要经过实践的检验。一出手没东西，教得不像话，好东西丢了，还自以为我们很厉害。

现在散手是个技艺的东西，我们的技术太简单，战术变化也少。散手那是技术、战术、兵家思想都在里头，这个将来也值得考虑。我也在提倡中国的运动员从我们的民族特点来说，应该是走技术型的那种，不要做力量型的，以巧制胜，那巧在哪？就是技法选择、训练手段都要跟上。散手将来要考虑这个问题，不然的话，将来你碰到了只能被他们一拳抡上去就起不来了。

所以我同意这是爱国主义教育，当初人家就说东亚病夫，欺负我们，我们跳出来跟他们比武啊！那些功夫今天还不具备。想要全面发展，问题就在散打比赛怎么搞、不比赛怎么做，怎么体现功效、功能问题，让大家都有功夫。张之江说得好，练打皆能，这两个能力要提高，不然要脱节的。

郭：根据您的习武经历，在不同的时代里您觉得一个习武者有没有一种责任？还有习武经历是否能对您的生活状态产生积极影响？

夏：有影响的，我说武术精气神，就是练这种胆量。过去说两强相遇勇者胜，这种精神锻炼是最基本的东西。所以"文化大革命"的时候我是不怕的，我就喜欢不一样，我是保皇派，我保到底，就跟他们唱反调。我认为，贺龙两把菜刀闹革命是功臣；体育是红线，乒乓球拿世界冠军，是红典型。另外我正直、豪爽，这些性格跟练武分不开。而且我认为，武德对我的影响也很大，要尊师重道，我的成长过程是看张文广老师走的模式，对自己练功的这些要求，实际上中央国术馆都有规定的，这是传统的一个继承。

郭：您对中央国术馆、精武会、中华武士会这些组织了解吗？或者听张老师讲过这些方面的内容吗？

夏：这个从资料上了解得多，张老师也不多说，但是后来我认为中央国术馆建馆的指导思想是对的，对学生的培训要求属于内外家都练。照实际情况来讲，练武术就是为了强种强国、卫国自卫，张之江提出来"泛学博通、练打皆能"，我认为他的这个指导思想对。

郭：1950年到1953年"镇压反革命"期间，那个时候的习武情况是什么样？

夏：那时候我没习武。那时候听说公安、武警各方都进去"镇压反革命"了，闹起来了。那个对武术影响很大，对武协影响很大，所以过去成立的国家队也解散了，后来武术的发展方向也受了影响。当时给人一种感觉是，这个武术练起来以后对社会治安好像就不利，因为人们认为武术就是打人的，他们没有文武兼备这种思想。

郭：1957年到1958年的时候是"反右"，那个期间武术是个什么情况？

夏：我那时候是上大学，刚好赶上批右派。那个时候我进校，学校里还没武术，1957年没有武术，1958年开始才有了武术。后来我知道有些老师受到冲击，原因是批右派，有个右派言论之一叫作"唯技击论"，我们说这个技击性不浓，他们给你上升、提高了就叫"唯技击论"。我知道温敬铭老师受到了影响，我进去的时候赶上定性批判。

郭：1958—1960年是"大跃进"，这个期间的武术您了解吗？包括您自己习武，还有在学校、社会上的。

夏：社会上我不知道，我们院里就是叫作"技术改革"。改革的时候，一个是从内容上比较注重实在功夫的练习，1958年开的武术专业，正式有个科目了，那是在大跃进的时候。最重要的是院里面搞"通等级"，像我，考了很多等级，游泳是三级，摔跤也是三级。

郭：1963—1966年期间是"四清""下乡"，下乡的时候练武术吗？

夏：那时候完全讲政治，搞"四清、四不清"的问题，武术队没搞。下乡时没有时间练，那时候很忙，平时要跟农民在一起同耕同劳动，开会什么的。

郭："文革"期间是很长的十年，这期间武术发展的情况您能介绍一下吗？

夏："文革"，说心里话，走了一段弯路，就是政治化的问题。因为要跟工农兵结合，要劳动，我们武术当时下到北京南口那个二七车辆厂，我们在那做武术，也创编一些东西，创编东西完全受"文革"的影响。门惠丰老师把那个朴刀改为铁锨，我是把棍弄成扁担。都停课闹革命，我们就叫"武术革命战斗队"，晚上有点时间我们就练练，有时也教教工人。刀枪剑棍都不能用，那时候武术是受冲击的，属于"四旧"，门惠丰老师就弄铁锨，我就用扁担，我们也编了一些对练套路，跟工人结合以后他们跟我们学东西，还是按武术动作教。十年间教学都停了，就从青训队才开始恢复教学，渐渐抓起来。

郭：1978年以后，改革开放以后，您觉得武术的变化大不大？

夏：很大，这就是政策。武术受到"文化大革命"冲击以后，能不能恢复，全武术界的眼睛都在看着。好在我们青训队带了个头，后来武术专业又开始招生，一次就招了接近40个人，招生力度从来没那么大，因为当时在体育学院有"四个小项"，武术是小项之一。七七届恢复的，恢复以后就正常了，武术这才开始恢复，改革开放是很重要的环节。

第四章　门惠丰教授口述史研究

时间：2015年7月9日。

地点：门惠丰教授北京家中。

采访：张路平　王培含　孙传晨；摄像：孙传晨；文字整理：郭发明　张路平　王培含　李守培。

受访者简历：

门惠丰，1937年6月生，天津静海县人，中国武术九段、国际级武术裁判，全国"十大武术名教授"之一，国家体育总局武术研究院首批专家委员会委员，东岳太极拳创始人。曾担任中国体育科学学会武术分会委员、中国武术协会常委、北京体育大学武术系副主任等职。1956—1958年参加全国武术表演大会获优秀奖。1959年获第一届全运会武术比赛对练第一名。1963年从北京体育学院毕业后留校任教。1965—1966年在中共中央警卫处教擒拿术。1979年任全国武术调研组副组长。多次担任国内、国际武术比赛总裁判长，并出国讲学。1992年应中央电视台之邀任太极拳、剑系列电视主讲人。相关著作有《少林武术教材》《中国武术》《戳脚》《四十八式太极拳入门》等，并参加了《四式太极拳竞赛套路》《太极拳推手对练套路》编写工作。

1 习武与授武之路

张：请您介绍一下您的家庭情况，以及您个人早年的一些经历。

门：我1937年6月23日出生在天津静海县中旺镇李庄子村的一个贫困农民家庭。当时华北遭遇了几十年不遇的大旱灾，而在我出生十几天后日本军国主义者就发动了"卢沟桥事变",不久便开始实施"三光政策",杀光、烧光、抢光,我也被日本侵略者逼得背井离乡,开始了艰苦的逃难生活。先是逃到了天津,但依然生计无门,只得闯关东。日本鬼子把逃难的、要饭的汇集到一起,用一个闷罐车拉到东北当苦力。日本人招劳工时小孩不要,老人也不要,小脚老太太更不要,但是这类人还是拼命挤了进去。我也就随着父亲和哥哥辗转到了鞍山,我父亲后来就在鞍山铁矿干苦力。当时鞍山有个昭和制钢所。那时候也不知道这些钢材会运到什么地方去,只知道钢铁生产出来后就用车拉走。后来才知道,这些在中国的地方、中国的人出力、用中国的钢材和煤炭烧出来的钢铁全部运到日本去了。所以一旦国家被敌人侵占,人民成了亡国奴,就只能任人宰割。在鞍山铁矿,日本侵略者都牵着狼狗,手里拿着棍子指挥中国劳工干活。这些劳工白天出去干活,晚上就可能回不来了,有可能被鬼子打死,也有可能饿死。往火车上抬筐,又饿又累,没力气了蹬不上去,就摔下铁轨死了,没人管。在日本人侵略下的中国人民,生活在水深火热之中,每天都在死亡线上挣扎,今天活着,或许明天就没了。

后来日本侵略者终于投降了,但解放战争期间国民党到处抓壮丁,我们又开始逃难。找亲戚住,今天跑这个亲戚家吃一顿饭,明天又到另一个亲戚家。随后逃到青县解放区,我大表哥在那儿参加了八路军,这才暂时安顿了下来。中华人民共和国成立后,我二哥在北京当工人,我也就跟着到了北京。那时我还小,他就让我上学,学点文化,至少将来可以给家里写信,当时也没想着上什么大学,以及今后做什么事情。

张:请问您什么时候开始习武?又是怎样走上习武之路的呢?

门:我自幼习武,启蒙老师是我二哥。他早年在家乡给村里的地主扛活(当长工)。地主家请了高明的武术家保镖护院,晚上就在院子里面点上煤油灯教子弟学武功。我二哥就和另外一个长工偷偷地跟着学。他们那时候并不是在地主家的院子里头,连门都进不了,因为他俩只是在外边给人家扛活种地的。他们每次都悄悄地趴在围墙上一起偷学。另外,那个长工靠着围墙就这样把我哥哥一托,看院子里人家怎么练的。时间久了,在下面托的那个就说"快下来吧,我累了,我累了"。我哥哥下来以后,就又托着那个长工,他也同样趴在围墙上看。两人就这样轮着偷学武艺。他们白天在地里头劳动的时候,一有空闲就练拳,还练习对打。这种单练之后两人对练的形式是传统的东西，非常系统。

等到我在北京读小学的时候，我二哥对我说："你现在还小，但到最后你还得回家种地去。可是你光上学不行啊，光上学你身体没劲，到时候连个镰刀、锄头你都拿不动的话怎么干活。"我哥认为练了武功就有劲，身体灵活，以后回家种地的时候有力气，所以他就开始把偷学来的武功教我两手。弓步冲拳、马步架打都是当年我哥教的。那个武术动作的名称很有意思，弓步冲拳叫弓步撑、拗步撑、顺步撑，打拳叫打撇子。我大哥教我蹲马步，叫蹲撇子，小孩那时候，哥哥一说什么，就得做什么。每次先蹲撇子，蹲完撇子我俩就开始对练，我给他一拳，他还我一拳，我哥给一个劈拳，我就来个冲天炮，立着打下来，滑下去，我就撑过去一拳。练完了以后就练刀，但没有刀啊，就拿扫把当刀来练习，"哐"就给你一扫把，就表示是拿刀劈你。我就是这样在二哥的带领下走向习武之路的。

张：您后来在"四民武术社"习武的经历，能详细谈谈吗？

门：我姨家的一个大表哥看我总在家里蹲马步，就说："我给你找个师傅行不行？"大表哥在一个洗澡房里头给人家搓背，认识一个会武术的老头，他就找这个老头帮忙。老头说："有个四民武术社，专门招小孩练武。小孩一个月学费是一块钱，如果年满16岁了，那就一块五。到四民武术社学武去吧，那能学着真东西啊。"记得第一次去的那天下着雨，我到了四民武术社门口，不敢进啊。心想这是有本事的人在这儿，怎么都不敢进。好不容易壮着胆进去又跑出来了，一路跑回去了，没敢报名。大概是第三次才壮起胆子，硬着头皮进去了，看到一个老人家在那儿，就鞠个躬："师傅，我想学武术。"他说："行啊，你以后就来这学吧。"他就给我个竹牌，写上我的名字，把那个牌子往钉子上一挂。那里挂着有十几二十个牌，都是跑这儿学武术的学生。这样我就去了四民武术社，从此每天下午4点钟准时来习武。那时候的学费是一个月一块钱，一块钱在那个年代能买不少东西了。老头总是数挂在墙上的牌子，看牌多了的时候，就说明来学武术的人多了。从我那时候起，来报名的越来越多。我在那一练武，到同学跟前一表演，那些小孩也想去，这样人就越来越多。

在四民武术社，算是真正学到了武术。第一个老师是戴玉斌师父，我跟他练就了扎实的武术基本功、六合拳、春秋大刀。只可惜戴师父不久突染重病离开了我们。此后便由王世勋师叔带我练拳,后来又随吴斌楼师爷学习了九节鞭、戳脚翻子拳等。

张:请您谈谈您大学毕业留校工作后传授武术的情况以及您的授武理念。

门:我1958年升入中央体育学院学习,1963年留校任教,走上了教书育人的道路。我当时的一个想法就是,一定要当好教师,回报祖国和人民,回报老娘和恩师张文广。我第一次给学生上课的内容是初级棍术,至今难忘。为了上好第一堂课,开个好头,我着实下了一番苦功,认认真真地准备了一个星期。上课前一天晚上还是很紧张,心里不踏实,睡不着觉。我就爬起来拿着棍,到校园里找了一块空旷地练了起来。第二天上课,张文广老师、教研室的老师都来了,下面学生黑压压一片。跟学生相互行完礼后我就示范了整套初级棍术,场上鸦雀无声,这下我就有信心了。课上我抓住了舞花棍和提撩棍两个重点,给学生进一步学好棍术打下了良好的基础,顺利地完成了教学任务。课后还受到了张文广老师的表扬。

在北体从事教学工作这么多年,我总结了两个"三抓"、两个"三认真"。一个是总的"三抓",就是"抓课程关键、抓理论与实践相结合、抓反复训练";一个是技术的"三抓",就是训练中要"抓基本功、抓基本技术、抓基本技能"。两个"三认真",一个是要求学生"认真听、认真看、认真做",一个是要求教师"认真讲授、认真示范、认真辅导"。

张:请您谈谈您对教师队伍建设的一些经历和经验。

门:北体当年一批武术教师都是我亲自选聘的。举行武术比赛的时候我就仔细观察哪一个人最好,不仅是技术水平要高,武德修养也尤其重要,更需要细心观察。一旦看中了就直接问他:"上北体工作怎么样?"那个时候别的体育院校还没大注意这个事呢,我就以这种形式招进来一批武术教师。

招进这些教师后,对他们还要继续培养。于是每个星期天我都带着武术老师在武馆里训练,每次半天,先练练自己的项目,然后分专业练,有的练武术,有的练击剑,有的练摔跤。老师不进修就得不到进步,也无法满足教学的需要。但仅仅练技术还不够,最重要的是教师要能上好课。那个时候教师们要提前把教案交给教研室主任审查,审查后认为符合要求才能上课。上课时还得听课，并且拿着教案核对所讲的内容与教案中所写的是不是一致，通过这种形式来评课。正是这样一点一滴的积累，才逐步培养了一批优秀的武术教师。

当然，教师的职称也很重要。张文广老师是北京体育学院的第一个教授。当时北京体院从八个项目中选出一个教授。但是如果没有武术教授，北体就不能招武术研究生了，所以研究生部的主任就提出这个问题来了，他说武术得给个教授名额。我评上教授后，就想着得把其他武术老师的职称给提上来。后来金季春来北京体育学院当院长，我就去找他，说以后可否武术专业每年给一个教授名额。评职称的年限到了，教学成果有了，著作、论文也有了，就该给他评教授。结果金季春同意了，每年给你们武术专业1个教授名额，这个名额别的项目就不能争了。这样我们才一个一个地评上去，很多教师都被评为教授了。这对北体的武术教学工作是一个促进。

张：请您谈谈您对武术专业人才培养的一些看法。

门：国家正是为了培养体育专门人才而设置体院这样一个体育殿堂。当年的中央体育学院，后来改成北京体育学院，现在又改成北京体育大学。北京体育大学作为国家体育总局下属的一所学校，培养出的人才将来在工作岗位上都要起到应有的作用。老一辈人对我说："门惠丰啊，你们学校离着中央近，中央的精神你马上就知道。武术怎么发展？发展的方向怎么把握？责任重大啊。武术发展的方向如果不对哪行？"听到这样的话，我总感到肩负着武术事业的重担。北京体育大学是应该给武术界做个样子，学校的老师、教出来的学生就应该与众不同。培养这些大学生干什么？必须在社会上起到应有的作用。到北京体育大学来学武术，毕业时校长盖个章，就是北京体育大学武术专业的毕业生了，但是，如果在学校没有学到东西，毕业以后到社会上有用吗？

有人说我是武术家，那我可不敢当。武术那么庞大，有那么丰富的内容，形意拳有很多流派，八卦拳又有很多的流派，太极拳五大流派，现在又增加了，成了武术家了难道什么都懂？所以只有可能成为某一个拳种的专家，如形意拳家、八卦掌家或是哪一个流派的专家。

能继承某一个拳种，就很了不起了。研究武术也是这样。我指导研究生研究各个拳种，首先看哪一个拳种能为人类健康服务。首先调查几百年以来的老拳师的寿命。练形意拳的活多少岁，练八卦掌的活多少岁，练太极拳的活多少岁，到最后综合起来看，平均哪一个拳种岁数寿命最长，应该这样一步一步、踏踏实实地做下来。

只能说是你身体力行地对某一个拳种了解多一些，因为那是你自己的专业领域。其他的就是"多能"。这就是我早就提出过的一专多能。如果你来北体学武术，我得先教张文广老师的查拳。如果有人问门惠丰现在创东岳太极拳了，怎么教张老师的查拳啊？因为那是在北京体育大学，你不练张老师的查拳并掌握其风格特点还行？等到在北京体育大学毕业以后，连查拳都不会，那还说得过去？其他院校也是如此，上海体院有蔡龙云老师的华拳，武汉体院有温敬铭老师的翻子拳、小翻子、寸翻子。到上海体院学习武术，如果蔡龙云老师的华拳你都不会打，到武汉体院学武不会练温老师的翻子拳那怎么行？每一个地区他都有其独特的拳派，有该拳派的代表性人物，应该以此为中心培养一专多能的人才。其他的国家规定套路，练习好以后就可以培养教练员，培养裁判。这些套路就算不会练都没问题，但必须懂规则。例如，这个拳种有多少动作？五种步型、三种手型、几大跳跃，都有了才行。比赛时都有套路检查表，运动员要演练查拳，先把这套查拳的动作名称写出来，一看开始练查拳了，就要核对第一个动作、第二个动作、第三个动作等看符不符合赛前填的那张动作名称表，符不符合查拳的风格特点，根据这些把分评出来。以前如果有练翻子拳的运动员上场，先要弄清楚这个拳的传承情况。谁教的？第一传承来自吴斌楼，然后是门惠丰等。再看动作，第一动、第二动、第三动，一看动作少了一个，就在那里扣分，少一个0.3分没了。我提出来这些的意思是，一个老师一个特点，查拳、形意拳、八卦掌或太极拳，都是如此。太极拳里又分陈式、杨式、孙式、武式、吴式等不同流派，都有各自的特点，这是人才培养中要认真考虑的一个重要因素。

2 武术文化交流

张：1972年，您任北京体育学院青训队队长兼武术队总教练，请您介绍一下当时的背景情况。

门：那个时候北京体育学院、解放军体院及八一队合并在一起，校址就在北体。"文革"的时候很多事务都停了,当时又流行体育无用论,导致体育项目的开展也都停顿了。好在周总理提出成立一个青训队,各个项目都要向全国招收青少年,在北京体育学院进行训练。实际上是周总理想通过青训队向全国招收体育苗子,培养体育种子。当时田径、体操、篮球、足球都开始招生了,可是武术没有。我就问:"各个项目都有青训班,学员都来了,可武术为什么不招生啊?"主管的解放军八一队的领导说:"什么是武术啊?你们那个武术练的什么啊?拿着铁锹、扁担、菜刀、锅盖练武术?那个叫武术吗?"

他说的这个是"文化大革命"对武术的改革。怎么改革?按照毛主席的语录来编排武术动作,练拳时必须边练边念毛主席语录。武术器械也改革,单刀换成切菜刀,盾牌换成锅盖,大刀什么的就换成大铁锹、锄头,就这样拿着锅盖、菜刀对练。我是专门练铁锹与扁担对打的。一个人拿着扁担,另一个人拿着铁锹。拿扁担的把手巾扎在头上代表农民,拿铁锹的把白手巾往脖子上一系就成了工人。我是工人,拿着铁锹,农民在前面走,一回身就给我一扁担,我一低头过去了,我就给他一铁锹,两个人就这样对打起来了。说起来还挺有意思的。练拳必须依照毛主席语录。第一套拳是毛主席语录拳,"下定决心,不怕牺牲,排除万难,去争取胜利。"那个时候都要念完这一段才开始工作,开始辩论。也就是在那样背景下我把这个编成了武术。编完了以后教学生,很快全国都到这里来学习"毛主席语录拳"。在哪儿教学呢?在天安门,我自己去的,我把大喇叭安在天安门的墙角上,这样武术它就有人练了。只要到天安门来参观的,都得学一点毛主席语录拳。练这个也是很有意思的。第二套毛主席语录拳是"凡是反动的东西,你不打,他就不倒。这也和扫地一样,扫帚不到,灰尘照例不会自己跑掉"。这是第二套,都带着感情色彩。还有一个最有名的,就是毛主席的"我失骄杨君失柳,杨柳轻飏直上重霄九",这是毛主席的诗词,一共五个人,由一个女孩唱,其他人配合练拳。周总理每次带着外国元首来参观最后必须要练这套拳。这些套路都带有深厚的感情,动作也非常形象,用的器械就是扁担对铁锹、步枪对练,步枪是木头的。

但这样一来呢,青训班招生的领导就觉得武术怎么变成浓缩化了?练武术就练武术,还念什么毛主席语录?什么都贴毛主席语录的标签,不贴标签就没有价值吗?那还叫武术吗?哪有练武术就练毛主席语录的?他平时不敢说,一提到招生的事就说出来了。我就回答:"那不好办吗?我们一换刀就是武术动作啊。"晚上的时候我又找他说："别的项目都招青训班了，武术没有的话我们就失业了。"北京队吴彬也在那等着下放，准备当工人去。体委领导说："北京体育学院如果有武术我们就招武术。"我说："咱们一定有。"北京体育学院有了武术班影响全国啊，北京体育学院一旦取消了武术，全国就没有武术了。出于这样的考虑，领导才同意武术组建青训班，自己去全国各地招生。"文革"时期武术被当作"四旧"批判，都不敢练了。北京体育学院招收武术青训班，这一下全国都知道了，大家一看原来武术还没有取消，这一下子轰动很大。那个时期正流行"武术无用论"，又被当作封建迷信的东西被批判，青训队的招生对武术是一次大的挽救，但是只给12个指标，还要考虑阶级成分，招来的人都必须是工农兵。我们一共招了12个小孩，培训了半年后学会了武术操，还有1个小套路，当然还要练基本功。训练之余经常到工厂、农村去表演。

张：当时是怎样促成第一个中国武术代表团访美的呢？

门：组建武术青训队后的一天，我们的球类大队长跟我说："过两天有一个美国的国务卿，要到中国来访问，并且要到北京体育学院参观，到时候你们出一个武术的节目。"他说："你们准备吧，不要紧张，有国家体操队的表演，最后是武术表演。"我们12个小孩，得穿表演服啊，白色上衣，下面穿黑色灯笼裤，穿白球鞋。基辛格访华期间来参观，我们当然很紧张啊。我们也没有见过美国人，美国国务卿基辛格来了，得让他知道知道什么是武术。

表演那天，国家体委的副主任是李青川，带着基辛格就来了。先是看体操表演，他们脸上都没有什么表情。接着是武术表演，我们12个队员穿着白色上衣、黑色灯笼裤、白球鞋，踢腿、二起脚，再来一套拳，基辛格一看就来精神了，他问李青川："这是什么项目啊？"李青川回答是中国武术，中国传统的体育。基辛格说："这太好了！能不能邀请他们到美国白宫去表演？"李青川说需要请示领导。他晚上就给周总理打电话，周总理说："去，这是好机会。"但是要到美国表演，咱们这12个小孩才刚刚训练半年，哪有那个水平啊？于是就把各个省市武术队中练得好的招到北京来集训，然后就去了美国白宫做了精彩的表演，这是第一个派到美国表演的武术队。

此前中国通过乒乓球和美国建立了关系，用毛主席一句话，就是小球转动了大球。这次是通过武术实现外交，又是一个大的国际交往。当时把各个省市武术队中练得好的招到北京来集训，集训了40天。由外事处的郭雷任领队，队长是张山。我们北京体育学院在他们出访之前全部都拍下来了，非常宝贵，其中就有李连杰的小单刀。集训完以后就去了美国白宫进行表演。

张：那武术访非又是怎样促成的呢？

门：中国武术团访美把武术一下子挽救回来了，但也引起非洲第三世界国家的不满，他们说："你们最反对美国，如今怎么到美国表演去了？你们能到我们第三世界来表演吗？"我们说："能啊。"这样就又促成了武术访非。我是访非武术表演团的总教练。我们武术团连同另外一个技巧队就一块去了6个非洲国家，历时两个半月，天天表演。这之后就不断地外访，后来出访国家达到75个，以这种形式把武术推向了世界。

我们当时只是到国外去表演，但外国人来学武术怎么办？谁来教啊？于是我就给国家体委打报告。我说："武术已经在世界上出访了70多个国家，现在很多国家的武术爱好者想来中国学习武术，但没有人教，也没有相应的部门来接收他们。北京体育学院可以针对他们开个短训班培训。"国家体委副主任徐寅生说："外国人来学这是好事啊！"于是他就批准了。这样北京体育学院可以招留学生了。开始是短训班的形式，后来又招收本科留学生。全国其他高校也都逐步开展起来了。

张：您这些年多次出国教学，能否讲讲您在国外教学、交流过程中，与武术相关的见闻和感受？

门：虽然我们过去很强大，不论是汉朝还是唐朝，周边国家都到我们国家来学习，但近代以来，中华民族被帝国主义侵占国土，加上文化侵略、政治渗透，使得我们很多国民崇洋媚外，对本民族的好东西视而不见，认为只有外国的才是好东西，这种思想一直延续到现在，以至于有些人觉得外国的月亮都比中国的圆，只要是外国来的那就是好的。武术也受到这种思想的影响，以致发展艰难。有一段时间，我到意大利讲课，教他们太极剑。他们就说："门老师，四大发明都是中国发明的，但是你们会发明却不会用。"他们说，"你们发明了火药，但我们学过来发明了枪炮。你们的指南针，我们用来发现新大陆，坐着轮船发现了那么多的殖民地"。我们中国呢，火药用来放鞭炮、放烟花，最终使我们吃了亏。人家那枪炮攻打过来，我们还拿着红缨枪。我们有好东西，但就是不会运用。说到今天的武术，意大利人就说："今天你们的太极拳又成了全世界的一个健身的法宝。这个东西可不得了，你们又有了第五大发明。"对于中华民族的传统文化，我们要加倍珍惜。我认为，武术文化的对外交流过程中必须要有民族自尊心、民族责任感。做不到这些的话，想把武术推向世界，想在国外站立住，那很难。

3 创立东岳太极拳

张：2000年世纪之交，您受中央电视台邀请，在泰山之巅"尧观顶"上演练太极拳。通过国际卫星向全世界传播，成为中国太极拳的经典形象。请您谈谈此事经过。

门：当时中央电视台计划在泰山顶上拍摄太极拳，就去拜访伍绍祖，伍绍祖说北京体育大学门惠丰是练太极拳的，是合适的人选。这样中央电视台就找我来了。我当时正处于退休的年龄，听说要在泰山顶上打太极拳，不敢去啊。谁敢去啊？电视台三次到我家里，我都说："我不敢去，我上山去当演员，这不是让别人笑话吗？"到第三次，人家就问我："你是不是共产党员？"我回答："是啊。""是共产党员明天就跟着走。"得了，这就什么话都不说了，这样就答应了下来。实际上这也正是从咱们中华人民共和国成立以后的规定太极拳套路里边挑选出精华进行重新创编的好时机，代表中国太极拳向世界传播。接下来我和阚老师利用一个多礼拜的时间进行创编，把各个太极拳流派的精华放了进去。创编完成后，2000年1月1号到达泰山，山上零下11°，都已经没人了，九级大风，在顶上被风吹掉下去就摔死了，所以当时做每一个动作都是有生命危险的。就是在这样的条件下在泰山顶上演练这套东岳太极拳，央视"迎接新世纪的第一缕阳光"节目进行了直播。当时伍绍祖还亲自到泰山顶上去剪彩，去打太极拳了。《中华武术》杂志为此专门加页报道——

《2000年泰山刮起太极风》。泰山那边则将此页复制了有一面墙那么大，宣传力度非常大。

练完以后全球人民都知道了，我想那就赶紧传授给大家吧。这就先要出版东岳太极拳的教材。泰山顶上创编的算东岳太极拳一路，是普及套路。后来又创编了竞赛套路，是按照竞赛的规则、时间组别等要求创编出来的。后来大家又要求学习配套的太极剑，这样又创编了东岳太极剑，能单练也能对练。接下来又创编了太极刀、太极枪、太极棒，就这样不停地一套一套创编，把武术的器械都给太极化了。

张：请您谈谈创编东岳太极拳械的具体思路。

门：创编东岳太极拳械需要考虑的要素很多。例如，我们第一个套路刚开始设定为13个动作，但外国人不学啊。外国人讨厌13这个数字，于是我们就把代表了天地人的两个动作加在一起算，正好是15个动作，这是为了适应国际文化。

创编时各个细节都尽量考虑到位，概括起来创编东岳太极拳械考虑到契合以下几个特点。第一是和而不同。东岳太极拳是对传统太极拳的继承与发展，我把传统的武术精华都汇聚在一起，代表中国的太极拳融合起来了。第二是创新包容。把传统的技法包容在里面，还要有所创新。第三是式正招圆。东岳太极拳各个动作都是圆的，招数都从圆里出来，圆中出招，这样才能越练越感觉有东西。

张：请问为什么取名为"东岳太极拳"呢？

门：为这套太极拳取名字确实费了一番功夫。取什么名字好呢？有人提议叫"门氏太极"，理由是自古以来太极拳都是以个人姓氏命名的，又考虑到是和阚老师一块创编的，不如取名"门阚太极拳"。我和阚老师都觉得不合适，那样的话这个太极拳岂不成你家的了？成你个人的了？那怎么行！后来又征求徐才同志的意见，他说："人类进入21世纪是千禧年，就叫千禧太极拳吧。"我们不懂什么叫千禧，后来一查"千禧"原来是基督教的说法，我觉得这不符合我们民族习惯，没有体现我们民族的自尊心。这时我就想："还是以地名为准，我们在泰山里边创编、演练，那就叫泰山太极拳。"但是泰山太极中"泰"和"太"两字的音重复了。后来就谈到泰山还称为岱岳、东岳。我们突然想到，不如叫"东岳太极拳"！于是给出版社打电话，他们说："这个名字太好了！"这样就定下来了，叫东岳太极拳。

张：我们常说武术是中国的优秀文化，东岳太极拳是如何创新武术文化的呢？

门：一个历史机遇给你了，你就要创造历史、创新文化，给后人留下有价值的东西。东岳太极拳创造的武术文化有物质文化层面的，如建在泰山顶上的太极亭，修的是个八角亭，亭角装了八个龙头。亭子上的牌匾"东岳太极亭"是我自己写的，写了好几天呢。还切割了一块直径6米的泰山石摆在那儿，后来又修了一个，都是泰山石切割的，邓小平的题词"太极拳好"就刻在上面。我们就以此为契机制造了一个武术文化的实物，这是真正的武术遗迹。当然还有我们创编的东岳太极拳本身。

除了武术物质文化的创造，武术精神文化也不能少。我在泰山顶上发言，表达中国人的一个梦想："武术有几千年的历史，具有丰富的东方文化内涵，许多外国人到中国来学习真功夫，强身健体，又是中华民族的文化，代表了中国人的精神。我有一个梦想，2000年以后，武术在世界上得到发扬光大，为人类造福。"我讲的这些就是要给武术大国一种精神，一种前进的力量。

4 武术继承与发展

张：中华人民共和国成立后有一段时间曾批判过武术，请您谈谈这方面的情况。

门：中华人民共和国成立以后，尤其是"文化大革命"，曾大肆批判武术。在"破四旧"运动中，提出"破除几千年来一切剥削阶级所造成的毒害人民的旧思想、旧文化、旧风俗、旧习惯"的口号。武术也被认定为旧的封建残留，和许多文物、古迹一起被列为需要扫除的对象。就算允许列入体育的武术，那也不能说武术有技击作用，武术就只能是表演、健身，走舒展大方的艺术体操的路子。如果讲武术的用法，就会批判你是唯技击论。上武术课，首先要批判唯技击论，然后才能上课。这样就把武术在抗日战争、解放战争中保家卫国的这一条线给切断了。对武术的批判也部分是针对南京中央国术馆的。咱们新中国一批老武术家就是那时培养出来的。后来有一部分跟着蒋介石到中国台湾去了，有一部分就跟着共产党。像咱们北体的张文广老师、云南武术队的何福生老师都是中央国术馆的，所以老挨批，这些老一辈的武术家吃尽了苦头。他们不言不语，但是有实干精神。我们今天也是这样，有的领导认为武术练得好看就行了，武术的使用方法不冉需要了，因为有枪炮、有手枪、有子弹，这就把武术的技击特点抹杀了。武术这样的发展方向就错了。

当年邓小平题词"太极拳好"，在这样的一个指导思想下，我们做了一些工作。从此我们也就敢说了，敢提出问题，讨论应该学什么、发扬什么、怎么整理研究，探索着怎么去做好这些事情。习近平主席出访俄罗斯时说他喜欢武术，这是习主席对武术这一传统文化的认可，这也给了我们信心。我们国家今天的目标是要实现中华民族的伟大复兴，在一个新的时代，我们应该努力把武术发扬光大。

张：1976年，您协助张文广教授编写《中国查拳》，我听说当时为了编写《中国查拳》还专门去山东聊城，还把他们请过来。请您讲讲这个过程。

门：张文广老师的老师常振芳是聊城冠县人，当时想看看家乡那里的武术发展情况。我们就利用学生实习的机会，带着两年制的大专生，去那边实习。到了聊城，聊城体委的一个领导是咱们体院分配到那去的，我们一联系，他就说："可以啊。"我就带着这个大专班去了，女孩、男孩都有。去之前得准备啊，到那得给人家表演。我对实习生们说："去之前每个人要准备两项，必须有对练。到那肯定要给人家表演，要不然打不出这个场面来。"学生说："表演什么啊？""你练流星锤，你练九节鞭，你们俩对拳"，我就这样都安排了。到了聊城，体委的金主任接待我们，他说："我们有个业余武术班，正好请你们来给我们培训。把国家规定的套路教给我们，帮助我们提高。"但人家当地的老师不愿意把队员交给我们，说："本来是我们培养的，现在还跟你们训练去？"那边原来的教练看不起北京体育学院，金主任知道这个事，他就先请我们吃饭，蒸的大馒头，土豆烧猪肉。吃完后就让原来的教练把小运动员带来了，"北京体育学院来实习的教你们了。等一会儿，让他们表演表演，你们看看真功夫，体育学院的！"这一说我心里就毛了，幸亏准备了一下，要不然让你吃饱了，让你献献武艺吧，献不出来怎么办？好在有准备，我带着队伍就进馆了。体委主任就在那里看着。我们练的套路他没有见过，他们是业余的练啊。练基本功、二起脚、旋风脚，又是对练。我亲自带基本功，在前头带着踢腿。体委主任看完站起来说："大家看见了吗？你们服不服？""服！""行，从今以后都让他们教"。原来的教练就这样被夺权了，让实习的小孩去教了，我没这个时间。

张文广老师的师兄弟和他们那边一个同辈的人，都是会查拳的，用体委的名义，把冠县的练查拳的老人都集中起来。要不通过这样的形式谁敢啊？请来了干什么呢？就是挖掘。我们专门带了一个摄像的老师，北京体育学院就那么一个摄像机。拍下来以后就拿回来了，一共好几十套。

我做好这个事后就跟张老师说了，说常振芳老师的家乡都给拍了，查拳挖掘出来了。但他们看了以后不敢表态，因为之前"文革"的时候，老武术家是受批判的。直到后来国家体委发了一个通知，要展开全国武术的挖掘整理。在这个指导思想下，张文广老师带着康戈武、徐伟军，就是他的研究生嘛，亲自下去挖掘。回来以后由张山批了经费，以张老师为主体挖掘查拳。以这个名义把张文广老师的师兄弟们，就是常振芳教的徒弟都召集起来了，七八个吧，并着手编写查拳的书。我们每一个老师都有分工，我写三趟滑拳，你写十路弹腿。先跟着老拳师学，学完以后就拍照片，然后编书。这个工程是够大的。这样就把老一辈的东西都拍成了录像带、写成书留下来了，把冠县常振芳老师的查拳，包括张老师自己继承的和没继承的，都给写进了《中国查拳》。

张：1979年，国家体委首次组成武术调研组，当时您任副组长，请您谈一谈当时调研的情况。

门：1979年国家体委向全国发出武术挖掘整理的通知，然后就组成一个挖整班子，让我带一个队，六七个人，从北京出发去往山西、陕西，一直到四川，然后河南、湖北，这样从陆地包抄调查。赵双进处长，还有上海王培锟老师带着队伍则沿海向南，从上海、福建到广东。这是中国武术第一次由体委组成的调查。

到了山西，首先挖掘洪洞通背缠拳，其次挖掘山西形意拳。我们为什么要去找通背缠拳呢？因为武术理论家唐豪指出，陈式太极拳和山西洪洞县的通背拳相似，通背缠拳是陈家沟丢了的108式太极拳，所以到了山西我们就着手对这个拳种进行挖掘整理。我们把洪洞县的通背拳传人集中起来开了个大会，大家一起来座谈。来了五六十人，年龄最大的82岁，还有一个姓徐的老爷子那个时候才60多岁。我觉得先要落实一下唐豪说的陈式太极拳和洪洞通背拳是不是有渊源关系的，于是大家就讨论洪洞通背拳的来龙去脉，是洪洞通背拳来自陈家沟呢？还是陈家沟的拳来自洪洞通背缠拳？他们还有拳谱，把拳谱都给了我，我回来后交给了武术处。

第二站是山西祁县，那里有戴隆邦的心意拳。到了祁县就请戴氏心意拳的传人们表演，包括七八十岁的马二牛。他们师兄弟都是单个人练，相互之间谁也不能让谁看，而且都是夜里头练，在地里面不让其他人看他练的拳。他们的站丹田在月亮底下练，眼睛看着月亮往下蹲，丹田气往下扎，就像猴子一样。因为人家不让拍照，我只好画下来。

张：请您谈谈对武术继承的一些看法。

门： 咱们从文化这个角度看，民族文化的东西都是有传承的。只有继承下来了才能发展，但实际上武术到现在已经有失传的危险了。民族文化要发扬光大，就一定不能否定传统。毛主席在延安座谈会议上曾经讲到，"用之不尽、取之不绝的源泉在民间"。应该通过我们的努力，将传统武术文化挖掘整理出来为今天服务，为咱们新的时代服务。武术博大精深，可以挖掘的东西很多。如果你没有发现其中的博大精深，那一定是因为你没有深入地挖掘。张文广老师在的时候，这些工作都是张老师那一批武术家在做，现在张文广老师已经去世了，连我都快80岁了，再不好好挖整、传承就来不及了。

20世纪80年代初，中国武术研究院在天津召开了一次大会，出席的老武术家们都在讨论什么是传统武术？最后确定了四点。

第一，源流有序。你的这个拳从哪学的？就是拳种的流派。假如你练形意拳，那你的形意拳是跟哪位老师学的？他又是哪一个流派的？你的拳是从河北、从山西，还是从河南流传而来的？拳种是怎么来的，得往上推。西方的体育思想，给你一个球，投进去就是赢了。但是武术可不是这样，你把师父打败了，你就成为师父了？那不是。武术讲传承、讲文化，得尊师重道，讲究传承有序。

第二，拳理明晰。武术的技术理论是非常清楚的。如果光会练，练了半天，结果是自己编的，拳种的技术理论都不知道，那怎么行？因而必须将技术和理论紧密地结合起来。比如形意拳，朴实无华，理论也非常清晰。这是民间发明的东西，是通过对日常生活所观察到的事物进行总结、实践，最后形成的一个拳种。作为一个独立的拳种，技术理论应该非常清晰。

第三，风格独特。你看形意拳的"行如槐虫"，不论是五行还是其他的劈拳、崩拳、钻拳、炮拳、横拳，就是那么个步法，定下来以后，啪往那儿一站，成劳动步，农民、工人、石匠、木工拉锯的、使刨子都是三体式那个步，都是劳动步，也叫三体式。劳动步这都是我总结出来的，是形意拳体现出来的独特风格。其他拳种也是如此。

第四，自成体系。拳种的体系如果形成了，那它的功是什么、它的法是什么？它的基本功、基本动作、基本技术都得有。技术体系下面则有各种成体系的拳械。少林拳，你先得懂得了小红拳，学完了以后再学罗汉拳。于是就形成了拳种体系。把技术定下来之后，拳种本身的体系怎么安排，一步一步向武术高峰攀登，要有基本技术、基本功、基本动作，可是到现在这"三基本"没人管了。我教徒弟都要教这"三基本"。搞武术技术训练，"三基本"你不会怎么教学、训练？如果无极桩不站好，这第一个桩功没弄好，下一步我不教你。我们得按拳种体系来训练。再看太极拳，它是天人合一的拳种，你如果不按照太极拳的这个规律去做，还说自己会编，你编的又有什么根据呢？我们起码是依据无极而太极，太极生两仪，两仪生四象，四象生八卦，然后才生万物。我当北体武术教研室主任时跟几位老师讲，你把"三基本"都给我讲出来，而且要练出来。技术体系、理论体系都齐全才行，才能向技术高峰发展，这才叫文化。

张：随着武术的发展，武术的功能也在不断地发生转变，请您谈谈这方面的情况。

门：在冷兵器时代，改朝换代，农民起义，都是靠的武术。第一个农民起义是陈胜、吴广，他们揭竿起义，推翻了旧的制度，这是因为武术具有技击功能。但随着时代的发展，武术也要发展变化。古时候参加武举考试，考上以后保家卫国。发展到现在，有了枪炮这些热兵器以后，武术的职能也发生了转变。如今我们富强起来了，我们生活幸福了，武术的功能也很大部分转移到了健身上来了。

张：武术在继承发展的过程中存在什么问题呢？你有什么好的建议？

门：从国外一些习武者的反馈我们就能看出一些问题。有外国人说："我们需要长寿，练太极拳健身，但你们中国人自己还不重视。"我回答说："我们都有了健康的理念，不仅让中国人健身，教给你们外国人。"实际上回头想想他们说的还是有一定的道理。我们的武术界有些人的胸怀也没有那么大，到国外教太极拳就是为了糊口，甚至有些不会太极拳的人跟着录像带比划比划后就敢去教别人。现在全世界有那么多孔子学院，也要派教练去教太极拳，教好教坏却没人管。太极拳从国内已经走向国际了，但可惜只是走出了一个空架子，虚拟的东西，这很危险。前人的很多东西我们都不知道，但外国人拿出来资料以后发现前人的东西他们都有，人家提出一个人来你可能都没听说过。我说太极拳那个祖师谁谁谁怎么样，形意拳祖师谁谁谁，结果人家都有，连照片、动作都有。人家再一看我们这个，算了吧，裁判也不要你们了，专家也不要你，我们自己搞了。所以现在，欧洲一直存在这个问题，你蹦跳高，我比你蹦的还高，散打我力度比你大。有的国家自称是太极王国，这应该引起我们的重视。

1979年第一次挖整回来以后，我就向国家体委的领导汇报武术传承的情况，领导听后说："武术处于人死武亡、继承危机的处境。"这一句话装在我心里一直到现在，还真是那样的，武术在身上，武术家死了就没了。我个人的东西到我一死也没了。没人学！时代变了，难免出现武术继承危机。但是，我有一个观念，"越是业余的，就越是专业的。"不一定是搞武术专业的人才能够继承一个拳种。有些业余的习武者虽然只会杨式太极拳，但他喜爱太极拳，或为了自己健康，自觉地刻苦练习，虽然不搞这个专业，但身体练好了、拳练精了，逐渐就成为这个拳种的专家、传人了。太极拳中很多老前辈就是那么来的。你看陈发科来到北京后，西单大老板请他来护院，同时又请陈发科在家里教太极拳，结果这位老板后来不当老板了，练成太极拳专家了。所以业余的如果只精练某一套拳，吃透了也可能成为专家，而搞武术专业的如果不勤练，那也不专。

　　此外，在武术发展的过程中，适应时代的改革也很重要。例如器械，在冷兵器时代，一寸长一寸强，靠长枪大刀打仗，都是长器械，不把这些继承下来，武术文化就失传了。但是，现在你带长枪去公园练，门都不让你进。不过，经过对器械的改进，变成可拆卸式的器械，枪头一卸放口袋里面，练的时候安装上就可以了。等练完枪，把枪头一拆，就成武术棍了，再缩短以后两头一堵上就练棒，卸下来的枪头还可以练匕首，这样就非常方便。虽然时代不允许你到哪儿都扛着枪了，但对器械加以改造变通之后依然可以生存。武术的其他方面也是这样，要适应时代的发展，如此才能更好地继承武术文化。

　　实现民族的伟大复兴靠什么？我觉得一定要有一颗民族自尊心，有一个伟大的胸怀，各行各业共同努力，才能实现民族的伟大复兴。我的梦想就是2000年元旦在泰山顶上宣讲的最后那句话，"2000年以后，武术太极拳在世界上得到发扬光大，为人类造福"。现在全球掀起了太极拳热，我希望你们年轻一代快点继承下来，携技走遍天下，为人类健康服务。

第五章　王培锟教授口述史研究

时间：2015年5月2—3日。

地点：王培锟教授家中、上海体育学院武术学院会议室。

采访：赵光圣　郭玉成；**摄像**：孙传晨　王培含；**文字整理**：郭发明　李守培　孙传晨　王培含　刘韬光。

受访者简历：

王培锟，男，1942年生，福建福州人，教授，中国武术九段，国际级武术裁判，全国"十大武术名教授"之一，国家体育总局武术研究院专家委员会委员。1964年毕业于上海体育学院武术系并留校任教。曾担任上海体育学院武术系主任，中国武术协会委员，中国体育科学学会武术分会常委，全国体育学院武术教材组成员，全国武术高级教练员训练班指导组副组长，上海市武术协会副主席兼科研委员会主任，上海市体育科学学会武术学科组副主任，上海精武体育总会常务理事。多次承担国际、国内武术教练员、裁判员、武馆校长培训班教学工作，多次担任国际、国内武术比赛的裁判长、总裁判长、仲裁主任工作。曾被国家体委评为"全国体育优秀裁判""全国武术优秀裁判"，被第11届亚运会组委会评为"先进工作者"。先后多次应邀赴日本、意大利、美国、韩国、马来西亚、印度尼西亚等国讲学和执教。

在国内报刊发表文章百余篇，编著有《紫宣棍》《地躺拳》《中华散打术》《漫步武林》等，合著有《青萍剑》《南刀》《南棍》《福建地术》《少林十三抓》《肘魔》《武术》《刀术》等书。担任中国武术协会1986年制作的武术推广教学录像片《南拳》《剑术》等监制和技术指导，《十万个为什么》《体育辞典》武术条目撰写人，《中国武术简明辞典》《中国武术大辞典》《中国武术百科全书》编委及撰稿人。

1 散打项目的开展

郭：王教师，请您谈一下我们体院散打队和套路队的组建进程。

王：散打队是1985年组建的，套路队开始得比较早。其实，我读书的时候是参加上海的比赛和队伍，那时体院设有参加全国比赛的资格。"文化大革命"以后上海体院的武术队就成立了，我任教练。上海高校也有武术队教练。高校当时不仅仅是我们学校，复旦大学、同济大学、华东理工等都选拔优秀运动员组成队伍。训练都是在我们学校，我是教练。（赵：是高校联队？）就是高校联队，谁有本事谁上，以前还是比较严格的。

郭：当时套路已经发展到上海体院队直接可报名参加全国武术锦标赛，进入全国甲级队行列，单项也获得许多冠军，是全国强队之一。散打1979年开始试点，上海体院1985年开始建队，您谈一下当时的情况。

王：散打最早一届是赵光圣、毛智和、赵钟晖、张建辉四人，他们当时并不完全知道散打是什么项目，这个项目那时还没有确立。我在全国到处跑，了解武术发展动态，当时我也主张打练要结合。（郭：那个时候就有打练结合了？）大家讨论嘛，一去参加会议，就说武术不打不行啊，得要弄个打的。那时候的思想很禁锢，感觉你单独把打弄出来不行，这样脱离武术套路了。所以当时在好几个地方为这事讨论。后来参加"散打赛"运动员还要先经过套路测试合格后，才可以参加散打赛，赵光圣参加"武当山散打赛"前也练长拳、形意。那时主导思想是，既然是中国武术的散打，首先看你会不会打拳，若不会打拳你打什么中国散打，不会中国武术套路是不行的。

当时，我也想武术光有套路演练还不完整，要有一支能实战的武术散打队伍，比如光有太极拳队是不够的，要有强势的推手队相辅。那么，要建一个队伍，怎么招生呢。我当时在教务处工作，想搞这个项目师出无名啊。当时正好路过训练房，就看见赵光圣和其他几个人在那里打沙袋，我说你领个头吧，就让他去动员其他人了，从四个人开始搞起来了，发展到现在是全国强队。

郭：女队是哪一年开始有的？

王：女队是全国有了这个比赛，我们去找了女队员就参加了。我记得那时候有三四个，1988年。（郭：1988年有女子的比赛了？）不是有这个比赛，是1988年我们上海体院组这个队了。1987年有比赛，但是我们那时候没运动员就没参加。散打的比赛你不要想着突然一刀切，它里面有很多类型，如调赛、分区规模赛、表演赛等，主要是因为怕出事嘛。

2 武术挖整工作

赵：1979年，王老师您走访了很多省市调研，为武术的挖掘整理做准备工作，这个您详细地给我们介绍一下吧。

王：我记得国家体委下了一个文件。从全国各地抽调大概十来个人吧，组成这么一个调查组，调查什么呢？就是中国武术到底有多少家当。再一个就是怎么把它保留、传承下来。去了很长时间呢，1979年末好像。（赵：去的有哪些人呢？）去的多了，你看，我这个组的头儿就是武术筹备组的赵双进，这个人很有水平。我这个组的人我还可以记得很清楚，一共分两组，我们是走南边的，另一个组是走北边的。我们这一组赵双进处长领头，我、天津的刘万福、福建队的教练张大勇、云南队的辛玉堂，还有一个广东的梁士丰。我们这几个人是一组的。那时候还带着一个摄像的，他带着16毫米的摄像机及整套设备，背着很重。我们这一组还北上南下呢。北上是东三省，然后下来就到了广东、福建、浙江、上海。其中我和刘万福、摄像师专程到江苏泗洪实地考察"壁虎功"，完了以后再回北京，走了一个大圈子。这是1979年的挖掘整理传统武术。所谓的挖掘，就是到那里先找当地的体育部门把当地老拳师啊、有名的学者请出来，然后开座谈会，如果有特别好的就让他展示。

赵：您这次工作是正式挖掘整理前后的一次调研，是为后续全面挖掘整理做准备。

王：对。实际上就是看看情况、摸摸家底，到底有哪些东西。后来就搞大了，整整搞了三年。我感觉这段历史还蛮有意思的，有意思在哪里？第一个是挖整前期的调研，到底中国武术是什么东西，你说打，半步崩拳打遍天下，这个崩拳什么样啊？还有这个传说中的"功夫"是什么呢？还有真正的武术究竟是什么？哪一块内容才算武术？

赵：王老师，之后召开第一届全国武术工作会议，你能谈谈吗？

王：我们前边的调研，徐才当时还没来，是赵双进带的头。当时调了哪些人呢？上海调了蔡老师和我，西安调的马贤达，武汉体院调的温力，广西武术队调了周树生，北京体育杂志社调了张纯本加上赵双进，7个人，从始至终这7个人是主体。当时很急，给我们调过去安排了任务，马上就去调研了。调研内容就是武术以后的工作究竟怎么做？有些什么东西？每个人分工写一个题目，我起草的是推广部分，说实在的这部分不好写，然而任务是要接受的。

然后徐才来了开了这么个会，有很多事项。一个是走向世界，会议以后，这个是做得比较好的，就是武术怎么推广到世界。还有就是武术的群众体育应该怎么开展，竞技武术应该怎么推进，武术科研怎么发展，还有学校武术。1982年这次会议我记得最清楚，有一拳一械。（郭：当时的一拳一械是学校里吗？）当时工作会议提出来的，向教育部提出要进学校，要让学生掌握一拳一械。实际上在这之前，教委的教材中学校武术内容也有，关键问题是没实施。

3 武术竞赛裁判及经历

赵：王老师担任了很多裁判工作，请谈谈您的执裁经历。

王：开始这个套路运动规则是以蔡龙云先生为主与前辈武术家在1960年制

定的，一直到1973年以前，都是按那个规则走。印象中1973年以后做了些改革，但是未离开这个主题。后来又做了一些改革，都是在原来的结构基础上修改、变动。真正的变动是武术申奥前，整个套路的规则就变动了。原先规则、比赛形式、内容、方法在操作执行中间应该来说还可以，大部分运动员、教练员、裁判员是认可的。在个人执裁中作了一些改革，比如赛前裁判员、裁判长临时抽签上场，打破了以往赛前裁判长、裁判员以固定人员分组定位的形式，当时一下子"乱套"了，那时候就是改革，但是裁判长、裁判员抽签上场沿用至今，现在看还是可行的。

赵：您是从裁判开始做的吗？

王：对，我是从"士兵"到"元帅"。1963年的时候还不打分呢，一开始就是负责编排等事情，后来开始打分，是执行裁判，然后是副裁判长兼执行裁判，然后是裁判长，到副总裁长，再到总裁判长。就是基本上每个都经过了。

赵：大家一直认为套路是主观打分的。后面的难度动作打分方便了，当时是什么情况。

王：难度的问题首先是大事，它因为要适应这个高、强、快。但是我认为主导思想如果是为了方便裁判，这个主导思想就有问题。裁判执行规则怎么方便怎么来。如你动一动，减掉分数了。不是我想扣的，那我帮不了啊。（赵：就是适应奥运的纯竞技。）这样的话有人问你，你就会心安理得，跟你没关系，是他自己动的。所以这个评判思路成问题，我一直提倡难度分要降低，控制在0.5，但是现在是2。（赵：过去是3。）3分后来降到2分了，我力主降到最低。你说高佳敏练了一辈子了，如果上去一晃就名落孙山了，第二、三名都拿不到。那你说武术到底看什么？是看难度还是看演练技能？武术一举手一抬足都是有文化的，如果演练技能都不要了，还要什么。（赵：不是说行家一出手就知有没有，就指这个，裁判难道这个都看不懂？）对啊，看不懂当什么裁判呢？所以以前当裁判绝对要训练，现在都不训练了，反正有表，看图像。所以武术规则改革啊得正反两面看，首先为了入奥所施行的改革是值得肯定的，主体上并没有脱离武术。但从另一方面来看，这个已经脱离了民间的、传统的东西了，距离太大、速度太快，人家接受不了。

4 武术对外传播

赵：1984年，您参加第一届全日本太极拳、中国武术表演大会裁判工作，请谈谈具体情况。

王：1984年的大会是我们中国组成一个代表团，这个代表团既有裁判任务，也有其他活动。因为当时那是我第一次出国，是国家体委组成的那批人。张山当团长，还有一个外事处的秘书刘屯。这一批都是老同志，比如山东周永福，还有一个黑龙江的练孙式太极拳的张继修，岁数都比较大了，还有徐淑贞、安天荣、赵林燕。我们代表团出去，当时主要任务是参加这个大会。比赛是在大阪举行的。

参赛的是日本最早的一批运动员，现在在日本都是骨干，叫作日本武术太极拳联盟。像村冈久平、川崎雅雄等人，现在全都是他们联盟的骨干，也就是后来很支持中国太极拳在日本发展的这批人。当时比赛名称出来以后，我马上就说了不同看法，我说不能是中国太极拳、武术，应该是中国武术，太极拳应该是属于武术的范畴，后面他们也接受了，但始终认为太极拳是他们的主体。裁判员当时分很多组，我基本上就是拳术组的，当时还有上海的丁金友，他们已经在那边搞传播了，所以也介入了，带了几个人。那次比赛我感觉应该是很成功的。

他们不仅仅是学我们的太极拳，还有长拳。你像那个叫增田尚子的，在马来西亚第二届世界武术锦标赛上获得太极拳世界冠军。她练的就是长拳的剑，动作很漂亮。后来，她每一年都带团到上海访问，一直延续到现在，就说明当时友谊的桥梁建起来了。

当时比赛几乎都是按照中国模式进行的，他们没有裁判，只有个报分员，因为报分需要用日语，我们不会讲。这个比赛是他们策划的，但是是我们中国的裁判，参加活动的这些日本人，最后都是全日本武术联盟的骨干，为中国武术的推广做了很多工作。第一次比赛，都是我们告诉他们应该怎么做，为他们培养了一支队伍。后来，经过几次后，年度比赛中国就只是派代表团过去，执行裁判员就都是日本的了。

赵：1984年您接受了《空手道》杂志采访，是不是这一次？

王：就是这一次。他们采访了我们两个裁判长，另一个是黑龙江练孙式太极拳的张继修。因为，同属于东方文化，日本很容易接受太极拳，很早就开始学太极拳，大概七几年就已经开始学了，而且经常到我们国内到处去学习，光上海就不卜几十次，个人的、集体的都有。比如，1984年、1985年，他们就到我们上海来了。我带一批人教他们，他们非常讲究规范化，比如这个手到底是几度啊？这手出去到底多高啊？所以他们学的技术，你如果光看表面，找不出来大毛病。他们的核心人那时候不叫领导，因为联盟还没成立，就给我提了一个问题，以《空手道》杂志的名义刊出，实际上是一种采访。他问：我看好像中国的运动员跟外国的运动员，跟我们日本运动员，技术动作没什么特别的差异嘛？我说，还有一个技术意识问题，没有理解更无法表达，比如精气神的问题，所以基本动作还是停留在"操"的形式。这是一个差距。要修炼的话，要相当长的时间。这个杂志不知道现在还在不在，当时访问是日文的，翻译过来意思是这样的。

这也是比赛中的凸显问题，后来日本各队来中国交流很多，什么西安的、杭州的、北京的都有。他们就感觉为什么我们日本运动员练的也不错嘛，分数怎么老是比你们低？那言下之意是不是你们中国裁判在主导这事？实际上不是的，因为他们那时候确实还是流于外形，内在的东西不懂。

日本的太极拳发展确实很快，也始终在追求中国武术的内在。如果只从健身角度，健身手段多了，为什么非要学习太极拳。人家过来学，就是想了解你中国武术究竟是什么，深层的是什么东西。

日本教练曾问高佳敏的腿是否是违背太极拳理念的，因为腿已经过肩了，到头上去了，而杨氏太极拳是要求不能过肩的。我回答说，技术总是在发展的，我说她能被美誉为"佳敏腿"，就说明她这方面的素质很强。我们做一个运动，哪怕是健身的，柔韧性也是要搞好的，而且你为什么不看高佳敏的腿是"拳"还是"蹬"。他提的问题还是蛮尖锐的。

赵：1990年举办亚运会，武术是首次被列入正式比赛项目。在这次比赛之前，我们办了一个国际武术裁判员训练班。您担任培训组的组长，能否具体谈一下。

王：当时因为是第一次，大家都不懂，所以要搞个教材。教材搞好，然后给他们培训用，来了几十个人参加培训，之后是裁判分组。

赵：实际上第一次办这种综合性比赛呢，武术项目的裁判评判，大家肯定有很多意见不一致的地方。

王：对，这很正常，但是最后你要把他归到统一。因为中国武术要走出世界，需要有系统的推出，需要有技术标准，在定标准的时候，就需要求大同。规则、比赛在某种意义上就是为了规范我们的武术。中华人民共和国成立后，武术在60年代以后有了自己的规则，有了自己的程序，就要按照规则来完善。你想背离这个东西，另搞一套的话，那就乱了。

可以说60年代那时候是以蔡先生为主的。那时候的规则这么厚呢，里面内容很细。后来就是细的不行了，我跟蔡先生闲聊，规则细的不行，那怎么扣分？没办法扣了。现在搞的东西也基本上不脱离当时的原则。进入亚洲是第一步，等于说我们要向世界推广，我们的规则在第一届全日本太极拳、中国武术表演大会上已经开始实施了。然后第一次亚运会的实施，我们还是按照这个规则，尽管有一些这样那样的东西，但是我们还是做下来了。最后大家还是满意的。

赵：您出去参加武术教学、武术交流的活动比较多，谈一下国外武术交流的情况。

王：我出去大多是国家外派的，有时也有学校任务。前期到日本多，后期到欧美多。开始主要发展东南亚。大概有几个方面，一个是讲学，一个是裁判，还有一个就是交流。到外面做裁判，一些大型赛事大多是在国内进行的，有国外赛事的时候，我已经不介入这里面去了。还有一种呢，是上海外派的，比方说上海跟日本的组团，当时这种团队比较多，我出去有时候时间比较长，有时候去三个月。次数也很多，包括私人邀请的，有20次左右了，比较熟悉。

1984年，我去了日本做裁判，大概第二年，1985年，大阪太极拳组队到我们学校来了，四五十个人，目的就是相互交流。1984年以后，陆陆续续到日本教学也比较多，但是当时到日本教学，是上海的比较多，我们学校去的人也很多，像蔡先生、王菊蓉、邱先生、郭志禹、曾美英、谢业雷也去过。刚开始就是技术教学，当时他们对技术不了解。通过这种教学，可促进与其他国家的交流。还有好多主动来找我们，因为我们出去以后在教学过程中或者做裁判过程中接触了的人，他们向往上海体院，所以经常有团队过来交流。从教学的角度上，体院的受欢迎，因为本身就是搞教学的，比较细致，科学的教学方法、丰富的教学手段，能把技术清晰地教给人家，人家比较感兴趣。

有一次我到东京，在东京女子体育大学，那天有百十来个人，我跟他们讲少林拳，少林武术，他们非常高兴，就感觉原来中国武术既勇武还可以健身啊！那一次回来以后，给国家体委的一些领导讲，就说国外很多人现在对中国武术有一种误解，认为凡是健身的就是太极拳，只有太极拳才能健身。日本、欧美都这样认为，而且都从老年健身的角度，没从年轻人健身角度考虑。所以我提出要传播更多的武术拳种，不能局限于太极拳一项。

另一个问题就是，受很多武打片影响，大部分人都认为中国的武术都是和尚、道士创造的。所以，我们出去要给他们解释，中国的拳种主要来自民间。我们到国外大多讲太极拳，他们就认为这个是可以健身的，其他的就是格斗的比如讲少林拳的时候，他们就认为这是格斗。有一次，我去日本的时候，跟日本合气道的一个团一起到美国。美国人就问，合气道跟我们武术有没有关系？合气道讲究健身和用法。我就跟他们讲，中国武术本身就是健身和技击融合的，不是单纯的技击，道理都是一样的。

还有一个问题是在讲学过程中，他们会提很多问题，某种意义上这其实也是我们中国人对外宣传的一种误区。比如说：什么叫气？什么叫气沉丹田？这是我们自己没有理解透。"气沉丹田"是中国人的一种智慧。道家讲丹田，太极讲丹田，武术讲丹田，医家讲丹田，比如上丹田，脐上、脐下、脐内、脐外，甚至有人讲周身无处不丹田。那么外国人就感觉到奇怪，你们说的都不一样，到底讲的是什么呢？丹田其实就是讲的人的部位，讲的不是一个地方，而是一个部位。现在已经讲腹式呼吸和胸式呼吸，但是我们总是讲气，这是一种虚无缥缈的东西。我在海外讲学，讲的是现代科学的腹式呼吸和胸式呼吸。通过腹式呼吸把胸腔打开，肺活量就增大了。如果讲"气在周身走"，外国人不理解，他们说这是你个人的意识，是个人的感觉，不具有普遍性。总之，国外讲学注意不要讲的太虚、太玄了，比如讲中国人一跺脚上了三层楼，中国人的"轻功"有没有这么大的能力呢？

所以，拳种太多了，如果对外交流，就必须是人家可以接受的，必须要有标准。现在海外有人买了中国很多武术光盘回去，然后按照光盘模仿，一个外国朋友让我看他自学的八卦掌，模仿得不伦不类，根本就不规范，如若将这些再误传给他人，长此下去，武术将在海外的误传中畸变。如果说中国的武术都能够按图识字，那就不用传播了，看看录像就可以了。所以，中国的武术文化在国际交流、对外传播方面还是要规范化，要选择推广项目，要选派优秀教师对海内外传播者进行培训。

郭：王老师，有人认为教武术可以不需要外语，你是如何教授的。

王：实际上我一直后悔，大学期间没有选学好一门外语，如能学好英语，那么到大多应用英语的国家就少些语言障碍，更有利于武术推广啊。不过正因语言障碍，所以在教学中，我就更注重身体语言，这个有利有弊，需要多做示范。教学中，外国找的翻译大都不懂武术，只是名义上有个翻译，翻译的技术他不懂，不太能译好。比如说"虚灵顶劲"，翻译不搞武术，就译不了。他过来问我们，再跟他们讲一通要"顶平颈直"，他再做直译，达不到我们的效果，如果说我们有条件，能够把这些用英语表达，对他们的提高是很快的，武术教学要力求"口传身授"！

郭：比如说白鹤亮翅、野马分鬃，都是直译。

王：这个名称要直译，这是中国的传统。不能改变，比如说"马步"，不能变成骑马的步，这个马步就是我们的俗语。白鹤亮翅就是白鹤亮翅。肘底锤就是肘底锤。但是这个我也会讲，对老外来讲，肘底锤，解释的时候不是肘底锤，走的是下面这个锤。沉肩坠肘，比如说"坠"，日本人不懂这个"坠"，写成垂肘，垂下来的垂，垂肘和坠肘差距可大了。我们讲的是千斤坠，要有这个劲下来的，你光垂下来，这个不行。坐腕，舒指塌腕。学名是塌腕，是怎么来的，民间要讲塌腕。

郭：太极拳外，比如南拳有没有这样的概念？

王：南拳是一样的，麒麟步，什么是麒麟步？南拳讲的短撞，抛拳，什么叫抛？在翻译的过程中，我认为身体的任何一个动作或者任何一个套路，本身就是一种文化。比如说，我们南拳里面要发声，这也是文化，讲究以声助势、以声助力。比如模仿很多动物，虎拳"呜"，鹤拳"噢"，这个就是一种内在的东西。中国武术因为存在这些独特的内容，外国人在练习这些拳的时候，来个虎声，来个鹤声，这就是中国民俗文化跟大自然的结合。

5 竞技武术套路与规则的编写

赵：1993年第七届全运会，您承担南刀、南棍竞赛套路的创编组织工作，请谈一下当时的情况。

王：第六届全运会以后，当时有人提出来武术比赛好像不公平啊。长拳是长短兵，这算是小全能一项，算一块金牌；南拳一块金牌，太极拳一块金牌，这不完整嘛。让我们编南刀、南棍，就是从小团体的角度来考虑的。一个拳就拿一块金牌，他们三项才拿一块，这不对等、不公平啊。太极拳也是，练套四十二式拿冠军了，所以后来就讨论，太极拳就加了一套剑，小团体是拳、剑。南拳就必须加一长一短，跟长拳对等起来，总体思想是这样。

那时候国家体委就调了我，除了我，还有福建的许金民、温州的项金生、广西周树生、广东董德祥、湖北袁林林、北京朱瑞琪等人，组成编创组。还有运动员，北京的卡力、朱贵君，福建的魏丹彤，三个参加。当时编创的思想很清楚，就是说要有南棍的技术特点。当时给我们任务很艰巨，一个月要把两个套路编出来，时间很紧张。南棍相对容易，因为各个地方练得很多，广东、福建、浙江都有。所以把我们几个老师的动作搞起来以后，很快南棍就通过了。然后也请专家，那时候蔡老师还是副院长，请他们来审定。刀那里出问题了，创编南刀，到底什么是南刀？那么你去武术博物馆看看，第一把南刀就在那里，这也是一种历史见证。

赵：是不是在这之前没有南刀呀？

王：没有，过去哪有南刀啊？南方有鬼头刀、九环大刀、蝴蝶刀，没有南刀这一称谓，创编了以后才承认这个叫南刀。（赵：南棍有吧？）那时候也不叫南棍，叫齐眉棍啊、枪夹棍等。这个南棍、南刀的名称实际上是那时候才确定的，等于说是竞赛套路。这个刀，开始讨论的时候，不是很多刀吗？为什么不选呢？九环大刀、蝴蝶刀、鬼头刀都是南派的，大家不是统一的。南刀练的都不多，来的这些也没有自己成型的刀，谁都不敢表态试手。

创编刀的任务，我跟周树生关系比较好，他也具有开拓精神，先与他研讨，首先认定长拳、太极拳"小全能"使用的剑、刀都是单把的，不是双剑、双刀。如果用蝴蝶刀的话，就是双的，不合适。这个鬼头刀呢，不伦不类，拿出来哗啦哗啦的。那个九环大刀，好像代表我们中国的兵器也别扭。后来他说我们重新设计一把，我就说你设计，明天一早我来看图。他就设计成现在的刀型。采用蝴蝶刀的护手把，然后刀身加长，把它变成单刀。就这样把刀型定下来了。

周树生专门去了一趟河北定县把这个刀打出来。那把刀拿回来的时候好厉害，铁钉子拿来，噌一下就分开了。因为厂家不知道你要干什么，他想你们这个是国家来的，肯定要检验我的刀的质量啊。就根据这个形状，编了这么一套，当然我们主要是强调了刀的用法、刀的力度、刀的技能，但是又要不同，基本上不同于长拳类的单刀。现在刀、棍在国际上，人家非常崇尚。下面把我们创编的原则介绍下：

第一个是传统。传统在什么地方呢？我们的棍、刀都很重，后来比赛的刀变成铁片了。你去把第一批南刀、南棍的书拿来看看，后面翻开我们有规范的。刀是多长、多重，都有标准的。棍直径是多少，要求粗，要有力量。这显示什么？是要有力量，要强调劲力。当时编的时候我们这几个人就有这个思想，所以这内容就贯穿了，要有分量、要重，重你才不能花哨嘛。

第二个是要讲方法。比如说"铁牛耕地""太公钓鱼""风卷大旗"，其他什么"玉女吹箫"，我们把这些老动作都放进去，都有方法。所以那时候刀、棍刚出来的时候，非常疯狂。我在好几个全国的训练班教了刀、教了棍。外国人都说你这个刀很有分量，打起来很有劲，很讲究实用。我说对呀，刀一挂，"哼"就出去了，当然实用了，到现在反响大，从竞赛的角度来讲，起码把两个项目保留下来了。而且作为全能项目，你要单项就单项，要全能就全能，它都有。如果说你是一拳一器械，男的可能选南拳、南棍，女的可能选南拳、南刀，或者第二年换一换。从七运会开始项目已经确认保留了。

郭：这个刀实际上是融合了南刀的很多技术动作。

王：南刀北刀的技术都有了。你比如说刀这样砍的时候，我们就双手砍下去。如果刀很轻的话，用的了那个劲吗，用不着的，所以我说武术文化，你看动作，就会明白它的文化在哪里。本身就是方法里带着文化。比如掤、捋、挤、按（站起来做动作），掤完以后，你要捋的时候呢，现在很多人就这个掤，就这样捋走了。我说你看，往这边一带，这是向右了吧，这是向左吧，走到这里没路的时候，你一折腰，山穷水尽疑无路的时候，柳暗花明又一村，很多文化本身就已经在其中了。这就是文化了。所以呢，当时南刀、南棍我们就是这样，你比如说（站起来做动作）这种"铁牛耕地"，现在很多人就这样走。但铁牛耕地绝对要这样做（一整串动作展示），现在没有运动员做的，但当时都是很讲究的技术，一般你没有经过专门的训练、传授，很难达到这种水准。

郭：王老师，那个南棍为什么当时很快就通过了啊？

王：因为当时南派的都有棍，棍是最正常的，生活中最方便的也是棍，抄起棍来就能用。扁担，那个什么撬棍，都是一样的。刀就不一样了，刀它是外显的，你拿着刀到处走是不行的。

郭：编的时候大家有没有争议？

王：有，但争论不大。因为大家都是武术人，武术人讲究涵养的，编出来一看，还不错，就可以了。有的动作，他们会讲，比如说架刀的技术（做动作），唰唰唰、啪，他这一拉（一串动作），你编的套路，如果这样是不行的。当时关键是我们演练的，这个刀一架，唰一挑刀，啪啪啪啪，南刀的劲力、方法，都表现出来了。所以为什么我要讲长拳慢练呢？按照我的理解，任何东西完全不在于你练了什么，关键是你按不按这个东西的规律练。编完以后武术运动管理中心的领导一看，说不错，那就推吧，大家还是很高兴的。

赵：武术国际化这些教材的编写王老师您都参与了。

王：对啊，我参加了，包括《中国武术国际教程》，有这么厚的，上、中、下三册。一直到我离开上海体院的时候，在体工队之前的所有东西，都是我汇编的。这个教程等于说把我们竞赛的一些东西，从初级到中级到高级的套路（那时候还没有散打），在完整地往外推广。

郭：王老师刚才讲的教材分初级、中级、高级？

王：对。高段位的就是那时候的竞赛套路，比如说刀、枪、剑、棍、拳。赵长军的刀和棍、彭英的枪和剑、袁文庆的长拳、陈莉红的南拳，这个是高级套路了，是国际套路。就是以他们这些全国比赛冠军的套路作为蓝本，适当修改，难度是比较高的，所以说是高级教程。

6 "文革"时期武术生存状况

赵：王老师，您能谈谈"文革"时期的经历吗？

王："文化大革命"期间，所有的人都闹革命嘛，而且当时有个叫作"反对走白专路线"。那么当时的武术，社会武术几乎不太见了，就是流落民间了，我们还是保护老先生的，基本上没有什么。其他人我不知道，我个人啊，感觉这个有问题，所以我自己每天早上跟往常一样练。当时就是弹腿啊，从我们八号楼就一直踢到学校门口，很早起来，那会连校门都没开。上次赵晓晗（时任上海体院武术学院党总支书记）也要我给学生讲这些东西。我五点多就起来了，"叮咚叮咚"地弹腿到门口等着开门。拿把剑、扛把枪，到后面旧球场躲着练，练到自己还比较满意了。中宣队入驻以后，不知道他们耳朵里听到了什么，跑到我的房间来，看墙上还挂着一把剑，就说"这个不行啊小王老师""这个东西我们要收走的"。我们那会的中宣队是浦东电力局的。他要把我这剑收走，我说"你别动，咱们都是搞手艺的"，他们电工不也是搞手艺嘛？我说"我这把剑你拿走了，以后我靠什么吃饭啊？"年轻嘛，不管三七二十一。剑就在那一直挂着，也没来收，我拿下来又出去练习。当时就到这种地步，蔡龙云老师的剑都被收走了，收走之后还作为"凶器"进行展览。展览就是看看刀啊、剑啊，这些东西都被收起来了。所以在"文化大革命"时期，"四人帮"倒台之前，公园里面几乎看不到练武术的。

赵：那这期间其他武术家，您了解吗？我不能公开地说我到哪练武术，或者是教。

王：教武术更加不敢了。那会儿谁敢讲？抓得很严的。不仅是武术，任何项目都是的。学生反对老师，总是批判老武术家，这是我感觉最不好的。

赵：那批判他什么呢？

王：权威。批判老武术家讲的那些传统的东西，随便挖一句就批判。搞什么技术第一。我们中间也被批判过一次，批判什么呢？"文化大革命"后期不是复课闹革命嘛，当时我是抓运动队训练的，结果好像是给他们训练过度了，被批为"没有人性，只追求自己的白专道路"。

赵：那时候学校的教学呢？

王：没有教学，整个都停掉了。后来复课闹革命才有一些教学，但没有招生。

赵：那武术老师都干什么？

王：有一段时间在江苏大丰农场学农。后来复课，回校。1977年开始高考，我去江西招生。当时报考的考生都是曾在农村锻炼过、表现不错的，由大队推荐，公社盖章确认。我们是招收体育生，文化卷子统一考，合格就行。身体素质的考试我们是面试专测的。那时候入校的学生，在我看来是好的，体育专业基础差一些，但学习训练非常刻苦，人品也较好，毕业后大多为社会做有益的工作，其中也有出类拔萃的。

第六章　习云泰教授口述史研究

时间：2015年5月12—13日。

地点：习云泰教授家中（成都体育学院）。

采访：郭发明　杨亮斌；**摄像**：杨亮斌；**文字整理**：郭发明　李守培　刘韬光。

受访者简历：

习云泰，男，1935年生，河北唐山人，中国武术九段，全国"十大武术教授"之一，国家体育总局武术研究院首批专家委员会委员。1955年从北京体育学院毕业后，分配到成都体育学院工作至2000年。历任成都体育学院武术教研室主任、武术系主任、科研处副处长。曾担任中国体育科学学会理事、中国体育科学学会武术分会常务委员、中国武术协会常务委员、中国武术协会科研委员会副主任、四川省及成都市武协副主席、全国体育院校教材委员会及全国普通高等学校体育教学指导委员会体育专业组成员，并被聘为武汉体育学院和解放军体育学院客座教授、中国峨眉武术研究会顾问等。曾代表中华人民共和国出访捷克斯洛伐克、苏联、日本，应邀到德国、意大利、瑞士、法国授课及学术交流。1985年被国家体委授予"新中国体育开拓者"奖章证书。1988年获中国国际武术节组委会颁发的"武术贡献奖"。1993年获四川省体委授予的立功奖励。1995年被中国体育科学学会评为先进工作者，同年荣获国务院颁发的在体育事业中有突出贡献荣誉证书，并享受政府特殊津贴。

出版专著有中华人民共和国第一部《中国武术史》，以及《中华搏击术——中国武术散手精粹》；担任《中国大百科全书·体育卷》武术副主编，《中国武术百科全书》编撰委员会副主任，《中国武术大辞典》副主编。自1962年先后五次参编全国体育院校《武术》教材，主编全国体育院校函授《武术》教材,分别获国家教委全国特等奖和国家体委优秀教材一等奖。

1 《中国武术史》的撰写与出版

郭: 关于您撰写的《中国武术史》,能否介绍一下?

习: 这实际上是"文化大革命"以前开始的,我们书记对传统文化比较重视,我当时比较迷信外国的文化,受他影响才开始研究传统文化。后来他把我跟其他人一块弄到京剧团学武功,然后到杂技团,再到川剧团,川剧我倒没练,就是教练给讲一讲。我学了几个月,完了我的变化呢,就觉得传统的基本功,跟武术有很多共性的东西。我当时写了一篇文章,基本功共性有哪些?比如这个倒立、踢腿、压腿啊。另外,我写发展,就在这些基础上发展,京剧发展有哪些?杂技发展有哪些?川剧发展有哪些?回来以后我就对传统文化比较感兴趣了,觉得要在继承基础上发展,没有继承的发展是乱来。

我们这个书记是团中央下来的,原来是中国冰上协会主席。到这儿以后,每次出去都带着我,到北京或者其他地方都是他给我买哲学书、历史书,他个人买,然后送给我。这个《中国武术史》就是受他影响。他说:"你们搞武术的,传统文化不能丢,传统的东西,比如老子、孔子、古代其他哲学以及孙子兵法等,都是国家的宝贝,不能丢。你把武术受哲学的影响啊,多琢磨琢磨、多考虑考虑,咱们中国没有武术史,最好你就编写一本。"

那时候工资也不高,我还有两个小孩,负担比较重。我每天早晨拿一两个馒头,拿一个茶缸,到省图书馆看书,一看一整天,早上到晚上。吃饭就是馒头就白水。这样我坚持了几个月,收集了很多资料,记录的卡片有很多,一摞一摞的。这个事情实际上从"文化大革命"以前就开始了。"文化大革命"来了以后是抄家,我家遭了三四次抄,第一次是抄书,以后不抄书就抄其他东西了,我这儿也没值钱东西。"文化大革命"结束以后我还是继续收集资料,当然也有人说那书都是日本松田隆智的。但松田隆智是什么时候啊?哈哈,讲这个话的人他没根据。我引用的我这都有根据的、有书的,在北京搞百科的时候我看过松田隆智的书,但那时候我初稿基本上都完成了。

2 职业与社会工作经历

郭：1956年10月25日，贺龙同12位参加武术观摩表演大会的老先生座谈，您当时参加了会议。能否请您回忆一下当时的具体情况？

习：贺龙说你们老先生不要保守，这武术要往下传，它才有生命力，要不保守地传给下一代。贺龙我一共接触过三次，他关于武术的主要思想就是要打。他说竞技体育就要打赢。记得第三次见面，我当时是四川重竞技协会主席，他到成都来我们这视察的时候说："拳击不是好看，拳击就是要打赢。"

郭：那习老师您做这个四川省重竞技协会主席，这段工作的经历能不能跟我们谈一谈？

习：当时的体委主任是唐山人，老革命，姓马，马主任。他提出重竞技协会里拳击、举重、武术、击剑、摔跤几个项目都要有。有时候组织比赛、组织训练我都参加，给他们训练去。另外一个开会啊，比如说武术学术报告，讲一讲全国动态。举重、拳击我们那比赛完以后还到林业大学，派几个学生去教。肖应鹏过去教猴拳，我给他教一段举重。在林业大学，后面那个射箭比赛，我是射箭总裁判。实际上是重竞技没有包括的项目，也让我给挂上了。

郭：您能不能把在清华大学开武术会议的具体情况跟我们介绍一下？

习：这个会议，是国家体委曲崇虎在负责，开会的时候啊，就小组先谈，要不要分出来，后来公安部高教处的处长也来了，他想把警察的武术单列，专家们不同意。不同意他又回去请示去了，我一个一个给做工作，我说这个公安的武术啊，跟地方的有点特殊性，最好给分出来，这专家都同意了。他请示回来以后说，不单列就不单列了，就没弄成单列，但是武术我们确实是分出来了。在清华大学开了三天会。这摊派的院校就邱丕相参加了，我记得。沈阳的刑警学院有几个教授参加了，还有公安部人事处处长、高教处处长参加了。

上篇　武术家口述史个人研究

郭：习老师，您组建并训练四川省拳击队，当时的情况您还有没有印象？

习：这个拳击队是准备参加全运会的，第二届全运会。当时我们队考虑要夺得全国总分前三名，组成了这个队，训练比较刻苦，篮球队训练的时候都在一块。我这个指导思想是从实战出发，实际上也是这样教的。我对队员的要求就是稳、准、巧、狠，三不怕一超越。三不怕就是不怕苦、不怕累、不怕难。一超越，就是不断超越自我。一安全，就是设备要安全。另外是控制体重。教学要求就是优化教学内容，量化达标标准，强化重点动作，自动化整套动作。我教武术、拳击都是按这个。

郭：习老师，您能给我们介绍一下您在成都体育学院的工作经历和这个武术系的发展史吗？

习：我来的时候没有武术系，武术组都没有。郑怀贤、王树田、兰素珍三个在体操教研室，还是一般的组员。我来以后就把郑怀贤、王树田调过来了。当时还有北体分的一个举重的白永靖，就成立了一个武术教研组。郑怀贤担任主任，我任秘书。因为我跟郑怀贤关系比较好，那时候全国禁止开展武术，都解散了，我跟郑老师商量，说武术是国家的文化遗产，这个不能丢。社会上利用武术打人犯罪那是另外一回事，但是武术本身没有问题。我说"那样吧，改成武术舞蹈组"，这样就成立了一个小组，也就是以后的四川省武术队。

因为我来的时候，王树田武术比较好，但用不上啊，停课了他没用处，就跟我上拳击了。后来我跟郑老师说让王树田老师当教练，发挥他特长，随后就成立了武术队。后来郑怀贤他又行医，行医以后就让他做医院的院长，实际上他在学校这边挂武术系主任。他没往上报，学校给定的，定完了以后，武术系主任实际上他也没当上，是我当时兼任。我1955—1956年的时候是团支部书记，教师的团支部书记，以后就是球类和武术共同成立一个支部，我是副书记，后来我就调到科研所了。等武术教研室单列的时候，我就担任了武术教研室书记，是这样的一个过程。

四川省武术队，实际上我代管重竞技拳击、举重、击剑、武术这几个项目，成绩都可以。"文化大革命"开始以后各个项目都停了，后头我跟国家体委科教司打了一个报告，提议成立全国的进修班。各县的体委都来了，好多县、基层的教练也来了,这样的进修班总共搞了三期。

另外一个是招生,原来招生范围只在四川。"文化大革命"以后,我负责武术系的时候,通过国家体委科教司把招生范围扩大了。比如我知道河南或其他地方武术比较好,就把它算作招生地,然后打报告,这样一来招生范围大了,生源也逐渐增多。

3 参与武术竞赛规则修订工作

郭:习老师,您能不能给我们讲一讲,您当时参与起草我们国家第一部散手竞赛规则时的一些具体情况?

习:当时在石家庄开会,我是组长。成员有王培锟、哈尔滨的体委主任,大概有那么几个人,一起研究这个散手。第一个要求安全第一,不能出问题。第二个就是要发挥中国的技法长处。另外一个就是考虑各地方有特色的好东西。还有就是强调加强医务监督,没有医务监督不行。当时就起草了这么一个东西,以后的情况我就不清楚了。开完会就交到张山那里了,当然,以后肯定起了作用,起码它一大部分都被新规则吸收了。

郭:习老师,您多次参加竞赛规则的制定与修改,能否从您修订规则方面谈谈您的经历?

习:武术规则基本照抄体操,根本不适合。一个套路原来是要求105个动作,我忘了,记不清楚有多少个动作,那个根本不现实。你比赛时候眼睛盯着数一二三四五六七,根本没法数,后头从我那儿改成一分二十秒。我估计着那时间差不多,然后找运动员测验一下,这个时间段做一百多个动作够了,这是一个。另外一个呢,改了几个地方,我了解了一下裁判。我说你怎么打的分?有时候都打7.8分,有时候都不一样,扣分、给分差距悬殊。后头我提出来"评估分",就是具体动作。你比如说马步应该什么样的标准,你要不符合就要扣分,具体动作一次扣。至于整体的劲力、身法啊,最后给一次总得分。这个具体地讲,我大概分成三组,一个属于印象分的,劲力、身法啊,这个一次给分。另外具体动作扣分,弓、马、仆、虚、歇不合标准的,还有动作难度一个分，这三个分加一块。

难度动作，比赛犯的错误，比如说弓、马、仆、虚、歇不符合规则标准，这都具体的扣分，比较客观。身法、劲力这是抽象的东西，只能给个整体分，没法具体扣，你说哪个身法正确哪个不正确啊？最后难度动作，三个加一块，这是套路。

还有一个器械问题，器械原来要多长多粗是有规定的，那怎么弄啊？比赛时拿尺子量？后头我就拿一个硬纸板划一个沟，套上去如果合适就标准，把过程简单化啦。我套路改了很多，技击方法也改，时间长了记不清楚了，反正要实事求是，不搞假，力求准确。

郭：习老师，您能不能跟我们谈一谈1979年散手作为试点项目开展过程中您的主要工作和经历？

习：国家体委试点以前社会上就开始搞了，比如深圳搞的国际比赛。当时我大致提了几条，提的是安全要万无一失，后边徐才又补充一点，主要是安全，如要比赛打死个人你还搞什么比赛啊？另一个医务监督很重要，你没个医务监督万一出问题怎么办。比赛安全性第一，然后再发挥传统的技术，传统打法。这开展的时候在北京或在哪个地方举行比赛没找我，因为我去参加社会的啦，后头的还是参加啦，比如公安大赛啊，还有几次国际比赛。

4 中华人民共和国成立初期武术相关见闻

郭：习老师，能不能请您谈一谈"镇压反革命"运动时期武术的发展情况？
习：这个我还没有什么感觉，1957年的时候有感觉。

郭：那就是"反右"的时候。
习：对，1957年的时候蔡树藩在国务院十二次会议上的一次讲话，就是说，农村里打倒农会，城市里打倒工会主席。停止，取消，就是全国武术停止开展，院校一律不设武术队，各省市的武术队全部撤销。蔡树藩是独臂将军，一个胳膊。我1950年提过报告，国家体委就"反右"，那个时候他们"反右"。上学时候，本来我们的训练是贺龙抓，每一星期都来，以后是蔡树藩，他是副主任、体委副主任，很出名的，配合贺龙的。

郭：习老师，能不能请您谈谈"四清"运动时期武术的发展情况？

习："四清"运动时候啊，我们这煤矿学徒工人出身好，选上了，我就带着学科和术科教师这个队。当时总共成立三个队，一个老红军带的干部队，还有一个教务长带一个队，我带的这个队全是学科术科的教师。

郭：那个时期武术的情况怎么样？

习："四清"时期我每天晚上还拿九节鞭练呢。

郭：当时学校武术的开展情况您可以跟我们讲一讲，具体一点的，也可以举例子。

习：学校的情况啊，四川省代训的拨钱，学校给培训。当时我在管，郑怀贤挂的总教练的名字，但他给人看病去啦。这个是代表四川省参加全国武术比赛的。这个四川省武术队是"文化大革命"以后刚成立的，因为当时每天都是坐这儿开会，我是队长，还有一个指导员，东北人。有一天就我们俩，我就跟他说："每天这么问来问去，今天检查明天检查，检查几年了没完，搞体育的不练习不就完了吗？"他说："对啊，你这想法对，你说怎么办？"我说："原来有个武术队现在没了，是不是叫一些教师啊，每天给练习练习？"他说："成立武术队啊？这钱从哪儿来？"我说："我给省委写个报告。"报告提交后省委比较重视，没过几天就通知到省委开会。上省委开会，我跟陈院长去的，那时候书记还没"解放"呢。

这开会啊，陈院长讲"我不了解情况，你讲吧"。院长让汇报，我就讲了几条。第一条就是体育学院的武术，贺龙来的时候讲"体育学院两个宝，一个武术，一个医学"。我们武术还是全国比较好的，别的省都成立武术队了，就四川没有。书记问我别的省有多少人啊？我说假话，一般是六个，我说八个到十二个。"好"，书记也很干脆，说："那我们四川是大省，给30个名额，没有名额就从别的名额里抽，抽30个。"最后下的批文是32个。

因为省体委不知道，后头不干了，不接受，说我们招工农兵学员是主要的。跟市体委商量，我到市体委，市体委说我们没场地，没健身房。让他把体委的健身房给我们，我们就接受，省体委不干，后头给那个郊区的航空学校了。给那边了以后这个教练怎么来啊？胡晓风说谁愿意去谁去。邓昌立和另外两个人愿意去，没几天两个回来了，就剩个邓昌立。

成立这个队以前，我就已经招生了。我负责从重庆等各个地方招人组建的队已经成立了，由军援队打钱。那时候，猴拳已经到文化宫、东郊等好多地方表演过很多次了。还有现在在加拿大的徐浩表演的醉拳，任刚表演的刀，他们都已经成套了。这个队成立的时候我通过军援队把四川原来武术队好的尖子都抽过来了，比如说谢志端跟头特别好，可以打几圈，就把谢志端、杨智杰调过来，好几个都抽调过来了。所以说这个队不是邓昌立一个人教的。

5 "文革"时期个人经历

郭：习老师，请您谈谈"文化大革命"时期同武术相关的个人经历。

习："文化大革命"开始的时候，我正在外地招生，打电话把我叫回来了。我们教研室的周德发，他找我，他问我"文化大革命"怎么搞，我说"我又没搞过'文化大革命'，但是有一条，任何革命都只能说真话，不能说假话，就不会出问题"。有天晚上夜里头五点钟左右的时候，有学生找我说"习老师，外面贴你大字报了"，贴一大排，就是打倒"四老一少"，郑怀贤、王树德、肖应鹏、兰素珍这"四老"，他们年龄大嘛，"一少"就是我，被打成新型反革命分子、新型反动学术权威。

我家里头小孩还小，后来上北京体育大学的老二，看着外头红卫兵来了戴袖套，就要戴袖套出去闹，他妈说"要袖套就给他做个红袖套"。我这老二站到凳子上喊口号"打倒习云泰，打倒习云泰"，因为是小孩他没法出去。后边我那个老大啊，也要参加，他妈妈就把我得的那些拳击比赛冠军奖牌都给戴脖子上了，出去不到五分钟就没啦，让人给摘走了，谁摘走都不知道。后边开始抄家，我大概被抄家三四次，第一次是抄书，以后就乱七八糟了，看着好就都拿。

我这个老二啊，吆喝着要出去，去外头玩去。后来就有人过来说"你小孩出事了"，腿给压折了，穿透性骨折，他奶奶在这儿都哭了。谁压的都不知道，反正是造反派家属几个人干的，硬轱辘的硬板车啊，从腿上压过去的。幸亏他妈是医生，要不是医生就完啦，到医院借个X光机给他复位。郑怀贤老师，是医生，很出名嘛！到家里来一看，说"不要吃药了"，也可能"文化大革命"期间他没有药了，说"吃鸡蛋就行"，结果吃鸡蛋比吃药好，不到一个月就好了，可以走路了。

我"文化大革命"没出过校门，不能走，勒令不能旅游不能干什么，有好多规定。另外，那会出身不好的要去劳动嘛，有学生来让我参加劳动，我就把窗子打开，对他说"我是学徒工人家庭出身，你没资格找我，不去"。学生没说话就走了，哈哈……

"文化大革命"中，我们也写大字报啊，针对胡晓风。当时中央有档案说他是反革命，但我们闹不清楚。我贴大字报贴的是什么呢？是生活上的，政治上的我觉得没问题。生活上的什么啊？他的大女儿小梅，因心脏病到西安开刀，他没钱呐，就跟郑怀贤老师借的钱，我揭露的是这个。他是真的借啊，他没钱说明他不是贪官嘛。

到后期啊，有学生告诉我说："习老师，针对你的来了，要打死人的，赶快走！"我一听，找院长借了30块钱，我们全家就走了。到火车站以后，我钱装在这个衣服里，这手举着行李，后头我一摸口袋钱没了。到北京以后饿坏了，想出站买点吃的但出不去，北京体院的守门，正好负责人是我一个同学，他给我买了很多水果什么的给我递进来，我就没出门径直回到天津了。

郭：习老师，您在"文革"时期还有没有习武？

习：那时候还习武？！那时候照面都是拿枪的，可以开枪的，根本没办法，顶多在屋里稍微活动活动。屋子门都不能出，到外头根本不行，呵呵。

还有，"文化大革命"批斗的时候啊，别的组织不要我，红教宫也不要我。结果，那天刚住下，夜里还不到九点钟就把我抓回来了，估计就是红教宫的负责人报的，这人以后跟我关系挺好，以前不知道，但我估计是他，要不他们怎么知道我住那儿。当天把我抓回来了，三四个人围着我，这个问题那个问题，一宿没让睡觉，那脑子那神经，什么都完了。

我们人事处处长住那边床上，我住这边二层楼上面，开斗争会，批斗胡晓风是第一号走资派,让趴到地下,跪到地下。他的爱人是人民大学法律系毕业的,是附中校长,让她站在这么高的凳子上。书记跪在这儿,她站这边的板凳上,我站另外一个板凳上。开斗争会时,对下边跪着的书记"啪、啪"打耳光,让他交代问题。叫我交代问题时候,我说"保皇有功,麻饼两封,我这连麻饼渣都没吃到"。把大伙都逗笑了,哈哈……以后就不让我去了。其实批斗是站着难受,站板凳本来没事全当练功了,但站时间太长了还是很难受。后来给关在小屋里头打,两个电工拿棍子抽,打人这男的已经死了,女的现在又当了干部啦。打完了以后,说"你为什么红不了"?就继续打。我第二天找军队说,"你们戒严队进学校了还打人",我就这样汇报了,后边这个戒严队的队长啊,他是川办的。那个时候我给一个老乡——武装部的周部长讲了,他说"那是我的通讯员嘛!你找他,该怎么办怎么办,不要怕"。我告了状以后就把他们给撤换走了。他们打人相当凶的,没打我耳光子,就是晚上在关着灯黑沉沉小屋里头拿棍子抽。这是"文化大革命"。

郭:习老师,您那个时候被下放到农村,关于这段经历您能不能给我们详细谈一谈?

习:"上山下乡"我没有。但是搞社会主义教育的时候,我带队到公社住老百姓家。住的房子就是养猪的猪圈,这边这么高的土墙(比划高度),头挨着土墙。早上大公鸡跳到土墙上头咯咯地叫,觉也睡不好,屋里味特大,以后慢慢习惯了。我带队嘛,更不能搞特殊,所以就帮农民到井里面打水、挑水,就这样在农村生活了几个月。

另外就是到工厂,在渡口一个叫小高顶的煤矿里当矿工。推车下煤矿的洞里头。我去的前半天,体委的管我们,进井底下,大概有这么高(比划高度),趴着走,一爬就上百公尺。他大概是考验我们。我小时候在煤矿上长大的,所以比较熟悉,但这边条件很差,开滦煤矿是马拉车跑,这里是手推车。

后来到建阳农场,就空军那个机场里头,解放以后空军住里头的,我们不是去那当兵,只是在那劳动,这是造反派整我们的。当时比较费劲啊,挑东西走小路,跑得飞快还不能洒出来,这是在建阳农场。军队进来以后,师长是参加越南战争的,比较实事求是,相对好受了,后来把我调到政工组去了。

6 竞技武术

郭：习老师，请您对"改革开放"以来武术发展的情况做一个介绍？

习：我不是给你一份关于贺龙的那个材料嘛，还有一个材料是荣高棠的讲话，他俩讲话意见差不多，就是突出技击，黄忠的那个讲话也一样。黄忠讲就是这部分不能丢，再丢就失传啦，教材要往外放。这三个人的意见都一样。最近在山东我看了一场对练，还是舞台艺术化，还没脱离那框子。这场对练前头人跑，后头人追，前面人怕追不到，就弯在那儿撅着屁股等，翘着屁股往后看还有多远，舞台艺术化这个味还太浓，短时间也消除不掉，这个跟贺龙的、荣高棠的讲话意思距离太大。

郭：习老师，那您对竞技武术的形成和发展情况能不能给我们做个介绍？

习：这个竞技武术发展啊，应该说蔡龙云立了大功，他写的由人民体育出版社出版的《武术基本功》起作用了。这个事是毛伯浩支持的，写武术基本功，比如马步，大腿成水平，两个脚尖不能外展，这规定是从表演上而不是从实战出发，真正打仗练功绝对不是这样的，但确实把这动作规范化了。

郭：那您的看法呢？您对竞技武术发展的看法是什么？

习：就现在武术发展啊？还应该强调技击，在这个基础上发展，武术文化遗产的核心就是技击，传统技击。习近平总书记的意思呢，就是继承基础上发展，不能随便乱改，在继承基础上再创新再发展，要没有创新就没法发展，但是没有继承的话没根啦，就乱来了。他讲话很精练。这是关于继承发展的。

我念一些观点。第一个，科学对待文化传统，实事求是地把握文化的本质特性，明确文化主体的权利和责任，文化是发源于人类生存发展的活动，本质上是人类对外部世界加以文化的全部经验和成果的凝结。文化的主要功能，用于哺乳、造就和提升人与社会的品格，只有有了人才可能有文化，所以文化主体始终是人。任何文化都与一定人相联系，依托于主体的存在并且赋予主体发展的权利，展示主体发展权利与责任，这是文化具体性含义。民族文化有一定的民族生存，文化主体始终是人，民族文化是一定的民族生存发展历史的凝结与显示，是民族生命力的源泉，而民族文化最根本的东西，它的灵魂，它的核心内容和实质，都是这个民族生存发展的权利与责任，对待古代文化遗产必须把握文化的主体尺度。习近平总书记说："当代中国是历史中国的延续和发展，当代中国思想文化也是中国传统组织文化的传承和升华。"这是习近平总书记的讲话。另外一个问题，是我自己写的，科学对待传统文化，要处理好古今中外，把握好建设性主体，将其贯彻于中国特色的社会主义文化建设。这个就是我将看习近平总书记讲话的体会写到这个里头。习近平总书记的思想就是在继承传统的基础上才能创新，没有创新就没发展。

7 武术家生活状态、社会责任与精神境界

郭：习老师，请问在不同的历史时期，武术对您的生活状态、社会责任和精神境界产生了怎样的影响？

习：这个主要根据国家来，国家强调挖整我就研究怎么继承文化遗产，国家开展竞技武术我就考虑怎么提高成绩，都是围绕着国家政策来，没单独搞。另外发现的问题也写了文章，发表的论文都有。你比如说四川那个峨眉派，峨眉派僧、赵、杜、岳、洪、会、字、化八派，我都不同意，个人看法这不科学。

郭：习老师，请您谈谈武术对您社会责任的影响是什么，或者是您认为一个武术家应该具备什么样的社会责任？

习：我认为呢，首先应该严格要求自己，"忠诚党的教育事业是最宝贵的精神财富"，这是我的思想。其次就是"求真求实是人类灵魂的净化剂"，这两条就是我所遵循的、在做的。

我还有另外两个思想，一个是"传统武术是中国瑰宝，世界的一颗明珠"。另一个是感国恩，就是感谢国家的培养。我按着这个去做，我教学生也这样去做。

第七章　庞林太先生口述史研究

时间：2015年5月23—25日。
地点：山西太原晋城宾馆。
采访人：杨亮斌　郭发明；**摄像**：郭发明；**文字整理**：杨亮斌　郭发明　李守培　刘韬光。

受访者简介：

庞林太，男，1938年生，山西太原人，中国武术九段，国际级武术裁判，国家高级武术教练，全国"十大武术教练"之一，中国武术研究院专家委员会首批专家。曾任山西省武术协会主席，多次担任中国武术代表队主教练，包括北京2008武术比赛中国武术代表团总教练，时年70岁；担任第11届北京亚运会中国武术队主教练。亚运会竞赛套路拳术及棍术编创者，国际武术竞赛套路长拳编创者。1985年获国家体委授予的"新中国体育开拓者"荣誉称号；1987年被山西省记特等功；1989年被评为山西省劳动模范；1990年获全国"五一劳动奖章"；1991年被选为"山西省优秀专家"；1993年获国务院颁发的在体育事业中有突出贡献的荣誉证书，并享受政府特殊津贴；1995年在中国武术协会等组织的"中国武林百杰"系列活动中，被评为"十大武术教练"之一；2008年获北京奥运会突出贡献个人荣誉称号。

10岁开始习武，师从何振江、张锡太、布学宽等武术家，擅长查拳、形意拳。1956年，入选山西省体工队；1957年参加山东省武术摔跤运动会，获武术、摔跤两项冠军。从事武术教学、训练、科研工作55年，培养了张玲妹、栗小平、原文庆、王冬莲等众多全国冠军、世界冠军和优秀选手，所带运动员在国内外比赛中获金牌150余枚。其中，全运会金牌16枚，连续7届皆获得金牌。曾5次担任中国武术代表团教练，出访日本、马来西亚、中国香港等国家和地区。1988年，应邀担任香港队武术教练，香港武联授予其"作育英才"奖牌。

1 习武历程

杨：请您回忆下您最初的训练方式？

庞：这得返回到何振江这里，他为我又当引练又当靶子，就和我摔，而且是左右开弓，我也搞不清他哪一边更好一些。左右开弓很厉害的，散打能左右开弓，摔跤也能左右开弓很了不起的。我也没有左右开弓，我是右手，左边没开。除了练套路，就是和他摔，还练鱼跃前滚翻，他拿着棍子，在地上铺一个麻袋，跑过来就从棍子上翻过去。还有摔壳子，桌子上摔下来，摔那么高，震得内脏都疼。我在桌子上往下摔也摔过，那是不科学的。摔壳子也摔了，不过是在地下摔。

武术、摔跤，还学弹腿，还有拉架势，他最注重的功夫就是拉架势。他讲究撑筋拔骨，练功力。马步比较少，弓步练得最多，完了就丁步，下蹲丁字步。我事先就做热身活动，压腿、弹腿、步型、拳法、还有摔跤的空练动作。他也练，那姿势舒展挺拔，精、气、神是我见过最好的，这只是我个人认为。常振芳先生也非常好，他不但继承查拳，而且对查拳演练技法锐意创新，其演练舒展圆润、快速敏捷、眼神锐敏，查拳风格特点突出。"四路查拳"练得好，享誉全国。王子平先生是老人的那种练法、是一个创新，老年人表演照样打，照样满台好，更重要是动作好，又有型，又有功架。拿书法做比喻，他将楷书、行书、草书融合在一起。王子平的青龙剑、朴刀、太公钓鱼真是绝了，那韵味实在是令人叫绝，王子平是真正的泰斗，全能武术家，是最值得赞扬的一个老前辈。

杨：您对武术技击持何种观点？

庞：练武术的不打斗总感觉不对，得打打试试，不打就不知道。我们刚练的时候没有散打，自己师兄弟也在一起打一打，那也不能算真打，没解决手套和护具的问题不好打。中华人民共和国成立以后到70年代末，散手开始试验以后有了鞭腿，原来武术很少有鞭腿，就是蹬腿、踹腿。所谓缠丝腿、铲腿这些能用吗？用不了。就查拳里面的踹腿多，弹腿多，蹬腿多，如二虎蹬山等。

打着打着互相学习就都会了，没有的也都有了，不行的就淘汰了，这些都是过程，哪有那么神秘？中国功夫世界无敌，这种说法是不对的。

杨：请您回忆下您的比赛经历。

庞：要说到1956年了，我看到杏花岭体育场搞摔跤比赛，自由参加，进去一看，觉得摔得不怎么样，我说我可以试试，登记后就去了，不费吹灰之力摔了三四个，事后我就走了。过了几天，全省摔跤比赛，通知我们学校要我参加。我才知道我前面参加的比赛那是选人。初次比赛我没有经验，技术也不够成熟，战术基本没有，单打独斗，第一次得第二名感觉挺好。回去不久就下来通知，当时就是这么进体工队摔跤队了。当时是1956年，摔跤队就我们3个人，崔富海级别大，我和张毛清差不多。1957年在太谷举行的省运会，当时好像是武术摔跤大会，要不就是武术大会包含摔跤，我报了摔跤、武术两项。

第二天这边摔跤那边武术，武术这就不用说了，练两次就行，一套拳一套棍。摔跤要摔好多次，报的人多，忻县、原平、定乡、崞县、晋南等地的选手居多。开始上去摔，摔的时候用不了几下都撂倒了，要不就是别，要不就是飞钩，有的就摔飞了，有的上去试把子的时候就弃权。有一个大同的跤手，我在旁边看他摔这个摔那个，我就想隔天上去好好摔一下他。第二天就遇上他了，一个飞钩，就出去了。摔了两个回合他弃权了，他技术也会一点，但力量比我差多了。我把上有功夫，包括崔富海都佩服我："哎呀，林太那把上的功夫厉害。"

杨：请您回忆一下去山东学艺的经历。

庞：1957年取得优秀成绩回来以后觉得自己还需要深造，就慕名去山东淄博周村。去了以后先见的李超群，几天后才见到张锡太老师。刚开始几天我和李超群老师学拳和剑术。八仙剑他练得相当漂亮，五路查拳是他的拿手好戏，是最漂亮的，他们家乡练五路查拳的很多，通常表演时他练五路查拳别人就都不练了，动作漂亮、舒展大方、身法很灵活、步法也有快有慢、有轻有重、韵味十足，一个很简单的退步都非常漂亮，多数人都做不到。

在那练了几天，受益匪浅。完了以后张老师来了，他个子不高，是一个很朴实的庄稼人，会的功夫很多，他主要继承衣钵，是掌门人，当地人称"二老师"。去了以后一见投缘，就开始让我学他的武术。每天他练，我也练，练完了就学，他练功最突出的一点，就是他练了七八套以后一个接一个旋风脚，打得干净利落。打扫堂腿，左扫堂、右扫堂，一画一个圈，在地上有那个痕迹，给我印象很深的。我也很吃苦，练完以后还要跟他学，我学什么他教什么，不保守。二十多天学了二十多个套路，枪、刀、剑、棍还有对练，完了还组织了一场表演，先练的是武术，后是摔跤，我练的是刚学的四路查拳，一个抄腿，腾空弹腿，我当时腾空很高了，底下都叫好。练完武术以后练摔跤，有一个姓夏的和我摔，他摔不过我，然后又摔了好几个，还有一个河北的，上来以后说："表演，让着点。"我说："好。"上去我就稍微让着点他，结果他真使劲儿，我火了，又把他摔了。

2 查拳源流

杨：请您介绍下张氏查拳的发展过程。

庞：张锡太是张氏查拳的代表，张氏查拳得从他爷爷张乾讲起，他爷爷一身功夫，当地人称"赛马超"，功夫非常了不得，在鲁西一带非常有名。传给他当家的叔伯哥哥张其维，张其维继承了张乾的衣钵。这个人练成钢指铁臂，都认为他指可以穿"牛肤"，牛皮能够穿透，铁掌张指，最著名的一个继承人，从他开始就形成了张派。这个人一生爱武术，教了好多的学生，拜在他门下有几十号人，过去那个旧社会练武术都想有个奔头，他们那是回民村，就想保护村庄，保护清真寺。

张其维也算光绪年间的人。传人中有张锡炎，他是大师兄，年龄最大，学习最早。三路查拳可能没学到，张其维的拳谱给他了，他后来到了通许县教场子，是张文广父亲的老师。后来张锡炎又领着他师弟张凤林去了通许县，张文广就拜在张凤林的门下，所以张文广开始和张凤林学，后来又和常振芳老师学。张其维教了那么多人，下边就有说法了，"你看你教了那么多人，我们那么老了，下边进一个和我们是师兄弟、同辈分"。底下人有这个意见，他说好，李超群、何正清这两个人是最后的，剩下的就都归张锡太了，加之张锡太经常代师传艺，所以称其为"二老师"。

张锡太也出去过，但很快就回来了，一直守着老师，伺候到临终去世，所以他全部学会了。这个人很厉害，是一个继承派的，一招也不改，和常振芳他们一块练的时候，他们有的研究研究手法、改改动作，他不改，他说累得慌就是长功夫。这么练了一身功夫，练的朴实无华、有力、经典规范，一招一式，很经典，很有功力。他一天不练都不行，坐火车、赶集，赶集跑一天回来晚上还得练，在火车上也得练，在火车上车厢中间练，就练这个。虽然没文化，但是脑子很好使，记那些拳谱，记那些动作非常清楚，所以别人忘了就找他，他毫无保留地就教给他们了。这个人一身功夫，会的很多。张氏确实是这样传给他了，他以后就到我们这些，他底下这些徒弟，当地的杨宝奎、张志英，河北的徐青山，山西的我，这是他们这一支。

杨：查拳有拳谱歌诀传下来吗？

庞：张老师晚年传给我了。我从来不迷信，也不要迷信拳谱，就是我也不和你们夸大说多厉害。拳谱是毛笔字写的，字写得很好，纸黄了，好多年了。

杨：请您介绍下杨派查拳的传承发展过程。

庞：杨鸿修在清真寺里当主教，又会功夫，他济南的徒弟也很多。马良当时是在山东济南，"辛亥革命"刚成功的时候，请了杨鸿修还有其他教练，杨鸿修是总教练，从军队里边选拔武术人才，另外从各地选拔武术高手，王子平去了。王子平是怎么拜师杨鸿修的呢，王子平跑到济南，力气很大，当时有一个水车在转动，他在旁边，这个家伙转得真厉害，拉不住它吗？别人在旁边说你吹什么，你试试，他上去就把它拉住了，水车不动了，杨鸿修在旁边看见他了，拍拍他的肩膀："小伙子，你在家练过功夫，你以后的功夫我来教你。"他就拜在了杨鸿修的门下，到了这个技术队。马良组织的武术技术队，一开始叫技术队，后来叫传习所，就招了那么多人。

杨：这个马良就是改良武术的那个人？

庞：就是那个人，马子贞，对武术的贡献较大。实际上杨鸿修后来讲，新武术只是挂他的名。他把这些人搞过来，杨鸿修是总教练，教出了这么一帮徒弟，里边有王子平，何氏家族的何振江，还有王占坤、于振声、马金镖、马金光、杨法武、杨小辫子（杨宝庆），杨鸿修的侄子。四大金刚就是有何振江、杨法武、杨小辫子，还有一个，形成了杨派。王子平、何振江、马玉甫，这些人出来以后在全国都是名人了，像王子平、马金镖、王占坤、于振声是很有名气的。后来1918年或者1920年左右，马良失势，杨鸿修就带着王子平等人跑到上海成立了中华武术会，杨鸿修、吴志青、王占坤，后来王占坤的儿子王凤章，由他挑头成立的。何振江在上海闯荡，和一些名人较量没有败绩，摔也好打也好，没有见过他的对手，在上海何振江等人是"山左七侠"。

杨：查拳有张氏和杨氏之分，您认为他们的区别在哪里？

庞：张派的技术特点是动作快速敏捷、小巧玲珑，基本上是这样一个特点。杨派就舒展大方、刚劲有力。我就是和何振江学了杨派的特点，又学了张氏的小巧玲珑、舒散圆润、快速敏捷。人们都说山西队出手快，查拳风韵突出，原因就是将这两派的长处融于一身了。

3 武术训练

杨：请您回忆下1972年您选材的过程。

庞：1972年回来以后让我带几个老队员，小的队员由别人带着。我的那批老队员在"文化大革命"以前拿成绩是有希望的，"文化大革命"期间摆了这么几年，功夫也丢了，年龄也大了，继续练很难有发展。我的梦想是要从小孩抓起，建立一支尖子队伍。我开始选原始材料，从三年级到五年级十来岁的儿童里边选材，太小了也不好，那些有基础的毛病也挺多，学起来容易但不好改，而且素质也不够好。

我提出的方法，我认为是正确的，现在实际证明也还可以。从原始材料开始，身体素质好，接受能力强，聪明、形象、五官、体态都好的。我还写了一篇选材的文章，身材、素质、柔软性等条件都写了，制定了标准。选材的时候，一到训练时间我就跑学校去。那个时候的学校对省队选人很支持。和体育老师一说，几个老师带我进教室和代课老师一讲，就走过去看，看好一个，名字、年级就记好告诉这个老师，让小孩在哪一天到体工队大院里头，我们看看他们的情况，测验测验，就是通过这种方式，跑了太原31所学校，这是一种选材的方式。再有一种看跳皮筋，看玩耍游戏的小孩，见面看看身材、样貌，看了他跳皮筋的灵活度，再给他掰掰肩、掰掰腿，原地纵跳，看看弹跳爆发力如何。好的能看出来，这样也选了几个。

30多所学校不能都叫到体工队训练，只能分片，在杏花岭、南宫、永定路体育场、五路口那一带分了四五个点，训练了以后淘汰大多数。一二百人经过这么极致筛选剩下24个人，24个人再通过一个假期的训练，留了十二三个人，从此就开始了业余训练。住自己家，早上在家吃，晚上回家吃，午饭开始是带干粮，后来是管一顿饭。我向单位求得一点补助，终于可以启动了。后来我挑选十几个人搞集训，也是半天上学，半天练。上学就在附近的双溪小学上学。实际上是集训的形式，那就管饭了，有些管饭管住，但是还上学，上午上课，下午练习，一直坚持到1978年才转成正式队员。

杨：请您介绍下选材的具体标准。

庞：具体标准，有的记得，有的忘了。就是十一二岁的儿童，看他的家长身高，父母亲不要太高了，将来长太高了不好。体型男的一米七以下，一米六五以上的。女的一米六五以下的，一米五五以上的。当时的身材基本标准是这样。从六七岁到十二岁的小孩，30米跑5秒左右，五秒一二都可以，特别好的有5秒的。特别好的往往就是硬，硬的你压一压，看他还有没有弹性、有没有伸缩性。掰肩在65°以上，45°是不够，手插不进去不行。我没有把功夫只用在腿上，我用在肩上，所以我们带出来这批运动员肩部都很灵活，出手快，姿势舒展漂亮。劈叉基本上能下去，竖叉能下去，横叉也差不多，有个10厘米问题不大，可以压下去，柔韧性适度。所有训练我都做记录，都有测验，哪一年身高长了多少都有具体数据。

杨：您说的基础训练阶段主要包括哪些训练内容？

庞：基本功要扎实，腰功、腿功、肩功必须练。摆腿不要太软了，软了影响弹跳。这个竖叉、横叉都要劈。一天练正踢，一天练侧踢，准备活动就是这样，不是每天踢，踢多了烦而且也不够精炼。要练就狠点，摆腿至少一百次，练完了就练其他的，肩功、腰功、腿功轮流进行。肩功就是压肩、甩肩、摆肩、掰压、过肩，选实效性强、练得少且见效快的动作，不要选得太多。我认为过肩是一种好的方式，一般训练，拿个棍子，拿个绳子，要求女孩子就和头一般宽能过去，男孩子也就是和肩宽。

肩功，压肩、反压，过肩是一个反压。有一个胸腰问题，后下腰就是训练十来年的运动员还要能下去腰，腰功也就够用了，不要太软了。下去腰以后有这么50厘米，女孩子20厘米，男孩子四五十厘米就够用了。下去以后我叫他们做挤压肩，以后腿蹬。又练背，又练臂，把肩也练了，这是我一个比较有效的手段。腰、肩、腿功这个必须过关，千万不要太软了，太软了影响弹跳。原文庆就是这么练的，所以有软有硬，那是我的典型"作品"。力量、弹跳、速度都好。

基本功的训练就是弹腿，一路弹腿，二路弹腿。弹腿就是拉架势，我把它当作练功夫、练架势。一路弹腿、二路弹腿是练习出拳功力的。三路弹腿是练习用背的。四路练习得少。完了就是五路、六路练得舒服。七路打冲拳，八路练纵横腿，练最多的就是一路、二路弹腿。我编了一个拳的套路，根据风格、拳法、步行、身法，按照需要组成1个1分钟的简单套路，这是主要的练习。

还有一些眼法的训练。掌推、挑、亮，亮掌第一，推掌第二，挑掌用得少，亮掌最多，把它练下来，一年半左右的时间。当然还有一些其他的，但主要的是这个。一年半基本功包括腿功、肩功、腰功，还包括基本技术。有的一些人光把腰功、腿功搞成基本功了，基本技术不算吗？我认为基本技术也要算。一年半以后学套路，长拳、刀、棍该练什么练什么，大家就进入了中级训练。巩固和发扬基础训练的这些功夫，另外要发展难度，建立自己的风格特点。特别是十二三岁、十三四岁那个时间需要发展难度，这个时候难度容易掌握，再大了就难了。小孩灵活、身轻，容易做难度。

杨：在您的训练理论中，中级训练和高级训练各有什么特点？

庞：中级训练要顺，进入全国前六名到八名就进入高级训练了。高级训练一个重要点就是"精"，讲究精练。精练就需要根据规则进行高境界、高标准、高质量、大强度、系统性的有追求的训练，或者叫作赶超性训练、超越性训练，要超越对手，超越自己。具体举例来说六运会要超越赵长军，当时就根据赵长军的技术水平和套路以及身体素质，进行针对性的训练。套路编排、动作质量、演练特点、难度动作方面要发挥优势。他的速度和赵长军差不多，但是他的弹跳比赵长军好。所以要重视"跳"的方面。

再一个是查拳有特点、功力性的动作也比他做得好，赵长军的动作规范性稍微差一点，原文庆要好于他。赵长军的速度很快，一气呵成，我们则分为三个大段完成，所以要注重快慢相间。在韵律感方面是原文庆要改造的地方。再根据他的体力，赵长军年龄大了，原文庆比较小，所以体力比较好。套路练习可以一气呵成。所以通过这种练习，在拳和棍的比赛中才超越了他。刀失误了，不失误没准也可能夺冠。

另外，关于高级训练，我还搞了一个六字诀，就是"严、高、大、难、新、稳"。"严"就是严格训练，训练必须严，严在动作质量上，严在难度上，严在必须完成任务上。作为教练员必须要有指挥能力、高水平指导能力、调动情绪的能力、把关能力。"高"就是质量要高。"大"就是强度大，有半套练习，四分之三段练习、整套练习，或者超套练习等。特别是整套的时候，练习分段都是为整套服务的。无论是分段、半套或者整套练习强度都要够。有时候进行超整套的练习。关于超整套，有的人讲练习两套，但是强度不够。我的超整套只超最后一段，或者进行冲刺练习，练完一个整套就去冲刺200米或者更多，这是我比较常用的一个手段，所以他们就说山西队整套练习的体力开始和结束时是一样的。这是超整套一段练习方法，另外一种就是负重训练。穿的衣服稍微厚点，重器械练习。器械是有标准的，有轻于标准的器械练习，有标准器械练习，有高于标准的器械练习。我认为武术是以技术为中心，以身体素质为支撑，基本功为基础，速度为关键，发挥是保障的一种项目。我为什么突出速度问题呢？速度影响气氛，但是很难解决，你快了就好看了？要快慢相间。但是绝对的速度是很难解决的问题。

我还概括了武术的武韵问题，向领导汇报的时候就谈了这个问题，重点讲了"韵"的问题，说的是编排要精妙、巧妙。第一个"势韵"，架势要美。还有"难韵"，难度的运用，叫高、飘、稳。下面就是我说的节奏问题，速度要高超。还有一个"劲韵"，就是劲力高强，刚柔相济。还有一个"身韵"，要灵活，幅度要大小适宜。还有"神韵""气韵"，气力充沛。这些和规则的要求是一样的。掌握了这几个，文化修养和训练的意识都会提高。我们训练馆有两条标语，一条是十运会的"争山称霸者，超级训练人"。当时大家都说很有气魄的，也是对自己的鼓励和要求。还有一幅根据"五韵"写的，"编排精妙，动作准确，难度稳定，速度高超，劲力高强，身法灵活，气力充沛"。

"新"是指创新，一般动作要创新，难度要创新，演练技巧要创新，一点点创新，经常坚持，或许就会有新的动作出现。无论是编排还是难度，有创新很重要。大部分的套路编排我都参与，是以我为主进行的。不只一个教练对我说编排时教练不用参与，我却不这样认为，包括亚运会的套路，都是我在那编，减一些难度，减一些个性的动作，加一些合理的动作。我在编写的时候，运动员不用来，教练一定要掌握学生的技术动作，要很熟练他们的技术，要会练、会看、会教。

还有辅助器材的创新。九运会的时候，转体720°劈叉，那是一个规定的动作。我的观点是至少720°转体能站稳，完了再接劈叉。按我的理解就是运动方法要对，包括助跑、起跳、起跳前的两只脚的位置，先站住，再劈叉，站不住就劈叉，稳定性受到影响，空中姿态受影响，容易失误并且也做不成。我创新了一个方法，做一个一米高的平台，3米宽，6米长，下面是铁架子、架子上是地毯。从上面往下站，先练习站的感觉，一层层增高，练习稳定性。再有，用别人的撑杆或者标枪的杆子做720°转，只要能站住就好了。这个动作的练习，必须有我看着。不能一遍遍重复错误动作，错误动作定型就不好改正了。

"稳"，动作稳定，不要随意练习。不管一般动作还是难度动作。平时认认真真练习，平时练习就是比赛，比赛也是平时的练习，最好一致起来。比赛和训练的一致性很重要，平时要注意，不能失误，要注意力集中，要以比赛集中的注意力要求进行练习。你平时失误的动作，比赛时难免留下阴影，在比赛时影响你的稳定性。

杨：李梦华提出了难美新的发展方向，对您产生了影响吗？

庞：我认为他提的是难度大、质量高、形象美，有影响。根据我的认识，我提出难度要发展，现在就是说到十运会以后，难度没有什么发展，这是武术没有很好提高发展的一个问题。你发展720°、1080°都可以呀，难度是相对而已，一个时代有一个时代的难度。你当然要切合武术的定义，我认为现在的以中国文化为基础的套路运动，以技击为主要内容，套路的、散打的运动形式的体育运动，我说这个不完全。旋子转体360°是攻防动作吗？侧空翻是攻防动作吗？旋子转体是什么呢？旋子又是什么呢？你把指令动作叫作什么动作？是不是武术动作？

　　难度的类型是规定的，随着时间的推移，它应该发生改变。难度要发散，组合难度要有变化才行。规则上最好能a组、b组、c组、e组、f组说清楚。我认为武术的难度和体操难度相比不次于它的价值，他能做的我们做不到，我们能做的他做不到。现在难度没发展，这些动作都是武术动作，将来也不能把它取消了，包括劈叉、空中飞叉，也应该是武术动作，就是如何定性，用什么名称，定义里面怎么写的问题。

　　不支持发展难度的人可能因为出现受伤影响总分的情况，有些队注重基本动作好、演练技巧好，难度影响了他的成绩。南拳的一些难度低于长拳的难度，实际上不应该低，难道你们南方人体质就不行？技术不行？再一个，出现受伤的情况是可能的，竞技体育不受伤的项目很少？武术受伤最小了，体操不受伤？足球不受伤？拳击不把人打得头破血流？竞技体育就是以竞技性、观赏性吸引群众观赏，尽量减少受伤就是了。按照动作要领、方法做，当然，编排时要考虑到受伤出现的状况。从生理学、物理学这些方面来探讨，尽量合理。太极拳难度开始出现的时候很多人不赞成，现在慢慢地也适应了。散打也是一样，开始不赞成，拳击加腿加摔跤，说它不是真正的传统武术，现在慢慢也承认了。承认是一个过程，思维要赶在前头，最好要有超前思维。除了这些难度，将来要创造新的难度出来，新的难度第一考虑就是要结合武术的攻防动作，不管地下的、空中的。难度不发展一方面是这个指导思想和认识方面的问题，另一方面是难度编创很难，而且这与参加的人有关系。难度创新需要有经验的人，同时把最优秀的运动员叫去一起编。找运动员来让他做，他们是正当年，你只是光看，他是实把式。现在武术上上下下、起起伏伏，随着这个风过去以后，武术难度还是会发展的，你要靠近奥运会，就得靠近快、高、强、难、美、新。

　　今天动作的难易之别和动作难度高低之分，难度动作是相对的、又是不断发展的。比如50年代的二起脚接旋风脚，传统套路中的二起脚接单叉、探海平衡、叉腿平衡等动作就是难度动作，而现在，随着技术水平的提高和身体素质的增强，这些动作大多数都不难了，进而促进了难度动作新的发展，这是武术套路运动发展规律所决定的。这里有必要说一下，难度动作和动作质量是两个不同的概念。难度动作是指动作的难度，而动作质量是指动作的质量要求。比如说做一般动作的提膝亮掌弹踢做得很正确完整，可以给十分，动作质量高也可以在套路演练中有精彩气氛，但他仍是以一般动作的高质量，而不能算难度动作。同样难度动作也有其高质量的要求，能做难度动作并不等于质量就高。一般来说难度动作的高质量比一般动作的高质量更难达到。

4 竞技武术发展

杨：请您总结下竞技武术的发展历程。

庞：第一个我要谈一下武术发展的状况，中华人民共和国成立前的武术被称为传统武术，它是原流派的，各种拳种比较原始，也有改动但改动不大。中华人民共和国成立初期的武术，也基本上是传统武术，保持了原传统武术套路的内容，有改动也不大。从1953年的全国民族形式体育表演和竞赛大会，1956年、1957年的汇演，都是这样的状态。1959年之后，传统武术的武术套路，有程度不同的改变，从传统武术汇演中可以看出，包括现在的传统武术，都进行了改动，套路有很大的变化，原因是什么？主要是表演效果的需要。

有规则以后就开始了，从1959年青少年比赛就按照规则比赛的。这样来理解下现代的竞技武术就是1959年开始的，1965年搞表演，搞军事化、实用化的表演。1965年的第二届全运会之后就是"文化大革命"基本停掉了，1972年在山东进行了表演，1973年在西安进行，成绩不计入名次。1974年开始正式比赛，设置了一些现在全运会的这些项目，分成三类：一类是太极拳，二类是形意八卦八极，三类就是地毯、鹰爪、象形拳。器械也分成三类：单器械、双器械和软器械。这些都是比赛项目，一直到六运会，里面设长、太、南、枪、刀、剑、棍，也有传统项目、传统拳术、传统器械这三类。1993年七届运动会在四川汶川县，一共7个项目，长拳3项全能，南拳男女，太极拳男女，3个团体，一共7项。五运会的时候成了表演项目，不计入总分，六运会又开始了比赛项目，七运会就缩减成了这样了。八运会也基本是这样设项，八运会以后成了长、太、南、枪、刀、剑、棍，1974年传统比赛也有呢，年度比赛也有，就是全运会没有。1997年又是全运会。就是这么一个过程。

从规则、比赛的状况，竞技武术发展经历了传统表演、观摩、评奖，后来就有规则，1959年就开始了，向竞技体育初步开始前进发展，后来就成了现在的设项，加上传统的，再后来就逐步形成了现在的全运会设项，传统项目就不搞了。因武术界有意见，到十运会以后，就加进去单独进行，每年到江西办一个，如果不参加就不能比赛。传统赛的驱动就是可以通武英级，武英级对上学有用，有上学想法的积极性大，到每年比赛的时候就练一练。竞技武术是在传统武术大众武术的基础上形成和发展的，其形成和发展的原因：第一，运动技能的提高；第二，表演效果和观赏性的需要；第三，国际国内竞技体育的影响，如快、高、强、美、难、新等竞技体育精神的影响；第四，规则的制定和不断的修改，形成为具体、量化、比较成熟的规则，这样就形成了竞技武术。

5 规则修订

杨：请您回忆下参与武术规则修订的相关经历。

庞：现在的规则是3个部分。一是动作的质量，再一个是难度和演练水平，演练水平主要是节奏、劲力和精气神。一段时期有一段时期的规则，要修改、要变化、要反映出武术的特点。而武术要创新发展，应该是在继承传统基础上进行改造、创新、发展，能具体表现技术发展的现状和技术水平的状态，或者是武术界、观众的一些想法、意见和认识，根据这些来进行修改。

比如说大家认为舞蹈化、体操化，提出了意见，规则就限制这些动作。一个是根据武术的发展规律和技术水平的要求，另一个是根据裁判规则如何能量化如何能准确，便于具体化、便于评判、便于把控、便于操作。如果这些规则还不够，导致动作不好评判，对运动员的人为分、印象分比较厉害，不客观。没有难度、没有指定动作的规则，不利于运动员的技术水平提高，也不利于裁判的掌控，这样就出现了指定动作，出现了指定动作然后就出现了难度动作，后来发现难度动作多使武术本身的东西受到影响，演练指数降低，而且难度动作很容易受伤，所以十运会到现在没什么大变化。最后都说难度要发展，演练水平要提高、要创新、要继承，从大众武术、传统武术套路里面吸收好的内容，我就是把那些动作找出来之后，用在竞技套路中。

竞技体育对传统影响是必然的，传统的也不少，但是受竞技体育的影响，他们也在改变，在创新发展。在河南，少林拳全国比赛，内容也受到竞技体育的影响，也做了一些变化。他们的冲拳劲力不错，但架势规格性不够，精彩度、观赏性不足。我想了解传统武术，所以参加了这些活动。我还参加了徐州的传统比赛，这个不光是少林的，其他也有，我想了解了解他们的发展状况、水平提高状况，内容的继承与创新状况。传统武术的形成，经过创新改变，经过规则不断的完善修改，总的来讲前进发展了，但是还不够，还是要继续发展，希望有明星运动员和高水平的教练员一起把竞技武术向前推进一步，进入军运会。

6 奥运经历

杨：您能回忆下奥运会武术比赛的训练情况吗？

庞：奥运会举世瞩目，领导非常关心，当时还没想到进不去，正在冲刺中，还没最后表决，那时候就和其他项目一样集训开始启动了。2005年冬天开始第一批集训，这一次集训我没去，第二次是在广州我去了。我在里边任教练组组长，管理和训练也没出什么大问题。苏州训练完又继续在广州训练。广州冬训以后又回去，最后又到北京训练了半年，到2008年共3个年头。

3个年头集训时间很长，回到本队时间比较短，一直到比赛。我尽力想办法努力把这个事搞好。将要比赛了还有难度方面的问题，我就总结好多难度训练的方法，具体记不得了，但教案上都有，如脚往哪迈，落步在哪里，助跑的问题，起跳的问题，姿态的问题，落地的问题，如何缓冲，还比较具体。

杨：您大概是什么时候知道武术没有进入在奥运会当中？

庞：一直等待这个事，2007年好像北京知道这事了，知道了以后，也没有太多影响，进了更好，没进也是一样的训练和比赛，没进难道就不认真训练了？

7 散打执教经历

杨：您好像还带过一段时间的散打训练？

庞：过去的时候没有散打，但我喜欢散打，平时倒也能打一打，戴个拳击手套打一打，戴些护腿踢一踢。练戳脚就戴上那个护具，戳脚能把小腿戳伤，我总结十个字，拍、戳、扫、截、跺、摆、跟、挂、震、撞这十类，也就是这些内容。没开始散打之前我就搜集这些材料了，一来机会就可以用，用之则行，舍之则藏。

杨：散打原名叫散手，怎么后面改名叫散打了？

庞：在一个墓葬文物里出了一个东西叫散手，就以这个名字叫起来了。后来认为散手只是指手，但是还有腿法，但不能叫散手加散腿，就改叫散打了。我也不赞成散手，散手不全面，称散打也不太理想吧。

杨：您能介绍下山西散打的发展历程吗？

庞：1979年才开始试点，1979年浙江的一个人，一个武术业余爱好者，他搞了一个散打。开始的时候动作都不规范，后来北京体院、武汉体院参加，三个单位开始搞起来。1980年，我们筹备，1981—1982年，我们集训，效果较好，1983年全国散打表演在南昌举行，我队参加5人，皆获冠军。因体工队不设此项目，集训队解散，梦理未成。总之，搏击或武术主要看两性，实质性和先进性，事物总要代谢，优胜劣汰，规律不可抗拒。

第八章　陈昌棉先生口述史研究

时间：2015年5月30日—5月31日。

地点：广州，陈昌棉家中。

采访：王培含　孙传晨；**摄像**：孙传晨；**文字整理**：孙传晨　郭发明　李守培　刘韬光。

受访者简历：

陈昌棉，男，1928年生，广东广州人，中国武术九段，国际级武术裁判，国家高级武术教练，全国"十大武术教练"之一，国家体育总局武术研究院首批专家委员会委员。曾任中国武术协会荣誉委员、裁判委员会委员，中国体育科学学会武术分会委员，广东省武术协会副主席，广州市武术协会荣誉副主席、市精武体育会主席。1960年起从事武术教练工作，历任广东省武术队教练、教练组组长、总教练；1984—1989年，多次担任国内与国际武术裁判员、教练员学习班与训练班教师。1988—1989年，任澳门武术队教练。经他培养出的邱建国、黄建刚、陈辉佳、杨世文、卢伟常、黄惠贞、陈丽红等人，连续20年获得全国比赛南拳冠军及其他项目的优异成绩。曾多次随中国武术代表团、广东武术代表团出访斐济、西萨摩亚、泰国、澳大利亚、日本、中国香港、中国澳门等国家和地区，进行教学与交流活动。

先后参与编写《中国体育学院武术教材》《综合南拳》《简易南拳》《中国武术南拳》等书，著有《虎鹤双形拳》等；发表有《探索现代身体训练在武术训练中的运用》《怎样培养高水平运动员》《怎样提高南拳训练水平》等论文或作学术报告。

1 执教经历

王：您在当教练之初，广州队是什么情况？

陈：那时国家经济比较困难，很多项目都处于停滞状态，武术没停，但只有业余队。广州是在1972年恢复武术训练的，并成立了专业队。刚刚组队的时候，有些困难。"文革"时期停止武术训练，全国各地很少有人练武术。开始找的运动员都是从业余体校体操队挑过来的。1973年运动员好找一些了，黄建刚、陈辉佳、杨世文、卢伟常、黄惠贞、陈莉红等人都是练武术的。

王：在之后的比赛中，他们都获得了不错的成绩，很多人拿了全国武术比赛南拳冠军。

陈：是的。

王：这些体操运动员改练武术后是否能够适应项目风格上的变化？

陈：一来他们有体操的基础，二来体操的动作有一些接近武术，比如翻腾、压腿、劈叉，体操有武术里也有的，所以在项目的转换上比较容易，改练起来也不是很难。

2 竞技南拳

王：当时练的南拳是竞技南拳吗？

陈：竞技南拳是以后的，以前的是拳谱。以长江为界，以南是南方，以北是北方。你是北方人，你家哪的？

王：河南的。

陈：河南，我对河南比较熟悉。第一次请外省人来学南拳，第一个响应的是北京，第二个响应的是广西，第三个响应的就是河南了。我对这些人很感激。过去练南拳的人，以南方人为主，北方没有练南拳的。南拳的特点与南方人风俗习惯有关，南方地少人多，要找一块空地练很困难。北方地大人少，要找一个大一点的活动地方，容易找到。练南拳有一块小地方就足够了。1973年全国武术比赛时发现一个问题，北派的几十个省来参加比赛，而南派只有福建、广东、浙江几个省的人。连年比赛也就那几个人竞争，连续几年都如此，我觉得这样不好，于是在1978年我发出邀请，邀请全国各地的人来广东学南拳，我们免费教学，住宿费也不收，只收伙食费。当年只有北京、广西和河南派人过来学习。随着发展，全国除了福建和浙江没派人来学南拳，全国各地都派人来学了。

我为什么要这样做，因为北拳几十个人来争一个第一，南拳就我们几个人来争第一，每年不是广东第一，就是福建第一，多数也都是我们拿第一，我觉得这样不好，全国都有人来练南拳不好吗？我从这个观点出发，发出邀请，第一个叫北京的人来，吴彬马上派两个人过来，后来又派两个人来，广西也派两个人过来。我记得当时非常高兴，因为发出邀请立马有人响应了。因此，以后每年冬季我们都从全国各地请人来。通过这样一个过程，从几个省的几个队伍扩大到全国各个省都有南拳队伍。

总而言之，有人练了，体委又承认了，是非常值得高兴的事情！但是我这样的做法，南方有人就骂我了，陈昌棉你这样做，你把这个送给人家了。我倒要给人家骂，不怕人家骂，这样做了，肯定对国家有好处，对这个项目的发展有好处。我虽然被别人骂，但我达到目的了，推广了南拳，推广到全国、全世界。有一次在澳门，有一个国际比赛，有些外国来的女同胞，有的国家还是包着头的也在练南拳。有人问了，"陈老师，你看这个外国女人包着头，还在练你们南拳，你什么感觉"？我说："这是好事，说明我们中国的武术能够推到世界去，有的国家女的还在包着头，但他们也接受了我们的南拳，这样不好吗？说明我们中国的技术有人承认了，有人爱好了！我很高兴，我们中国的技术能够得到外国人的接受，不光外国人很高兴，我们中国人都应该很高兴。"

王：南拳套路是如何统一的。

陈：很早以前，我们当运动员的时候，是自己练自己的，没有统一的规定套路。后来国家体委有规定，要出一本书，把整套动作统一化，这本书叫

《武术》，国家教材，是武术运动的第一本教科书，其中规定南拳是由我创编的。

王：南拳刚开始统一的时候，是在基本的拳法、步法、步型上的统一吗？
陈：对，1978年我号召大家来广东学拳，就统一了这些动作。

王：1978年起，南拳开始逐渐统一了，那第一套全国规定套路是这个吗？
陈：对，就是这个规定套路。

3 南拳流派

王：目前为止，您共接触并学过多少流派的武术？
陈：我一生有三个老师，区汉泉老师、黄啸侠老师和李天骥老师。在广东的时候，跟随区汉泉和黄啸侠两位老师学习。黄啸侠老师在精武会的时候练北方拳，到了五几年，我到北京参加全国夏令营训练班，学习了北方拳，太极拳就是在北京和李天骥老师学的。

王：长、太、南您都学了吗？
陈：对，都学了。我那会已经是教练员了，光会这一个项目怎么教学生。为了工作，我去参加全国武术教练员武术教育训练班，除了练习南拳，还练了长拳和太极拳。最主要的还是练南拳，因为南拳基础比较牢固，练的比较多，国家体委承认我的水平，其他只是懂一点或者只能说会，但水平不高，这是实话。

王：南拳分流派吗？
陈：分很多流派，还有很多流派以外的，蔡李佛、龙形、咏春，还有很多客家拳。广州有个客家地区，客家地区有六家派，其他总共有28种。广东有二十多个拳种，我主要是蔡李佛、洪家、南拳这三家。

上篇　武术家口述史个人研究

王：有关虎鹤双形拳，您能谈一谈吗？

陈：虎鹤双形拳是洪家拳的一个拳种，洪家拳包括虎鹤双形拳、贴身拳、五形拳等很多个，但虎鹤双形拳是洪家拳里最有名气的。听说过黄飞鸿吧，黄飞鸿是练虎鹤双形拳的，可能是名气太大，拍成电影、电视剧之后，他的故事被传来传去，于是变的一半真一半假。

王：虎鹤双形拳里面是不是有一个叫卞庄擒虎。

陈：是的，这是一个动作名称，过来一拳挡回去。在以前，武术套路里有很多文雅的东西，比如太极剑里面有怀中抱月、乌龙摆尾，都是很文雅的内容。再比如太极拳里面怀中抱月、乌龙摆尾叫武中有文。卞庄擒虎，卞庄成一个故事，卞庄成一个人，一个动作的名称。不管南拳还是北拳，都包含很多文雅的名称。

王：侠家拳您能不能详细给我们介绍一下。

陈：侠家拳和洪家拳很接近，都是大开大合的。

王：南拳那么多流派，那么竞技南拳比较偏向哪个流派？

陈：我们编竞技南拳时比较偏向洪家拳，加上其他流派。比如在手法里面，有一个主要的，以洪家拳为主，有蔡李佛拳，有其他流派的手法在里面。内行人一看便知这个动作是蔡李佛里面的，这个是洪家的，说明这套规定动作变化复杂，但也容易看得出来，时间一长，自然而然变成了一个规定套路。

王：南刀、南棍是怎么来的？

陈：南刀、南棍不仅仅是我们广东的，南棍以广东的南棍为主，这个编写组里面有王培锟、陈辉佳，有我和我的学生黄建刚、杨文华、董德强等人。当然，还有区汉泉老师。因为有些动作是他编的，所以不得不挂在他的名下。当时还有几个主要的人，四川的刘大福，北京的齐博问，国家体委的黄巨龙，另外还有现在在国家体委的陈国荣，浙江的陈顺安。南刀、南棍在几个省集中研究过，有一些意见要统一，大家以后都要做这些规定动作。规定套路很多是规

133

定的，不能你说可以就能定下来的，中国的武术来自民间，来自全国各地，各地有各地的特点和好处。做一个国际规定套路，必须征求和统一大家的意见，因此当时请了全国的老师来研究，南刀、南棍由他们来定意见，由我们广东的来做动作。

王：实际上也说明南拳这个项目发展好，南刀、南棍也需要全国来定这个套路。

陈：对，因为一个武术项目除了拳以外，一定要有器械，棍是长器械，刀是短器械。比如太极拳，有太极剑、太极刀，但没有太极枪，太极枪这个项目国家体委没评定，为什么呢？枪练起来没有太极的特点，变成了长枪慢练，没有练出这个项目的特点，就不能叫作太极枪。举例来说，木兰拳都听过吧，七几年以后在国内推广得差不多了，要向外推广，但国家体委没有承认它。因为，木兰拳都是柔的动作，没有攻防含义。到了八几年要求重新整理，让木兰拳加入攻防含义的元素，上海这边派人过来，名字叫尹美凤。有攻防含义方可统一，国家体委可以承认它，也可以参加全国比赛了。

4 南拳发展

王：竞技南拳发展起来之后，您对整个发展过程有什么体会？

陈：竞技南拳的发展有阻力，起初我邀请全国各地的人来练南拳，南拳项目的比赛还总是广东、福建拿冠军，其他省参加南拳项目的比赛好像都是给广东队和福建队做衬托的，因此他们都不想参加比赛了。我们和国家体委都做了很多工作，最后大家才愿意去参加比赛，这样成绩自然就提高了。后来国家体委号召大家，每个队必须要有南拳，不报南拳，就不承认你这个队伍，长拳、南拳、太极拳这三个项目，每个拳种两个人，参赛人数六男、六女，这就说明你必须有两男和两女练南拳，国家体委这么一规定，大家也就按照规定去做了。渐渐地全国都练起了南拳，成绩也慢慢提高了，经过几十年的努力，人家也高兴练南拳了，如此以来，南拳这个项目就在全国铺展开来。

王：南拳发展起来以后，北派练南拳的水平也渐渐提高，比赛的时候不能说我们广东省总是会垄断这个冠军，他们也想提高技术水平，那他们在创新或者训练的时候，如何把握南拳的风格和特点？

陈：规定的动作在最近这几年，允许加减动作了。南拳应该允许加减这些动作的，但大体上不能变，个别动作可以适度变化，这样可以发挥个人长处。

王：也就是说南拳的风格不能变。

陈：对！南拳就是南拳，不能练成北拳。再比如说长拳的规定动作，不能加到南拳里面。同样南拳的动作，不能加到太极拳里面去，这些是有规定的。记得有一次比赛，有一个运动员练到收势了，可时间不够，这是要扣分的，于是他加了两个北派的动作放在里面，结果扣分了，就是这个道理。北派有它固定的动作，不能随意加到南拳上去。

5 南拳风格特征

王：以您对南拳的理解，可以给我们讲解一下南拳的技术风格吗？

陈：南拳有它独特的风格，其动作风格就是威猛、朴素、严谨，艺术性的动作很少，一拳就是一拳。我们练南拳的，讲究的是发力、发劲还有发声。发声，吐气开天，把胃里的废气吐出来。俗话说先声夺人，对方听到就会产生惊悚的感觉，我的拳就打到你身上，就有这个特点。但是练南拳身体基础很重要，身体没力你就不能打。因此，练南拳要有力量，要通过游泳、跑步等一些辅助项目来练习。

王：蔡李佛拳是怎么由来的？后来如何流传到海外的？

陈：蔡李佛拳比较难说清楚，它有很多拳种与拳派。蔡李佛拳启创人是陈享，广东人，因此蔡李佛发源地也在广东，广东的新会。为什么叫蔡李佛拳呢？因为蔡李佛拳中的"佛"是用来代表独杖和尚拳法的，陈享将这几种拳法合成一派，最后叫蔡李佛拳。早在清朝的时候，因为陈享参加了当时的广东"天地会"武装起义，也就是"反清复明"运动，但起义以失败告终，陈享在突围时趁乱逃到国外去了，蔡李佛拳也因此流传到了海外。

王：那么，我国早期将武术推广到海外的人和拳术都有哪些？

陈：按照历史记载，广东是最早把武术推到海外的，就是陈享的这个蔡李佛拳。紧跟其后，黄飞鸿将洪家拳传播到了海外，再晚一辈就是李小龙了，他们都是最早将武术推向世界的。

王：当时陈享出国之后，开始推广了蔡李佛拳。

陈：不，他当时不是刻意去推广蔡李佛拳的，他是逃亡，逃到海外去，躲避清军的追击。他的目的不是推广拳术，而是逃命。说起来我们练武的人都有这种习惯，走到哪里都要练拳。比如我到澳门教学，我天天到公园去练拳，后来人家就跟着我练。陈享逃到海外后也找地方练拳，后来人家就跟他学了。不经意间，这个蔡李佛拳就慢慢在海外被推广出去了。

王：蔡李佛拳是如何传承下来的？

陈：以前练武的人除了教徒弟以外，还教儿子、孙子，一代一代地往下传。但有一个陋习，就是教儿不教女。为什么呢，因为女儿是嫁出去的人，她生了孩子，不跟你这个姓了。在过去武术也有这个问题，中国的中医正骨术也是这样的。陈享有几个儿子，陈安伯、陈官伯，还有很多徒弟，他虽然逃到外国去了，他的儿子、徒弟还在国内教徒弟。武术在以前很有讲究，依次传承下来。我是第五代传人，传到六代、七代，现在十代都有了。

王：蔡李佛拳最主要的风格是怎样的呢？

陈：蔡李佛拳最主要的是长桥，做个长桥大马步，手臂伸得很直。它有蔡家、李家之分，蔡家是大的，李家是小的，因此长桥短桥都有。这整个手臂叫桥，有时候手臂是完全伸出去的，有长的、有短的，长短混用，这就是蔡李佛拳的风格。

王：侠家拳在风格上和蔡李佛有什么不同？

陈：侠家拳跟蔡李佛拳不同的是侠家拳全部都是长桥，没有短的，而且都是大开大合的动作。所以侠家拳很容易区分,这就是派别。

王:武术风格和地域有一定关系吗?

陈:对。北方的查拳、炮拳、洪拳等,全部都是张开的,讲究艺术性。北方的拳艺术性成分多,也有一定的对抗性,没有对抗性不叫武术,南方人着重于用拳进攻,北派用腿来进攻,所谓的南拳北腿,就是这样来的。比如演戏,南方的戏主要是很细腻的东西,北方的戏就是大开大合的戏。这是南派和北派的分别,各有各的风格特点。

王:武术和其他运动的本质区别在哪里?

陈:不管武术也好,还是其他艺术也好,都有自己项目技术的固有特点。每个人的理解能力不同,会产生很多不同的看法。但万变不离其宗,"宗"是固定不变的,不管哪一个拳术,都得一攻一防,人家打过来你就得防守,防守后就攻对方,武术不管哪一招都脱离不了攻防,没有攻防意识,就不叫武术,就只能叫体操、舞蹈。

6 训练方法

王:南拳的基本功怎么练习呢?

陈:以前练拳主要就是扎马步,马步扎好就不准动了,然后坚持一炷香的时间。如果你马步不稳不允许练动作。以前老一辈的老师都是这样教的,到了我教的时候,觉得这样不好,就把固定的马步变为行进间的动作,弓步、马步、仆步几种步型串联起来。再加上手部和其他部位的动作串联起来,形成一套基本功、两套基本功,甚至三套基本功,我教学生的时候就采用这种训练方法。

王:把步型给练活。

陈:是的,需要把步型练活了,以前的训练方法不但不让你动,还要烧炷香,不到时间就不准许你动,这种练法太苦了。

王：拳法呢，以前看咏春会打木桩的。

陈：打木桩，是练功方法。武术是练打的，在外人看来就是打的技术，武打武打，你没打的就不成武术。因此练习木桩，也练手臂，没练过的就打不出这个劲力。我以前手臂粗很多，肌肉都是露出来的，一出拳就弹出去了。以前，我们用木棍拴着一块大石头，然后打自己，在手臂上来回滚动，所以整个手臂都硬。桥手，整个手臂叫桥，你桥手好不好就看你练得猛不猛，量够不够，桥手一出就能把对方的手弹回去。黄啸侠老师，他的外号叫铁臂鸳鸯手，他手臂很粗很重，铁臂一弹，骨头就断了，所以叫铁臂鸳鸯手。他练木桩，一打像印上去的，练木人桩就是这样的。

王：后来院队的训练就没有这个了吧？

陈：没有，练功和练套路是两回事，练功需要固定时间练这个，练套路是另外一件事情，需要参加比赛。

7 武学感悟

王：听说您跟李天骥老师学过太极拳，您感觉南拳和太极拳练到一定境界，达到一定的高度，是不是他们就相通了？

陈：也不能这样说，主要看你能掌握拳的多少技术，你能理解多少，这没有一个极限，每个人的理解能力不同，应付能力也不同。

王：您练了一辈子拳，您感觉南拳和太极拳是殊途同归吗，或者说条条大路通罗马？

陈：都有的，前面我也讲过，都是一个目的——打，一个攻和防，只是他们表达攻和防的方式不一样。

王：等于说不管是哪个拳，技术不同，理解程度不同，到最后技击的能力也会有所不同。

陈：对，理解不同，技术不同，就有不同的结果。

王：从养生的角度看，南拳和太极拳有什么不同。

陈：不管练哪一种技术都有养生的功效，但要因人而异，某种技术可能只适合年轻人练，抑或是某种技术只适合老年人练，个体差异不同，要选择适合自己的。现在我天天都练南拳、形意拳、太极拳，但我现在只能比划比划，因为从生理上来讲，不管你练哪一个派别，都能够锻炼你的身体，但很多人不理解健身、强身这两个词的含义。什么是健身？什么是强身？区别就在于躯体运动和内在的运动。你可以活动，不在于机体的运动，而在于内在的运动。心肝脾肺肾，大肠小肠，是内在的问题。一般的机体运动，只能够锻炼你机体的能力，机体运动的方法，强健你的机体，但是要达到强身，就要练习你的大脑神经系统、呼吸系统、循环系统。

什么是循环系统，就是血液循环，事关心脏。我学过解剖学。强身就是通过练习来提高你的神经系统、心脏系统、循环系统、呼吸系统、消化系统，你才能强身。若只是手舞足蹈，没有配合呼吸，没有对神经有帮助，不能叫强身。当然，呼吸系统可以帮助你的消化系统，排便也比较好，但没有锻炼心脏的循环系统和神经系统，要把这个七大系统都能锻炼出来，才能强身。

王：年轻时候练南拳，可以锻炼到您说的七大系统，它是强身的功能。练习太极拳的时候，需要配合呼吸系统的协调，它讲究一个气的运用。

陈：对了，就是气的运用，我教人练太极拳，会先讲练太极拳的好处。练太极拳的时候，首先想到静，三体要静才能练太极拳，如果一会想着去买菜，一会想着做别的，那就不要练了。练太极拳第一个要求就是静，静能够提高神经系统的活动，神经系统烦琐的东西都不记得。只要记得，我现在练太极拳，需要集中精神，才能练。集中精神能提高你的神经系统的稳定性，在静止当中来做动作。其次是动作要慢，要记住动作需要慢慢去做，把你的精神集中在练拳上面。太极拳有很多动作，野马分鬃、白鹤亮翅等，要记住这个名字，那是有文化的，不是乱说。我要求他们练的时候，大脑神经要安静，集中在太极拳动作上，因此大脑神经系统也得到了锻炼。

第二个问题，一边慢做动作，一边自然呼吸，不能大口呼气，这样不就锻炼你的呼吸系统了吗？练习还能对心脏、肝脏、胃等内脏起到按摩的作用。

你练习的时候对你的肝脏、胃部起到了按摩作用，同时提高了你的肝能力。肝的功能，一是过滤血液，心脏在这左边，血通过全身脉络，走了这个动脉、静脉，出来动脉到了肝脏，肝脏将血液过滤，废物就留着，从粪便排出来，是血液的过滤器。二是营养储藏器，吃过东西以后，营养就先储藏到肝脏。因此说人的肝脏有两个功能，一个是过滤，另一个营养储藏器。肝脏不好，容易得肝硬化，那就麻烦了。因此，练武术能够锻炼你的循环系统、呼吸系统、消化系统、内分泌系统，因此而强身。

王：如果说南拳慢练的话，是不是也能达到这个效果。

陈：南拳慢练是近代人领会到的，年纪大了不能像年轻人那样练，可以南拳慢练，同样可以达到锻炼的目的。人家问我，"陈昌棉，你80多岁了，身体还这么好啊"。是因为人的神经，身体好对神经系统就好。很多老人80多岁了，事情做着做着就忘了，是因为神经系统不强，脑神经萎缩了。我没有别人退化得这么快，什么都还好。人老了，各个功能退化是必然性的。每个人都会衰老，但是经常锻炼，就会防止衰老，就是这个道理。

8 技术创新

王：您刚才提到您的学生，当他们练南拳的时候，您给他们设计特色的动作，针对特色动作，您能讲讲吗？

陈：是这样的，因为比赛比的是运动员的技术，比运动员的特点，比运动员的整体发展，考评的是整体能力。因此，比赛的话，不能千篇一律，要突出你的技术，给人一个全新的感觉。一套自选动作里面，一定有规定的动作和自选的动作，你的自选动作和难度动作是否最难、是否最好，这是影响比赛结果的重要问题。一套拳里面有规定的动作，我的、你的、他的都是一样，但是有一个范畴，不脱离这个范畴。我有一个突出的动作，突出难度，每个参赛的运动员都有一个过人的难度，其他人没有做，没有那么多难度出来。因此，每一次比赛，其他省的比赛成绩都在我们后边，他们都说总是跟着你们广东后面跑。

其实有些动作,我不会做,我听老一辈老师讲的,横的、平的、躺的,都空出来了。有些动作我不会做,我教杨世文,这个腾空侧踹腿,垫个海绵垫,让他没有害怕心理,等他腾空了,腾空一米高,加侧踹的动作,全国就他一个这样做。很多人量过他的腾空多长、多高、停留时间多少,都有人做这个记录,目的就是为了比赛。为什么杨世文七年都能拿冠军,因为他有他的特点。我们广东就他一个人做,陈耀佳也做不到。他没有超过规定动作,规定了你超过就不行了,就是你要有特点,你就成了。另外,为什么我们16年都拿冠军呢?当年,你叫运动员做他肯做就行,不做的话我绑住他也不行啊。只能要求他们配合我,告诉他们"我只能讲道理怎么做,不能代替你做,你做的好不好也不是我的事",但是我讲到了他们一定做的很好,这个问题就是这样,因为我每年在里面要花很多精力,运动员信服你、听你的,这样才行。

9 教材编订

王:您编了不少教材,昨天也让我看了,有一个武术的内部资料,还有一个第一套规定南拳的套路,您在编写教材的时候怎么考虑的,为什么选择这些动作?

陈:教材从浅入深,不管哪一个家、派,这个技术都要从最基础最简单的开始,因此动作要简单易学,容易理解,容易接受,是打基础的内容。从简单的动作入手,从简到繁,从易到难,就是这个模式。初级套路、中级套路、高级套路,就一步一步按部就班来的,起点太高,教他也不会。教材里面编写的入门的东西,不管是南拳还是其他内容都是最基本的。我昨天也讲过,以前我们老一辈的扎马步就是扎马步,因为有马步、有虚步、有仆步等步型,所以要有计划有系统地串联起来。除了练步型,还要加上手型,因此,不是像老一辈训练一样,就是站桩,你就不能动,很枯燥。过去的训练方式太死板,但是到我训练的时候,就不一样了,我要改革,初级的怎么做,中级的怎么做,高级的怎么走,有计划的,一层更进一层,由简到繁。

王:刚开始入门的内容,各派都相通的拳要怎么样,步型要怎么样,很简单入门的。然后再通过练习，一步一步往上提，到中级，到高级，然后再分流派，这样训练的。

陈：各个门派有各个门派的特点，这个门派喜欢用这个方法，我的这个门派喜欢用那个方法，多个门派都不一样，没有千篇一律的。蔡李佛拳和洪家拳，两个门派不一样，练得也不一样，咏春拳也有它自己的训练方法。各门派都有各自的特点，各个门派有各自的入门基础，入门的简单动作，都得由浅入深。

王：编写的规定南拳，它主要是哪个门派的？

陈：我编写规定南拳的时候，考虑了初级的应该有什么门派的动作，中级的有什么门派的动作，高级的有什么门派的动作。我有这个计划，一层一层的，一开始就练最简单的、最基本的，进一步再提高，一步步来进行。

王：等于说整个竞技南拳训练过程当中，各个门派融合得非常紧密，那初级用哪些门派？

陈：初级是统一的，只有基本的动作，没有突出什么门派，到中级就开始有了，再到高级又提升了一步。

10 交流经历

王：您在国内外教学或交流的一些经历，您认为比较重要的能否与我们分享一下。

陈：我想谈的是在国外，记者采访我的问题，这个问题很重要。有一次在日本，有个记者问我："陈昌棉先生，请教您一个问题，大陆的人叫作武术，台湾叫作国术，是否共产党叫武术，国民党叫国术？"这个问题很尖锐，不是在谈竞技的问题了，是谈政治的问题，是国民党和共产党的问题！我该如何答复他呢，我说："武术是一种伟大的技术，如果你这个动作没有攻防含义，练的人没有攻防意识，不能称为武术，只能称得上是体操、舞蹈，或者说是手舞足蹈。因此武术是一个专用名词，狭义词，固定的狭义词，不是共产党与国民党的。武术已经走向世界了，武术是世界的，没有国界，更没有党界。"问题很尖锐，如果答错了就造成共产党和国民党的矛盾了。

因为武术是一个专用名词，武术是固定的专用名词，不能改变。什么叫国术呢，国术是中国固有的技术，都可以称为国术，国家的技术嘛。我说中国第一个国术叫中医术，针灸学、外科、产科都是中国的国术。中医历史上叫国医，有名的中医叫大国手，中药叫国药，因此中国最大的国术叫作中医术。

除了中医以外，还有国画、书法、下棋，中国象棋，中国的雕刻，雕刻有牙雕、木雕、金雕、浮雕、石雕，雕刻术。刺绣、绣花，也是中国国术，最有名的有广东的粤绣，湖南的湘绣，江苏的苏绣。还有瓷器，江西的瓷器很厉害，外国人把这个叫作"china"，为什么叫china呢，因为出口那个瓷店集团，made in China，中国制造。china叫瓷盘，因为叫China，我说这是中国的国术。外国人叫china，把瓷器叫china。我说中国的国术可就多了，武术可以称得上中国的国术，但是它不能代表全部的国术。要不你说国术比赛，哪种国术啊？武术比赛就是武术比赛，国术比赛你要比几个啊！还能比刺绣、比雕刻啊？

外国人称武术为功夫，外国人叫功夫比赛，我说功夫是我们广东人流传海外的。人家问你就叫功夫，但是功夫不能是代表，比如说理发师理得好，也叫功夫好啊。以前女同志穿旗袍，男人穿长袍，你做得好，说你手工好，功夫好。如厨艺，这个师傅功夫好，那么功夫比赛是指哪种，比理发、炒菜，还是比做衣服？我说武术为什么叫功夫啊，就是广东人流传出去的，叫Chinese Gongfu，但是你说功夫比赛，哪种功夫比赛呢？所以人家就问你了，因此我说只能叫作武术。

有一次在香港，国际精武会讨论这个问题，有人说传统的武术叫武术，不，新派的武术叫武术，传统的叫国术，国际比的叫功夫。这个问题就在商讨，世界精武会讨论这个问题，我就用刚刚讲的答复他们，他们都觉得，这样讲就明白了什么叫武术，什么叫国术，什么叫功夫。他们问的问题都很尖锐，把两党之间的问题混进去了。我最近在讲一个问题，大家就都笑了，我说打麻将也能称为国术吗？上至达官贵人，中至家庭妇女，下至贩夫走卒都会打麻将，凡是有中国人的地方，都有人打麻将，你说这能称为国术吗？大家都笑了。

11 "文革"武术

王："文革"时期，不同的历史背景下，像"镇压反革命运动""反右"运动、"大跃进""上山下乡"等，广州武术整体的发展是怎样的。

陈："文革"的时候，有人提出来要批斗黄啸侠老师。在广东省广州市的大学里，60岁以上的教师，只有黄啸侠一个人没有历史性问题，因为在旧社会他是有名气的人，不加入黑社会，也不加入人民团体，他洁身自好，没有钱没人批斗他。他组织创办的国民体育会，是公办组织，不是黑社会的组织。因此解放后，他没受冲击，"文革"中也没受冲击。

王：刚才您提到了国民体育会，是中华人民共和国成立前还是中华人民共和国成立后组建的？

陈：中华人民共和国成立前就有了，是政府组织的，不是私人组织的。

王：中华人民共和国成立后，国民体育会这个组织还有吗？

陈：中华人民共和国成立后有的，一直到1957年这个组织才结束。

王：中华人民共和国成立后，广州武术有着怎样的发展，经历了什么？

陈：中华人民共和国成立后国家也是有镇压的，压坏人不压好人，练武的好人多，但也有很坏很坏的，相当于黑社会组织，国家当然要镇压。1949年中华人民共和国成立，直到1957年接到国家体委的通知，以省为单位参加全国的武术比赛。当时广东队的有个特点，一个队里要有两个中国香港人，一个中国澳门人，1957年我们这里有两个香港的队员，一个澳门的队员，还有广东的几个队员，组成了这个队，但在1959年以后就没有了香港和澳门的队员了。

王：您是1960年开始带专业队的吗？

陈：对的，从1960年到1989年。

王:"文革"期间呢,有停止过吗?

陈:1968年还带的,到1969年就没有训练了。

王:那时候您自己还练吗?

陈:练的,后来我去了一个地方,那里有个小山岗。每天中午别人休息了,我们没事干,就去那里练。后来有人看到我练拳就跟着我练,我教了他太极拳,那时我们还练剑,但当时没有剑,就用一根木棍替代。

第九章　陈顺安先生口述史研究

时间：2015年5月20—21日。

地点：杭州宝善宾馆。

采访：周维方　李文博；**摄像**：李文博；**文字整理**：郭发明　周维方　李守培　刘韬光。

受访者简历：

陈顺安，男，1946年生，浙江杭州人，中国武术九段，国家级武术教练，国家体育总局武术研究院首批专家委员会专家，中国武术协会委员，中国武术协会段位制推广委员会副主任，国家体育总局武术研究院湘湖讲堂首席专家，杭州师范大学体育与健康学院客座教授，浙江蓝盾危机防卫技术中心副主任。毕业于上海体育学院，曾任浙江省武术队总教练，中国体育科学学会武术分会委员，浙江省武术协会副会长，第一、二届中国武术段位制全国考试总考评长等职。被国家体育总局武术运动管理中心、中国武术协会评为中国当代"中华武林百杰""全国十佳武术教练员""全民健身日武术健身活动先进个人""全国武术段位制工作先进个人"，荣获中华人民共和国体育荣誉奖章。从事武术教学、科研工作50余年，培养了大批优秀武术运动员，在世界武术锦标赛、亚运会、亚锦赛、全运会和全国武术锦标赛上获得130多枚金牌，多次担任中国武术代表团教练，出访亚、非、拉美等30多个国家和地区。

1　武术运动员选材、训练、管理

周：陈老师，请谈一谈您在武术运动员选材、训练和管理方面的经验？

陈：专业队的选材，标准就是武术专项所需的爆发力、速度，下肢的力量。然后，个子要挑高一点的，就是从高个子里找出具备以上素质的人才。人高一点，动作就舒展、大方、漂亮。因为我当时纯粹是为了出成绩，没有考虑到其他任何东西。现在经过那么长时间，我们有人才、有经验了。在选材的时候就要考虑这个项目的形象，不能还都像我们一样的个子，至少是中等身材，而且技术不比你个子矮的差，然后再改变训练方法，不能再用过去那种训练方法了，从难、从简、从实战需要出发。其实，要等他真正喜爱上这项运动的时候，才真正可以实施，不然他就跑掉了。要让他先喜欢这项事业，热爱这项事业，对这项事业有感情了，才能什么苦都能吃，才会去刻苦钻研和训练。

我在网上看过一段视频，是第一批到美国去访问的少林寺年轻和尚。当时，中国武术少林寺艺术团到美国访问时候留下的，这个人现在在美国开办了一个少林寺武术学校。他的观念很新，那个地方小孩子、大人都穿和尚的服装，都绑着腿练基本功什么的，都很喜欢在那练。我看他的训练里面有一个压胯练习，他做了一个架子，放在那里架住小孩子，让他们自己摇，摇一摇进去一点，摇一摇进去一点，然后画下刻度，让他们自己看自己的进步程度。这跟老师给他压完全是两回事，这能激发他自己去努力、去拼搏的意志。另外，压的太痛了他也就不摇了，也是一种自我保护。他这个环境非常宽松，没有任何约束。

我的队员张小燕，法国国家队聘请她去做总教练，带了几届世界锦标赛后便退出来了。她在担任法国总教练期间带队拿过世界冠军、亚军。她退出来以后自己搞，成立了一个"法国张小燕中国传统武术协会"。她说："我就传播中国武术、传统武术，在国外现在学员都是业余的，竞技武术难度太大，一不小心受伤的话，谁给他治疗？没有保险不敢搞了。"现在她做得很好，每年都带一帮法国人到中国来学太极拳，一边学一边找人给他们讲中国传统武术理论。学员们很喜欢听，他们没想到练武术的还有这么深厚的文化底蕴。每年一届的"法国贝尔希国际武术演武大会"，张小燕去表演，我看她重新设计了服装，再配上灯光，把太极拳变成一种非常漂亮的、具有艺术性的表演，西方人觉得东方还有如此美的体育项目，作为多元化武术的一种表现形式，我觉得我们国内也可以这么搞这类赛事。"法国贝尔希国际武术演武大会"每年吸引世界各国武搏界的人去展示。

我那些在国外的队员，除了胡坚强创业很成功以外，其他都比较艰苦，有的回国一次都很困难。胡坚强在美国是改变了训练方法，他擅长南拳，编了一些适合于美国人这种豪放气质的南拳短套。孔子学院全练他的南拳，每年还搞一次比赛，开幕式表演换了一批又一批，但都是南拳，搞得很好。他们喜欢穿中国元素的民族武术运动服装，就是我们20世纪70年代比赛、练功时穿的民族武术服，很漂亮。运动员演练时能体现身材，既有民族特色、项目特色，又有运动特色、时代特色，不会像现在什么服装都可以上去，服装松松垮垮，套了一层又一层，甚至穿个道袍、穿个和尚服装也上去比赛，有的把古戏剧、神话故事中描绘的人物服装都作为武术比赛服装。这不是体育比赛，更像个民间庙会，那是民俗文化。武术作为已确认的体育项目，不管是竞技比赛，还是传统比赛，都应该有个规矩，有个标准。在体现民族和项目特点时，不要忘了它还是个体育运动项目。应体现健康、向上的正气。不少外国朋友对此也非常疑惑不解。

周：陈老师，首届中国武英级运动员名单中，浙江有两位，一位是冯秋英，一位是沈建军，您能不能给我们聊聊您同这些优秀运动员之间的故事？

陈：那个时候正好推武英级运动员，第一批一共是30个，我们浙江有2个，一男一女，这就是第一批的运动健将。冯秋英她在第一届亚锦赛拿了枪术冠军，回来以后就到美国读书了。美国那个学校跟她交换的条件是不要学费，但要兼职学校每周三堂的太极拳课，然后她就在那里租了个房子。她家里很穷的，母亲以前是杭州大学的清洁工人。后来，杭州大学一个中文老师在美国了解到这个学校，他们正好要学太极拳，就给她介绍了一下，然后我说去吧。他们虽然都是我培养的运动员，我很希望他们留在队里面当教练，或者继续为浙江武术出力，但他们自己有自己的想法，有想法就可以去。包括胡坚强、张小燕，我说出去就出去！走虽然可惜，但是自愿到国外去发展武术也很好，向世界推广中华武术也需要他们，毕竟是国家培养出来的一代武术选手，会给世界武术带来新的气息。

沈建军也是我这里的队员，是著名教练员凌耀华的学生，他培养出来以后到我这里来，当时在全省的水平中算是比较高的，全能冠军是他拿来的。这个人很聪明，聪明运动员也是最会偷懒的，基本上训练罚不到他的。实际上我们都知道。但是他悟性很高，你教完，他很快就能做出来，所以没有必要再逼他，弄得他受伤了也不好。比如长跑，大队安排的长跑，他跑到一半就钻到小巷里，有个人在那里接应他，等到大队跑过来以后，他就跟着跑过来了。实际上，运动员很多都是这种，要小聪明对运动员成长不利，我们肯定要批评的，对吧，但也要理解运动员。后来评武英级，这两个人在比赛当中的成绩达到了标准就评上了。

2 武术国际交流

周：陈老师，您担任中国武术代表团教练的时候，率队出访了亚洲、拉美的14个国家，出访这些国家大概都在什么时间？主要有哪些大的活动，有何反响？

陈：第一次大概是1977年，出访非洲的西非四国。我第一次去什么也不懂，但是搞表演我有一套。当时，我们在北京集训完了以后出访西非。到国外表演是不一样的，时间概念根本就没有，说晚上七点钟开始，但实际起码到晚上十点钟才开始。观众都是黑人，这一个体育场几万黑人在那里看，看不到一个人，就舞台这里有灯光，临时搭起来的一个舞台在田径场上，一个节目表演完了以后，哗哗全场声音都来了，一个人都看不到，只有声音，就这种概念。虽然表演没有规律，但非洲人民非常喜欢看武术表演，等几个小时就是为了看中国团的演出，而且很热情，有的还跑过来比划几下。所到处都是高规格的接待，不是总统，就是外长或青年部长，往往出发去表演场还派警车开道。

我们在非洲表演，基本都是坐飞机，大的飞机一百多人，小的飞机才七八个人，中间离奇的故事很多，都是有惊无险或者是化险为夷，飞机起落架放不下来都快决定迫降了要掉下来的情况都有的。我们到几内亚，表演的场地是中国帮助建的，跟北京人民大会堂一模一样，就是把中国的人民大会堂缩小了，所有的仪器、设备都是中国人帮他们管了三年，全新的交给他。南美表演是侨办组织的，团长是原来的二炮司令，南美那地方武术也很好看，都是广东、中国台湾的华侨过去办的武馆。为什么社会武术、民间武术都要宣传自己的武术好，都是为了生计啊。侨联组织武术团去南美洲表演，也是去慰问那里的中国侨民。在那里靠武术生存，为了留住学生和招揽学生，要想很多法子才行，靠华人个人在国外的武馆推广武术真是非常艰难的。所以真正要推广传播中华武术，必须是靠政府做强有力的后盾，才能面向世界推广。

　　武术在国外发展，如果我们再不搞标准化，再不大面积地推广，再不成为类似瑜伽这种模式的话，在国外推广武术还是很困难的。瑜伽为什么能到处发财？实际上它是将传统的模式转变掉了，改变模式以后可以吸引很多人，所以武术发展一定要有新的模式，让各类人群都能在这个模式里面得到他想要的东西。改变传播传统技术的编排，改变传统技术推广的模式，并不是要丢掉武术本质的东西，而是让各类武术拳种更精细化、更系统化、更科学化。删繁就简，更适合时代的发展，更适应社会的需求，让古老的武术更好地为新时代的人民服务。2003年，我们到日本去表演，就完全改变了。我跟吴彬一起出去的，把表演排成一台戏，整台表演用完整的音乐串起来，当时还专门请了美国好莱坞的导演过来。在这里面我也学到一些东西，也感觉到我们有些东西需要更新。像太极锻炼效果好，但表演时间一长就没人看了，要让"太极拳好"真正深入人心。我们排了一个集体太极拳项目，请的都是国家有名的像孔祥东、邱慧芳等世界冠军，把单练、对练、集体练串在一起形成一整套非常优美的一个太极舞台表演，动作还是那些动作，套路也还是那些套路，通过串连编排，一个节目20分钟把台下的日本观众吸引住了，表演完了还上台与我们运动员互动，台上台下一起打太极拳，场面非常热烈。

　　周：陈老师请您从与中国台湾或者是与中国香港的武术交流方面，谈一谈您对浙江武术乃至中国武术的贡献？

　　陈：贡献不能讲有什么贡献，我的思路是这样的，让除了竞技武术以外的所有武术都规范化，建立一个完整的、规范化的武术体系。中华人民共和国成立以来一直做的是竞技武术，把一个民间求生存的"撩地"（打拳头买膏药）项目，提炼成上大堂的体育运动项目，应该说是越来越规范、越来越完善，竞技武术的发展促进、带动了民间传统武术的发展，也促进了武术进小学、中学和大学，民间健身武术、学校武术都得到了发展，出了很多规范的普及的专业的武术教材。目前竞技武术的现状，也是为了适应申奥，对于走这个路中间有什么问题，可以总结经验教训，以便今后更好地去发展，但总得来讲武术是越走越规范了。

我觉得传统武术，必须要按传统武术发展的规律来做。我的想法，第一步就是把所有的传统武术拿出来，所以我设计了一个让民间武术项目展示的平台，第一届浙江国际传统武术比赛，有十多个国家，一共有88支代表队，1200多人，总体还是不错的。

第二年，我们在杭州搞，理念就是让所有的民间项目报过来，设置不同分类，将每一类里面不同的拳种、套路都列出来，你看你有多少能拿出来的民间项目，让他们来展示交流。你把名称报出来，报出来我就给你立项。所以，他们很愿意到这里来比赛，为什么？因为他自己的东西在这里得到尽情发挥、得到认可，他很开心。

更高、更快、更强的体育精神，而我们传统项目比赛是一种群众性、健身性比赛，其含金量充分体现我们全民健身的成果，充分体现了挖掘整理武术的成果，是弘扬我们民族文化的一种成果，通过比赛，看看我们的武校是扩大了，还是缩小了？全民健身的人群增多了，还是减少了？一年比一年多，一年比一年好，青少年参与人多了，就说明我们的赛事成功了。

社会武术、传统武术它是民间的活动，五花八门，你要是不让他们得到认可，肯定是搞不下去的。而且，这个比赛年龄跨度很大，小的两岁半、三岁，大的94岁。这么大年龄跨度的比赛，老年人要是你给他像竞技一样搞得很紧张，搞不好这个比赛就出事情了，像这么老的人来参赛就是一种展示，就是一种宣传，凡是展示的都给不同等级的认可，他开心了就好了。如果非要他像竞技一样去争这块金牌，那他就很紧张。对老年人来讲，对全民健身来讲就背离了这个宗旨。所以，传统武术、社会武术、民间武术的比赛必须要按它的规律来搞，让他们都能摆平，这次来一个，下次带一大帮来，来时是开心的，回去是高兴的。

我们搞了两年，香港有人就来找我了，2006年在香港搞第一届，在香港操作，我才感觉到在它那个制度下面跟我们的操作完全不一样。他们的工作人员只听老板的，其他人的不听，所以说有点难度。后来，我跟齐总说你这个地方不听我们的，我们怎么搞？每一次搞活动，搞什么都要打电话把你叫过来，然后你来跟他们说。慢慢现在他也调整了。我们内地很多人都去参加，我们省内每年都有200~300人去参加，都感到那边模式好，给人一种宽松的感觉，还有一种很热烈的气氛。

3 "网络化"段位制建设

周：您这种段位制"网络化"建设的理念非常好，您能介绍一下吗？

陈：武管中心也是第一次推出这种比较系统的、规范的、标准化的东西，但也并不是一个完整的、十全十美的东西，实行标准化是为了把我们武术非常规范地推向世界，让世界所有的人都能承认武术。那么我们现在就要去做这件事情。武术是我们国家、民族的文化遗产，但不要总是认为这是博大精深的，总以老大自居，实际上任何一种民族的文化它都具有世界性，你不搞人家搞，搞成了以后就是人家的了。

国家体育总局武术运动管理中心的领导班子很清楚，2011年上来就搞标准化，比国家体育总局做标准化还早。武术的标准化是将博大精深的中华民族精神，这么多的拳种，这么复杂的东西简化了。因为，只有最简单的东西才能更科学、更规范、更利于推广，有很多的拳种是好东西，如果只作为非物质文化遗产也只能起保护作用，真正要发展必须在这个基础上进行整理、规范、简化，才能更好地推广。

为什么我们的武术就不能作为一个世界性的项目在全球广泛的开展？搞了一辈子武术，就是这个愿望，但是这个愿望怎么去实现？现在我们就要有武术运动管理中心的顶层设计，按照可拿出去的、精细的方案去执行。但是这个东西需要大家支持，尤其是我们专家委员会的专家更应该去维护它、去支持它。如果说中间出现了哪些问题或者有不完善的地方，我们尽力去补，想尽办法去给它完善，而不是一味地去否认它。

浙江段位制开展得很好，去年我们发展的段位人员有67000多人。全国21万我们占三分之一。实际上，我没按照布置的什么指标去做，我们就是用方法做，用方法让老百姓自己来报名，在政策上想些办法。现在的政策很好，发展要像宝塔形的，我们就按照这宝塔形的来做，大基础要实，段前级的人要多，然后再一段、两段、三段上去，到五段、六段的人是尖子，然后就应该让这些宝塔塔尖的骨干来做下面的事情。

我们设计了很多的方案，这些方案设计的是让下面的协会、骨干、人人都来做这个段位制的工作。这个段位制工作需要你给他讲很多道理，但是完全讲道理他不做你也没办法。所以，我们就利用"激励"的机制让他去做。比如说当地的教练、练武术的骨干、管理段位的干部，这些人也想要段位，那么就按照国家武管中心的要求，在合理的范围之内给你评个四段，然后就可以当考评员和指导员，可以组织考试了。但是，这些人必须要符合所有硬性规定，达到组织所必须的标准。要达到这个标准就必须要有会员，要有人，那么这些人都有了，虽然他们自己有水平，但他没有这个段位怎么办？你自己去普及，去把更多的段前级、一段位的人普及出来，你普及的多你就有功绩、功劳，我们就给你认可。我们用这样的办法让他们都去做，有的人他可以去发展好几千个段位，一个学校一个学校去推广，去教他们段前级的内容，教了以后考核。

另外一个，我们评先进。评先进，我们把发展段位人员数量作为一种考核指标。人都有荣誉感，特别是像民间的那些老师原来是第几代传人，现在就是看哪个的学生多，学生多，段位也就上去了，所以他就是要有这个名气。我们评省级先进的数量不封顶，只要符合规定的省级先进硬性指标就可以评。比如发展了多少个中国武术协会会员，做出来多少个段前一级的人员。段前一级才是新增段位人员，一段位的人员才是新增段位的人员，而不是算其他晋升了的段位数。这个指标放在那里，做好了就是先进，我说"没人卡你，就看你能不能做"。而且所有做的材料和数据都在我这里，弄假的不行，一个都逃不掉。他们有的报上来四五百人的名单，一看没有证书编号，其实根本就没做，就是个名单。所以，让他们组织考段的时候，必须把录像都录好，没人举报，我相信你，有人举报，我就查你录像。一方面要相信下面做的东西，另一方面也要有监督机制。

4 武术的产业化发展

周：陈老师，像您前面做的，比如说这种国际性武术比赛的策划、推广，是不是一种武术产业化，您能谈一谈吗？

陈：其实还谈不上是产业化，怎么规范社会上的武术、民间的武术、群众的武术，怎么做大，怎么做到更有人气，这是我现在所想的，但作为一个产业来讲还谈不上。产业必须要有很系统的东西，有完整的产业设想，那么我们现在做到什么程度呢？保本，不想在这里赚钱，用公益的心态做赛事，始终是这个观念。

实际上，武术的产业可以做得非常大，但是目前来讲必须自己要有底气，必须把这一块东西规范起来才有可能。如果武术什么东西都要搞，什么东西都搞不成，我们为什么不集中力量来搞某一个产品，当这个产品成熟了以后再搞第二个产品。我们顶层设计除了维持现在的竞技武术，还应该再好好研究竞技里的那些不科学、不规范、违反生理的东西，把更规范、更能数据化的、更便于操作的东西融到里面，把它更加完善。包括运动员的身体素质、专项素质和专项技术训练体系、后备力量培养体系，还有竞技武术的教练培养体系完善。如果我们有这么一个顶层设计的话，那么竞技武术会发展得非常漂亮，成为民族体育里面的佼佼者，可以跟人家的竞技一样的完善和成功。如此以来，我们竞技这一块就不会永远修修补补，在这个基础上再把它彻底地包装起来，包装是为了更完美并非花架子，竞技武术追求的"高、难、新、美"有自己的独特意境。

我们自己前些年已经摸索出自己的东西，已经有成功的经验，我们的规则并不落后，我们运动员的素质也不比国外的差，要对我们自己的发展有信心。然而，我们现在还没有一个完整的顶层设计、一个完整的思路，中国的武术到底要发展成什么样子？谁都不知道。第一步要做什么应该有个东西，然后第二步做什么，设计好以后，大家都围绕这个做，就不会浪费我们的人才、物力、财力。否则，每个人都要走的，等我们走了以后，下一代再来挖掘整理，循环做原来的事情，浪费人力、物力、财力，所以，武术产业化作为一个新的课题，必须要认真研究和设计。

5 浙江武术发展史

周：陈老师，您家乡的习武风气怎么样？

陈：我家乡是杭州，杭州毕竟是省会城市，习武风气是很好的，而且武术基础也比较好。出了很多名人，如陈文征、刘百川、奚诚甫、冯斌、牛春明、陈天申、李亚鹏、龚诚谐、何长海一批杰出的武术界老师。历届的省比赛杭州都是第一名，冠军是最多的。在这里见识的、学到的东西都很多。中华人民共和国成立之前，很多民间有名的老师到杭州来教，包括一些太极拳的老师，中央国术馆下来的都到杭州来教。当时对武术也较重视的，成立中央国术馆的目的是在民众当中推广普及武术，中国人民当时被辱是"东亚病夫"，那么通过练武术来提高国民的人体素质，当时叫"国术救国"，是这么一个思路。

周：陈老师，您有一篇关于旧中国首次擂台赛的科研论文，你能谈一下这篇论文中所提到的旧中国擂台赛吗？

陈： 这个擂台赛是1929年在杭州搞的，就在梅花碑，那个地方在中华人民共和国成立以后改成了交通厅，现在全部改造完了。那时候，中央国术馆正好借杭州搞西湖博览会的机会举办"国术游艺大会"。当时中央国术馆的馆长张之江、还有孙中山的保镖黄文叔，他们这些人就在"放庐"，就是西湖边柳浪闻莺，靠近那个西湖的东边。西湖在改造的时候要把"放庐"改造成其他东西，后来我们武术界一致反对，专门有人写信给杭州市人民政府，说这个"放庐"是武术的文物之一。当时黄文叔、张之江、张静江他们都在这里，1929年的那些人都到那个楼上演练给他们看，你们要上去打的，打擂台的都先演练套路，看行不行，他们认为行你就可以上场，就这样等于是套路的测试。那个地方是黄文叔的私人旧居，后来保留下来了，现在做了一块碑，把武术的内容放进去了。还有就是西湖博览会的工业展览馆，是当时的浙江国术馆的旧址，也是当时西湖博览会、国术游艺大会的旧址。

当时这个比赛在杭州进行，实际上是我们国家第一次搞，根本不知道怎么搞法，打擂台打得很惨的，上去都是头破血流，第一天一看不行，马上制定新规则，又规定几条。第二天一看又有受伤的，再定几条。所以它的规则是血的教训。"文化大革命"后挖掘整理的时候，我们专门到浙江图书馆去查这个资料，查到一本会刊，这个是会后编的。就是大会结束以后，把大会前期准备工作，大会的各种邀请书、函，包括到会所有人每一天的比赛状况，结束以后的报道等一一都列出来，非常仔细、非常完整。基本还原了当时武术实战现场，这是近代第一次将武术实战搬上擂台，当时练太极拳、南拳、形意、八卦掌的选手几乎全军覆没。这是武术公开实战的尝试，从规则、技术、裁判法都不成熟，现在个别人不顾事实，说武术对抗性项目就应该像1929年的国术游艺大会的擂台赛一样才叫实战。如果那样历史才真的是倒退了。我国将武术实战列入比赛是非常慎重的,经过多年的调研、试验和反复论证,于20世纪80年代开始国家体委在北京体院、武汉体院和浙江省体委搞了三个试点,之后经过内部交流、公开演示,由小范围逐渐扩大,并制订竞赛规则,才逐渐形成现在的武术散打运动。虽然散打开展多年,仍待有完善和改进的必要,但从整体讲可以与世界上其他对抗性项目比较,从技术到规则、裁判法和电子操作不会落后于他人。应该说散打运动的开展弥补了武术项目实战比赛的空白,结束了武术单腿走路的历史。我们浙江有一个富阳的武术教练凌耀华先生,他对历史、武术历史的研究非常透,兵书、兵法他全都研究,实际上整个材料是我们整理了以后他写的稿子,我写的则是浙江武术的发源。

6 中日交流

周:陈老师,请您聊一聊中日武道研究会30年的交流历程,中间比如说发生了哪一些事情,或者是有哪一些活动什么的?

陈:这个团跟我们的友谊很深,到今年已经31个年头了。实际上真正交往还不止31年。20世纪80年代就开始有好多日本团到我们这里来交流武术。那时候日本的太极拳等各方面都很想到中国来交流,包括歧阜的太极拳武术协会,静冈的武术代表团,也包括京都,还有东京的一些代表团。但是像这个团呢,它不完全是学太极拳。它的宗旨就是对亚洲的武术进行研究,它是一个专门对各种武术感兴趣的组织,是一个民间组织。总部在京都,会长非常喜爱体育运动,他除了喜欢日本的空手道和柔道、剑道,同时也喜欢游泳、登山,对中国武术也很感兴趣,所以他就组织了一些人到这里来。

开始时他带了一个徒弟两个人到杭州来,他说他觉得杭州跟京都有很多相似的地方,杭州是个古都,京都也是个古都,在文化上面有很多相似的地方。另外,杭州很漂亮、很美丽。他说他们选这个地方是想以后跟我们经常交往,组织一些人来学中国的武术。后来我们了解这个团都是民间的普通百姓,包括老师、幼儿园的阿姨、工厂里的工人,很朴实,并且学习很认真,把学的套路都用笔记下来，能够录像的给你录下来，回去再按照这个练，学习态度非常好，非常感人。还有个特点，他们这些人都学中文，都拿个小本子记录一些东西，然后跟你交流。

有一次我跟那个团长说，"你们每次都到杭州来不烦吗？每次都往那边去转一圈，在老地方拍个照，不到其他地方转一下吗"？他说"我们不是来玩的，日本年轻人不了解中国，日本人过去犯下的罪他们都不知道，我要带他们了解中国，看看中国的变化，教育他们"。它是一个民间组织，不是政府机关，作为一个老人他有这么一种心态挺好。他们每一次回去都要写心得体会，然后出一本会刊，后来我们发现这个团在会刊后面还有一份经济账目，这些人到中国来全是自费的，没有人给他出钱。他们赚了一年的钱就为了到这里来一次，然后拿这些钱给我们买礼品。到中国来所有的消费记录他们都有，并印在会刊后面，说明他们经济很民主。他们最近这几年在谈到中国的变化时说，"我们真是经历了你们这个改革30年的变化，原来我们来的时候非常落后，现在中国变得非常强大，中国人非常富裕"。在武义县交流时，他们还去看万人坑，我们带他们参观一个县里旧发电厂遗址的烟囱，当时给日本人炸掉了。他们就为这个整整一年时间在那里祈祷打结，每个人都打一条，然后把它汇在一起，一个团就像一个小拖把一样。他们说每人打了一年，然后到那边挂在那里祈祷，对那些被日本飞机炸弹炸死的中国人表示哀悼，非常虔诚。

换了团长以后，我们就给她做工作了，我说："你要看看我们浙江的变化，浙江省的武术不光杭州有，下面基层都很好，而且基层的风景也好，人文景观很多，你可以多了解我们的历史。"所以，我们就开始给她安排去台州、桐庐、建德、武义、萧山。今年是到诸暨，而且我们跟武术协会联系，让他们做外事交流，让他们武术队跟外国人交流交流。基层很重视，每到一个地方就隆重地接待他们，都有一个很盛大的宴会接待他们，赠送当地的纪念品。他们感到中国人这么热情，每一次讲话也都热情洋溢。他说我们大部分日本人都是跟中国很友好的，很希望你们到日本来访问。

周：像他在我们浙江学完回去之后，他也做一些比如说发展会员之类的事情吗？

陈：他们也发展会员训练，京都、大板、东京有很多支部，这些都不是以盈利为目的的，都是大家喜欢武术，然后才聚集在一起。他们有时利用节假日在家乡的河边空地表演中国武术基本功和一些传统武术项目，围观的日本人也不少，起到宣传推广作用。

周：他现在这些会员考级、考段都是认我们浙江省的吗？

陈：都认。我说"你们要考段必须参加国际上的海外段位考试"。这个是国家的，我们省里以前搞过一个技术级位，是对传统技术的认定，但国家有段位制后，我们就不搞双重的，所以已经不用了。他们就把这个拿去用，他老老实实从初级开始，老师认定他可以到一级，他就是一级，老师说不可以就不可以，这个学风很好，他不要高的，就从最低一级往上升。

周：他这个民间武术组织来中国学习武术过程中，我觉得您给他的影响可能非常大。包括您刚才提到就是他们在日本也搞这种分支协会然后考级、考段，我觉得跟您在浙江省搞这个段位制非常相似。

陈：他们感到这是一种激励体制，可以激励他们，所以他严格的控制，让他们一级级地学，认真学。哪个团员如果在这方面犯了错误下次就不让他来了。在学的过程中，刚开始老团长对新的东西不太感兴趣，对传统东西很感兴趣，后来我慢慢地跟他们讲，"实际上我们现在新的东西也是我们传统武术的精华，比如说我们现在的段位制，是把传统武术技术进行提炼，形成一种标准化的技术体系。从最简单到复杂，把各种不同的技法在不同的段位里面体现出来，是一个很完整的技术体系"。他们听懂了，就来学段位制套路。所以武术推向世界用"段位制"的形式更有利于推广、普及。

7 传统武术与竞技武术

李：陈老师，传统武术的挖掘整理，您参加了吗？

陈：1979年开始筹备挖掘整理，1980年已经把它定下来了，就是传统武术要进专业队。专业队从这个时候开始请民间老师来教，所以一年的时间这些民间老师如虎添翼。因为民间老师自己招得学生怎么练都练不出来他那种味道，一到专业队，运动员把他的东西练得非常好。

当时北京队的梁长兴，形意拳他是全国最好的，戈春艳的八卦掌，李霞练的戳脚，那些民间老师都很满意，专业队一下子造就了很多传统武术的"英雄"。每个传统项目都有自己的代表人物，翻子拳学陕西的，八卦掌、形意拳学北京的，我们浙江是南拳。我们也是把民间老师请来，把民间那些好的动作借用到我们的拳种里面去，所以这个南拳一下也起来了。当时最早都是广东南拳，后来胡坚强的南拳上来了，换成了胡坚强的风格。

那时候各个专业队运动员非常全面，长拳、南拳、太极拳选一样，刀、枪、剑、棍里面选两样，长兵、短兵。运动员素质训练要全面，速度、力量都要全面。然后传统拳、传统器械都是选择自己喜欢的。那么把民间的传统东西就弄到专业队来，而且在这里面很快把新的训练方法掌握了、提高了。两人对练，三人对练，结合民间的把对练又创造出来了，对练也要加快速度，要求也越来越高，整个专业队的水平就非常好，成了整个社会的榜样。所以那时候，专业队出去不管到哪里都受欢迎，大家都感到这个专业队水平太高，民间练不了，那时非常服专业队的运动员。那时候的运动员到任何一个地方都是一个好教练。

我上次去看全国运动会武术比赛，看完以后他们问我们有什么意见。我们说"这个千篇一律嘛，拳这个路线，刀、剑也是这个路线，棍和枪还是这个路线，所有套路都是一样的，难度也是一样的"。我说"没技术啊"。这种千篇一律实际上对运动员非常不利，这些运动员出来就是很单一，以后会被社会淘汰的。现在这个比赛需要调整规则、规程去改变它。比如说，刀、枪、剑、棍不能做同样的难度，在刀里面可以出现这个难度，在剑里面就不允许你出现，在棍里面出的在枪里面就不允许出现。这样就使这个枪和棍有明显的区别，另外，现在运动员是为了完成难度而难度，不考虑整套的完整、风格、节奏、韵律，难度完成了，节奏破坏了，那还有什么武术味道！所以，不一定要追求单一跳跃动作难度，可以从完成难度动作的衔接上提高质量，提高套路的整体性、连续性、节奏感。

为什么人家很怀念一些老师，很怀念20世纪60、70年代那时候的武术。因为那时候的武术风格是不一样的，枪就是枪，剑就是剑，每个人都突出这种风格。他没有在难度上追求，而是在韵味、内涵上去追求。所以当时的武术很简单，就像陈道云的一套剑，他没有音乐，但你可以听到音乐，为什么？他的韵律就是啪啪啪，演练的节奏就像完整的一首歌。像牛怀禄的枪，徐其成的刀，就像猛虎在场上疯狂，快速当中突然停住，这种感觉现在都没有了。

所以，不是说现在竞技武术发展得不好，竞技武术是需要量化，是需要发展难度，但是不能丢掉我们传统的东西。另外，所有的东西不能千篇一律，要风格各异，这样我们武术的精彩程度就提高了，就能吸引人。当时的改革就起这个作用，我们队里什么拳种都有，每个人都不一样的。你练猴拳，他就练猴棍，你练双鞭，他就练单鞭。传统项目的所有器械、拳种在一个队里面都有。那时候外国人要来学武术，到哪一个专业队里都可以来学。

比如那时候我们学螳螂拳，学完了以后就在里面加上自己身法演练的难度，便是一个很好的螳螂拳。专业队的螳螂拳比民间的那种硬梆梆的螳螂拳要好，因为民间的这个腿呀、胳膊呀都不像专业队的那么灵活。所以呢，练起来总归是硬梆梆的。专业队的基本功很好，学这些东西还是很容易的，如果不把传统的东西在专业队里面留下来很可惜，问题就是我们怎么通过竞赛的杠杆去引导。之前不是全运会跟它没关系吗，所以没人去练，后来想想，便要求先比赛传统项目，不参加传统项目的没有资格参加全运会的比赛。

现在有很多人对武术的概念是现代武术不如传统武术，实际上错了。武术就是传统项目，不管是哪一个武术项目都是传统武术，不管是竞赛套路也好，规定套路也好，它还是传统的，因为它没有离开武术的概念。哪一个竞赛套路跟传统的在原则上是有区别的？没有！那在概念上为什么要把竞技武术跟传统的武术区别开来？只不过民间武术水平如何提高，社会武术如何提高，学校的武术如何提高，是另外需要研究的问题。比如说学校也开展武术，学校开展武术它也是传统武术，只是它必须按照学校的教育体制来制定它的传播策略。学校的武术绝对不能有门户之界，到学校普及的必须是一个非常健康的东西。让学生从小开始接受的是中国民族文化而不是帮派，他可以了解历史，但是他不能陷入这个帮派里面去，这样中国武术体系的正气便是很足的。从小学、初中、高中最后进入大学继续深造武术，便是我们国家培养的武术人才，是传承中华民族传统文化非常好的武术尖子、武术家。

但是，我们现在不是这样的体制，现在把传统跟竞技截然分开，这是一种错误，就像内家拳、外家拳一样。那时候写了个墓志铭，把这个武术分成了内家和外家，实际上他讲的这个内家不是形意、八卦、八极、通背这些东西，他讲的是"内家拳"这个拳种。为什么我非常欣赏蔡老师的一篇文章《论内家和外家拳》，论内家和外家就彻底地把内家和外家他们的特点进行分析，都是一样的，不存在内家和外家，我们都是一家，武林都是一家。搞清楚武术的概念，不打内战，武术不同功能、不同形式的项目才能和谐发展。

8 武术对个人生活状态、社会责任、精神境界的影响

周：陈老师您一直从事武术这项事业，从运动员到教练员，直到现在您退休了，还在为武术做贡献，这个过程中武术对您的生活状态、社会责任和精神境界都产生了怎么样的影响？

陈：开始学武术是对它感兴趣，因为我感到练了以后对我的身体、精神面貌有很大的改变，感到精神也好了，有用不完的精力。练武术以后，我感觉到武术界的人处处在支持我。"文化大革命"当中压力很大，他们在下面就说我们绝对是分得清好与坏。那我觉得武术人的心态，这种对待事物的心态，都是很诚实的，所以这块地方不是很好嘛，为什么我要离开呢？而且我找的这个项目很适合我，我们这种跑也跑不快，跳也跳不高，其他运动都不适合我们，所以觉得这是个很适合我们的运动。

另外，在接触武术界的老师们的过程中，能学到很多的生活经验。他们在生活当中碰到的一些社会问题，他们是怎么处理的，我们都牢记在心。而且通过武术，让我们了解了武术里面讲的这些阴阳的转换与平衡，在实际生活中也是一种指导，它所涉及的那些拳理实际上可以指导我们一生，因为它的理念都是中国的哲学。

通过武术我感到只要自己做得正、站得稳，就什么东西都不要怕，武术讲的是中正，就是我站正了我才能战胜别人。同样，我做什么事情也都要站得正。不恃强凌弱，一定要多做善事，这才是我们练武术之人的一种品质。

我是共产党员，入党的时候我宣过誓。我对党的信念很坚定的。毛主席很伟大的，我一生当中学了很多毛主席的著作，我觉得对我的知识增长、对我的哲学理解和对事物的看法起到很大作用，我觉得一辈子也用不完。

然后是徐本力的《体育控制论》，它是个系统管理学，讲如何组织和管理

运动训练，包括信息反馈、比赛操作。我去管理比赛都是用的他系统管理的理论，以及后来所有的工作，包括我那些出去的运动员，回过头来找我咨询学校有些什么事情该怎么办的时候，我便跟他们讲系统管理学。系统管理，首先必须要有目标，要是没有目标你没办法系统管理。你要有步骤，并且每一个步骤必须要有反馈信息。比如说你这路走得不对，你要是没有信息反馈也是永远在犯错误，你是不会进步的。有错误就改，犯了错误就是道歉、虚心接受、坚决改掉，系统管理就是让你对所有的工作得到一个检验，然后有信心做下去。

我们的传统武术发展，最后也是运用了这一套。你说我们段位搞得好，实际上这个段位我们始终是用这个方法来纠正错误，每走一步都有错误，每一个错误都把他纠正过来变成一个经验，这样慢慢地去系统管理。他们说你们怎么老变，我说不是老变而是在不断地完善，实际上有很多东西是可以通过变通的办法达到目的的。

书里面讲了很多训练的方法，实际上作为专家来讲也有很多方法是不科学的，尤其是我们武术，很多都是传统的训练方法，里面很多都是没有进行验证的，只不过是老师传下来的。那么现在作为一种新的学科，还不讲科学的话，怎么成为一个武术的学科？所以，必须要用科学的观念来分析它、研究它，我是这么认为的。

上篇　武术家口述史个人研究

第十章　杨振铎先生口述史研究

时间：2015年5月25—26日。
地点：山西省太原市杨振铎先生家中。
采访：雷季明　王　琨；摄像：王　琨；文字整理：王　琨　郭发明　李守培　刘韬光。

受访者简历：

杨振铎，男，1926年生，河北永年县人，中国武术九段，国家体育总局武术研究院专家委员会首批委员，曾任中国武协教练委员会委员、山西省体育总会委员、山西省武协副主席、山西省太极拳协会会长、国际杨氏太极拳协会会长。1985年应新加坡之邀，开启海外传播太极拳的历程；1989年受聘于国家体委太极拳竞赛套路技术研究组，担任杨式四十式太极拳培训班主教练；1995年当选"中华武林百杰"。编撰《杨氏太极拳·剑·刀》《中国杨氏太极拳·太极名师精典》等著作。

1 父、祖辈的遗产

雷：您的祖辈杨露禅、父辈杨澄甫他们过去在北京是开拳馆吗？是以教拳为生，还是有其他本职工作？

杨：对，就在北京，没有馆，哪有馆呢，过去在北京也是场子，就找一片地儿，跟我们现在在迎泽公园一样，站在一块场地头儿教拳，那就是教拳的场子、活动的地点。

过去在永年，从杨家来说，就是种庄稼的农民。然后杨露禅他喜欢武术，据说当时他本身虽然喜欢武术，但是他那两下子就是一般的会两下拳脚，不是太精。但是有一天，我们那里有个太和堂药店，这个药店的老板是河南信阳怀庆府的，也就是今天的陈家沟那里的，他到永年开了太和堂药店。据说当时有当地的混混觉得他是河南来的，想到那敲诈敲诈。到了药店，人家叫混混走，那些混混不走，人家两下就把混混打跑了。当时杨露禅一看人家没怎么费劲就把这些混混打跑了，所以就很感兴趣，就想学。但是人家不教，说"你要想学，去河南"。因为这个，杨露禅一有决心，后来就有了三度前往陈家沟学拳的事情。这都是过去的，小说、杂志上面都有介绍，后来宫白羽写了一部小说叫《偷拳》，说的就是这些。

雷：这些小说、杂志您都看过吗？

杨：都看过，不管小说还是杂志，可能有些夸张，反正有这么个事儿。但从《体用全书》来看，杨露禅学的那个陈氏太极拳跟现在的这个陈氏太极拳还不是一回事。据说是由蒋发传授的，蒋发教了陈长兴，陈长兴教了杨露禅，这些拳跟现在陈家练的太极拳不太一样。学了以后到北京是不是又改了，我也说不清楚。现在他们说为了教王公贵族，那个震脚、劈叉什么难度高的一些动作给取消了，这也有可能。但究竟是不是，我也闹不清楚。

从现在来看，太极拳发展的面很宽。杨家后边传的弟子也比较多，现在传的杨氏太极拳就是"架同势不同"，各有各的风格，但总的来说都是杨澄甫的大架子。就大架子说，也都不一样。总的来说，这是太极拳在发展，发展到现在来看，杨澄甫是唯一比较成功的。相比之下就可以得出来好与坏，别人一看他的功架、动作各方面都比较完善。所以都以杨澄甫作为楷模。楷模是楷模，学是学了，但不是那么容易就学到的。所以总而言之，他这留下了一个好的模板，能够使后人在这个模板上做一些变化、发展，让大家得到益处，这是非常不容易的。

雷：您祖父那一代，就是杨建侯、杨班侯那一代人，是我们现在所说的"中架"，对于这个功架您有了解吗？

杨：这个我也没见过，因为我没有见过我爷爷。杨建侯、杨班侯我都没见过，主要是他们的弟子我也没接触过。接触过的就是我父亲的老徒弟，我父亲的徒弟面儿也比较宽，但是接触的也不太多。说拳架，不是个容易的事情，动作一出来，他练一个样儿，他又练另一个样儿，完全不一样，主要是看整体协调性，还有所谓的内涵，不管是阴、阳、虚、实、刚、柔，都具体体现在"内涵"里。

现在来看，杨氏太极拳处处都应该有"刚柔"的这个内涵，这样劲出去以后，才能给全身整个串联起来。掌是如此，拳也是，正面拳、俯腕拳也都是这样，它都讲究这个。后来我虽然也写了一本书，但是从我来说，水平还有限，如何进一步发展杨氏太极拳的理论，我也提不出来什么。但我在练法上经过多年的体会，就提出练法的20个字：抻出肘尖，空出胳肢窝，肘尖拽膀尖，连手腕，带手指。这说的是上肢，但上肢这么一走，含胸拔背就出来了，然后整个就能贯穿。只要一使劲，全身就能体现出来。太极拳从现在来看，面儿是很宽的，只要你爱好、能有意识地去探讨，还是有可学、可研究的。我想，将来我父亲的功架也会受到太极拳爱好者的喜爱，因为他的功架的确不管从外貌上、还是内在精神上，都是可以让人产生兴趣，可以作为楷模来发展的。

2 传承拳法的责任

雷：您在正式教拳之前，是从事财会工作的，在这之前您有没有想过自己会去教拳？另外是什么时候您开始有了传承、发扬自家拳法的责任感？

杨：这也就是正式教拳以后，才逐渐有了这种感觉。以前好像是觉得"学这个也没什么用啊"，那时候也不怎么教，自个儿练一练，就是活动活动。然后因为和外界不接触，外面是个什么情况也闹不清楚，所以这就和没有责任心一样，等到后来正式教拳了，才逐渐感觉有这个责任。

过去在我小的时候，我们曾流落广东，再回到永年我也还很小。一直到十七八岁，在这期间，日本人在的时候就经常抓壮丁，抓年轻人。我二哥那时候比我大四岁，在家里害怕被日本人抓，就托人帮忙离开永年到了天津。后来又到广州去了银行里边工作。我哥哥离开永年不久，我也到一定年龄了，十七八了。那时候我母亲也害怕，所以我母亲想办法叫我离开。

当时我们家有个亲戚叫赵斌，现在他儿子赵幼斌在西安开展太极拳活动，开展得比较好。赵斌以前跟我父亲练过拳，他是我父亲的外甥，所以是我们家亲戚。我要离开永年的时候，赵斌在河南那儿的"独五旅"、在国民党的独立第五旅当参谋长。我母亲就想到我能不能去河南找一下赵斌。因为日本人在这，得赶快离开永年。因为这个，我到河南去了。一到河南，我才十七八岁，什么也弄不成，文化也不行，在家里主要是上私塾，念的四书、五经这类东西。赵斌就让我在他那学习，说看看有什么机会。结果在那也没学几年，日本人就进攻洛阳了，紧接着日本人进了中原，他也顾不上我，就是说叫我们逃难。那时候我是属于沦陷区的青年，就跟着人家流亡。

我记得那时候还坐了一回火车，十几岁也没经验，刚出门，有个小行李，上了火车我就搁在行李架上面，自个儿就坐在底下，坐那累了就睡着了。醒来以后，行李就没有了。弄得什么也没有了，出门带的钱不多，也没有了。所以那个时候就是跑，往这跑、往那跑，往西安跑，日本人在后边追，我们就在前边跑。跑到后来遇上流亡学生招待站，给流亡学生开设的义站，就到里边去了，里边也没人管。吃的方面有时候有一顿，另一顿就不知道怎么样了。反正那时候很艰苦、没着落。

再后来黄埔军官学校正好招生，从文化来说那时候我也不够那个条件，但是想着也去碰一碰吧，反正在流亡、来回逛荡。所以后来我就到了黄埔军官学校。我们这一期三年学的就是工兵架桥、修路这些。学校的条件比较差，生活各方面都是很落后的。吃也吃不饱，六个人一桌一个小盆儿，稀汤寡水的。每个人都一个钢的"锅"，一个馒头，反正生活上很艰苦。毕业的时候，说是毕业，也没有证书。后来就分配了，我先是到了十七军，在工兵营，开始是代理排长。后来就调到四川那儿的三三五师，是副连长。结果后来解放军追得我们这个三三五师很狼狈，最后是三三五师的师长率领着整个师投诚的。这是我年轻时候的一段经历。

在我后来的生活当中，不管做什么，我总是感觉能够得到共产党和领导对我的信任，这使我感激不尽。所以我有一个思想，就是报恩的思想。共产党对我有恩，党对我的信任使我感动。过去不管怎么说，我是在国民党军队中待过的。说到后来教拳，我一开始能够到领导家里去教，一个人、一个人地教，这是领导对我莫大的信任。这个信任是我终生难忘的，非常感激的。有时候对照今天的生活来说，我更感动。没有共产党，哪有我的今天。

从我来说，特别是现在生活上各方面，你看我生活上不愁吃、不愁喝，事业上有弟子们帮这么大的忙。杨家的事业过去虽然比较有名望，但是没有现在这个"面儿"，从我开始以后，不管怎么说，杨氏太极拳不仅在国内，还发展到国际上了。所以对我来说，这方面做了这些年，做了一些工作，内心感觉非常高兴。总的来看，没有共产党，就没有今天的杨振铎。我这吃的也好、喝的也好、这些荣誉也好，比如十八位专家组能够选我坐这么一席，当专家，也是领导对我莫大的信任。全国这么多练武的专家，为什么选了杨振铎，这对我来说是非常尊重了。但是作为我自己也感觉我不够那个条件，不管怎么样，是领导给的责任。所以说，我工作也好，干其他什么也好，都有个报恩的思想，的确是这样。

3 教拳收徒

雷：您从1971年开始在太原迎泽公园设立教学点，义务授拳，之后再到您收徒，这期间的经历可以介绍一下吗？

杨：那个时候在迎泽公园里边，跟现在还不一样。那时候人们的学习态度不一样，精神面貌也不一样。我到迎泽公园教拳的时候，每一次等我们第一趟拳练完了天才亮，而且每一次在我到那儿之前，各地的学生都在那儿排着队呢，天不亮就到那抢位置。

雷：每次大概有多少人？

杨：那时候总有一两百人，早起就黑压压的，也看不见，但大家跟着练就是。你看现在练拳，去的就比较晚，天亮了才去。过去我们教拳，天不亮的时候第一趟拳要练完的，第一趟拳起码半小时。练完了连说带讲，都是亲自做、亲自领的。

雷：早上一般都要练多长时间？

杨：一般我们都是练半个小时，多一些的四十分钟，主要以杨氏传统的老架为主，练完之后就是讲。比方说练完以后，今天教的几个势子，具体再做示范，具体再讲。有时候我自己示范，有时候叫上几个弟子一块儿示范。

另外关于弟子呢，我这个收徒弟，由于之前"文化大革命"，我也上过党校，那个时候对旧的意识、传统意识经常批判，所以之后在太原教拳多少年就没收过徒弟。到后来，社会上其他行业，比如京剧行业里边开始收徒了，其他单位也有了收徒弟的报道什么的，大家才说："你这教拳多年了也不收几位徒弟，等于是后继无人了，你应该收了。"从2002年开始才收了徒弟，实际上我收弟子比较晚。那时候国际上的、国内的，第一批收了大概30多人，从那儿才开始收徒弟。

雷：您第一批弟子是如何选出来的呢？

杨：这弟子主要是多年来跟我一块练拳的，不但跟着我练拳，而且帮着我教拳。因为我毕竟是一个人，教了好多"摊儿"，各地都开展了活动，没人协助也不行，所以收的徒弟是着重协助我教拳的，从一些有影响的"老弟子"里边，习练多年的"老人"里边选的弟子。从目前来看，这些弟子还是不错的，大部分都起了一定作用。他们在各自的地区里分别去开展教学，这样我就不用各个地方都去，只集中在迎泽公园。现在他们在各地开展的情况还都挺不错，我们的协会在全国来说人数算比较多的，有上万的人了。

4 杨氏太极拳及其发展

雷：杨氏太极拳在传承过程中逐渐形成了拥有不同风格、不同特色的分支，比如杨氏大架、中架、小架、快架，您如何看待这些差异？

杨：目前杨氏太极拳的开展，是有这么一个情况，就是"架同势异"。架子基本都是这么一个架子，但从势子来看就不太一样。不说别的，拿我父亲来说，我父亲的大徒弟、老徒弟，多少年了他们的势子也相互不一样。不一样的原因是什么呢？因为杨氏太极拳从我曾祖父开始，一直都在发展中，开始的时候人们都那么说，就是说杨露禅到了北京以后把动作都改了，改成了现在这个架儿，缓慢柔和了，没有震脚、劈叉这一些高难度动作了。究竟是不是，我也闹不清楚。

按照《体用全书》里边我父亲的说法，就是我曾祖父杨露禅到陈家沟学拳，但他学的拳不是现在的这个陈氏太极拳。另外说了一个就是蒋发，我曾祖父是向蒋发学的，蒋发教的陈长兴，陈长兴教了杨露禅。所以我曾祖父那个太极拳跟陈家沟现在练的太极拳还不是一码事儿。我父亲1931年出的那两本书呢，很明显，那两本书都有图像。从动作上看，那两本书着重在技击上，但是从功架上来说，跟他后来的这本《体用全书》的图像对比，远不一样。也就是说杨氏太极拳是在逐渐地变革当中，逐渐改进了，最后到《体用全书》的时候，一般形容我父亲的说是"炉火纯青"。

我父亲杨澄甫的功架是比较成功的，特别能体现刚柔相济，他以后的是发展的，他的徒弟也很多，现在徒弟的徒弟也有好多辈了，练的不单是在全国各地，世界各地都很多。所以从目前来看，杨氏太极拳不尽都是一个模式。客观地看，我父亲杨澄甫的势子、功架也是一个阶段、一个阶段发展而来的。比如在练法上，我们讲究的放松问题，不但意念上要放松，肢体上也要放松，放松的要求是舒展、放开，就是骨骼、关节、肌肉、韧带放开拉长。这"松"不是松懈的松。另外，我们说的用意不用力，"用意"是用意识引导动作，"不用力"是不用拙力，没有说不叫你使劲儿，不使劲儿怎么体现出"刚"。"刚"就是劲儿。

我们现在很多人练拳都是"空架"，是软的。所以我们现在强调练拳要刚柔相济，就是劲力内含，只要不去"努"这个劲儿，一般没有坏处。现在又发展到"段位制"这个功架来了，这是为段位制需要而编出来的。现在从实际情况来看，不管哪个功架，练了都受益，虽然不一样，但都有一样的效果，效果是有一定区别的。

雷：那您认为拳架是应该变化呢？还是尽量保持原来的拳架？

杨：从我的角度来说，当然希望能够保持原来的。过去一般都说"原生态"，能够保持原生态的难道不是更好一些？别的武术我了解不多，也没有下过这么个功夫，所以只从太极拳、杨氏太极拳来说，这个我毕生还是下了很大功夫的。

雷： 太极拳现在的发展非常好，全国、甚至全世界都知名，您认为它相比于其他拳种之所以取得如此良好推广程度的原因是什么？

杨： 这个情况大致是这样的，因为武术一般都比较"刚"，但是太极拳有一个好处就是它讲求有刚有柔、刚柔相济。从目前来说，对人体来说，从社会成员来说，特别是现在科学进步以后，人的体质不太适应这个社会了，所以需要很好的体质来适应当前的社会发展。太极拳好在什么地方呢？就是这个拳一般比较缓慢柔和，不像其他的那么刚，它缓慢柔和，谁也能接受，所以现在太极拳推广这么宽，比其他拳种推广得宽，主要是因为群众能接受。不管男女老少，甚至有病的也能接受。有病的人就拿它当作一种治病的手段，在这缓慢的活动当中促进血液循环、促进新陈代谢，使他慢慢地恢复健康。所以现在练习太极拳的人各行各业都有，大部分都是因为能够接受太极拳的缓慢柔和。

动作缓慢，它也讲究"劲"，武术本身就以劲为基础。不管怎么说，哪一种武术都得有劲，现在从太极拳来说，它依然保留了技击内容，起到了自卫术的作用。周总理在1969年接见一个日本代表团的时候就提出来：太极拳是中华民族优秀的传统文化，跟中国的传统医学有着血缘关系，练太极拳可以强身健体，也可以防身自卫，还可以陶冶情操，还是一种美的享受，给人们的生活带来了无限的情趣。的确是这样，因为现在组织的很多太极拳活动，大家到一块儿都亲如一家、不分你我，大家都挺好，这种情况也是少有的，所以说赋予了这么一种情趣吧，也是比较幸福。

另外，从武术来说，要配合呼吸这一类，也就是我们说的在平常锻炼时要"以腰为主、带动四肢，气沉丹田、呼吸自然"。一般我们要求练拳的呼吸应该注意什么呢？"先天之气要稳"，就是脐下要稳，"后天之气要顺"，就是说呼吸自然、扩大肺活量。在这个基础上，练拳的时候只要全身放松，以腰为主带动四肢，整体会比较协调。一发劲，"哗"地一下就出去了，练拳有这个讲究。现在有些人练拳比较空，但也能收到效果。空虽然是不足，但是比不练强，你只要去练，就会起作用。

目前来看，杨氏太极拳在这方面要求就比较好一些，由个人单独练，进一步就是二人接触推手，不过太极拳推手一般"散打"比较少，不像其他的一些拳种在"散打"方面下功夫。推手基本都是以不伤人为主，点到为止。总的来说，太极拳发展的路子还是挺远的，目前参加的人数还在逐渐地增加，但我们希望更进一步。比如教学方面，过去主要在动作上教学，现在像杨军、杨斌，逐渐地由动作上的教学提升到理论教学，跟过去的教法稍有点不一样。从理论开始，结合动作去教，在外面也收到了一些效果，挺好的，他们也在改革、也在进步。

雷：您刚刚提到，即使练习的不太正确也能收到一定的益处，那以您教群众太极拳的经历来看，普通大众在练习太极拳的过程中最常见的错误都有哪些？

杨：教拳中间所谓要注意的，一般就是在动作中间不要"过了"。比如，在气的方面"努"气，这不利于身体的活动，所以希望他们在练拳、教拳的过程中注意这些东西，不要"努"，不要勉强，一切顺乎自然，太极拳这"辩证的"就是所谓"顺乎自然"。

雷：刚我们谈到了太极拳跟其他拳种的一些区别，那您认为杨氏太极拳跟其他流派的太极拳最大的区别在哪里？杨氏太极拳的特点是什么？

杨：我们每次在省里开展活动、举办太极拳比赛的时候，都要请来太极拳的各个流派，陈、杨、吴、武、孙这几个流派，都要请他们来的，互相观摩、互相学习。我从来也不去说这个如何、那个如何，反正各有各的特点。我们讲究劲在内含，发劲在内里头。陈氏的劲是直接发出来了。我感觉陈氏的发劲呢，不能说不好，但有的人能够承受，有的人承受不了，有的人一发劲，他心脏受不了。吴氏的，它是小巧的。反正我们组织活动的时候，都邀请他们来参加，你可以看的，你喜欢哪个你就练哪个。咱从来不说谁好谁坏，但一般来说，杨氏就是比较平稳。过去年轻人一般都好动，看武术都喜欢看比较激烈的，可他观赏可以，激烈的却不参加，因为他适应不了。太极拳流派各有所长，我总感觉是要取长补短。

目前来看，杨氏太极拳的大架也有改变。比如说，现在郑曼青是比较有名的，也是我父亲的徒弟，他的变革是什么呢？比如，我们这个掌要立，劲要贯穿四梢，整个都要协调，他那不是的，他讲究这个手看起来就跟美人手一样，讲究软的，所以他练拳都是软乎乎的，可有人就喜欢他这个。有人喜欢这个，就有人喜欢那个，各取所需吧，反正不会出毛病。杨氏太极拳多少还是讲究劲的，过去我接触过的学院当中有的就是病得浑身没力，到公园去都走不动，后来练拳，慢慢能练下来了，能够走动了，所以这都是由慢动作来的。当然了，锻炼都不是一朝一夕、一下子就完成的，都是慢慢才有了锻炼效果。通过太极拳锻炼，效果还是很不错，过去练太极拳的年轻人比较少，现在年轻人也多了。

5 "文革"时期的经历

雷："文化大革命"对您教拳有影响吗？

杨："文化大革命"开始的时候，也闹不清楚，在山西省，就是领导坐监狱了，我们成了什么"逍遥派"了。反正就是我们没事干，也不用上班。也就是那时候，我跟群众的接触就基本没有，没有接触的原因是领导打过招呼，说"你现在接触领导多，你每天随便进出领导的家里去教拳，现在社会上比较乱，你自己要注意啊"。所以我那个时候对外界就不太往来，跟群众有了一定距离。过去也有误解，说杨振铎只教领导、不教群众，这人架子很大。但是我并不是架子大，那个时候确实是这么个情况，领导他们是一个一个学的，早起、中午、下午、晚上，吃饭都不能回家吃，没有时间，我老伴儿做好饭以后把饭拿到人事局我那个办公的地方。

直到"文化大革命"后期了，大家没事都到公园去，到公园以后开始训练，那时候爱好者就到一块儿了。在公园这么一练拳，慢慢就跟群众有了接触，自己也感觉到有机会跟大家在一起了，就尽自己所能，尽力跟大家一块儿活动。再到后来，不是社会上兴这个成立组织嘛，我们也开始商量着要成立个组织，这样便于我们开展活动。所以搁那开始，我们十几个人一块成立了"杨氏太极拳研究会"，后来人慢慢多了，就感觉这"研究会"不合适了，"研究会"哪能有这么多人呢，就改成了"协会"。这改成协会，开展活动就比较好。那时候在山西太原能够开展活动的公园也就迎泽公园，它地方比较大，条件也比较好。人民公园小了一点；动物园那边后来也有个活动点，但那里环境不太好，所以那时候主要选择了迎泽公园，里面正好有个台子，我就站在台子上面开始教拳。

6 "上山下乡"期间的经历

雷："上山下乡"的时候，协会这边有武术知青吗？

杨："上山下乡"的时候，我经常带着几个学生就下乡了，到处开展太极拳活动。像晋东南、晋中很多县市都来回跑，矿区、阳泉、长治都去过。我们开展的还是挺像回事儿。

雷：那是协会自己组织的，还是省里安排的？

杨：协会组织的，协会联系好之后我们再去。后来到运城，他们体委说"我们这专职的还没有你们这么积极"。每次一下去，教拳都是三场，早上、中午、晚上，他们都很感动。在我们祖辈来说，是没有我们现在这种面儿的，祖辈们只是在北京那一隅之地，别的地方都没去过，但是我们今天不仅仅在国内，而且发展到了国外，特别是杨军在国外开展得还比较好，开展好多活动，组织好多外国人、好多个国家的聚到一块儿召开研讨会，而且获得了大奖，这也很不容易。总的来说，我们这个开展能够有今天，要没有群众的支持是不可能的。在山西的开展，要没有领导的支持更不行。

7 24式太极拳

雷：20世纪50年代，国家体委创编了如今普及程度非常高的24式简化太极拳，是以杨澄甫的拳架为蓝本的，就您了解的情况，请谈一谈这段历史。

杨：一般人呢，不管是不是练过功夫的，你一看杨澄甫的这个功架就觉得不一样，这个功架比较宽大，它体现出了一种精神面貌，所以国家体委出的24式简化太极拳就是以他的功架为蓝本编排的。在新加坡参加太极拳比赛的时候，是李天骥、李秉慈、我，我们三个人作为代表去的。比赛以后，李天骥老师表演了24式简化太极拳，李秉慈表演了吴氏太极拳，我表演杨氏太极拳。在这中间，李天骥老师就跟我说："杨老师，我对杨澄甫老师是非常崇拜的，我出这简化太极拳是尽量模仿他的。"现在从李天骥老师这24式的图像来看，我内心感觉还是不错的，但是毕竟跟我父亲还有一定距离，步法、身法是不一样的，如果按照我父亲的标准再衡量一下，那就有很多不足的地方。因为国家体委是比较权威的单位，所以24式公布以后，就全国开展了，24式太极拳的情况就是这样。

上篇 武术家口述史个人研究

第十一章 刘鸿雁教授口述史研究

时间：2015年5月12—13日。

地点：刘鸿雁教授家中（河北体育学院宿舍楼）。

采访：王培含　李文博；**摄像**：刘韬光；**文字整理**：李文博　刘韬光　李守培　郭发明。

受访者简历：

刘鸿雁，男，1940年生，河北省衡水市安平县白沙庄村人，教授，中国武术九段，国家体育总局武术研究院专家委员会委员，"中华武林百杰"之一。1968年毕业于河北师范学院，曾任河北省武术队领队兼教练，河北省体育运动学校副校长，河北体育学院副院长、纪委书记，河北省武术协会主席，河北省健身气功协会主席，河北省武术文化研究会副会长等职。2012年，荣获第10届"感恩杯"香港国际武术节"武术金龙"荣誉称号。著有《健康道》等书。

1 习武体会

王：在您的习武生涯当中，您认为习武的一些关键和诀窍是什么？

刘：要练武，终生苦。一年三百六十五天，天天都要自讨苦。你要说找别人比着练，这个成功不了。你必须发自内心地明白这个东西，知道这个东西对你的人生有多大价值。像我练武的时候，也是最困难的时候。我们弟兄4人，家里比较穷，为了节约就熬菜粥喝。中午剩下的两个菜饼，我们也不吃，就给弟兄们一人分半个。不像现在，什么都有，什么都吃够。我都是先喝粥，剩半个饼子不吃，为什么呢？找纸包上它，搁在麦秸垛里边，然后去练功。练了一晚上回来，饥肠辘辘，我就把剩下的半个饼子吃了，再喝粥，粥一碗一碗地喝。完了之后，我母亲说："粥不多了，你能不能少喝一点？剩下的搁上一点水喂小猪，要不小猪没吃的啊！"当时就这么困难。

那个时候学武，老师也不收学费，不像现在办校收学费。每逢过年的时候，你得去看看老师。人家买这个，买那个，有什么就拿什么。我说："娘，咱给老师送点什么？"我说咱家有酱，什么酱呢？黑豆，就是炒菜用的那种酱，那就给老师送点儿酱去吧！我就掇一碗酱，把那个菜叶也给老师送点。我在我师兄弟里边，家庭条件算比较差的。

这个关键是说，你把武术放在人生当中什么位置？你为什么放在这，你自己得体会。我只说我一生的爱好，一武术，二写诗。这个就是我的诗，我自己写的我自己，什么意思呢？你看这个"跑势犹如野马奔，斩浪飞鱼跃龙门。酒酣武风搏猛虎，诗挥壁上似龙吟"，这都是写的我个人情况。"跑势犹如野马奔"，跑地形式像野马奔。斩浪是什么，我每天下午去游泳，现在像我这样的，今年75岁，能够蝶泳50米的很少，我每天游2000米，这就是"斩浪飞鱼跃龙门"。"酒酣武风搏猛虎"，就是我喝醉了酒。我爱喝酒，每天中午和晚上都喝一点。我在武术界，在专家委员会也是有了名的，他们敢承认我是"酒仙"。他们有的也爱喝，就说，他们甘拜下风，你是这个（竖大拇指）。喝酒跟体质也有很大关系，体质好就能喝得住。"酒酣武风搏猛虎，诗挥壁上似龙吟。"我这诗挥洒在壁上，像龙抬头高叫一样。这是刘鸿雁的自鉴书，自己写的诗。

这个是我刚写的——飞龙，我是属龙的。我比较喜欢古籍，经典书。比如说《易经》，读了不知道多少遍了。略知一二吧，只能说略知一二。飞龙在天，这是乾卦第一卦。潜龙勿用，潜龙勿用就是龙在潜伏的时候，没有什么作为，它干嘛呢？它就得练功。简单地说，练功就是少年立德、中年立功、老年立言！你把德行习好了，把服务社会的本事学好了，你才能够为社会做出贡献，社会才能承认你。这就是飞龙，你就腾飞起来了。飞龙是我写的这个意思，也是写我自己的一点心情吧。

就我而言，第一就是武术，终身的，只要我能动，我不可能不动。将来你们都是研究生、博士生，也要选好一个拳种去练，终身受用，不能光利益至上，你要坚持。说到这，我就把武术之效说说，"强身壮魄、防身制敌、涵养道德、锻炼意志、调节感情、增长知识、完善人格、提升气质"。这是我一辈子的认识，我认为这是练习武术的效果。我把我这幅字拿出来也展示一下，这是我才写的一幅。我先给你们说说大概意思。这一幅应该说是天地人，过去、现在和未来，少年、青年、成年和老年，入世、出世和避世。我把这些方面规划出来，这都是我自己心里想的，有根据的，900多字。这是2015年春天写的。一开始人生就有3种不朽的境界：少年立德、中年立功、老年立言。你只有少年把德立好，中年才有本事给社会做贡献。老年的时候你如果没有作为，没有成就，你说话人家谁听呢？只有少年、中年的事你都做好了才能立言，把这个教给人家。然后就是志存高远，诸葛亮开始的时候"志当存高远，慕先贤，绝情欲，弃凝滞，使庶几之志，揭然有所存，恻然有所感；忍屈伸，去细碎，广咨问，除嫌吝，虽有淹留，何损于美趣，何患于不济。若志不强毅，意不慷慨，徒碌碌滞于俗，默默束于情，永窜伏于凡庸，不免于下流矣！"这就是他的一生。

现在我只能给你们讲入世，不能给你们讲避世，不能给你们讲出世。但是你们在将来，也要成为一个，简单地说，能以出世的精神办入世的事，这就是最棒的。你们没有出世的精神，好多事跟大家伙有利益相争，用出世的精神办入世的事业，你就会豁达很多，敞亮很多。后面就说这个"千古圣贤，不能免生死，不能管后事，一身从无中来，又归于无中去"。历史就是这样，但是像你们现在正是刚入世的时候，得全力以赴，把自己的聪明才干拿出来，做出几件事来。

王：您能给我们讲一些您习武期间的一些思想感悟吗？就是您的思想境界是怎么变化的？

刘：就我练武的体验来说，文武缺一岂道乎？文和武不能分开。我的看法是如果只练个三拳两腿，别的文化不修，思想上不去追求，用我的说法这就叫一介武夫，四肢发达，头脑简单。你们都属于文武兼修的人，我赞成这个。你看武术有武夫、武士、武侠，最高的是剑仙。为什么是剑？南京国术馆搞比赛，冠军奖个剑，亚军奖个刀，为什么冠军奖剑。你们看历史上的人物，有些文人也身配长剑，为什么呢？应该说剑代表一种精神，代表着正大光明，驱恶避邪。你看屈原"余幼好此奇服兮，年既老而不衰。带长铗之陆离兮，冠切云之崔嵬"。屈原是个三闾大夫，带着长剑，代表人格正大光明，驱恶避邪，是这个意思。

所以说，我主张文武兼修，这样你才有武功上的提高。武功上提高，为人的品格上和境界上才能提高，一步一步提高。过去说活到老做到老，做到老学到老。武术也是，活到老练到老，练到老学到老，直至你生命结束。你要一直提高自己。所以，中国武术，太好了！当然，我不贬低其他国家的东西，我只说我们国家这个东西太好了。但问题也有，就是因为武术博大精深，好多练的人抓不到根本和主流。武术是中华民族文化宝库中一颗璀璨的明珠，提到这个位置就是因为其博大精深。很多人练了一辈子没练明白，什么叫练明白，就是你自己亲自、亲身体会过，收获了武术的好处、练武人的好处，这算练明白了。

我昨天说了，强身壮魄，你练武术是不是强身了，魄力是不是提高了。防身之技，也有两下子吧。当然，我不是提倡说要怎么着，至少咱练了一辈子武术，你应该坚持正义。再说涵养道德，锻炼意志。你天天坚持练，就能锻炼意志。意志是人生事业之先驱。如果一个人有意志，用现在的话说叫超越自我。我很赞成这个，制定目标，超越自我。有次中国香港体育学院让我们参观他们的武术训练。参观过后，我就说人生要制定目标，超越自我。什么意思呢？制定目标就是需要我付出的时候，我再痛苦我也得坚持，这其实已经超越自我了。遇到困难碰回来了这不行。锻炼意志、调节感情、增长知识、完善人格，真正武术家的人格是完善的。什么叫完善人格，包括这些内容，待人接物方面不卑不亢，落落大方。不卑是你有东西，你身上有东西，肚子里有东西，你才不卑。你要是老跟在人家后边，人家的谈吐，人家的成绩，你想都想不到，你还怎么不卑。不亢是你要了解这个世界上人外有人，你了解的只是一小部分。落落大方是对自己的前途有信心。外柔而内刚，同流而不合污。这个很重要。外边跟谁我都合得来，不觉得咱有架子，和蔼可亲。但是你得有原则，人要外圆内方，这人要没有了原则不行。人就这么四种人，哪四种人呢，就是狂简、狷介、中道和这个乡愿。狂简就是总说大话、不细，不了解事情的具体内容就说这个不行、那个不行；乡愿就是什么都说好好好、是是是，跟谁说都行，这样也不行；狷介，狷介之士是什么呀，什么也挑剔，什么也不满，这个也不行；最好是中道，中道之人，就是要有自己的一套原则，只要是和自己这个方向不相悖，都要组织到自己这来，去努力。这个素心狷行，安于寂寞。素心是什么呀？你心老是长着草似的，踏实不下心来干事情，不行。狷行呢，狷介自守，不跟人同流合污，要有自己守的东西。

做人要百折不挠，自强不息，别遇到困难就回来了。站起来的次数永远比跌倒的次数要多一次。你遇到困难跌倒了，你得记着跌倒了我得爬起来，你们将来都有可能遇到这个。我爬起来比跌倒多一次就是英雄。你跌倒比爬起来次数多一次就是狗熊。简单地说，你们将来也会遇到很多困难，有的矛盾甚至会把你压垮。但你要记住，我要站起来，要用心，要奋斗。人有这个精神就压不垮，就怕没这个精神。从道不从君，这个也很重要。什么意思呢？比如我给你们上课，我谈出我的心声，你们年轻人来了我挺高兴。人要按照真理去做事，不要因为某人势力大，就随着他做事，不要这样。要深沉厚重，聪明才辩。深沉一点，想问题琢磨深一点，厚道一点。我认为这就是人格。你能够从武术的修炼当中，把自己的人格树立起来，这就是进步。再一个就是能够提高人的气质，那些性格软弱的人，如果真正的下功夫练武，会成为气质非常良好的人，这就是武术。我为什么说一人练一人强，举国练举国强？这是好东西，就怕你钻不进去，不去思考，就这么练几下子是不行的。你得去体会武术里面的那些好东西。

讲到这了，我得把这个讲一讲。武术作为中华民族传统文化宝库中一颗璀璨的明珠，博大精深，确实是这样。不是三拳两腿，弄一个套路，这是最初级的。武术也是一个文化系统里的大系统。比如，有次武术院的几个领导问我："中央电视台上也在解释这个武术，可到现在也没弄清什么是大武术，武术文化是什么。"这次在天津召开的首届全国武术运动大会。我说你想听听我的意见、见解是吧？我说的不一定准确，是自己琢磨的。我说首先得明确什么叫文化。文化是什么？人类创造的一切物质财富和精神财富之总和称为文化。我们为什么把战国时期的一个小陶片说是很贵重的文化，它是人类创造的物质财富。物质财富怎么创造的，是由精神创造的。什么叫精神创造的？你要不懂用什么泥，怎么和泥，和到什么程度，它能做出来么？再有就是，什么叫文化，自然的人文化就叫文化。野草不是文化，但是你把野草改成庄稼，就是文化，是这么个概念！咱们非物质文化不就是这个啊。

我们简单地说，我们能把自然的矿石变成洋灰搞建筑，这方法就是非物质文化。我说什么叫武术文化，武术文化就是我们老祖先几千年来一步一步总结的这些。要让我说就是老祖宗太聪明了。你看咱们武字，止戈为武。武术就是以止戈动作为基本内容的中华体育。这个有正义性，我练这个是为什么，学这个是为什么，为了制止战争才发展武术。你说光说攻防，攻防没有正义和非正义，是吧。但我们武术是止戈，是为了制止战争才做这个。当然现在是中华体育了，重点是中华体育，应该提倡。

如果咱们能大量、大规模地在国内外推广，当然就上层次了。不能说去了就教一套剑，教一套刀，咱得把武术文化里那些精华的东西一步一步学着提高。这是我的一个认识。再就是什么才算入武术门？有的练一辈子还没进门。练了一辈子，应该说他是个老拳师，但他没进门。我的看法是什么，不知书之六有者，你读了一辈子书也是糊涂的。不知拳之六有者，你练了一辈子武也没进门。你看书之六有，有理、有益、有误、有漏、有限、有缀，这是书。读书明理，开卷有益，这个你们都知道。但是有误，你要清楚这个，误是错误。孔老夫子说尽信书则不如无书，毛泽东说反对本本主义。有漏，漏是什么，与有肝胆人共事，从无字句处读书。有限，书不能尽其言，言不能尽其意。书写得再详细，不能把话都写上，你说话说得再详细，也不能完全表达你的意思。所以就得会读书。会读什么，你得知道书的六有。

你搞武术，你也得知道武之六有，武的六有是什么？有道、有术、有益、有误、有漏、有限，这是规律。武术是有规律的，这就是道。有术，就是具体的技术。有益就是提高自己得到的，我之前说的武术之效那几条，你得到了，这就是益。再一个，你要知道有限。有的人，如果你创造的这个东西确实科学且有益于健康、健身，那是好的。但是有的不是很规范，那就不要再推广了。我在专家委员会开会时就谈过这一观点。有的人可能会不太高兴，就是你弄得那个东西符合规矩才是科学，能让人受益这才是好的。再一个就是武术"百花园"里有如此繁杂的拳种，20世纪80年代挖整出来的就有129个，光河北省就有52个到53个。河北是全国武术拳种的大省，你看通背、劈挂、戳脚、翻子、鹰爪翻子、孙式太极拳，这都是河北的。但是你们怎么看武术"百花园"里的这些东西，这对武术界、武术家们也很重要。不同的拳种，其根本区别在于劲道的不同。劲道，劲儿大小的那个劲儿。你得把这个劲道弄清楚，然后再去考虑各个拳种，什么叫劲道，就是武术。

接着把这点谈完，咱得弄清楚一个拳种劲道的区别在什么地方？什么叫劲道要弄清楚。因为武术不同于舞蹈、戏剧、杂技，每一个动作都有它的力点、力向、力源、力迹、力质，这5个要素构成劲道。简单地说，武术区别于舞蹈、戏剧等的地方在于每个动作要打什么地方，你那个劲儿从哪发出来？力的方向，因为力是个矢量，不是标量。你看看通背拳和劈挂留下的力迹、痕迹，特别是通背，圆；这个短拳是一直线。直是先柔后刚，这些东西构成劲道。劲道我们是用这个。你说百花园中的花是怎么分辨的？就是形状、气味、颜色这三项，桃花、月季、牡丹不就是这么分的吗？武术园里面的"百花"，各个拳种就是由劲道区分。你进了这个园，知道有百花，也就是什么拳种了，但要摘这个果很难。有这么几个要素，首先从技术层面来说，是会、对、好、巧、妙、绝6个台阶。先跟着老师学会了，会了对不对，是那个劲道不是？对了再练功夫。好、巧，练得妙，练到绝，绝是什么呢？全国冠军，特别是现在有些高难度动作，行家一出手，便知有没有，你就能看出谁是好功夫来了。

身法和精气神统一到什么程度，就能看出练到哪个层面了。从技术层面上，会、对、好、巧、妙、绝。这个怎么达到？是功夫！中国香港出了本《功夫》杂志，人家给我寄来了不少。什么是功夫？按照我的考虑，首先是时间、方法、条件、素质的综合。你用的时间再多，方法不对也不行。时间、精力、体力、方法、条件和素质的综合，6个要素。包括你们将来在某些方面出成果、出成绩，都要下功夫。我练功的时候也是这样，成天走路的时候也琢磨，甚至一边走着就练起来了。尤其年轻的时候，要钻到里面去。专注的时候能做到视而不见，听而不闻，食而不知其味，精神都集中在里面。人家练的时候功架下得很深，你练的时候高高的，这就不行。时间、精力、体力、方法，你那个方法对不对？不一样的。当然还有个人素质。前面说了，精力、体力、时间、方法、条件都一样，但是个人素质不一样，出来的成绩也不一样。功夫的要素就是这些，这是我的体会。

2 省队工作经历

王：您在河北武术队担任领队的时候，当时这个队的成绩好像是倒数第14名，后来您采取了哪些管理措施或训练方法，最后能快速地跃居到榜首？

刘：在专业队，谁能把成绩搞上去，谁就是这个（竖大拇指）。你再有能耐，可成绩上不去，证明你不行。所以，我不管教练们多么有分歧，但我担任领队的时候，一定要把大家凝聚在一起，包括对我有意见的人。我当时施行的是多年以后大学才使用的方法，就是综合分数制。什么叫综合分数制？把运动员这一年的每一天都编成分。比如，一堂训练课你做好得几分，你文化课学好得几分。比如老师告你状，就要减几分。这堂训练课教练不满意，提出你对抗教练，我给你减几分。在全国比赛或者表演中，上一个项目得几分。全国比赛拿到第八名几分，拿到冠军几分。每一年年末的时候我给家长写信告诉他们，这个学生在队里属于什么等级。

再一个就是，那时候会有出国任务。在各个队里抽选队员，国家体委组织的出国表演也如此，入团要先看谁分数高。我有一个大单子，还有一个底账，你可以看到你在队里表现处于什么位置。但我这个方法，后来遭到了体委领导的批评。当时这个潮流跟我所施行的不太一样，说这是我不想做政治工作才弄的这一套。就批评我的方法，但不管你怎么批评，反正我把成绩给搞上去了。这套管理方法确实起作用。多数人都比着练，三个整套非得练四个，比着上，不光是要取得这个小分，他还想着将来能达到什么程度。我可以出国，我可以有优待，而且每年向家长汇报，这是最重要的。

我认为这个方法，虽然当时大形势没那个气氛，唯独我弄了这个方法，我觉得很有作用。当时你要光靠人治、人管那是不行的。"文革"刚结束，谁会听你的。特别是我，我的困难更大。训练上我是业余的，在这个专业队有的运动员就看不起你。所以不是我管你，是用这个方法管你。你看不起我可以，但是你不按照这个方法办，你不努力，你的目的达不到。你想找我给你改成绩，再给你家长看，没门。每一年，反正我分几个等级，你属于优秀，属于良好，属于刚及格，属于不及格。你有问题就属于不及格呗，打架把人家手指头给撞下来了。我就说了，我不打你，也不管你，回去了有人管你。曾经有队员回去了，爹娘按着打屁股，下学期来了表现特别好，原来是回去挨揍了。

李：您再和我们讲讲，您在执教期间和队员、教练有哪些轶闻和趣事啊？

刘：我是这样啊！因为我深知在体工队、专业队，你没有成绩，再说你怎么能，那没有用。要拿成绩你就得忍辱负重。我可以这样讲，比如，有时表演会有一点报酬。当时包括我在内有3个人，两个教练加上我领队兼教练，一个人管账，一个人管现金。到年终奖励，他们都是拿大头，我拿他们的一半。我是领队兼教练，所有事情都是我操作，拿奖金我拿的最低，不拿高的，这是之一。再一个就是不管这个教练对我怎么样，反正我得调动你的积极性，光我努力那是不行的，积极性怎么调动？每年我都要给他们教练门上贴对联，也是体工队独一无二的，人们就笑话我。你听这个算是奇闻怪事吧！上联是对今年工作的总结，我把他今年这几件事概括成一个联，下联指出新一年的方向。体工队当时是和天津队，还有好几个队都住在一个楼上，都说这个老刘真有奇招，年年给教练贴对联。我自己买纸自己写，自己写了自己贴。

为什么后来把我选去体校当副校长呢？当时好几十号人呢！怎么选你呢？就是因为我这个方法，我不跟你们置气。有的教练说回家有老人，我拿我的钱给他们买礼物。作为一个领导，那时候领导也只能这样，就是给你服务好。你把你的精神在工作上发挥好，团结一致。这个就是求同存异！那里头矛盾很多，但是在我的团结下没出什么大事儿，而且成绩是一步步上升。那时候有的教练师范大学要他，要走，我说你要走，你会后悔的。咱们已经弄了这么多年了，一步步在进步，估计很快就要出成绩，你在这种情况下你要走就走，反正我是挽留你了，你要想走就走。后来听了我的话，结果两年就拿团体冠军了。怎么样？有预见吧？包括外面很有名的教练，说你们河北队根本不行，我说怎么样？咱们最了解自己，咱们别不自信。这就是当时的情况，也够典型的。

再一个就是那时候省里面对体育很重视。一开冬训大会，几位省委常委都来体育馆，全体运动员、教练员在一块搞冬训大会。省委常委，12个人坐在前面，运动员、教练员几百人在这房馆里、看台上，把有名的教练请到前边去，我那时候没名，只能坐在群众席上。说征求大家的意见，没有发言的。

我说我有话说，我在群众席上呢，马上拿来那个喇叭，我说我不用，我说我发言声音比较洪亮，不用喇叭，那时候就讲什么呢？这个武术处于低潮，咱们武术队原来在二层上，现在降到下边来，下边的场地小。我对这个很不满，我就说我有看法，来了一通议论，这个对体育界影响很深，对河北体育界啊！这个人刚一来，就站起来讲话，我说古人有一句话，"夏则资皮，冬则资缔，旱则资舟，水则资车"。明白这几句话不？善于做买卖的人，夏天准备冬天用的皮子。到了冬天，他就准备夏天用的纱布，夏天穿的纱布。旱的时候就准备船，等涝的时候他就准备旱用的车。引用这个干嘛呢？我说，我估计武术很快就能热起来，不能把武术看成是表演项目。

但是比赛项目是省里面拿钱，各方面都很支持。你要是表演项目，全运会不能挣分，你就等于没有地位，不支持你。所以他们一看没列入，国家体委的全运会，当时是第三届，没列成比赛项目，河北省就要砍这个项目。结果怎么着，让我顶住了。省里领导一句话，就去支持了。很快我们就上去了。他们别的好多队，包括好多省队都解散了，我们则蒸蒸日上！为什么后来我们成绩这么好？就是那时候没泄劲，这也是很典型的事！我上体校当副校长去了，那些教练们说，当时看你在那一个人讲话，武术不但能坚持，而且一定要冲出亚洲，走向世界。那时候我讲的，走向世界。体校里头都是以教练为主，他们印象深刻，这个也算是个事儿吧。

李：咱不仅在管理上这么优秀，在这个训练方法上是不是也都是有所改进啊？

刘：我的训练方法就是首先抓基本功，我第一批带的15个运动员，包括徐向东、李彦龙。我寻思就是抓基本功，腿功、腰功、背功、桩功，狠抓这4大基本功。大概那时候他们还是少年。我重点放在抓基本功上，大概百分之六七十的精力抓基本功。弹跳、速度、柔韧，抓这个，基本功抓好了，上得就很快。再一个就是，全国比赛的套路早点编。编了以后不要变。有的队失败就是因为到了那一看不行又临时改，这个不行。要早早地把全国比赛用的套路编好，编好了以后一直练，到后头就是整套练。多练整套，很少失误。这是我的整个思路。我灌输的思想是到比赛前不要再改动作了。因为改了，队员在心理上觉着不舒服，大概是这样吧。

3 河北体育学院工作经历

王：无规矩不成方圆！在当时比较模糊的一些管理机制下，您率先提出来赏罚分明的制度，效果很明显。然后您调到河北体院做副院长的时候，河北体院武术教育管理的情况是怎样的？

刘：我当时做副院长，管着纪检、财务、后勤。那时候就我们3个人。院长只管教学科研这一块，其他的都是我管，但是当时我还得上课。后来就成立武术系了，他们现在也有二十几个人了，现在学校也比较重视这个，现任院长也重视。我觉得在体工队的时候，24个队中反映最好的，文化课老师表扬最多的就是武术队。我不是光负责，你把成绩搞上去，不仅如此，我是为我的学生考虑，即便他不练武了，他也有文化，将来在社会上能够办事，我是一直保证这个。所以说，你文化课不行，也不努力，我回来就饶不了你。一个是分数上，一个是我管得比较严。你要是没点儿文化，你走向社会肯定不行，所以他们都很尊重我。我七十大寿的时候，你看照片，来了好多好多人，北京的、广东的、国外的。首先是立人，把人的品质要端正起来，在社会上能受欢迎，这个人正派。

李：我还想再了解一下，咱们组建河北体院的时候，您一开始是不是遇到了很多困难，开始时是怎么样的？

刘：对，一开始我说了，河北体院是在体校的基础上来建，所以教学楼建了7500平方米。那时候是20世纪70年代初，要建这么个大楼还是很有难度的。河北省体委、河北省教委、河北省计委（计划委员会）三家出的文件。河北体校当时的情况已经具备建立体育学院的条件了，要求国家教委给予批准。我和体委的一位处长来跑这个事，国家教委批准了以后，就把师院、师大和体工队这几家合在一起。因为当时不健全，就开始建班子，然后一年给了57万，包括教师的工资，非常困难。我管的那一段，从1986年到1996年，我管了10年。管行政、后勤、财务、纪检这几项，比较困难。但也这么过来了，没出什么事。一个很重要的条件，我自己不伸手，我自己也不贪不占。

我退休的时候，我们书记召集了一个大场合的会，也有点展示作用，就说刘鸿雁同志退休是光荣退休，刘鸿雁同志退休画上了一个金光闪闪的圆满大句号。说这话不容易啊。我不贪，心里踏实，在学校，工作工资之外的，我不多沾。我管着食堂那么多东西，我不拿一分、一个馒头，我也不上那去混饭，一切严格要求自己，我觉着这个太重要。到我退下来的时候，有这样的评价，我眼里面快掉眼泪了，这证明组织上了解你。当然了，遇到问题你得拿出办法来，没办法不行。你看现在我儿子是体院的常委，也是厅局级干部，我经常给他灌输这个思想。一是你管几件事，这几件事最高的目标是什么，你得清楚。达到这个目标需要几个条件，你得清楚。再有一个就是最坏的结果可能是什么，你怎么杜绝最坏的结果？这个你脑袋瓜子里都得装着。你作为一个领导，这些事如果不清楚，那肯定要出事。所以我这么多年，我管的这个，没出过什么出格的事。我给我下面的处长们也说，如果工作你们是按照我说的去办了，出了任何问题我负责任，你就往我身上推就行。如果我讲的这些事，有的处长没有具体管，你们伸手人家抓住你了，我不但不给你说好话，我应该会赞成严肃处理。如果我要有那些情况，你们可以揭发我。这样你对下面又爱护，又经常提醒，所以我在任的时候这个也没有出事，这就圆满了。要有一个出了事儿的，就是违纪违法，处理了你心里也不痛快啊，毕竟在你手下做事。所以我一直是不厌其烦地讲这些事。不要说讲一次就行了，到了关键时候，特别是知道要出事的时候，要讲在前面。这是我多年来一点粗浅的体会吧！

4 武术挖掘整理

李：刘老师，还有武术挖掘整理这一方面，河北省当时做得非常优秀，您能不能讲讲这个过程，比如说，挖掘思路怎么建立的，过程是怎么样的？

刘：当时挖整的时候，挂帅的是我的前任主席，我是秘书长。当时先做动员，我是召集人，我还得下到县里。比如说涉县、武安就是我组织的，去了以后找老拳师们，也是像现在访谈一样，但那时候没有这些设备，口传身授吧，就是问这个拳种，它的来龙去脉、历史现状、内容等，就是这些东西，有什么东西可以写下来，写下来以后给你记上，就是这样，咱们省做得很好。应该说很好，在全国来说，受到表扬了嘛！

5 不同时期的武术发展情况

王：刘老师，个人武术史这一块就结束了，还有一个专题武术史。包括"镇压反革命"运动，"反右"运动，以及"大跃进""四清""文化大革命"。按这个历史时间来划分的不同阶段，请您分别给我们谈谈不同时期的武术发展情况？

刘：这么说吧，在"镇反"的时候我还是小孩，就是20世纪50年代那时候，知道"镇压反革命"。你看别的地方，反对练武术，就是把器械收了，我们那没有。我们那个村是几个县交界的地方，可能政治上的事不会这么快传到那个地方。1959年的"反右"，我就已经离开了学校，后来都是我自己干的。从上初中、高中，都是我自己练。到了高中，我还带了一批同学徒弟，同学看着我这个好，大概不到10个人吧，经常跟着我练，我就把我会的教给他们，后来还真受益了，好多人真受益了。有的学的是中医，到现在也练。见了面感谢找一辈子。

前几年，我去了一趟海南岛，那也有一个同学，是高中同班同学，就是我徒弟，上那去教他们。我不保守，但你们要下功夫，你们能超过我最好。你们超不过，那是你们下不了这么大的功夫。到了"文革"，期间上大学，那时候1966年吧，我1965年就是党员了。"文化大革命"期间，我不胡作非为。找我打老师，找我抄家，这事儿我不干。我成立了一个"继往开来"战斗队，在我的掌控之中不干坏事，不参加械斗，说让我吸收到什么单位，让我做什么，我不做这个，我就是听党的政策，学习政策，宣传党的政策。我不了解的人，上去给人一耳光子，那事我不干。你们不了解，那时候真是有这样的。老师教了半天，搞"四清"、细线条"四清"、粗线条"四清"。我是在这个中哈友好公社，就是北京的怀柔县，细线条到临漳县搞，全学校上那去搞"四清"。

在"四清"前线上，凡是能当队长的都是县委常务一级的，但也在学生当中提了几个人，其中有我，担任工作队副队长，到现在我还留着认证书呢。学生当这个的就那几个人,要求回来参加"文革",我们都回来了。"文革"当中,我基本也是每天早上练功,没人干涉。该开会开会,该学习学习,我没受过影响。一到礼拜天就到地坛公园,我们学校挨着地坛,我是队长,组织几个人去那里比赛。那时候简单,没什么场地,在地坛公园的大树下开始比赛,你练一套我练一套。

王:老师,根据您的经历,"文革"时候的武术开展环境应该还是很宽松的。

刘:我只能说我感受的。当时北京市,1963年、1964年、1965年这三年我去了,搞了3年的首都大学生武术比赛,我都参加了。在我们队里我的成绩、水平算是最好的,但那时候看到北京体院在一起表演,我虽然是业余的,但我也向那方面努力。我觉得"文革"时期我没受到什么影响。当然,"镇反"时期,在全国范围内我听说收缴器械、镇压的有好多。穷文富武,过去那些富裕的家庭,有问题的家庭,练武的不少,都多少遇到过这种情况。

王:"文革"期间应该没有武术比赛了吧?
刘:没有,"文革"期间没有武术比赛。1966年就开始了,1966年6月开始"文革"了。"文革"你们没经过,是个很奇怪的事情。

王:就是说虽然您没有受到影响,但是对于武术来说还是受到影响了吧?
刘:那是肯定。我自己锻炼,天天练,也从来没有想过将来我练好了武术,当个武术教练,没有这个想法。这是命运把我推到了这,我练习武术一辈子,就是为了强身壮魄,防身制敌,目的比较明确。当时要说以后当成职业,没想过。这是历史把我推到这来了,咱就一辈子搞了这个,自己喜欢,很简单。

王:"文革"期间,您身边有没有一些拳师受到压迫的情况?
刘:没有,"文革"时期我基本就是在大学了。

王：大学的话，情况相对来说还是比较好的。

刘：是，"文革"期间，我们武术队基本上没怎么受过影响。到了下午他们都来这练，该参加运动就参加运动去。"文革"以后，我练得这一身又是能表演的项目，挺好。

王：那时候好像还有"上山下乡"活动，您参加了吗？

刘："上山下乡"就是我们分配的时候，有一批到部队去，我是党员，我当时就要求去。1967年，我该分配了，结果拖到1968年，就是因为"文革"。我实际上在北京待了5年，在北京的大学里头待了5年。我写申请说要到最艰苦的地方去，到农村去，到边远去，当时党员就会安排比较重要一点的地方吧，我的第一站分到了冀县。

王：这个之前也听您谈过，好像您到那边之后还在当地表演过武术。

刘：经常表演，欢迎大会的时候我就表演。当时冀县中学有个车把我送到田村，我想着总要有个食堂，有人做饭吧。到了之后哪有食堂，一个老师正在自己做饭。我说你在自己做饭呢？他说可不，自己做饭，各人做各人的。所以，当时我在那艰苦得很呢。给的面我就天天吃粥，一个人自己做饭。当时管着一个高中班，什么都教，一个高中70号人。我是当时学校革委会的一个副主任。我自己做饭吃，自己上一个高中班的课，当时还被评为全县的标杆，标杆就是办得好。

王：改革开放之后，武术的发展是怎样的情况？

刘：改革开放以后，我个人感觉武术发展太快了。举个例子，我在河北武术队的时候，就我们师大的一个人，两个教练。现在是武管中心，河北省的武管中心。一个主任，一个副主任，下面有办公室、竞赛处、开发处、竞赛科、办公室，工作人员，教练是班子的，现在是这个配置，可见发展太快了。他们现在一个大场馆一个队用着，6块场地。另外就是我原先在的时候，两层小楼都归散打队，一栋小楼一个馆。具体我不清楚，但是这几个人都是我的学生。以前都在全国拿过成绩的，当时已经有初级框架了，我们那时领队就是科长。是大发展啊，开放以后武术又有跨越式的大发展。

6 竞技武术发展情况

王：竞技武术的形成和发展您觉得是一个怎么样的过程？

刘：竞技武术主要是从20世纪70年代初建立专业队，逐渐发展起来的，中间虽然有点小波折。包括现在，全运会多少块金牌，下面都看着这个，谁的金牌多省里面就重视谁，谁的金牌少了省里面就不重视。我从70年代初，河北省比赛我担任总裁判长，后来担任全国比赛的裁判员、裁判长、副裁判长、总裁判长，已经不计其数了。现在从设备上讲，就是硬件设备，与当年不可同日而语啊，包括各个省队的服装、器材，运动员、教练员待遇都提高很多。

王：您刚做裁判的时候，那时候竞技武术服装、器械，包括技术上跟现在比起来？

刘：我在1974年就是河北省运动会的总裁判长。从那年开始，服装没有统一要求，器械也没有那么鲜明的规定。虽然反对估分加重点错误扣分，但是实际上是这样执行的，一看这个运动员属于什么水平，估算如果有严重错误，在这个水平上扣多少分，基本上是这样的。不像现在，表演分、难度分，这会更先进，更接近奥运会的规则，就是这个情况。

7 武术家生活状态、社会责任和精神境界

王：在不同的历史时期，武术对您的生活状态、社会责任和精神境界分别产生了什么影响？可以分开讲，就是不同时期武术对您的生活状态，对平常的生活有什么影响？包括您的精神面貌，精气神，对您的日常生活有什么影响。

刘：可以这么说，如果让我概括我自己的话，我一直是在追求。我已经退休15年了，但我每天早上不睡懒觉，基本上每天早上出早操，上午学习，很少看电视，下午去游泳，晚上老两口练练气功，非常规律。

"镇反"的时候，我那时年岁小。"反右"的时候，我个人感觉对我练武没有什么影响。我一直是追求什么呢，反正那时候是学生，我得好好锻炼，好好学习。不是为了当教练，是为了把身体锻炼好、学习好。从个人上来讲，将来要有点志气，做点事，不是说从国家来说，就是从个人来说要积蓄点知识，将来为国家做点事情，自己能实现自己的愿望。所以，"文革"期间，我也没受什么影响，我觉得我精神上一直是健康向上发展的。没有说搞什么运动。

后来到"文革"中的整治，我没有整人，也没人整我。我是红卫兵。首都第七传联大队我也是个头，当时去了277个人。第一站是合肥，我那时候还是红卫兵的头，我不搞打砸抢，不让学生和我的队员去搞那些无谓的。我一直是这个思想，稳当当的，不搞自己拿不准的事。首先，我工作了以后，要说很艰苦，1968年被分到冀县，又被分到田村，村里头自己做饭，自己教一个高中班，自己还天天抽出时间练武。那时已经30多岁了，要不是坚持练，达不到那个水平。别人看不见你，可能就在农村教一辈子书了。但是教书我也挺乐观，天天练日日教，没想到，去省里边当领队兼教练了。也没想到去体校当副校长，后来又到专家委员会，挺满足了。教授，副厅级干部，虽然不如人家钱多，但也挺好。通知我去北京开会，要评我当武术院专家，我感觉一直是兢兢业业的。包括退了休，先搞好身体，该学的学，去年还到武汉体院和国家电影电视广播总局培训中心讲了两场。需要我讲我就讲，觉着我这块材料有用你们就去用就行了。在我一生当中，没有什么跌倒的。有困难解决，只要解决了就行了，我就这么一个想法。

王：您能再稍微详细地讲解一下吗？就是不同时期，武术给您带来的社会责任和精神境界上的一些变化。

刘：练这个啊，君子谦谦自强不息。君子谦谦自强不息是什么啊？就是你作为一个人，应该永远向上。说起刚才那几次政治运动、社会运动，都不能说是我消沉的时候。根据当时的情况，一直向上，去追求。包括自强，身体的自强，知识的丰富，工作经验的积累，事业上一点一滴积累，一点一滴的做。当然有苦闷，苦闷很难解决。怎么说呢，慢慢来，分析着解决，包括这些"三反""五反"，政府"反右"，"文革"当中我一直是这样。没有说低潮，受过什么冲击，一蹶不振，没有这个时候，一辈子没这个时候。

第十二章　袁祖谋先生口述史研究

时间：2015年7月28日。

地点：上海体育学院武术学院中国武术研究中心。

采访：王培含　杨亮斌；**摄像**：王琨；**文字整理**：郭发明　王琨　李守培　刘韬光。

受访者简历：

袁祖谋，男，1940年生，江苏省宝应县人，祖籍上海，旅法华人。曾任法国参议院工作人员文化体育协会太极拳教练、上海市摔跤队教练、法国太极拳协会副主席、国际手搏联合会主席。14岁起练中国式摔跤，高中毕业后考入上海体育学院继续深造，对中国式摔跤的技术、训练知识都很有造诣。早年曾获得全国古典式摔跤的桂冠，并获得"运动健将"称号。1985年到法国后，在巴黎积极推广中国式摔跤和太极拳，得到前巴黎市长希拉克和市政府的支持，至今已成功组织了十一届"巴黎市长杯"中国式摔跤国际邀请赛。在西班牙、意大利、瑞士、摩洛哥、阿尔及利亚等地定期举办学习班，向当地学生教授技艺。

1 摔跤项目在海外的开展

王：您在法国教授中国式摔跤的起步阶段，是怎样进行教学的？对于国内与国外，您在教学方法、教学理念上是否有区别？

袁：刚开始去的时候，我有条件教他们国际式摔跤，也可以教柔道，这些都学过，但是那时候在国外，内心里想的就是胸怀祖国、放眼世界，就想到祖国，所以还是想搞国内的东西，当时也因为受到武术热的影响，就开始搞中国式摔跤。那么我开始的时候,是先找了几个中国的小孩子,让中国小孩子练了中国跤以后出去表演。表演完就有很多人来跟我上课,也有人就邀请我去马赛教学习班,上课教学还是按照中国跤的形式。

中国式摔跤那时候在法国还是比较新鲜的项目,很吸引人。我的学生里面有一个中国小孩子,才17岁,一个90多公斤的老外摔不过他。这个老外是柔道四段,四段是比较高的水平了,而且年纪很轻。他第一次到我的体育馆来,摔不过我那个学生。第二次来,还是摔不过,他就觉得还是中国跤比较好。后来他的一个学生也过来了,这两个小孩子跟我练了一两年,基本就有点样了。但是那时候学生总是不太多,练一段时间总有学生离开,因为这个抓把、捅把对手指尖不好,所以学生渐渐少了。我就开始结合一些拳打脚踢教学,这样容易吸引年轻人来参加,也能吸引一些练其他项目的人来参加。其中就有两个散打运动员,他们参加新加坡的散打比赛获得冠军以后谈比赛的体会,就说是跟我练习了中国跤的原因。之后就有很多练散打的人跟我练习摔跤。但是我那时候总觉得中国跤在法国还是搞得不大。这个项目做了一半的时候,法国搞了一个散打比赛,我教的几个摔跤的学生参加四个级别的比赛,赢了三个级别,输的那个级别的学生,因为体重差别比较大,但是没关系,赢了三个也挺好。

所以我这个摔跤在法国散打界还是有名的,但是我不想参加散打,还是想一心一意搞摔跤。后来北京申奥成功以后,我就把摔跤结合散打逐渐地变成手搏了,就是这样一个情况。现在就是说,法国散打比赛,我们这个摔跤也很希望比赛,我们还占优势的,所以我教的小孩子们参加散打比赛拿了冠军以后,他就不去练散打,练摔跤了。现在把这个摔跤和散打结合起来形成手搏,更符合他们理想的想法了。

王:2004年胡锦涛主席访问法国,您当时也出席了访问活动,您还记得当时的经历吗?

袁:是这样的,当时胡锦涛主席去法国正好是为了文化年的事情,我把武术也变成了文化年的活动。之前有一个情况就是法国参议院的公园——卢森堡公园,在公园里打太极拳,人家很反对的,不让练,尤其是有些动作跟法国的文化不太相合,还有人在练剑,公园也不让练剑,所以禁止。我在法国参议院做教练以后，就产生一个想法，是不是在这个卢森堡公园搞一个太极拳活动，让打太极拳的人在星期天搞一个太极拳活动，交流交流，弘扬太极拳。

我那时有两个学生起了主要作用，一个法国参议院开会时负责记录的记录员，这个老太太是很有权威的，她不属于参议员的工作人员。还有一个法国仪仗队的队长，我说我准备在卢森堡搞太极拳的活动，他们两个就把我这个报告交上去了。后来这个事情闯祸了，上面的一个专门负责提案的官员找我，他说"你为什么要组织这个活动"，我说"太极拳是我们中国一个民族传统体育运动，早上在公园打拳是我们的一个文化"。他说"卢森堡公园是法国的一个典型文化场所，你们有中国人的文化，我们有法国人的文化，我们不允许你影响我们这个"。他还专门开了会，把我们几个干部找去，说在公园里不让练拳。他还说有一个人写信到总统府去了，说卢森堡公园里打太极拳、练剑，很危险，他拿材料给我看。我说我们可以集中起来练。他说："现在我看这两位，一个是仪仗队队长，一个在参议院工作，看在这两个人的面子上，给你组织一次，但是不能有第二次，这个活动也不能上报纸、不能上电视。"到那天就在公园门上挂一个小纸条，就说我们在那个地方打太极拳。结果，我第一次搞得很成功，20几个队，还请了一个中国太极拳老师。后来文化年我又提出这个事情，他们刚开始反对，后来还是做成了。

实际上，法国跟中国筹备文化年的时候，没有人主动去争取体育运动这件事情，所以文化年已经基本组织好了，但是没人提武术、太极拳，我就向大使馆说这个事情。他说这个文化年在3年前就已经定下来了，国内也没提武术。那么我就找人帮忙，联系了法国参议院的一个参议员，他说："如果你想搞的话，中国方面没有意见，我们也就没有意见。"他说了以后我就马上回到大使馆去问，大使馆说："这是好事情啊，如果法国同意，我们也同意，但是有一件事情要跟你声明一下，就是文化年在3年之前已经定下来了，我们没什么新的经费，但是我们支持你的工作。"这样，在这个文化年，我就把武术项目做成了文化年的教育活动，也请了中国摔跤队来支持，整个巴黎的乡村彩妆大游行，中国派了很多艺术家去游行，至于太极拳、摔跤，就是我和法国人，印象很深，就这样我们也出席了文化年的活动。

2 摔跤国际赛事的创办历程

王：袁老师您在法国创立了两年一届的"巴黎市长杯"中国式摔跤国际邀请赛，当时创办这个赛事的原因和经历，请您介绍一下。

袁：创办这个赛事的时候是20世纪90年代初。一方面，西方当时正值功夫热，我看他们练功夫的人不会摔跤，再一想中国式摔跤在国内是好项目，而且我身在国外，也是胸怀祖国，那么我就搞中国式摔跤。另一方面，国内当时把中国式摔跤从全运会里取消了，就是从第七届全运会开始，中国式摔跤不再办了。我就想中国式摔跤已经在国外搞起来了，是不是应该在国外搞一个邀请赛。那时候我已经在法国参议院工作人员文体协会当教练了，就把这个想法跟协会的主席探讨了一下，以巴黎市市长的名义搞这个摔跤比赛，他说："这没有问题，我给你打个报告，因为参议院工作人员文体协会以市长名义搞摔跤比赛正好名正言顺。"所以一方面是巴黎市政府支持这个赛事，另一方面欧洲和北非的一些国家也已经有中国跤了，有了这样两个条件，"巴黎市长杯"就搞起来了。

第一届还没有中国队参加。到第二届的时候，大使馆的人跟我说中国要来参加，我说中国的人员能来参加是最好的，至少说明这个赛事在国内得到认同了。但是临近比赛的时候，大使馆又告诉我中国队不能来参加了，我就问为什么，既然说了要来参加，比赛前又不来了，也要给巴黎市说明为什么不能来参加。当时大使馆的文化参赞跟我说："老袁，他们是想来的，但是这个项目在国内不属于奥运会项目，他们没有经费来参加，如果你能够提供一些经费，还是能够争取中国队来参加的。"说实在的，我是依靠教拳的收入来生活的，提供这个经费也很困难。巴黎市政府支持这个赛事，但不提供经费，只提供场地和奖杯，那我就只能咬咬牙、想办法出这个经费了。当时中国队要来一个领队、一个教练、两个运动员。后来，国家体委的副主任袁伟民同志很负责，说袁祖谋能出经费让中国队去参加比赛，他们很感动，就说再从其他地方调两名运动员，体委拨6个人的参赛经费，所以中国队第一次来参加这个比赛是6个人，我很感动。

3 手搏项目的创立历程

王：您在1999年将中国式摔跤和散打糅合在一起，创立了手搏运动，您能详细介绍一下吗？

袁：当时电视台要进行表演，表演的时候正好是武术热。我就想，纯粹的中国摔跤也不是很好看，把这个摔打结合起来更好看，借这个观赏性的节目，把它结合起来。以往的想法虽然是中国跤比较好，但是法国的柔道是世界第一，比中国还好，所以只表演中国跤没有什么太大的特殊感。当时正好是散打也在开展，中国散打在开始摸索的时候，我在体工队，上海散打就是在体工队。当时我看的时候就像拳击，跟我们中国的这个技术也不太相符，就是在脑子里有个印象。就想中国摔跤跟散打结合起来是什么样，所以叫我表演的时候，我就分了一个中国式摔跤表演、一个基本功表演。以摔跤为中国武术的一个表演主题，这个"打"就挺重要的。那么表演的时候，电视台的转播是实况转播，电视台还找了两个日本人，日本的这两个人也是日本武术的专家，表演都是由法国人来鉴赏。表演以后，就说中国的袁祖谋老师介绍这个中国式摔跤，跟拳打脚踢结合起来，是非常特别的。电视主办方也说："看他们这个摔跤表演，虽然是一个表演，但是动作还是非常符合逻辑的。"这个表演整个是7分钟，而且后来经常放，印象很深。

当时2001年，中国申奥成功了。我们对中国式摔跤还是有感情的，觉得申奥项目应该也提中国式摔跤，那时候"巴黎市长杯"也搞到第五届了。有了这样一个想法，就到大使馆反映，大使馆就把我的想法向国内传递，就是说海外华人袁祖谋有一个想法是提倡摔跤，而且讲到中国取得奥运申办权是个千年难得的机会，如果错过这个机会对我们民族来讲也是一个很大的遗憾，我们得把握住机会，不能错过。但我回国以后了解到一个情况，向奥运会推武术，散打跟套路的模式已经是定下来了，我要提中国跤是不行的，因为国际上没有一个中国式摔跤协会，国内的中国跤属于摔跤柔道协会管理，不归武术。所以这个中国式摔跤要作为奥运会项目，起码也要成立国际协会，还要有足够的会员参加。

就这样，实际上我们国家已经制订了方针，一定是要推散打或者套路，这是一个国家战略，不能随便因为一个人就改变了。我回到法国以后，为了呼应北京奥运会，就在"巴黎市长杯"里面又单独搞了一个"手搏"比赛。第一次手搏比赛，搞得也蛮好看的。从那个时候开始，"巴黎市长杯"就有了"手搏"这个项目。当时我也在武术的改革创新方面积极思考，怎么样在国际上创造一个能突出中国文化的武术竞技项目。

所以后来法国散打队教练问我："为什么你教西班牙的，不教我们？"我说："我是在法国生活，你们没叫我教。你叫我教，我当然是很高兴的。"所以我在法国也就预备筹划这个事情，法国散打队里几个最优秀的，包括到中国来参加散打王比赛的两个运动员都是我的学生，到现在还在参加我这个活动。就是这样，我就把摔跤跟散打结合起来，逐渐形成手搏。结合起来以后，再通过进一步的磨炼摸索，想到摔跤这个技术很好，但是要培养一个运动员也是相当难的，外国的小孩子跟中国小孩子是一样的，他来练练玩玩，也没有心多练，第二年就换了，没有像我们中国的有些人想练这个事情。

俱乐部在9月份的时候有很多人来报名，到过年以后就少下去了。这个俱乐部的收钱，开始的时候也是少得很惊人。一年就是300多块钱，他们一想这一年才300块钱，就报一年，实际练的也就是一个月到两个月。所以要把运动员留下来很难。

但是我看到法国的跆拳道开展得很好，跆拳道那个表演好看，很整齐，法国观众喊得呼呼的，小孩子也会跟着喊，气势很大，还有像空手道一样的拳法，还表演踢木板。我就想，为什么我这个摔跤不加个拳法？比赛的时候，拳法再加以规则控制。另外，我当时还有一个想法，就是我之前在上海体工队的时候，体工队创办推手项目。推手，就是在地上划五个圈，把对方推出五圈外，是五分。所以那时候推手很小心的，要跳，不跳就把人推不出去。

我到法国以后，看到这个推手，确实觉得很难看。推手讲究的是以柔克刚，但是我看到的推手都很有劲。那么我的一个太极拳学生，问我，他是不是可以参加推手比赛，我说："你可以参加比赛，但是有一个条件，你先到我这里跟我的学生练两个星期的摔跤。"他的年纪有30多岁了，就来跟我学摔跤，我也有意识地叫摔跤的学生陪他练。他就练了两个星期摔跤，结果拿了推手冠军。这个学生把摔跤的技术跟推手结合起来了。这个悠久的技术，好用就要发挥它。后来我从国外回到上海，问上海市的摔跤教练，"现在的国际摔跤有什么技术方面的、大的变化？"他说："现在国际摔跤在这个手法方面，就是控制手臂的技术是最主要的。"控制手臂，还就是我们中国的"揉手揉肘"这一类。

我在法国搞中国摔跤的时候，也搞太极，也学习太极的理论，那么我就感到中国武术的理论，"太极"是比较博大精深的，很好地概括了中国文化当中"以柔克刚"的中心思想。摔跤也讲究技巧，比赛的时候，怎么捅、握跤衣，怎么利用对方的重心，然后呢，它不是首先就去摔，首先是要破坏对方的重心，再把人摔倒，摔得要漂亮，自己要站立。跟那个国际摔跤、柔道都不一样，柔道是把对方卷到地上再打。我跟他们介绍过，中国的运动项目跟中国的文化是有关系的，中国的文化点到为止、摔倒算输，没有在地上打的。我们国家的武术里边有一个地躺拳，但是地躺拳也基本是倒地以后打站立的对方，兔子蹬鹰这些，打完就翻起来，所以没有在地上缠着打的。几千年都是这个文化，但是外国人讲究玩命的，打到地上，除非对方死掉。所以我想中国的格斗技术，应该说，要练就是要用太极。另外，我说摔跤是中国武术的一个实践，就是对理论的实践，是作为一个理论的体现。但是摔跤没有拳打脚踢，当然这也有一个历史过程，这个历史大家都研究得很多了，我现在正在写《手搏》的书，也有人帮我找了很多的资料。

黄帝大战蚩尤，从角抵戏一直到汉朝的手搏，再到后来的相扑，一直到元朝。元朝禁止中国人练武，但是元朝还是保留了摔跤。明朝的时候恢复了唐朝的相扑，再到清朝的善扑营，中国式摔跤在民国以后主要是善扑营出来的人在摔。民间的武术从明朝传下来以后，就有了很多的门派，因为元朝禁止汉人练武，所以武术的一些动作只能在戏曲里面作为一个表演的形式。所以过去唱戏的人都会练武，唱戏的武生、武旦都是这种舞刀亮相。武术就开始像现在的这种形态了。我在想，可能就是在元朝那个时代，中国的武术就分成摔跤跟武术了，因为禁止练武，民间一个是防身格斗，那么自己在家里也练。元朝统治的100多年里，练武的人也没有什么交流，所以到了明朝，各个门派就出来了，练武也普遍了，戚继光又整理了《拳经》，所以每一个拳种都在明朝可以上升了。

我想这可能是一个历史的过程，元朝禁止汉人练武，汉人的聪明才智还要被用到，做不了大官做小官，这些汉人就去研究诗词、唱戏、音乐这些。所以在元朝的时候，元曲很发达，我想可能就是由于这个原因，所以中国的武术糅合了表演的这种艺术方面的东西，武术也更深层地反应在艺术方面，我在《手搏》这本书里写的就是这个。清朝的康熙皇帝从小喜欢摔跤，当时是四个大臣在保护辅佐他，但是四个大臣里有左派、右派。鳌拜比较豪迈，康熙皇帝从小就对他很怕。所以康熙皇帝在16岁要收回权力的时候，据说，这个鳌拜上朝了，上朝以后，康熙先叫这些小孩子跟鳌拜练摔跤，鳌拜觉得皇帝练习摔跤就是玩的，他是一个武将，就跟这几个小孩子摔跤，结果小孩子们把他撂倒了，后面禁卫军也准备好了，把他抓住了，所以康熙皇帝把权力收回来是用了练摔跤的小孩的。

康熙因此创立善扑营，善扑营里面的人都是八旗子弟。摔跤属于一个高尚的宫廷艺术，善扑营的扑户也是有职称的，同时也作为皇帝的护卫。皇帝在秋天打猎的时候，就有盛大的摔跤比赛表演，也把蒙古族的人请来看摔跤表演，所以这个200多年的善扑营作为宫廷的艺术，年代久远。而且，摔跤还是比较适合人的，所以每个国家都有摔跤。作为一个节日的活动，摔跤也是很普遍的。中国农村也有很多摔跤。应该讲，现在中国式摔跤是博大精深的，我们平常也把中国式摔跤视为一个高尚的艺术，人家都说摔跤也要很漂亮。那么清朝灭亡了以后，这些摔跤手流落到民间，这样民间就开始了摔跤，比如北京跤，就是善扑营出来的人开一些跤场，这样流传下来的。

那么还有一个，就是后来因为按照国际体育的什么体制，把中国式摔跤划到摔跤柔道协会去了，武术单独成立了协会。摔柔协会是国家体育的一个重点协会，但是奥运会没有中国式摔跤，所以中国跤就没人做、没人管了，武术协会也管不了。后来我在北京，当时中央电视台还做了个节目，在早间新闻报道，说国外都搞起了"巴黎市长杯"，但是中国式摔跤在国内都没有了。

有人给我说过一句话："一个小孩子喜欢练摔跤，他爸爸说你好好练，下次带你参加'巴黎市长杯'去，爸爸没有钱，把汽车卖了也给你坐飞机去比赛。"当时的这个气氛很好。所以现在国外都搞摔跤了，我们国内都不搞。后来也鼓励民间搞摔跤，所以他们在沈阳搞了一个什么世界武术节，把非奥项目组织起来比赛，也邀请我到沈阳，问我国际上哪些国家有中国式摔跤，我把名字都说给他们，他们那时候也蛮好的，说如果我帮忙找到了，每个国家的路费他们都可以出。那时我给他联系到了几个国家，当然法国也出来了，波兰、西班牙、阿尔及利亚、意大利也都有人来。

后来我偶然也给国家武术方面的领导写过一封信，我说希望摔跤能够加入武术。收到回信说："你应该知道这个项目不属于我们，我们现在很难认同这个项目。"所以说，我在外面一个人搞，觉得很累，摔跤也不成功，武术也不成功。那么后来我就想将摔跤和踢打结合，怎么样把这个项目搞得范围大一些。法国的老头子、老太太有很多，我又不太喜欢教他们推手，外国人没中国人的这种兴趣，推来推去，也没有兴趣。

那我就想了个办法，把推手换一个推法，就是我上次做的。两个人做一两分钟，上两步、退两步，推手就两个人，总是这么推，好的话要划圆，外国人不懂什么意思，那么推来推去也没有兴趣，所以我就难以继续。还有就是比如这个"提手上式"，它在太极拳运动里面是最重要的，我们宣传的时候，把这些弄上去，他们看了以后很有兴趣。

那么再一个就是教他们倒地，老头子、老太太们开始很难倒，我就教他们慢慢倒，比如说倒地前先放松。有一些小孩子掉地上为什么不会受伤，一个小婴儿从床上翻到地上也不会受伤，但是老太太摔倒就坏了，因为老太太一倒地就很紧张，所以我教他们要放松，放松了以后蹲下去，就是真的倒地了，也不去用手撑，一撑，手就撑坏了。

我也听说有很多摔跤运动员后来去推手，最明显的一个例子，就是河北省邯郸那边一个运动员叫王海平，他每次参加全国推手比赛都是第一名，人家问他练习什么式的太极拳，他说中国式摔跤。我看到过很多老的推手专家，讨论推手的时候都很牛，但是一遇到中国式摔跤，他就紧张了。还有一个想法就是发劲，把全身的力量集中到一个点上的时候，尽量爆发出来。我们中国式摔跤叫寸劲，有时候打出寸劲可以把人撞倒。这个在太极拳比赛当中会产生效果，但是也不一定很好看。所以我想，如果把摔跤的技术结合进去，应该是对一个人的要求更高了，要求更高了以后，你这上下、左右、前后、内外的整体感觉也好。山西的武术教练袁文庆跟我说："比赛得有运动要求，武术套路的3种比赛形式，每种演练一分钟下来以后，运动员就气喘吁吁的。"我说是，我要求运动员竞技也要这样。这样就提高了对人的素质要求，不像有些比赛，运动员上去磨蹭半天，有时候"斗手"斗了半天也不见摔，不好看。所以太极拳的推手如果加上摔跤，应该讲是对人的要求提高了。再就是说，这样更符合中国武术的竞技理念。所以我在我的摔跤课堂上，一个是把摔跤的核心技术表现出来，一个就是在推手当中加上摔跤技术，我给它起名叫"手搏"。"推手"这个名字，大家都叫习惯了，习惯了以后，就是说这个推手不光只是推，还有掤、捋、挤、按、採、靠这些。

摔跤的名字要改，很多人不同意。为什么不同意呢？有些人是摔跤世家，他不同意改。那不改又不行，我在"文化大革命"期间受处分，就是因为我说了一次"摔跤（国际式摔跤）为无产阶级政治服务"。还有一个就是现在奥运会有28个项目，其中柔道、国际式摔跤已经有了，国际上的摔跤叫古典式、自由式，我们中国的摔跤项目，加了一个"中国式"叫中国式摔跤。所以要在国际上发展，就不能加一个地区或者国家的名字。大家知道柔道是日本的摔跤，但是不能说日本式摔跤。所以要把这个项目做成奥运会项目，名字得改。还有一个原因，是我们中国把"摔跤"翻译成Wrestling，把所有的Wrestling都叫摔跤。美国那个野蛮摔跤也叫摔跤，所以你上网搜摔跤，还是看不到中国式摔跤，看到的都是其他洋人的东西。

我给国家体委写了一封信，说得很明确：中国式摔跤是我们的民族项目，我们要走向奥运会，但没有国际组织，国外很多人叫我组织国际协会，我说这个国际协会我不能组织。因为这个项目是中国的，希望中国能够牵头，而且在现代，中国式摔跤在精神方面的精华还是在中国，应该让中国来牵头组织国际协会。而且外国运动员讲了："你们总是一个邀请赛，我们回去报账也报不了。"外国人喜欢搞锦标赛，得个Championships，他拿了国际冠军以后，回去好说话。所以其他国家要求我成立一个国际摔跤协会，但是我希望由中国来成立。

王： 后来您根据推广和教学的经验，就把中国跤结合散手的一些技术，逐渐发展成了手搏，现在这个项目的具体发展情况，请您介绍一下。

袁：中国跤在我们国家是一个完整的竞技体育项目，在技术训练、竞赛规则、裁判方面已经很完整了，但是根据现在比赛的观赏性要求，还要在规则方面进一步完善它。那么我就想，摔跤的这个衣服，揪拿了衣服以后，可以破坏对方的重心，这个一直是它的特点，就是在摔对方之前，先要破坏对方的重心，当然你蛮摔也可以，但是摔得不好看。中国人在这一点就已经上升到比较高的层次了，要摔得好看。所以以前的比赛，虽然讲三战两胜，但是比赛的运动员还是有文化内涵的，摔跤要摔得好看，如果摔得不好看，他也不开心。所以，摔的时候总是要去耍对方、逗对方，逗他能够摔得好看一些，不是单纯的一个竞技。因为中国式摔跤是站着摔，没有地上的，所以拳打脚踢是可以结合起来的。

以前我们听老百姓讲中国武术的精华在于技击，武术本来就是一个练功夫的、竞技的东西。那么竞技在于道德，所以竞技不是蛮打。中国武术技击的理念叫远打近摔，所以我跟运动员说远打近摔是非常大方的。我想这个和中国式摔跤是可以结合起来的，因为如果我远打不行，我就想办法近身摔；近身摔不行，我就退到外边打。这个战术变化要比纯粹打、纯粹摔更能体现中国武术的竞技特点。

中国武术受到阴阳五行的影响，我看了以后，想到武术和摔跤结合起来以后，在技术方面可以把它分成金、木、水、火、土这样几个，拳打是金；踢打一片火；水当然是闪展腾挪这种很柔和的；土是把对方摔倒；拿就是要灵活，不要僵硬得像木一样。基本上这个摔拿打踢也是相克相生，所以我可以变化，比如说腿法，你腿法好，我摔你的腿。巴黎有一个跆拳道俱乐部，他们俱乐部有一个人请我去教摔跤，因为黑人和阿拉伯人喜欢练武，我记得那个小孩子练了我这个摔跤、手搏以后，跆拳道的人一抬腿，他就抓腿，然后他们就把我的课停了，说我这个对他们的跆拳道有影响，因为"摔"是可以克制"踢"的。我感到这个更加体现了中国武术的特点，所以我们想现在怎么样把摔跤糅合到中国武术当中去，特别是因为把中国跤从武术中脱离出来以后，上升到了一个比较完美的形式，现在应该再叫它回去，摔跤本来就属于武术，应该把它作为武术的一个继承内容。

王：手搏和摔跤跟其他国家的跆拳道、柔道这些对抗项目相比，好像更有内容、更有优势，是这样吗？

袁：内容要更多，因为我们中国式摔跤的技术不像柔道那样在地面上摔，也不像国际摔跤没有衣服去抓，国际摔跤是力量型的，我们都是技巧型的，而且我们教的步法，基本上跟武术的步法是一样的，有三点步、摆步、滑步、蹲步这些，跟中国武术是相通的。这个比赛不像跆拳道一样的很花、很散，但是现在已经在研究把中国跤弄得好看起来。

现在我们还是处在初始阶段，摔法加了踢打以后，技术的连贯性我们还不能展现得非常好，还需要再进一步糅合。但是这路子，我们是非常有信心的，为什么呢？因为这是一个人的习惯问题，习惯以后就容易训练了。比如说我的一个搭档，比赛的时候，他总是打不好，动作很僵硬，总是一上去就抓把。我跟他说："你松开，改掉这个习惯怎么样。"所以他进步就快了，他现在是我们协会的主席。我的一个非洲学生，一到比赛的时候，我就说你要放松一点，我们中国人说摔跤的时候这个脚是像陀螺一样转的，腰是盘蛇，要转起来，眼睛要像闪电一样，手要快，像射箭一样。这就是一个摔跤的形象。

总的来说，摔跤的技术本身就是可以跟拳打脚踢结合起来的。我想这应该也是中国的一个传统，因为很多武术家本身就是练摔跤的，只不过后来我们把这些项目分开了，分成了两个竞技项目，但是训练方法等基本还是一样的。

4 手搏运动的推广历程

王：2001年您开始正式推广现代手搏运动，您是从哪里展开推广工作的？

袁：2001年中国申办奥运成功了，我就呼应申奥成功，宣传中国、弘扬中国传统体育。当时请了中国的几个好的摔跤家到法国，法国散打的人也参加进来，正式搞了"巴黎市长杯"第一次手搏比赛。从第五届"巴黎市长杯"开始，摔跤、手搏就成了两个比赛项目了。搞了这个比赛以后，这个项目更加完善了，我更有信心了。在做的过程当中，规则也修改了几次，一个就是拳头不要打脸，因为打脸容易受伤；再一个是我们鼓励摔跤，不是打。如果考虑到实战，就是拳头打到对方胸口，比打到对方的肩膀更难。所以手搏对于防身格斗有适用性，对身心修炼有适用性，对锻炼身体有适用性，这是武术的三个适用性。拳头打胸口不打脸并没有减去它的适用性，如果打架，手伸高一点就能打到头部。

在一次比赛的时候，也犯下一个事故，就是一个运动员被对方一个摆腿踢倒下去了，虽然不是很严重的伤，但是这个也蛮危险的，所以我就把手搏的规则改了，脚不能踢到头部，只能踢身体。这个改了以后，有很多人不满意，说这个改得不好，本来踢高腿是很好看的。后来也看到中国武术散打的鞭腿很厉害，但我们的比赛当中不用这个鞭腿。法国有一个格斗项目，踢腿是先提膝、再弹踢，跟我们中国的武术也差不多，这个不是摆踢，摆踢是摆胯，摆胯容易伤人，这个弹踢相对而言力量也小一些，伤害性稍微小一些。考虑到安全性，我们就不用摆腿，改弹踢。我比较多地限制了腿法，有很多人就不太有兴趣，但是手搏其实主要还是摔，加入踢打技术可以让比赛快速起来，但是关键的问题还是近身摔。

第十三章 曾于久教授口述史研究

时间：2015年7月27日。

地点：上海市杨浦区锦雪苑酒店。

采访：郭玉成　王培含；**摄像**：王琨；**文字整理**：王琨　郭发明　李守培　刘韬光。

受访者简历：

曾于久，男，1952年10月出生，湖北省荆门市沙洋县人，武汉体育学院教授，国家体育总局武术研究院专家委员会委员，中国武术九段，武术国际级裁判员。曾经先后担任过全国体育科学协会武术分会副主任委员、副秘书长，全国武术协会理事，全国武术协会教练员、裁判员、科研委员会委员，全国跆拳道协会执委，湖北省武术协会副主席，湖北省体育科学协会武术分会主任委员。

1972年进入武汉体育学院，师从我国著名的武术教育家温敬铭教授学习武术。学生时代专业理论和技术受到了良好的熏陶，作为运动员代表湖北队参加第3届全国运动会的武术比赛，取得了集体项目第六名的成绩。在40多年的武术教学、训练、竞赛、科研、裁判和武术社会活动工作中，始终坚持武术理论与技术相结合的正确导向，专业视角开阔、洞察问题敏锐、学术思想活跃、善于独立思考、敢于发表新论。

多年来，独立或与他人合作完成了十多项研究课题并取得三项国家专利，在体育核心期刊和专业期刊上发表了40多篇论文，参与并执行主编了十多部武术论著。特别是由人民体育出版社出版的独著《武术散打训练新论》，站在优秀运动员训练的角度，较为系统地构建了武术散打训练的理论、技术与方法体系。

多次担任国家武术散打队主教练，国家跆拳道队教练。多次担任国际武术教练员培训班、全国武术散打教练员培训班、全国武术散打裁判员培训班、全国武术馆校长培训班、全国跆拳道教练员、裁判员培训班、全国空手道教练员培训班的教学工作。多次担任国际、国内武术散打比赛的总裁判长、副总裁判长、裁判长。曾经先后被评为全国武术先进工作者、全国武术优秀裁判员、全国武林百杰，是享受湖北省政府津贴的专家。

1 报考武汉体育学院并留校任教的情况

郭：请谈一谈您报考武汉体育学院以及毕业留校任教的情况。

曾：我报考武汉体育学院很有戏剧性。1972年"文化大革命"还没有结束，大学停办多年后刚开始恢复招生，各大学招生的对象主要是优秀的工农兵学员。虽然我是"老三届"的下乡知识青年，1970年被招到荆门县的一个工厂当工人，属于符合招生条件的对象。但是当时的社会背景是当解放军、当工人是受人羡慕的职业。当时我已经是工人了，体育学院毕业后却要回来当体育老师，那个时候老师这个职业在社会上并不受欢迎。

虽然武汉体育学院那年在荆门招生只有一个名额，但是荆门县几个体育成绩比我好的，由于毕业后不愿意当老师，县体委征求他们的意见都不愿意报考。后来，县体委工作人员征求我的意见时，我也不知道是出于什么原因，表示愿意上武汉体育学院。这样，我就成了荆门县体委推荐上体院的唯一对象。过了一段时间，武汉体育学院来了两位老师对我进行面试，说是面试，实际上只是问了我一些关于体育方面的基本情况，可能是由于我在小学和中学有乒乓球校队的经历，加之本人还喜欢游泳和篮球项目的缘故，很顺利地通过了面试。

1972年春节过后，收到了武汉体育学院的《入学通知书》，这时我面临的是去还是不去上学的选择。因为，我周围的发小、同学、朋友，大多数都不赞成我去上学。特别是工厂的厂长，他认为我当时已经是工厂最年轻的车间副主任了，前途肯定会比回来当老师要强。在这样的情况下，我也说不清楚为什么要上学？上学毕业后回来是当老师还是不当老师？就这样在没有明确学习目的的情况下，凭着想上学的愿望鬼使神差地上了武汉体育学院。如果当初稍微犹豫一下，我就不可能有今后的武术人生。

进入武汉体育学院学习以后，很多项目都成立了代表队，学生可以自由选择报名参加。以前我并没有学过武术，也不了解武术，更没有武术基础，可能是由于父母的单位有个京剧团的原因，中小学时经常看演员排练和演出，对京剧的"武生"产生了兴趣。"武生"与"武术"有关，在选择代表队时，先自己的兴趣报名参加了武术队。武术当时在体育项目中是个"小三门"，学生报名的人数不多，也没有被淘汰的余地，这样我就很顺利地成为了武术队的队员。

后来，县体委的人听说我的专项选择了武术就不太满意，县体委主任专门到学校来做我的工作，要求我选择田径、球类、体操中的任何一项都可以，千万不要选择武术。因为社会普及的是"大三门"而不是"小三门"，学习"大三门"，毕业以后回到荆门有用武之地。由于我已经经过了一段时间武术学习训练的实践，深深地被武术的魅力所吸引而难以放弃。在与县体委主任陈述理由之后，没有达成共识而不欢而散，自己还是坚持走自己选择的武术之路。

20世纪80年代以前的大学生，都是由国家按照计划统一招生、统一分配。1974年我们临近毕业时，大家都不用考虑找工作的事情，分配的基本原则是哪里来回哪里去，也就是从哪个县来的回到哪个县去，再由县人事局安排具体工作。由于"文化大革命"的原因，大学停止招生多年，不但造成了学生的断代，同时也造成了大学教师的缺乏。我们那一届有两百多名毕业生，其中就有五十多人被分配到各大学任教，我们武术队仅有十二名毕业生，就有三人留在武汉体育学院任教，从此我就开始了武术教师的职业生涯。

2 个人的习武经历

郭：请讲述一下您习武的经历和感受。

曾：进入武汉体育学院学习，我选择的专项是武术，我们那届武术专选班（同时也是代表队）只有12名学生，当时教我们的是我国著名的武术教育家温敬铭先生。虽然我们这些学生当时已经是20岁左右的青年男女，大大超过了学习武术的最佳年龄，而且基本上大家都没有任何武术基础，但是我们的专业理论和技术水平提高得非常快，主要得益于三个方面。

（1）教师的敬业精神和精湛的教学能力

温老师教我们时，已经是年近七旬的老人，无论是有课无课，几乎每天都会出现在武术训练场上。有课时给我们上课，无课时要么自己练习，保持业务感知能力；要么对学生进行个别辅导。同学们都能强烈地感受到温老师把武术事业当成了自己生命的组成部分，以快速提高学生的理论和技术水平为己任，倾注了自己全部的心血。温老师成为我国受人敬仰的著名武术教育家，除了具有强烈的事业心和敬业精神之外，其深厚的武术底蕴，先进的武术教育思想，丰富的武术教学经验都有其独到之处，耳闻目睹使我受益终身。

一是抓基础。温老师经常对我们说："学习武术长拳是基础，基本功是基础的基础。"因为长拳是学习掌握刀、枪、剑、棍等器械的基础，长拳练好了器械也能相应的练好。而基本功是指武术的基本技术，包括手型、手法、步型、步法、腿法、跳跃、平衡和相应的身体素质，这些基本功练好了掌握动作技术就很快，每次课教学内容的安排基本功占有很大的比重。学习武术套路从四路查拳开始，以甲组规定长拳和自选长拳为载体进行严格训练，不断提高技术水平。

二是抓规格。虽然武术套路的种类繁多，但是武术套路都是由单个动作所组成，武术套路演练水平的高低，必须通过单个动作的质量反映出来。温老师在教学训练的过程中，注重单个动作的训练。通过集体纠正、个别辅导等手段，不厌其烦的教导学生反复练习，不达到动作规格的要求绝不过，使动作尽快地建立正确动力定型。抓动作规格对于快速提高技术水平起到了事半功倍的作用。

三是抓规律。相同性质的同类武术动作无论多么复杂都是有规律可循的，温老师就十分擅于抓规律进行教学与训练。例如，身法是武术中难于掌握的动作，虽然身法必须根据不同技击含义的动作进行变化，但是万变不离其宗。身体躯干总是围绕着俯、仰、含、展、转、折、拧、带8种方式运动，把这8种运动方式的单个动作技巧掌握好了，无论在什么武术套路中都能很好的表现出来。

四是抓特点。武术不同的拳种有不同的技术特点。无论学习什么拳种，只要抓准了该拳种的技术特点，练起来就能够很快地进入到"像"的境地。例如，学习形意拳，在掌握了三体式、五形、十二形的动作以后，抓住形意拳"先蓄后发""快速出击""稳固制动"的发力特点，就能很快地达到形意拳快速、刚劲、完整的发力要求。否则，即使掌握了形意拳的基本动作练起来也很难像形意拳。

五是抓节奏。武术套路中的动作节奏，不但是表现技术水平的高级阶段，而且是快速提高技术水平的重要环节。武术动作节奏的实质就是不同动作之间的矛盾对比、相互衬托，具体表现在起落、快慢、轻重、伸缩等方面。当我们掌握了武术套路的基本动作之后，温老师就提出了节奏的要求。温老师随着动作所需要的节奏，用口令指挥学生练习，既洪亮又有韵律的声音，至今仿佛还在耳边响起。

六是抓创编。创编是指教学生学会创编武术套路，这不但是授人以鱼不如授人以渔，培养学生专业能力的需要，而且是快速提高学生认识武术、掌握武术、运用武术的需要。因为，创编武术套路是建立在各种武术知识综合运用基础之上的，学会了创编武术套路可以说开发了武术套路的源泉。无论是拳术或器械，先教基本动作，再教各种组合，然后要求学生独立自主地编出自己练习的自选套路。

（2）自身的钻研精神和勤学苦练

我们这一代人绝大部分都经过了"三年自然灾害""文化大革命""上山下乡"、工厂部队的洗礼与磨练，具有正直朴实、吃苦耐劳、意志坚韧的品质，有机会进入体育学院学习武术，大家都有一种"玩命"的学习劲头。我们知道学习武术练功夫需要时间，我们除了上课表安排的课程以外，所有的空余时间都用在了练习武术上，包括星期天都很少有同学休息，每天从第七节课开始要练到天黑为止。我们当时勤学苦练的精神连食堂的师傅都被感动了，炊事班长每天布置一个人值班，说这几个练武术的学生不管练得多晚，一定要留好热腾腾的饭菜，直到他们来吃完饭才能关门下班。

学校规定六点起床是早操时间，从星期一到星期六（那时是六天工作制）每天安排一个项目，如田径、篮球、体操等，都有老师组织辅导。这样，早操就没有了练习武术的时间，要想练习武术就必须提前起床，我经常是五点钟起来，先练一个小时的武术基本功，然后再参加班集体的早操。我记得有好几次看错了时间，练得饥肠辘辘还没有听到六点钟的起床广播，回宿舍看表还不到五点。我们那时就有这样一种勤学苦练的精神，现在的学生可能会觉得不可思议。

虽然从进校到毕业只有两年半的时间，除了上其他的多门课程以外，实际用于学习武术的时间，远远超出了现在本科四年所有科目三千总学时的时数。为了练好基本功，自己安排在田径场或田径棚的跑道上，以小组合的形式来回反复练习各种步型、腿法、跳跃、平衡等。学习枪术时，在跑道上练习拦、拿、扎、各种舞花、崩、劈等基本动作。学习形意拳时，在跑道上行进间来回反复练习五行拳。学习八卦掌时围绕着田径棚的柱子来回练习蹚泥步、扣摆步。

对于我们这些学习武术起步年龄较晚的学生，最大的难题就是柔韧性。身体各个关节的柔韧性不好，不可能标准地完成很多武术动作，即使完成也很难达到协调灵巧的程度。柔韧性成了我们学好武术最大的"拦路虎"，为了提高身体各个部位的柔韧性，除了上课以外，每天至少用一个小时的时间采用各种手段进行练习。虽然最难受痛苦的是在同伴帮助下使用外力或负重的极限压腿，但是能够咬牙坚持。通过一年多时间的艰苦练习，横劈叉、竖劈叉不但能够达到要求，而且能够达到嘴吻脚尖的程度。

1974年，学校公布毕业分配方案时，没有想到我和其他两位同学被留在学校担任武术教师。留校后，当时的想法是自己才学习了两年多的武术，武术理论和技术的修养离教师的要求相差甚远，教学生不能误人子弟。为了提高技术水平自己还是坚持天天训练，每天不低于两小时。我记得毕业留校后，连续九年寒暑假都坚持在学校训练，即使探望父母最多在家呆一二天，有时春节期间过完大年三十，初一就回到学校自己训练。

（3）通过表演和比赛的机会快速提高技术水平

我们上学时还处于"文化大革命"后期，社会上的文娱活动不多。因此，星期六或星期天，经常有一些机关、学校、部队、厂矿、企业等单位，请我们学校的体操队、武术队进行表演。虽然我们当时的技术水平不高，但是有老师和学生一起上阵，例如，温敬铭老师表演翻子拳（脆八翻），刘玉华老师表演双刀等。经过认真的准备和排练，每次表演都能够受到热烈的欢迎。学生参加表演之初，以基本功，简单的套路和对练为主，随着学习内容的增多，表演的内容越来越丰富。经常性的表演能够极大地调动学生的学习热情和干劲，特别是表演时，每一个动作付出的强度远远超出训练的强度，对于提高专项身体机能和技术水平有很好的促进作用。

进入武汉体育学院学习武术以后，有了参加武汉市、湖北省、甚至于全国比赛的机会。刚开始是代表学校参加武汉市的比赛，取得相应资格后又代表武汉市参加全省的比赛，1974年代表湖北省参加了在西安举行的全国比赛，1975年在全省选拔的基础上，代表湖北省参加了在北京举行的第三届全国运动会的武术比赛，并取得了集体项目第六名的成绩。每次参加比赛前，都有长短不同的时间进行训练。从1972年起学习武术，到1975年第三届全国运动会武术比赛取得集体项目第六名的成绩，可以说参加表演和比赛集训对于技术进步和竞技能力的提高起到了很大的作用。

3 影响武术专业能力提高的其他因素

郭：留校任教以后，除了上述学习武术的经历以外，个人武术专业能力的提高还有哪些重要的影响因素？

曾：回顾我个人武术专业能力成长的经历，可以证实"实践是理论的源泉""实践出真知"的这个道理。留校任教以后，从1976年开始一直到现在，有无数次机会参加国家体育总局武术主管行政部门组织的各种业务活动。在参加活动的过程中，广泛了解中华人民共和国武术发展的来龙去脉，奠定正确进行武术实践的基础；广泛接触老一辈著名的武术家，了解他们所持有的武术观念，便于在今后工作中继承和发扬；广泛学习武术套路和顶尖运动员的技术，分析他们演练武术套路的技术精髓，吸取丰富的营养为我所用。

（1）了解中华人民共和国武术发展的脉络，奠定武术实践的基础

中华人民共和国成立后，第一任国家体委主任由副总理贺龙兼任。贺龙副总理十分注重体育教育和武术的继承与发展，在六大区分别建立了由国家体

委直属管理的6大体育学院，同时把我国著名的武术家张文广、温敬铭、蔡龙云等老师，分布到6所体育学院，承担起了武术继承发展和武术学科建设的任务。经过几十年的发展，在众多的民族传统体育项目中，唯有武术形成了从学士到博士后完整的学位体系。这件事情对我的最大启迪就是要牢记武术高等教育工作者的历史使命。

国家体委成立之初设置了武术处。当时武术处的工作重点就是将民间的、自发的、零散的、繁杂的武术活动，以武术竞赛为杠杆来推动武术的继承与发展。为了让武术纳入到竞技体育的轨道，必须要有科学的理论体系、技术体系、竞赛规则、裁判方法等。老一辈武术家发挥集体智慧、群策群力，从20世纪50年代开始探索性的比赛，一直到第一部武术套路竞赛规则的正式出台，开辟了武术在新的历史时期科学发展的道路。虽然这条道路在武术界存在争议，但是对竞技武术的历史功绩应给予高度评价。这件事情告诉我们具有民族传统特殊性的武术，更需要坚定不移地走科学化发展的道路，而武术专业高等教育工作者应该承担起这个历史责任。

（2）领悟武术老前辈的武术观念，吸取营养为我所用

留校任教以后，有了武汉体育学院这个平台，有机会参加了国家体委武术主管部门组织的各种武术活动。特别是20世纪80年代初，作为国家体委武术挖掘整理工作小组的成员，由于工作的关系到许多省市进行调研，能够广泛地接触到老一辈德高望重的武术家和各省市的武术老前辈。通过观看他们的武术表演活动、开会讨论发言、平时个别交谈，领悟到了他们传播武术的敬业精神，武术技术精湛的示范作用，坚守武术技击的本质特征，注重不同拳种的技术规范，注重武术功底磨练的武术观。

（3）分析优秀运动员的技术精髓，透过现象看清本质

1974年出访美国的武术代表团运动员，代表了我国武术套路的历史最高水平。因为他们是武术进入竞技体育领域后，第一批接受专业训练的运动员，他们在各省市老一辈武术家的亲自传授下，勤学苦练，悉心磨砺，形成了各自的技术特点。例如，辽宁徐其成的刀，山东牛怀录的枪，安徽陈道云的剑等。利用各种机会模仿学习他们的技术，分析他们套路内容编排的组织结构，各种技法的规格、意识、劲力、节奏、手眼身法步等，协调、利落、完美配合的演练技巧等。把他们武术套路实践多年的丰富成果，变为自己对武术套路技术的理性认识，为提高教学能力积累经验。

4 武术散打试点与竞赛规则制定的情况

郭：1979年武汉体育学院被列为散打试点单位之一，请介绍一下您在试点过程中的经历，以及执笔《武术散打竞赛规则》和《裁判法》的情况。

曾：长期以来，武术主要以武术套路为主进行继承与发展。20世纪70年代末，一些武术老前辈向国家体委建议开展武术对抗性的项目，国家体委采纳了这个建议。1979年初发文，按照"积极研究、稳妥开展"的原则，指定浙江省体委、北京体院、武汉体院三家单位，进行武术散手、短兵、太极推手的试点工作。试验任务下达到学校后，我和几个年轻的武术老师主动请缨，要求承担武术散打的试验工作，学校领导十分支持。

对抗性质的武术散打比赛，到底应该形成什么样的运动模式？虽然20世纪30年代前后，我国举行过几次对抗性质的武术散打比赛，但是都不成功。温敬铭老师跟我们介绍当时的情况，一次主要用"点到为止"的规则形成了"斗鸡赛"，另一次主要用"倒地为止"的规则形成了"斗牛赛"，还有一次主要用"打败为止"的规则形成了"拼命赛"。虽然这几次比赛开创了武术成为对抗性运动项目的先河，但是只留下了经验教训而没有可以采纳的具体方案。从国际上来讲，当时我国还处于被封闭的状态，除了知道拳击、摔跤以外，其他同类的徒手格斗项目闻所未闻，也不存在后来有人说武术散打是"大杂烩"的客观条件，武术散打就是在这样的历史背景下起步的。武汉体育学院武术散打试验小组主要做了三件事情。

确定武术散打的技术体系。为了从武术套路脱离实战环境的"说招""用招"思维定势中解脱出来，先向我校的拳击老师学习拳击的攻防格斗技术，其目的就是通过实践体会徒手格斗真打实摔时，身体机能的作功规律、技法动作的运行规律。然后，在庞大繁杂的武术技击方法中，准确地辨别和筛选出符合武术散打徒手格斗所需要的技术，初步确定武术散打技术体系的雏形。

构思武术散打的运动模式。运动模式是运动项目的表现形式，这个表现形式的外层为运动项目的器物层面，主要包括场地、器材、比赛用具；中层为运动项目的技术行为和竞赛规则；内层为支撑外层和中层的理论认识。武术散打运动模式的建立并不是随心所欲的，必须紧紧扣住"武术散打"中"武术"这个概念的内涵，武术散打必须建立符合武术技击理论和技术体系的运动模式。

制定武术散打的竞赛规则。武术散打运动模式通过武术散打竞赛规则反映出来，在制定竞赛规则时，为了求真务实提出了三条基本原则：一是有利于保证安全，通过场地、器材、禁用方法、判罚措施来实现；二是有利于技术发挥，最大限度地使武术各种技击方法都能在比赛中运用，而且在得分措施上鼓励他们得到均衡发展；三是有利于裁判操作，在拳打脚踢外加摔的激烈格斗中，越是简单明了的得分和判罚尺度，裁判员在比赛中越容易做到公正。

1979年10月在石家庄举行的第四届全运会武术比赛期间，国家体委调集三家试点单位和河北省体委，进行武术散打试验成果汇报表演。武汉体育学院武术散打试验小组不但进行了技术表演，而且为大会提供了一份完整的《武术散打竞赛规则》。这份竞赛规则不仅为今后制定全国武术散打竞赛规则提供了范本，而且当时呈现的运动模式也一直沿用至今。虽然武术散打竞赛规则随着实践的深入不断地完善和修改，但是运动模式始终没有发生实质性的变化。

武术散打竞赛规则是武术散打运动模式的文字形式，是指导运动员进行技术训练的指南，是裁判员进行评分和判罚的依据。然而，竞赛规则只是概括性的表述，有许多条文在比赛过程中会出现各种各样的状态，这些状态在制定竞赛规则的初期很难进行全面地预测。必须通过比赛的实践，在实践中发现问题、分析问题，再对规则中概括性的条文进行界定，提出正确地评分和判罚的处理意见。

通过多年比赛实践经验的积累，竞赛规则条文中各种不同的动作状态已经充分地展现出来，这就为制定与竞赛规则相适应的裁判法提供了条件。1994年和1995年，分别在武汉体育学院召开了武术散打裁判法的研讨会。虽然过程中大家的讨论比较激烈，但是以我为主撰写的《武术散打裁判法》最终获得通过，并决定在当年的全国武术散打锦标赛上开始使用。《武术散打裁判法》的出现，标志着武术散打竞赛向着科学化的目标又迈上了一个新的台阶。

5 武术散打试验的难点

郭：您参加了武术散打试验到开展的全部过程，您认为最大的难点是什么？

曾：虽然武术套路和武术散打都是武术的组成部分，客观上存在本质属性不同、技术特征不同、风格特点不同的运动规律。但是长期以来，由于武术一直以武术套路为主的形式出现，在人们对武术的认识上，形成了武术套路就是武术的思维习惯，而且这种思维习惯根深蒂固。因此，在武术散打试验和开展的过程中，最大的难点问题就是武术套路的思维定式，严重干扰了武术散打试验的进程，严重影响了对武术散打运动的正确评价。

（1）武术套路的思维定式严重干扰武术散打的试验进程

武术散打试验最重要的任务，就是制定符合武术技击理论和技术体系的竞赛规则。在制定和修改竞赛规则的过程中，国家体委主管部门举行过无数次的研讨会，参加会议的绝大多数是武术套路经验丰富的实践者。武术套路的技击方法承载在不同风格、不同流派的拳种中，而且通过脱离实战客观条件的"说招"反映出来。由于受到这种思维定式的影响，在发表意见时，除了少数有价值的见解外，绝大部分是脱离实际的凭空想象。在众说纷纭之中，作为制定竞赛规则的具体撰稿人，必须学会既要去伪存真还要兼听则明，敏锐地过滤出脱离实际的意见，准确地吸纳有用的意见并体现到竞赛规则中。

1982年，武术散打就制定出了第一部全国《武术散打竞赛规则》，在北京首都体育馆给国家体委的一些主要领导进行汇报表演。武术散打的对抗形式和内容，通过运动员的良好技术展现出来，当时观看的领导都很满意。表演完以后，国家体委的主要领导听取北京市不同武术拳种传承人对武术散打试验的意见。在这个座谈会上，各种不同拳种的代表人物站在本拳种的认识上纷纷发言，形意拳是怎么打的，八卦掌是怎么打的，等。李梦华主任听后，感觉到他们讲的和试验的内容不一致，最后表态说"再继续试验"。以至于武术散打到1989年才成为全国的正式锦标赛项目，这种武术套路的思维定式严重干扰武术散打试验进程的教训是十分深刻的。

（2）武术套路的思维定式严重影响武术散打的正确评价

自从1982年在北京体育馆举行第一次全国武术散打邀请赛以后，"武术散打失去了武术的风格""武术散打是拳击加腿和摔"的舆论不绝于耳。几十年过去了，对武术散打的这种认识和评价至今还没有消失。究其原因，一是武术概念理论认识的混淆。在没有武术散打运动以前，武术套路就是武术。而武术散打成为运动项目以后，武术上升为总概念，武术套路下降为与武术散打平行的两个子概念，再也不能用武术套路的风格特点来衡量武术散打。

二是不同风格理论认识的偏差。虽然武术套路和武术散打共同的本质特征是技击，但是武术套路的特殊本质表达的是技击含义，武术散打的特殊本质表达的是技击对抗。由于特殊本质不同，其技术风格和特点肯定存在不同之处。由于武术套路表达的技击含义不受实战的检验，可以进行人为创意和加工出129种不同风格的拳种。而武术散打受到实战的制约，人体机能作功规律、技法动作运行规律，必须符合击中、摔倒对方的要求。武术散打的技术风格表现出的是快速、准确、勇猛、灵巧、激烈等方面。因此，武术散打与武术套路的风格不同是不以人的意志为转移的。

6 从事武术散打运动项目最深刻的印象

郭：在您从事武术散打运动项目的经历中，给您留下最深刻的印象是什么？

曾：在我从事武术散打运动项目的经历中，给我留下最深刻的印象就是担任首届和第二届国家武术散打集训队的主教练。中国武术研究院成立之后，致力于将武术推向世界。1985年在武汉成立了世界武术联合会（筹委会），决定1988年在杭州举行第一次世界武术邀请赛，原本比赛只有武术套路项目。后来，在深圳市的要求下，决定增加武术散打比赛项目。为了迎接世界武术邀请赛的武术散打比赛，成立了武术史上的第一支国家武术散打集训队，我有幸担任武术散打集训队的主教练。1990年为了迎接首届世界武术锦标赛，我又有幸担任了国家武术散打队的主教练。

当时，从国际来讲，我国对于国外武术徒手格斗项目开展的情况一无所知，其技术水平如何犹如盲人摸象；从国内来讲，武术散打还没有成为我国锦标赛的正式比赛项目，运动员的技术水平还处于业余练习的阶段。虽然比赛的胜负很难预料，但是"输不起"是肯定的。因为武术是中国的"国术"，如果武术散打第一次国际比赛，从整体实力上输给了外国人，根本就无法向国人交待。在这样的背景下担任国家武术散打集训队的主教练，其压力是可想而知的。

现在回想起来，通过训练和比赛实践的检验，有两个方面是比较成功的。一个方面是提出了"全面发展、以攻带反、突出特长、灵活多变"的训练指导思想。全面发展是指运动员在拳法、腿法、摔法和身体素质四个方面，什么差练什么，什么缺补什么。以攻带反是指以训练进攻技术为主带动反击技术的发展。突出特长是指在拾遗补缺的基础上，更加强化自己的特长技术。灵活多变是指掌握各种技法都能根据比赛的实际情况，相生相克的灵活运用。

另一个方面是在参赛运动员的决定上。参加集训的三十多名运动员都是各个级别的好手，特别是第一次国际比赛，运动员都有很高的积极性，个个摩拳擦掌要求参加比赛。在同级别的运动员当中，有的拳法好，有的腿法好，有的摔法好，有的使用技法灵活。那么，到底选哪个运动员参加比赛？作为主教练坚持以技术全面为决定运动员的衡量标准。最后，两次比赛中国队都取得了较好的成绩。虽然这件事已经过去了30年，现在的运动水平达到了新的高度，但是当时提出的训练指导思想和选拔运动员的标准还是适用的。

7 开展武术散打运动项目的意义

郭：武术散打运动已经开展了近四十年的历程，您认为对武术的继承和发展起到了什么样的作用？

曾：虽然武术散打试验的初衷是为了继承和发扬武术的技击功能，改变长期以来以武术套路为单一表现形式的局面，为武术增加一种对抗性表现形式的运动项目。但是武术散打项目开展以后，一石激起千层浪，引发了对武术概念、本质特征、技术路线、风格特点、服务对象、行为轨迹、衡量标准、价值功能等问题重新认识的连锁反应，这是在武术散打试验之初始料未及的。从武术概念上来讲，武术概念的内涵在原来套路的基础上增加了格斗。这样，武术就上升为总概念，武术套路和散打成为了两个平行的子概念。武术概念是逻辑思维的起点，概念产生变化以后，所有的相关理论认识都要随之改变。

从武术的本质特征上来讲，虽然武术套路和武术散打共同的本质特征是技击，但是武术套路和武术散打的特殊本质不同。武术套路的特殊本质是通过运动员动作的演练技巧来体现技击含义，武术散打的特殊本质是通过徒手格斗来体现动作的技击对抗。从技术路线上来讲，武术套路内容丰富，不但出现了129个拳种而且动作相对繁琐复杂。武术散打为了达到击中、摔倒对方的目的，动作相对的简单、干脆、直接。从风格特点上来讲，武术套路不同的拳种可以通过肢体动作表现出不同拳种的风格特点，武术散打由于受到真打实摔运动规律的制约，不可能表现出与武术套路相同的风格特点。

从衡量标准上来看，由于武术套路属于演练性质，其衡量标准肯定是评判运动员动作的演练水平，包括动作规格、难度、劲力、技法等方面。而武术散打属于对抗性质，其衡量标准肯定是评判运动员击中、摔倒对方得分的多少。从价值功能上来看，由于套路和散打都是属于武术的范畴，肯定有很多相同之处，例如都具有健身功能、技击功能等。武术套路与武术散打价值功能的最大不同之处就是，武术套路的肢体动作或者说肢体语言，承载了中国传统文化的学说，例如形意拳承载了五行学说，太极拳承载了太极学说，八卦掌承载了八卦学说等。这是武术散打动作不可能做到的。

武术散打运动开展之初，不可能想到四十年之后世界范围格斗项目风起云涌。虽然武术的技击功能通过文学、影视、教学等途径的传播蜚声海内外，但是如果武术没有开展对抗性的散打运动，就不可能有大批的专业教练员和运动员，运动员也不可能有高水平徒手格斗竞技能力的积累。如果面对其他格斗项目运动员真打实摔的挑战，武术就肯定会面临十分尴尬的局面。现在看来当时决定开展武术散运动项目，不但是正确的而且是具有远见的，武术散打存在的最大意义就是名副其实地体现了武术的技击功能。

8 对武术研究的主要贡献

郭：您能够成为中国武术研究院专家委员会的委员，您在武术研究学术创新方面有哪些主要成果和体会？

曾：在我的武术生涯中，使我感到最为自豪的是从一个进入体育学院以后才开始学习武术的初学者，最后能够成为中国武术研究院专家委员会的成员，这个成员可以说是武术界的最高荣誉。虽然这个荣誉对于人生来讲只不过是过眼云烟，但是它确能证明我没有辜负国家的培养和期待，没有辜负个人的努力和责任。

（1）武术研究学术创新方面的主要成果

武术学术创新方面的成果，主要表现在武术散打这个运动项目上。包括武术散打竞赛规则、裁判法的制定与撰写、武术散打教练员岗位培训教材、全国体院统编武术散打教材，专业理论的大部分内容都是本人撰写的，还发表了一些武术散打的相关论文。虽然武术格斗是武术套路的前身，武术套路是武术格斗的升华，但是武术散打作为运动项目的开展还是一个全新的领域，前人留下可用的系统理论不多。因此，必须通过散打实践进行总结，总结出来的内容大部分都具有创新价值。除此之外，还有一些创新性的学术成果值得一提。

1976年，武汉体育学院在温敬铭老师的主持下编写武术校本教材时，我提议增加武术套路创编的内容并由我完成。这是我留校任教后的第一篇作品，这篇作品经人修改后被1978年出版的全国体院统编教材所采用。1980年，在昆明举行的全国武术比赛，我参加了大会调研组的工作，在调研报告中提出武术拳种分类比赛的建议被采纳。为了迎接第八届全国运动会，在修改武术散打竞赛规则时，发现竞赛规则中没有行政主管部门的职责，他们组织管理竞赛是无法可依的。因此，增加了"竞赛监督委员会"的新内容，本意是为行政主管部门组织管理比赛立法，以后被全国其他运动项目所采用。

虽然武术散打运动通过多年的发展基本成熟，但是武术的概念还是以武术套路的内涵来定义，已经不符合武术的客观实际。因此，本人积极向有关领导建议修改武术定义，1988年在北京举行了武术定义的讨论会，正式将武术散打列入到武术概念的内涵中。20世纪，国家体委领导对武术套路提出了高、难、美、新的技术发展方向，由于当时对这几个字没有进行准确地界定，以至于多年来造成了认识上的紊乱。针对这种情况定义了"高"是指动作规格质量高，"难"是指动作组织结构难，"美"是指动作演练技巧美，"新"是指动作表现风格新的观点，而且针对武术套路的技术现状，增加了"强"是指动作技击含义强，"深"是指动作完成功底深，这些学术观点对武术套路的技术发展方向具有一定的指导意义。

针对武术界竞技武术导致传统武术没落的错误认识，能够用辩证唯物主义的观点进行实事求是的分析。首先，武术是以拳种的形式存在与流传的，什么是竞技武术？什么是传统武术？很难从拳种中找到区分的标准。因此，传统武术的概念如何界定值得研究。其次，他们两者之间并不是相互排斥的对立关系，而是继承与发展的关系，一些地方拳种萎缩的客观现实应该从生存的社会环境中找原因。最后，竞技武术推动武术继承发展的丰功伟绩必须肯定，这些学术观点有效地消除了竞技武术的负面舆论。

特别是2017年，由于徐晓东与魏雷的约架事件，在网络上引发了抹黑武术的社会舆论。面对这种突然而来的情况，作为中国武术研究院专家委员会的成员反应迅速并积极发声。针对网络上对武术的错误认识与评价，从徐晓东不能以假打真，看待事物不能以偏概全，武术概念的逻辑关系不能颠倒，武术套路的价值功能不能简单化，太极拳不能真打实摔就是假吗？武术散打是最能打的运动项目，实战绝不是检验武术的唯一标准，正确对待虚拟武术的社会现象，商业性擂台比赛出现的乱象不能怪罪于武术，国家的软实力不能被扼杀，正确对待武术套路的技击功能等方面，撰写了"为武术正名"的短文，在中国武术协会网站上发表后，一天内其他网站和微信群的转发量达到上百万之多，起到了及时消除武术负面影响的作用。

（2）武术研究学术创新的个人体会

我国的武术专业教师、教练员、科研人员、本科生、硕士生、博士生是一支庞大的队伍，这些队伍中的成员都有武术科学研究发表论文的硬性要求。如何才能够使武术研究成果具有学术创新的观点？我作为一个以教学训练为主的术科教师，虽然文字水平不算太高，科研成果也不算太多，但是一些创新的学术观点还是被读者所认可，在这一方面我有一些体会可以供大家分享。

坚持理论联系实际，成果能为解决问题所用。纵观当今的武术研究成果，绝大部分属于社会学的研究范畴，虽然武术是我国传统文化的一个载体，我并不反对武术进行社会学研究，但是武术技术是武术实践的主体，武术理论要为技术服务，要为实践服务，这是不言而喻的事情。武术理论研究是武术体系中的"动力"结构，武术技术则是"动力"结构的外围组织，没有"动力"结构的推动作用，武术技术不可能蓬勃发展，没有外围组织作为导体，"动力"结构也不可能起推动作用，理论与技术应该是一个整体，"动力"结构在中心支持外围组织的发展。

武术理论研究要联系实际，要为实践服务，这是武术理论研究必须遵循的一条原则。按照这条原则，我们应该确立武术理论研究的基本框架，这个基本框架应该以武术的技术研究为主体，紧紧围绕着主体向"内""外"延伸。"内"指的是武术技术、教学与训练，"外"指的是与武术技术相关的内容。武术理论的研究成果能够指导教练员、运动员、教师、学生，在教学训练中够深刻认识武术的技术，能够迅速提高运动技术水平，能够解决实际问题。

武术理论研究联系实际要从两个方面去努力，一个是对武术技术本质认识的思维方式，另一个是完成思维方式的操作手段。思维方式是前提，操作手段是途径，没有正确的思维方式就不可能有正确的操作手段。如对武术身法的研究，首先要回答身法到底是什么？武术套路为什么要研究身法，身法到底有哪些表现方式？准确地回答了这些问题，就是理论联系实际的研究成果。通过这种思维方式和相应的操作手段，不断揭示武术技术与教学训练的客观规律。

坚持理论创新的原则，没有创新观点就不写文章。目前，为了写论文而写论文的现象比较严重。其主要表现为相同的题材、相同的内容反复研究，只是站在不同的角度进行表述，论文质量的高低表现在理论功底和文字水平上，其内容并没有新的观点。因此，有人说"天下文章一大抄"。虽然这种评价有些极端，但是不无道理。对于这个问题我的做法是坚持两个原则，一是已经有过研究成果的题材，如果没有相反的论点或新的论点绝不涉足；二是没有研究过的题材，自己的观点必须要有充分的论据而且经得起推敲。

"发现问题、分析问题、解决问题"的这个公式，是我努力做到学术创新的诀窍。发现问题是理论创新的前提，发现问题之后，必须要有正确的理论思维进行分析，通过反复分析得出了解决问题的方案，在此基础上再按照武术理论研究的方法和撰写论文的要求，正式启动该问题的研究工作。例如，武术界对散打失去了武术风格特点的评价，80年代初听闻之后，虽然坚信这个观点是错误的，但是为什么是错误的？当时说不出来半点理由。对这个问题进行了长达13年的实践与思考，才初步形成了反驳这种观点的论文。

坚持唯物主义的研究态度，克服唯心主义的主观判断。虽然唯物主义和唯心主义是一对哲学概念，但是在武术理论研究过程中，唯心主义的表现比比皆是。例如，有一个时期竞技武术的兴起造成了传统武术没落的观点盛行，这个错误的观点就是典型的唯心主义。首先竞技武术与传统武术不是一个对等的概念；其次，竞技武术与武术拳种不是对立的关系，而是继承与发展的关系；等等。概念是逻辑思维的起点，由于武术的概念内容和层次复杂，概念逻辑关系的错位是造成武术论文唯心主义观点盛行的主要原因。

"是什么？为什么？怎么样？"这个公式，是武术研究坚持唯物主义的基本遵循。在研究武术理论和技术的某一个事物之前，必须找到这个事物"是什么？为什么？怎么样？"的准确答案。否则就会进入到唯心主义的圈套。例如，武术套路盛行一种观点，必须是会练这个拳种的人才能担任这个拳种的裁判员。虽然这个观点貌似正确，但是武术比赛的拳种很多，每一个拳种都由会练的人来担任，那么，裁判员队伍有可能会超过运动员队伍，显然具体实践是行不通的，也是没有必要的。因此，这个观点就是唯心主义的。

9 对武术套路、武术散打、跆拳道的评价

郭：您曾经从事过武术套路、武术散打、跆拳道三个项目的教学训练工作，您最感兴趣的是哪个项目？

曾：1974—1979年从事武术套路教学训练工作；1979年直到退休主要从事武术散打的教学训练工作，其中1994—2001年还兼任了国家跆拳道队和武汉体育学院跆拳道队的训练工作，七年的时间里，培养出了一名跆拳道国际健

将，22名健将，在第九届全国运动会上取得了两枚金牌。通过对这三个项目的教学训练实践，应该说有较深刻的理性认识。他们都是独立的运动项目，各自有不同的技术特征、行为轨迹、服务对象、价值功能。作为独立的项目个体，既没有横向比较的必要性，也不存在谁优谁劣的问题。

虽然我从事武术套路教学训练的时间最短，对武术套路作出的贡献最小，但是从个人的兴趣上来讲，我还是最喜欢武术套路。因为，武术散打和跆拳道都是属于格斗类的对抗性运动项目，他们的技术动作相对于武术套路简单，都是使用相同技法进行拳打脚踢，其研究的领域不在技术动作本身，而是在实战的条件下，动作击中、摔倒对方时，人体机能的做功规律，技法运用的活动规律，竞技能力的训练规律。研究对象是向纵深发展的，既有显形的方面又有隐形的方面，而且隐形的要多于显形的。在教学训练过程中，能力的高低主要依赖于认识规律、把握规律理论思维的广度和深度。

而武术套路是原始武术格斗形式的升华。升华以后的武术套路不但产生了129个拳种而且内涵十分丰富。最大的特点就是以技击含义为本质规律和中心思想，通过肢体语言不但承载了中国传统文化，而且承载了自然、地理、仿生、军事、体育、艺术等现象，这是任何体育运动项目都不可能做到的。仅就动作的演练来讲，手、眼、身法、步、精神、气、力、功、形态、节奏、韵律等，其内涵有无限的技巧。练习武术套路动作达到一定的境界之后，运动本身的自娱性能够充分地展现出来，使身心都能够得到很好地熏陶，武术套路的研究领域是无穷无尽的。

基于我对武术套路情有独钟的这种认识，我记得2008年北京奥运会之前，在山东莱州召开了确定武术以什么项目进奥运会的全国研讨会。在这个会上一部分人赞成将武术套路推进奥运会，一部分人赞成将武术散打推进奥运会。当时我的意见是赞成将武术套路推进奥运会，由于我本身是从事散打的而没有推武术散打，反而赞成将武术套路推进奥运会，具有一定的影响力。最后，很快统一了意见。现在有人说如果当初重点推武术散打，武术散打可能已经进入了奥运会，这种结果是无法得到印证的。不管武术进入奥运会的征途多艰难，时间多久远，我相信武术进入奥运会的这个目标一定会实现。

下篇

武术家口述史专题研究

第一章 中国传统武术的当代社会价值及传播方略

中国传统武术是在中国传统文化背景下萌芽、产生、发展起来的一种民族传统体育项目,是中华民族的一项宝贵的文化符号。它的产生、发展如同其他形式的文化一样,以满足当时的社会价值需要为基础。社会处于发展、变化之中,其对各种形式文化的价值需求也在不断发生变化,社会需求成为各种文化发展的重要导向。对中国传统武术而言亦是如此,如何满足社会发展的价值需求成为其存在的理由、发展的源动力和重要依据。当前,"由于受旧的体制、生活方式的惯性作用和法律体系约束力不足的影响,人的社会价值观念和生活信念出现危机,贪污腐败、拜金主义、享乐主义和个人主义盛行,人际关系淡漠、社会凝聚力受损、民众向心力下降"[1],这种情况与社会的健康、良性发展相背离,对国家的和谐社会建设产生阻碍。因此,积极整合各种形式文化的价值功能,消除和谐社会建设中的不和谐音符,促进社会的健康、良性发展成为当前迫切需要。正如国家体育总局前局长刘鹏同志在2009年1月20日的全国体育局长会议讲话中所说,"全面认识新时期中国体育的社会价值和综合作用,是实现新时期中国体育新发展、新跨越的重要认识基础和思想定位……实现体育事业的新发展、新跨越,就要高度重视、充分实现新时期中国体育的社会价值"[2]。

---

[1] 唐宏贵. 论全民健身运动的当代社会价值——《纲要》实施十五年回顾[J]. 武汉体育学院学报,2009,43(6):15.
[2] 刘鹏. 以科学发展观为统领,努力推动我国由体育大国向体育强国迈进[R]. 刘鹏局长在2009年全国体育局长会议上工作报告,2009.

1 中国传统武术的当代社会价值

1.1 当代社会价值需求的总体分析

社会价值需求是解决社会发展中所存在问题时的需要。众所周知，进入21世纪，构建社会主义和谐社会成为时代的主旋律。党的十六届六中全会通过了《中共中央关于构建社会主义和谐社会若干重大问题的决定》，党的十八大报告又提出了对社会主义核心价值观的最新概括。而从伦理道德的角度看，和谐社会是以宽容、理解、尊重、祥和为价值规范的一种社会发展模式，和谐社会是一种在最广泛的意义上求得协助、有序的社会发展状态。这样一种社会境况，没有宽容、理解、尊重的伦理精神支持是难以实现的，特别是在我们这样一个人口众多，经济社会发展不平衡的大国[1]。然而，处于转型期的中国社会，磨合与调整成为个人、社会、国家发展中的关键词。在这一过程中，社会生活价值缺失现象严重，个人、社会公共生活出现许多问题。有研究指出，"由于极端个人利己主义和享乐主义的膨胀，人格为物欲所扭曲、异化，造成人际关系的紧张、冷漠与疏远；由于人的物质生活与精神生活的失衡而造成人的价值体系瓦解、道德滑坡、心理失衡、社会无序和低级趣味泛滥"[2]，以致出现毒奶粉、假疫苗、毒大米和违规排污等事件。要想改变目前社会的这些弊端，需要发挥文化的作用，加强对人的价值教育，建立一个能够被全社会所认同和自觉遵循的价值体系。

由以上分析可知，社会主义核心价值体系所包含的内容即是当代中国社会价值的总体需求，它是一切教育、文化、娱乐等行为所必须围绕的主题。

---

[1] 陈晓明. 中国传统孝文化的当代社会价值论 [J]. 求索，2008（3）：74.
[2] 俞力涛. 道家文化的当代社会价值 [J]. 中华文化论坛，1996（2）：67.

1.2 中国传统武术当代社会价值与功用

中国传统武术是在中国传统文化背景下孕育出的一种文化形态，它的发展、变化是社会发展的价值需求结果，其社会价值必须能够满足所处时代的需求。中国传统武术当代价值是以社会、个人或群体作为价值主体，以传统武术文化、武术技艺为价值客体，后者通过一定的媒介对前者所产生的意义即为中国传统武术当代社会价值。由于价值主体、价值客体和所借助的媒介具有多样性，所以中国传统武术的当代社会价值也体现出多元化。本研究是以社会这一价值主体为背景，对中国传统武术当代价值展开的研究。

1.2.1 文化价值：传统文化、武术文化的承载与传播功用

由马克思价值理论可知，中国传统武术的文化价值要实现必须满足三个条件，一是具备文化属性，二是对母体文化的承载，三是能够满足价值主体的需要。首先，中国传统武术是传统文化背景下产生并发展起来的一项民族传统体育项目，是人类有目的性的创造，这点说明其文化属性客观存在。其次是对母体文化的承载。这点在武术家谈《中国武术史》编写经过时说过，"这个《中国武术史》就是受他（胡晓风）影响，他托人买书，买哲学书、历史书，他说你们搞武术的，传统文化的东西不能丢，他说传统的东西，老子啊孔子啊谈到古代哲学，孙子兵法，这些东西都是国家的宝贝，不能丢"（习云泰）。另外还有研究证明，中国传统武术"它蕴含着中国传统哲学、中医学、兵法学、伦理学、美学、宗教学等，并且反映了中国独特的民族精神、民族气质、民族思维方式、价值取向、审美观念、行为方式、人生观及宇宙观"[1]。武术家的论述和研究人员的研究结论证明，中国传统武术承载着民族文化基因。具备前两个条件只能说明中国传统武术具备了文化价值的必要条件，另外它还缺少充分条件，那就是它对价值主体需要的满足能力，即传统武术的文化有用性。

---

[1] 李增博. 现代社会中武术价值系统的建构研究[D]. 武汉：武汉体育学院，2012：24.

不论武术文化自身还是传统武术所承载的易理、阴阳五行学说和中庸之道等中国传统文化之瑰宝的内容，后人都有传承、传播这些优秀文化的需求。而这些文化获取有两个途径，一是该文化自身，二是从其他承载体的文化中提炼。就前者而言，传统武术对价值主体的有用性毋庸置疑，而对后者，从武术家口述史资料即可证明，那就是可以通过传统武术去传承、传播"传统的东西……这些东西都是国家的宝贝"（习云泰）。中国传统武术在进行文化传播过程中并不是一成不变地传播，而是在创新与发展中进行优秀文化基因传播；也不是单一脉络的文化传播，而是一个多元文化的传播，实践中表现为拳种的多样性。另外，这种文化传播不是仅限于中华民族疆土内的传播，还包括域外传播。有研究表明，汉代时期，中国武术在中外文化交流中已表现得十分活跃，近现代中国传统武术域外传播已经生活化。因此，上述证明文化价值是中国传统武术的社会价值构成之一。

1.2.2 教育价值：传统武术对人全面发展的有用性

教育价值是指在教育活动中价值客体对价值主体的有用性。中国传统武术的教育价值则是作为价值客体的传统武术在教育活动中对作为价值主体的人、社会的有用性。体育是教育的重要内容之一，所以传统武术的教育价值首先应当包含体育功能的要素，即通过传统武术练习达到强身健体、磨砺意志品质和塑造健全人格的作用，这一价值内容也是传统武术过去、当代乃至今后很长一段时间存在的重要依据。史学研究证明，在商周时期"六艺"教育是贵族教育体系中的主要内容，其中的"射、御"教育便是学校教育活动中利用武术等传统体育内容进行的育人行为。时至今日，在国内警察教育、武装警察教育和个人自卫防身能力培养时都还会开展武术教学，这些都是传统武术教育价值的体现。

教育价值具有多样化，传统武术的教育价值还应包括对人的心智、品德和文化教育的作用。马艳在研究中明确提出了传统武术的教育价值，并将传统武术的教育价值分为健身价值、德育价值、文化传承价值和美育价值4个方面[1]。

---

[1] 马艳. 论传统武术的教育价值[D]. 济南：山东师范大学，2008：16-23.

武术家通过多年习武经历概括出武术具有"锻炼意志，调节感情，增长知识，完善人格"（刘鸿雁）的作用，这一作用的发挥即是武术教育价值的实现。另外，"通过武术我就感到人生你只要自己做得正、站得稳，你就什么东西都不怕。武术讲的是中正，就是我站正了我才能战胜别人，同样，我做什么事情也要站得正"（陈顺安）。这是对传统武术在人的品德方面教育价值的认可。

实践证明，在教育活动中传统武术对人的作用具有全面性，它能够增强受教育者的体魄，健全受教育者的人格，进行民族文化传承和培养审美情趣，进而提高整个中华民族的凝聚力、民族认同感和整个社会的和谐度。因此，教育价值是传统武术当代社会价值的重要方面。

1.2.3 经济价值：直接创收和间接推动作用

传统武术的健身、修身、娱乐、文化等方面的功能是其具备经济价值的必要条件，当这些功能被用作赚钱工具、谋生手段时，它的经济价值就得以体现。这在中国社会进入封建中后期已得到充分体现。有研究指出，"两宋时期武术从业者群体活动呈现'安身保命与养家糊口'的总体特征"[1]。近代以来的镖师、教头、武打演员等武术从业者以及与之相对应的镖局、武术馆校、影视基地等，他们均是以武术为工具获取经济收入，是对武术经济价值的利用。时至今日，传统武术除仍然被一部分人作为谋生的手段外，还被地方政府用作宣传、促进地方经济发展的媒介和手段，即采用"武术搭台，经贸唱戏"的模式来吸引投资或引进资金，达到促进地方经济发展的目的。访谈中，武术家提到，他们所带过的一些优秀武术运动员目前都是以传播中国武术或从事与武术有关的职业作为生活方式、谋生手段。而官方也会通过武术赛事来宣传当地良好的投资环境与配套设施，吸引投资者进行经济、技术等投资。如目前浙江国际传统武术比赛、中国郑州少林国际武术节、福建福清市举办的海峡两岸宗鹤拳交流研讨会和武当武术文化节等。

另外，传统武术还会带动一批实业的发展，如服装、器械生产企业和影视传媒业等，它们是传统武术经济价值最为直接的表现。

---

[1] 唐芒果.两宋时期武术从业者群体研究[J].南京体育学院学报：社科版，2015，2（2）：13.

1.2.4 政治与文化外交价值：增强民族凝聚力和外交文化媒介功用

在冷兵器时代，武术的技击价值使其具备满足战争需要的条件，成为统治阶级对被统治阶级进行统治的手段，成为民族、国家之间武装冲突、战争的重要手段。在这一过程中，武术的政治价值得以体现。历史上，正是由于浙江民间武术的蓬勃发展，"台州、金华地区的人尚武、善武，戚继光在浙闽一带沿海抗击倭寇的侵扰时就从这些地区大量招募士兵，并屯兵台州，在台州沿海抗击倭寇的战斗中取得赫赫战果，保证了浙闽一带沿海的安宁"（陈顺安）。另外，中国传统武术注重血缘传承、师徒传承的特征使习练传统武术的人群具有极强的凝聚力，它崇尚武德、追求和谐的文化基因使练习者形成了一种以和为贵的价值追求，这对民族团结、当前中国所进行的社会主义和谐社会建设都有着非常积极的意义。这表明，传统武术对国家安全、稳定有着积极作用。

在对外交往中，明清时期的政府就已将武术作为对外文化传播的内容。近代以来，虽然传统武术的技击价值随着冷兵器作用的弱化而弱化，但是在其他方面的价值功能开始在政治舞台上发挥作用。中华人民共和国成立后，传统武术已经成为中国对外文化交流的重要内容之一。在访谈中得知，武术家张山、陈顺安等从20世纪60年代开始就以主教练、教练、领队等身份带领国家武术代表团出访亚非拉30多个国家，通过中国传统武术让外国朋友进一步了解中国。武术家在访谈中指出，毛泽东主席在看中国武术代表团寄回的表演录像时，"他不是看技术，主要是看行程，看什么规格接待，主要看政治动向，看美国的政治气候"（张山）。另外，一些民间武术组织也会经常与地方政府联合，利用地域性拳种特色开展对外文化交流。浙江武术协会与日本京都日中武道研究会之间持续了30年的交流，以及福建福清宗鹤拳与日本、美国、俄罗斯和东南亚各国之间的广泛交流是典型代表。即使在国外，武术这一中国文化符号让更多人认识中国、了解中国。如袁祖谋在法国长期从事中国武术、中国摔跤的教学、推广工作，获得当地政府的认可，并在中法领导人会晤时得到当时中国政府领导人的接见。因此，当和平、和谐成为人类社会发展的关键词时，政治与文化外交价值也成为当代传统武术重要社会价值之一。

1.2.5 伦理价值：道德教化功用

传统伦理文化产生于人类调节人与人、人与自然、人与社会之间关系的过程，它对中国传统武术的发展有着深刻影响。"未曾学艺先学礼，未曾习武先识德""无德无拳，拳以德立""德艺双修"等体现的是传统武术对习武者个人品德修养的要求。一些传统武术流派练习时讲究季节、时辰、方位，体现了其创编者对人与自然和谐相处的追求。历史上，武者不乏"精忠报国"之士，刚健有为、自强不息的民族气节是习武者的个人追求，是习武者对社会责任心的体现。在武术课程开发中伦理价值是重要的考虑内容，"我希望我们领导层都有提高武术这方面的认识，千万不要认为就是个耍拳的嘛，要培养民族精神和道德品质"（邱丕相）。

另外，在竞技武术形成发展中也彰显了传统武术的伦理价值，中国传统武术从仁、义、礼、信、勇、孝、忠、节等方面构筑起自己的伦理价值体系，形成了理论化、系统化的道德思想和道德观念，要求习武者应尊师重道，讲究人与人、人与自然、人与社会之间的和谐相处。中国传统武术在发展过程中积极吸收中国传统伦理文化的有益元素，伦理价值已成为中国传统武术当代社会价值的一个重要方面。

2 中国传统武术当代社会价值的传播方略

价值主体的内在需要是价值客体所具有的价值属性的逻辑起点，价值客体所具有的价值是在满足价值主体需要的过程中实现的。中国传统武术的当代社会价值是传统武术文化、武术技艺等价值客体内容在满足社会、个人或群体等需要中实现的，其实质是价值的传播。

2.1 回归中国传统武术的主流文化地位

改革开放以来，中国经济快速增长，经济总量已跃居世界第二。中国在世界上的影响力不断增强，然而如果一个国家的影响力、竞争力仅凭借经济，就相当于一个人仅用一条腿在走路，后劲会明显不足。要想继续增加中国在世界上的影响力，就必须从文化入手，充分发挥中国文化在软实力建设中的作用。

有学者通过与西方文化比较，将西学东渐以来中国文化发展归纳为"16至18世纪，中国文化唯我独尊；鸦片战争至20世纪初，文化自信逐渐丧失殆尽；'五四'前后至中华人民共和国成立，文化自卑；中华人民共和国国成立后到20世纪末，文化自信得而复失；21世纪初至今，文化自信逐渐恢复"这样五个阶段[1]。当前中国文化正处于文化自信恢复阶段，文化自信的恢复是一种文化成为主流文化的前提。"我们这个民族，近160年间，被帝国主义侵略，占领我们国土，加上文化侵略、政治渗透，使我们这个民族自己的好东西看不见，非得外国人拿来，而且这个思想一直延续到现在，以至于有些人就觉得外国的月亮都是比中国圆的，只要你是外国来的那就是好的，武术也为此很难发展"（门惠丰）。这种对自身文化的自信不足不仅不利于恢复传统武术的主流文化地位，还会加速外来文化的急速膨胀，从而影响国内文化的安全。中国的武术从业人员希望通过自己的努力将其推向世界，让更多人认识中国、了解中国。然而，这一过程非常艰苦，经常会受到当地政府的阻碍，比如"法国卢森堡公园是法国参议院的公园，开始有人在那里打太极拳，人家很反对的，不让打太极拳。尤其是有些动作啊，跟外国的文化不太相合，还有人在这练剑，公园也不让。我去法国参议院做教练以后，我说我们中国人打拳都要到公园里去打"（袁祖谋）。这一现象能够有力证明，当一种文化处于非主流文化地位时，在国际政治、文化交往中必将会有很多障碍。

民族传统武术作为中国传统文化的一个重要分支文化，需要确立其主流文化地位，否则很难实现其价值的传播。"反映在体育文化方面，最突出的表现则是对西方竞技体育的无限崇拜，而民族传统体育发展则陷入了两难的境地，认为中国民族传统体育不具有独立发展的形态与健全科学的体系，因此开始用西方体育的标准来衡量民族体育，使中国民族传统体育完全失去了自身特有的价值与内涵"[2]。因此，需要从政治、文化、教育等多途径确立中国传统武

---

[1] 范铜钢.传统武术传承评价指标体系构建研究[D].上海：上海体育学院，2013：50.
[2] 周桂英.西学东渐对中国文化自信的冲击及其重塑[J].湖南社会科学，2012（4）：9-11.

术的主流文化地位，只有这样才能够更好地发挥中国传统武术的价值功能，从而达到保护中国文化安全的目的。

2.2 依据社会价值需求做好传统武术发展的顶层设计

随着时代发展、社会进步，个人和社会的需求都在发生变化，一种文化只有能够满足时下个人、社会的价值需求才能够实现其价值。对传统武术发展，"怎么能够把它整理，怎么能够创新，包括内容、传播模式都需要调整，不改变不行，老的东西、老的方法，我们这个时代已不适应了"（陈顺安）。在冷兵器时代，技击价值是个人、统治者对武术价值追求的主要方面。然而，在人类进入热兵器时代以后，个人和社会对武术的价值追求便发生了变化，这就要求中国传统武术要以满足个人和社会的价值需求为重要评价标准，改变其原有推广与传播的模式、内容、方法等。

中国武术发展至今呈现出竞技武术发展有组织、有计划、有序的特点，而传统武术则处于一种有组织、无计划、无序发展的状态。严格地讲，传统武术发展的有组织只是一种相对程度上的，是同一拳种内的有组织，但组织的工作效率不高，缺乏整体、系统、长远规划。中国传统武术的这种发展状态，经常会出现相互诋毁、恶性竞争的现象，这样便限制了自身的发展。中国传统武术要发展、提高普及程度和社会影响力，关键在于能够满足当前社会价值需求。做到满足当代社会价值需要，就要做好中国传统武术发展的顶层设计，由武术最高管理部门从传播内容、传播方法、评价体系和传播的组织管理等方面做出一个全面的、系统的、科学的规划和设计，从而为武术工作者和从业者提供指导。

2.3 提高传播主体的职业素养

在传统武术传播、传承问题上，有研究认为"传承主体与传承内容在整个传承活动中占据较为重要的地位，传承主体与传承内容对于整个传统武术的传承工作具有较为重要的意义"[1]。由传播学理论可知，在文化传播中传播主

---

[1] 马利亚.民族传统体育发展的社会价值与文化选择[J].体育与科学，2012，33（2）：82.

体对传播效果起到决定性作用。结合对武术家的口述史分析可知，提高传播主体的职业素养对传统武术的社会价值实现具有积极的意义。

传统武术的社会价值是在主体的传播过程中产生的，所以传播主体的职业素养就决定了传统武术的传播效果，进而影响传统武术社会价值的实现程度。实践证明，武术技法储备、武术技法操作能力、武术史等理论知识的个人专业素养，对传统武术传播效果具有重要影响。在高校武术教育改革中，"除了当前国家需要的以外，传统套路要多掌握一些……建议现在院校的学生学习的内容要宽一点，不要光学国家规定套路"（张山）。传统武术有着深厚的民族文化内涵，传播主体的个人文化素养、对传统武术的理解程度和传统武术技能的展演能力等都会影响传承、传播的效果，传统武术传播过程是一个传播主体言传身教的过程，传播主体的个人能力、个人修养会影响武术传承过程中文化传承、意志品质培养、个人品德修养等的教育效果和武术技法的传播效果，即影响到传统武术教育价值的实现程度。"专业队队员的身体素质好，有练习竞技武术的经历，对传统武术的理解、掌握速度与程度和对传统武术意境的表现，都要好于民间传统武术练习者"（陈顺安）。"学高为师，德高为范"，武德是传统武术的重要内容之一，这就要求传播主体还要有很高的职业道德。此外，当传播主体的个人能力不足时，无法将一种优秀文化符号向国内外练习者展现，无法引起对方兴趣自然也就失去众多受众，这样不管对武术从业者还是希望借助武术搭台进行经贸唱戏的地方政府来说，都会影响到预期效果。所以传统武术传播主体的职业素养对其经济价值的实现程度也有着非常大的影响，提高传统武术传播主体的职业素养成为中国传统武术当代社会价值实现的必然要求。

综上所述，从传统武术传播实际需要出发，传统武术传播主体应具备较强的武术技法储备与操作能力、拳种的发展历史等理论知识的个人专业素养。另外，传播主体还要有坚定的政治信仰、道德修养、意志品质等职业道德。

2.4 构建标准化的传播内容体系

传统武术的当代社会价值是以传统武术的技术、文化、礼仪等为载体，在传播主体传播过程中形成的。传统武术传播内容对其社会价值实现起着至关重要的作用。众所周知,通过改编、自创形成一拳多派是目前传统武术传播过程中一个非常显著的特征,这也使得其在传播过程中产生十分混乱的局面。如恶性竞争、夸大所习练拳种的功能等。另外,由于认知能力、理解能力、刻意而为之等原因,创生拳派经常会出现伪科学内容、文化内涵流失的现象。因此,如何解决传统武术传播过程中存在的问题成为其传承、传播的关键。拳种流派创编,"国家应该抓住一些主要的来进行规范和推广,制定标准,包括理论上的和技术上的"(张山)。对传统武术传播内容进行标准化建设是一条行之有效的途径。事实上,传统武术标准化是大势所趋,是适应时代发展的需要[1]。

与西方运动项目相比,传统武术拳种、流派众多,拳理模糊,动作标准多样,这虽然能够反映出拳种、流派的特征,但是也给传统武术的传承、传播带来困难。实践证明,构建标准化的传播内容体系,是解决由传统武术拳种、流派带来问题的有效途径。然而,如何构建传统武术标准化的传播内容体系,是目前还没有解决的问题。有研究认为,"传统武术标准化应该是科学合理的标准化,它必须在明确技术特色的同时,尊重文化特色,树立主体意识"[2]。因此,所构建的标准化技术体系要具有足够的技术承载能力,能够充分反映主要拳种、流派的技法特征。另外,还要考虑传统武术分布的地域特征,即能够将不同地域的典型的拳种、流派的技法涵盖在内,如太极拳、形意拳、八卦掌等。当然,"对传统武术技术体系进行标准化,并不是要泯灭传统武术百花齐放的繁荣态势,而是要在繁多的事实标准中,提炼、总结出传统武术技术内容的精髓,使其更加系统化、规范化、有序化、科学化,从而更加有益于传统武术技术体系的传承与传播"[3]。这就要求,标准化建设后的技术体系必须具有足够的拳种技法、拳种文化的承载力,能够全面反映传统武术所蕴含的优秀民族文化。标准化的技术体系要去除传统武术技法中不符合人体解剖结构特征、不利于自身价值发挥的技术动作,这样才能够保证技法体系的

---

[1] 郭玉成. 武术标准化研究的概念、方法和体系——基于标准化学科视域的基础理论构建[J]. 上海体育学院学报, 2015 (1): 56-61.

[2] 李守培, 郭玉成. 传统武术现代化的路径研究[J]. 山东体育科技, 2011, 35 (1): 37-38.

[3] 李守培, 郭玉成. 传统武术技术体系的标准化及其对策研究[J]. 体育科学, 2014, 35 (2): 18.

科学性。武术家庞林太在谈武术发展变化时,对今后如何发展传统武术也持有同样的观点。这样的标准化过程能够很好地预防武术现代化异化为长拳的"一枝独秀"的局面。

以上是标准化建设中具体操作层面要解决的技术问题,而仅做到这些还不够,在现有体制下如果没有官方的政策支持、顶层设计,只能算是一条腿走路,会影响传统武术社会价值的发挥。因此,标准化传播内容体系建设需要与官方政策支持、顶层设计建立有效协同。

2.5 根据价值传播需要选择适宜的传播模式与传播手段

传播学理论将传播过程的模式概括为单向直线传播、循环和互动模式传播两种基本类型。单向直线传播,在传播过程中"容易把传播者和受传者的角色、关系和作用固定化"[1],传播过程还缺少反馈机制,无法对传播效果进行及时、有效的评价。另外,这种传播模式对传播内容有着特殊要求,适宜的传播内容较少。而循环和互动模式传播则弥补了单向直线传播的不足,有传播、有反馈,传播者能够对传播效果进行及时、有效的评价,进而对传播过程做出相应调整。另外,在这种传播模式中,适宜的传播内容也非常多。实践证明,单向直线传播不宜作为人与人之间传播的主要模式,循环和互动模式则更适用于人际、群体与组织间的传播。

传统武术的社会价值是在人际、群体、组织间的传播过程中产生,传播内容包括传统武术技法、拳理、礼仪、历史和文化等内容的传播。由现状可知,家族传承、师徒传承是传统武术目前的主要传承与传播方式,师父通过讲解、示范向徒弟进行技艺传授,这种传播模式属于循环和互动模式。虽然人与人个体之间进行的技法传播有着较多优点,但是由于传播主体、传播受体、传播内容的复杂性,当进行群体与组织传播、文化传播和历史传播时,这种传播模式受到传播过程中传播方式、传播手段的限制,大幅降低了传统武术传播的效果及其价值的发挥。有研究认为,"在长期武术发展传播过程中,尽管武术的内容丰富,但仍没有形成像中国其他文化一样的大一统体系,流传下的拳谱和要诀,大

---

[1] 郭庆光.传播学教程[M].北京:中国人民大学出版社,1999:61.

多只能由活着的人携带，只能随着继承人的存在而存在，逝去而消失"[1]。"武术的产业化发展还谈不上是产业，实际是社会上的武术、民间的武术、群众的武术，去怎么给它规范做好顶层设计，走产业化发展之路……民间传统武术的发展鼓励走产业化发展之路，改变拜师学艺的传统模式"（陈顺安）。具体实施过程可以通过"进行武术研究院的培训基地竞标，都来搞，将来很快形成一个产业性的整个武术产业的发展"（夏柏华）。

"长年流传于人民日常生活中的民族传统体育，深受广大群众喜爱，有着广泛的群众消费基础，加之民族体育投入少、价值低，在目前的经济水平下，符合大众的消费能力，因此实现民族体育产业化是完全可能的"[2]。传统武术走产业化发展之路不仅能够规避师徒传承的这些弊病，还能够规范传播内容、提高练习的科学性和有效性，使其价值实现最大化。然而，"我国体育产业还刚刚起步，虽然近年来有了较大的发展，但在项目和地域的发展上极不平衡……体育项目也仅足球、篮球、乒乓球、排球等少数项目，其他项目的产业化举步维艰，民族传统体育产业化仍处于艰难起步阶段"[2]。传统武术产业化应避免过度追求经济效益，"而要以社会效益为第一，将社会效益和经济效益有机结合起来"[3]。传统武术走产业化发展之路是传统武术发展、传统武术社会价值实现的一条有效途径，但是还有许多问题需要解决，应积极鼓励传统武术产业化发展之路并加大对其的研究力度。

此外，与学校教育、全民健身相结合，也是目前解决中国传统武术社会价值实现程度问题的一个有效途径。首先，学校教育有传统武术传播的土壤，需要通过传统武术教育达到其人才培养目标。重视传统武术在学校这个阵营中的传播和推广，既有利于传统武术自身的科学、健康发展，又有利于学生通过传统武术练习来继承、发扬民族优秀传统文化，实现传统武术社会价值的最大化。从操作的可行性出发，有研究认为，传统武术的传播应该以高校民族传统体育专业为主要传播基地，上线建立起与武术主管部门、传承人和传承组织的连接，下线建立起与武术馆校、业余体校、普通中小学的传播体系的连接，以

---

[1] 蔡金明.传统武术传播方式与特点[J].体育文化导刊，2003（6）：36.
[2] 熊茂湘.转型时期民族传统体育的社会价值[J].上海体育学院学报，2003，27（1）：17.
[3] 李守培，郭玉成.传统武术现代化的路径研究[J].山东体育科技，2011，35（1）：37-38.

满足传统武术保护、传承与传播的需求[1]。其次，传统武术产生于民间，所以在全民健身市场拥有着天然土壤。传统武术与全民健身相结合，使民众在习武、练武过程中达到强身健体、完善人格、传承民族文化的目的，这成为实现传统武术社会价值最大化的重要途径。王新武在其研究中指出，"推进少数民族体育与全民健身运动的结合……加强少数民族体育与教育的结合，推动民族体育的教学和科研"是发挥少数民族传统体育资源社会价值的有效路径[2]。

不管是走产业化发展之路，还是走学校教育与全民健身结合之路，都必须重视对新媒体的利用，用新媒体传播方式解决口传身授中受众小、传播内容有限的问题。能否利用好众多媒体平台的宣传效应，关乎我国民族传统体育文化的本土化振兴与国际化推广等现实问题。"现在是互联网时代，现在的教学都可以通过互联网进行，采用拜师学艺的传播模式有很多弊病"（陈顺安），诸如正宗和非正宗之争、过度追求经济效益和受众少，还经常会扭曲、夸大所传播拳种的价值功能。这种传播模式不但达不到传播传统武术价值的目的，反而还会影响其自身的传播、发展。因此，传统武术传承、传播过程中应重视对新媒体、互联网等现代信息技术的利用。

3 结语

中国传统武术作为中国文化的一个重要分支，对当代社会发展有着其他文化所无法取代的价值，然而在其传播、发展过程中由于受各种主客观因素的影响，其社会价值没有得到充分拓展和实现。改革开放以来，随着经济发展、国力增强，腐化堕落、三观缺失成为当代中国社会主义和谐社会建设中的不和谐音符。本文通过对武术家的口述史研究和文献资料的分析，认为中国传统武术具有解决当前中国社会发展中所遇到问题的作用，但是需要通过回归中国传统武术的主流文化地位、依据社会价值需要做好传统武术发展的顶层设计、提高传播主体的职业素养、构建标准化的传播内容体系和根据价值传播需要选择适宜的传播模式与手段等，才能够更好地发挥中国传统武术的当代社会价值。

---

[1] 范铜钢.传统武术传承评价指标体系构建研究[D].上海：上海体育学院，2013：2.
[2] 王新武.少数民族传统体育资源的社会价值及其发挥[J].体育文化导刊，2014（12）：65-66.

第二章 学校武术教育中的武德传承内容及对策

武术是我国一项具有悠久历史的传统体育项目，因其多元化的价值功能，深受人们的喜爱。同时武术也是学校体育教学中的重要内容，在中小学体育教学大纲中要求体育课必须有武术的教学内容，全国各大高校都开设了武术普修课。武术是中华民族传统的健身方法，是传承民族文化、培育和弘扬民族精神的重要载体。基于武术具有一般体育运动项目不可替代的重要作用，早在1915年武术运动就已被有识之士推入新兴的近代学堂、学校，并逐渐被视为学校体育的重要组成部分。但时至今日，学校武术教育开展状况不容乐观，被誉为国粹的中华武术在中小学教育开展中面临着严峻挑战，亟待进行一场全面的革命[1]。

开展学校武术教育的主要目的是为了弘扬民族精神，传承民族文化，使广大青少年学生增强爱国主义精神，学习了解和传承我们优秀的民族传统文化。武德是中国武术文化的重要内容，是武术伦理观的核心。在前人习练武术的过程中非常重视武德的修炼，如拳谚曰"未曾习武先习德""未曾学艺先习礼"等，反映出前人对习武者的道德品质的重视和严格要求。在学校武术教育过程中武德教育也应当成为不可或缺的重要内容。然而，当前学校武术明显存在着只重视武技的传授，而忽视武德教育的严重问题。这背离了习练武术的基本要求，已成为阻碍学校武术教育持续健康发展的主要影响因素。

---

[1] 国家体育总局武术研究院组. 我国中小学武术教育改革与发展的研究[M]. 北京：高等教育出版社，2008：2.

1 学校武术教育中的武德传承内容

周伟良教授认为，武德是指长期以来在习武群落中形成的对习武者的行为规范要求，它协调着习武者之间的人际关系，影响着习武者的各类活动。武德在不同的历史时期、不同的习武群体中，有着各自的具体内容，但其主体精神具有相对的稳定性和延续性[1]。很显然，作为一种行为规范，武德为习武者指明了一种做人的价值标准。同时，武德还是对习武者的一种内在制约，是历经各种武术技术锤炼后的一种精神境界。武德属于一个历史的范畴，随着时代变迁和社会发展，武德传承的内容必然会产生相应的变化，以适应时代和社会发展的需要。在当前学校武术教育中，武德传承内容的选择有何依据，以及其主要的传承内容应包含哪些方面，对这两方面的内容有必要进行梳理与分析，以便更好地开展学校武德教育。

1.1 武德传承内容的选择依据

1.1.1 符合中国传统文化的儒家哲学思想

中国传统文化是伦理本位的德性文化，以道德实践为第一要义的儒家思想构筑了中国传统文化"道德至上"的价值取向与文化精神。儒家思想对中国两千多年的传统文化产生了巨大影响，对传统武术的影响也不例外，尤其是对武德伦理思想的形成产生了根本性影响。儒家思想中的"仁者爱人""己所不欲，勿施于人""重义轻利""崇德轻力"等内容深刻地影响了传统武德的主要内容和规范要求，对习武者的为人处事方面具有重大影响。传统武德的"尊师重道""舍生取义"等思想，在很大程度上也是儒家思想的缩影，其思想来源无不与儒家思想有着密切联系。武德在历史上对习武者的价值观与行为方式产生了深刻影响，时至今日仍深深影响着习武者的行为与处世方式。

---

[1] 周伟良. 传统武术训练理论研究[D]. 上海：上海体育学院，2000：37.

1.1.2 符合当代中国社会主义核心价值观

党的十八大首次提出了社会主义核心价值观，扎实推进社会主义核心价值观引领工程，增强社会主义文化的影响力与辐射力，是我国适应全球化背景下综合国力竞争的战略选择。社会主义核心价值观的"爱国、敬业、诚信、友善"是对公民的基本道德规范，也是评价公民道德行为选择的基本价值标准。在中华民族长期发展历程中，爱国主义始终是国家统一、民族团结的精神纽带，集中反映了中华民族的优秀传统价值取向和共同信念。武德教育是对爱国主义的重塑，很多习武者都以国家和民族的利益为首要目标。纵观中国发展历史，无论是在军队还是在民间，都涌现出不少武林豪杰，他们为了国家和民族不惜牺牲自己生命的高尚品质，教育和激励着后代习武者。

当今社会发展进入了一个文明的时代，整个社会都在提倡营造文明社会、和谐社会,这其中武德教育对倡导和弘扬社会主义核心价值观有着重要的现实意义。文明、和谐是社会主义核心价值观的灵魂，是人类社会共同的理想目标，也是社会主义社会的本质属性，鲜明地体现了社会主义的核心价值诉求，是指导社会成员价值选择、行为取向的基本标尺。武德是习武者和习武群体遵守的道德规范和行为准则，其内涵极为广泛，处处体现着仁义之国、礼仪之邦。开展武德教育既是传承武术的有效方式和途径，也是构建和谐社会的现实需要。

1.1.3 符合当代学校德育的价值取向

在《国家中长期教育改革和发展规划纲要》中明确提出素质教育必须坚持"德育为先"的思想，把德育放在学校教育工作的核心地位，认为德育是素质教育的灵魂。德育的价值取向即倡导什么，限制或反对什么；认为什么是正确的，什么是错误的，规定着德育实践的方向和性质。当代学校德育主要包含爱国主义、集体主义、人道主义、社会公德、遵纪守法、正确人生观与价值观、传统道德等方面。学校武德教育必须与学校德育的价值取向一致。武术作为一项民族传统体育项目，在其发生、发展过程中也有中国传统文化。以爱国主义、尊师重道、诚实守信、见义勇为、匡扶正义、讲究礼仪、不凌弱逞强和恭德处世等为主要内容的武德教育显然符合当代学校德育的价值取向，也充分体现了社会主义精神文明建设的基本要求。在学生学习武术过程中同时开展以上述内容为基础的武德教育，是对学校德育工作的有效补充，同时由于它与学校日常德育工作相比途径不同、环境不同、方法不同，教育效果也会不同。我们可以通过传授武术进行爱国主义、尊师重道、诚实守信、见义勇为、匡扶正义、讲究礼仪、不凌弱逞强和恭德处世等方面的思想品德教育，充分发挥好武术的载体功能和平台功能，让广大学生通过武术的平台接受更深刻、直接的德育，为学校德育工作找出新的培养模式、方法和途径。

1.2 武德传承内容的具体阐述

1.2.1 "仁"——武德之核心价值

"仁"是儒家思想的核心概念，一个"仁"字几乎囊括了儒家思想对人的道德修养的全部伦理观念的诠释，自然也是习武者所追求和应具备的、最高层次的道德境界，成为了武德的核心价值。武术中的伦理观念，武德的形成与发展，均以儒家"仁"为中心，并始终围绕"仁"的层面展开。"博爱之谓仁"（韩愈《原道》），"仁"的本质含义是"仁者爱人"，即用广博宽容的爱心去爱所有的人和事物，仁是发自内心的爱。一方面指的是对人要宽、惠、恕，所谓"己所不欲，勿施于人"。另一方面指的是对人要忠，即待人诚厚，尽心竭力。从价值伦理上讲，"仁"的核心是孝悌，这种孝道反映到武术领域就是要求习武者具有师慈徒孝、兄贤弟恭、朋亲友爱的道德伦理规范。如《武术汇宗》所列少林传授门徒条规的第一条，即"尊师重道，孝悌为先"。在武术界"一日为师终身为父""师徒如父子"等都是尊师重道的传统。

《宋史·岳飞传》记载有"同死，朔望设祭于其家"，其意是民族英雄岳飞少年时期拜民间拳师周侗习武，尽得其术，当周侗去世后，作为徒弟的岳飞每逢初一、十五就提着祭品到师傅的坟上进行祭拜，充分体现出岳飞对师傅的尊敬、感恩之情。这在老一辈武术家身上得到了充分的体现。"我正直豪爽，这些性格跟练武分不开。而且我认为，武德对我的教育影响也很大，要尊师重道。张（文广）老师是我成长过程的模式，我是走的张老师的（模式）。张老师走的模式，实际上在中央国术馆都有规定的，这是对传统的一个继承啊！"（夏柏华）"按照西方的体育思想，给一个球，我进去就是我赢了。但是武术可不是这样，你把师傅打败了，你就成为师傅了？那不是。武术讲传承，讲文化，得尊师重道，讲究传承有序"（门惠丰）。

践行"仁"具有两种路径方法，即"忠"与"恕"。"忠"是要求习武者忠于师门，继而可延伸为要忠于民族、社稷、正义、事业。"恕"就是要与人为善，宽以待人，以爱人之心宽恕他人，保持人际关系的和谐友好。就如老武术家们所体现出来的和蔼友善，"外边跟谁我都合得来，不觉得咱有架子，很和蔼可亲"（刘鸿雁）。"仁"对于习武者来讲具有特殊的意义。武术作为一种技击技术，习武者相对于普通人而言，具有更强的武力，对社会和他人具有更大的危害性。因此，对习武者的道德要求就提到了一个特别的高度，要求习武之人具有仁爱之心，不能随意动武，须强调不仁者不教、不义者不传。几乎武术各门各派都有各自的门规戒律，如"五不传""八戒律""十不准"等。张孔昭在《拳经拳法备要》中云："贤良秘授纾危困，邪佞休传害众生，大道等闲若轻授，须防九族尽遭刑。"

1.2.2 "义"——武德之价值标准

"义者，宜也，尊贤为大。"（《中庸》）、"义，人之正路也。"（《孟子·离娄上》）、"行而宜之之谓义"（韩愈《原道》）、"义者，谓其宜也，宜而为之。"（《韩非子·解老》）可见在儒家思想中，"义"就是事之适宜，是正义、正路的意思，要求思想行为需要符合一定标准的道德观念，而这个标准最主要的就是"仁"。"义"在中国古代特别为人们所重视。《孟子》云："鱼，我所欲也；熊掌，亦我所欲也；二者不可得兼，舍鱼而取熊掌者也。生亦我所欲也，义亦我所欲也，二者不可得兼，舍生而取义者也。"这种"舍生而取义"的气节已成为千百年来武林中人"肝胆相照、生死与共"的武德境界及追求目标，并将这一道义发挥到极致。尤其在侠士们的身上得到了淋漓尽致的体现，受到人们的崇敬。

从现代伦理的语境而言，"义"是武德的价值标准。区分武林之中拯救与杀戮、善与恶、荣与辱的根本标准，就在于是否践行"义"，是否践行对社会正义的信守和护佑。武林中所尊奉的"义"是对儒家所推崇的"大义"的追求与践行。"大义",不只是对个体的保护和关怀,而且上升到为国家、民族荣誉及关乎其生死存亡的至高利益挺身而出,万死不辞。孔子曰:"君子以义为上,君子有勇而无义为乱,小人有勇而无义为盗。"自古以来,行侠仗义、保家卫国都是武林中人毕生追求的理想和信仰。"你看咱们武字,止戈为武,哎,武术就是啊,以止戈动作为基本内容的中华体育。要让我说就是这个,这个有正义性啊。我练这个干嘛,学这个干嘛,为了制止战争,我才发展我这武术,我为了制止"(刘鸿雁)。著名的少林十三棍僧勇救唐王李世民,少林僧兵出战倭寇,无数的武林志士不畏强暴、见义勇为的事迹,都是"舍生取义"的价值取向的具体表现。合于义,则死也必战。不合于义,即使有全胜的把握,也绝不可以出手。总之,"义"是传统武术技击运用的重要标准。

1.2.3 "信"——武德之处世原则

"信,诚也",就是说做人要诚实守信,一诺千金。人与人之间的交往,诚实无欺是一个重要的前提与保证。"信则人任焉"(《论语·阳货》),与人交往必须言而有信,信成为人与人之间交往的思想纽带,反映了人与人之间的相互信任与尊重。"信"作为一种处事原则,极其重要,以至于被儒家提升为做人与立国的根本。

"信"在武德体系中也是一个非常重要的内容,传统武术对"信"非常重视,所谓"一言既出,驷马难追"。信守诺言成为传统武术的一个优良传统。习武者"对待侪辈,须和顺温良,诚信勿欺",而且要"善修其身、善正其心、善慎其行、善守其德"[1]。"诚信是做人之本,诚是诚实,信是信用"(习云泰)。"言必信,行必果"一直以来是习武之人所坚信和坚持的最为根本的立身处世的原则和人生观念。习武之人通过对"信"这一伦理价值的践行,通过互相之间对承诺的信守,实现了别人对自己的信任与尊重,并体现在其自身伦理修养和道德水平的全面提高上,从而实现对理想人格的全面塑造。在当今社会普遍缺失诚信的背景下,能够保持有诚信的人格品质显得尤为可贵。

---

[1] 全国体育院校教材委员会.武术理论基础[M].北京:人民体育出版社,1997:182-185.

1.2.4 "勇"——武德之价值践行

"勇"对个体来说是一个很重要的意志品质，也是一种很重要的道德要求。无论在古代中国还是古代的西方社会，都很重视勇敢的品质。从一般意义上讲，勇敢指的是有胆量、有勇气、敢于冒险、不畏艰巨，但是这没有揭示出勇敢作为一个道德品质的真正含义。在东西方传统文化中，都认为真正的勇敢应是为正义而勇敢，那些为了邪恶的事情而冒险所表现出来的勇敢不是社会所提倡的勇敢。

勇敢对于习武者来说是一种不可或缺的品质。有史料记载，在周代时期用"拳勇"之词语代表武艺。汉代时候把武艺高强者称为勇士，这里可以从侧面反映出勇敢品质在武术习练、武术实战中的重要程度。拳师在选拔自己的徒弟时，也把是否具有勇敢品质作为一个先决条件。如《史记·太史公本纪》中说："非信廉仁勇，不能传兵论剑。"在实战对抗中，更需要武士们表现出巨大的勇气[1]。古人云"狭路相逢勇者胜"。这些在一定程度上都说明了勇敢品质对于武术的重要性。在当今社会，勇敢品质的重要性主要体现在两个方面：一是要有克服困难的勇气。"百折不挠，自强不息。别遇到困难就回来了。站起来的次数永远比跌倒的次数多一次。什么意思呢，你遇到困难了，跌倒了，得爬起来。我爬起来比跌倒多一次我就是英雄。你跌倒比爬起来次数多一次你就是狗熊。就简单说吧，你们将来也会遇到很多困难，有的矛盾甚至要把你压垮。你要记住，我要站起来，我要用心，我要奋斗。这就行了。人有这个精神就压不垮，就怕没这个精神"（刘鸿雁）。有了克服困难的勇气，困难只会让你越来越强大。二是要有弘扬正气、打击邪恶的勇气。习武之人如遇上了邪恶现象或别人急需帮助时，要勇于"路见不平，拔刀相助"，勇于伸出援助之手，这个世界才会越来越美好。

---

[1] 胡平清. 武术教育在学校体育中的功能研究[J]. 北京体育大学学报，2013（6）：87-89.

2 学校武术教育中的武德传承对策

2.1 重视武德伦理规范教育

受儒家文化影响，"德艺双馨"一直是武术界追求的最高境界，也因此涌现出许多具有高尚"武德"的豪杰侠客。尚武崇德几乎成为每个武术门派所追求的共同目标，并在长期的实践过程中逐渐形成了共同认可的武德伦理规范，如尊师重道、诚实守信、见义勇为、匡扶正义、除暴安良、讲究礼仪、不凌弱逞强、恭德处世等，成为了构成传统武德的重要基础，也是各武术门派门规戒律的主要内容。如苌家拳的《初学条目》中就明确规定"学拳宜以德行为先，方是正人君子，学拳宜以涵养为本，举动间要平心静和，善气迎人"。为了培养高尚的品德，各个门派均制定了若干条律，要求门徒严格遵守。

我们以少林门派为例，它就有"练功十忌"，即"一忌荒惰，二忌矜夸，三忌躁急，四忌太过，五忌酒色，六忌狂妄，七忌讼棍，八忌假正，九忌轻师，十忌欺小"。凡是持技欺人甚至为非歹之流，武林是不容许他们存在的，轻则加以责备，重则逐出师门，更重则予以严惩。少林即严正宣告："有技无德者，非少林之徒！"并谆谆告诫武僧："功成之后莫轻使，持技欺人忘德行。[1]"在武术教学过程中，必须重视对学生进行武德伦理规范方面的教育，首先要让学生了解和熟悉武德伦理规范的主要内容，形成相关认知。其次，要积极引导学生加强对武德伦理规范的践行。实际上，武德远非这些外在规范，而是习武者经过反复修炼后形成的一种内在的制约机制。武德的核心正是习武者对自身使用武术的一种价值判断。因此，要养成高尚的武德，就必须经过"内外兼修"的锤炼后才能内化成一种高尚的精神境界，体现了人与人之间"和谐"相处的思想，是传统民族精神"厚德载物"思想的具体体现。

---

[1] 栗胜夫，栗晓文.论中华武术之核心理念[J].体育科学，2014（11）：27-35.

2.2 加强武术礼仪教化功能

礼仪是一个人乃至一个民族、一个国家文化修养和道德修养的外在表现形式，是做人的基本要求。中国是礼仪之邦，历来非常重视"礼"的教育，儒家文化其实就是一种礼文化。武术礼仪在其漫长的历史发展过程中逐渐形成，成为武德的外在表现形式。在武术教学过程中，应重视和加强学生的武术礼仪教育，使其成为培养武德的重要途径和手段。武德教育应该以"礼"为先，通过具体的礼仪规范来达到培养"德"的目的。武术课应该将礼仪教育贯穿于整个武术的教学过程，通过对学生进行武术礼仪教育以及对礼仪的遵守和践行，使学生形成一种知礼、守礼、行礼的习惯，并逐渐转化为学生内心的价值认同和自觉行为。

现代的武术礼仪主要有以下几个方面：一是徒手礼，包括抱拳礼、鞠躬礼、注目礼等。二是持械礼，包括抱刀礼、持剑礼、持棍礼、持枪礼等。三是递械礼，包括递刀礼、递剑礼、递棍礼、递枪礼等。四是接械礼，有接刀礼、接剑礼、接棍礼、接枪礼等。其中最常见、最具代表性的是抱拳礼，它由中国传统"作揖礼"和"拱手礼"发展演变而来。每一种武术礼仪都有体现武德的内涵。以抱拳礼为例，曲拇指表示虚心不自大，左掌掩右拳相抱表示勇不滋乱，武不犯禁，表达了恭敬、谦逊、礼让的意思。其他武术礼仪也皆有谦虚、礼让、恭敬、尊重、自律、真诚、宽容等武德内涵。"未曾学武先学礼"，武术礼仪教育应成为教武、习武的重要内容，让广大学生在学习武术礼仪、践行武术礼仪的过程中不断了解中国传统武术文化，不断提高自己的武德修养。

2.3 强化学生意志品质的磨砺

"欲正其心者，先诚其意。"（《大学》）所谓"诚意"，就是意志品质的修养和集中，是一种意志品质的磨砺[1]。如果说意志品质在当代竞技

---

[1] 张践. 德性与功夫[M]. 昆明：云南人民出版社，1992：37-38.

体育中主要体现为运动员的顽强拼搏精神，赞美的是一种"力"的伟大，那么在传统武术中强调的是习武者通过体肤磨砺而达到的人格完善，是一种对"德"的颂扬。

对习武者而言，从拜师习武到学有所成，既是武技水平不断提高的过程，同时也是锻炼自己意志品质、逐步深化对武德的理解过程[1]。武术伦理认为，习练武术的过程是悟道、怡情的过程。习练武术讲究"冬练三九，夏练三伏"，这是对习武者吃苦耐劳、坚忍不拔、持之以恒的意志品质的要求，磨去人的浮躁性情，技艺功夫才可能有长进。在教学过程中，武术教师可以运用大负荷的训练方式对学生进行刻苦磨砺，在显著提高武术技能水平的同时，培养出学生坚韧不拔、吃苦耐劳、永不言弃的意志品质。武术训练本身也是道德情操、伦理哲学的修炼过程，更是人生观、世界观的改造过程，这种涵养道德意义的思想观念具有重要的现实教育价值[2]。

2.4 注重教师口传身授的潜移默化

"礼者，所以正身也；师者，所以正礼也。无礼何以正身？无师，吾安知礼之为是也。"（《荀子·修身》）荀子认为教师是礼仪的化身，在传承礼仪方面有着重要的社会作用。学生对老师的一言一行是高度关注的，而且具有很强的模仿能力，因此老师的言行对学生容易产生相应的影响。

作为一名武术教师，要想培养学生的武德，需要重视自身的言行举止对学生的潜移默化的影响作用。首先要有较高的武德修养，通过口传身授的潜移默化作用，使学生的武德修养逐渐得到提高。所以武术教师一定要注意提升自身武德的修养并不断持续下去，不断增强自己在学生心目中的人格魅力。在习武者的学练过程中，应有"一日为师，终身为父"观念所形成的崇尚师傅权威和尊严的传统。同时，武术教学具有很强的直观性，非常注重口传身授。所以在武术教学中教师言行的表率作用更为明显。"哪个老师的武德、技术高的话，带的徒弟都会棒。武术界有句话说得很好嘛，有什么样的老师就有什么样

---

[1] 周伟良.传统武术训练理论研究[D].上海：上海体育学院，2000：37.
[2] 江百龙.武术运动丛论[M].武汉：湖北科学技术出版社，2009：160.

的徒弟。像我们张（文广）老师，在我的成长过程中，一直受张老师的影响、带动和教育。他的为人师表，的确对我影响很大"（夏柏华）。"身教重于言教"，武术教师要善于用自己的言行潜移默化地去影响学生，有助于学生武德的培养。对于武术教师而言，不能只重视教授武术技能，而应当从思想上高度重视武德教育的重要性，才有可能提高学生的武德修养。

2.5 突显武术历史人物典故的激励作用

武术历史人物典故，是曾经真实存在的，其中所蕴含的生动而丰富的文化内涵和民族精神对青少年学生具有非常好的激励作用，是培养学生武德非常好的素材。通过对学生进行武术历史人物典故的讲解，让其了解和感受其中蕴含的文化内涵及民族精神，是培养学生武德的有效方式和途径。

具有很好教育意义的武术历史人物典故主要有：岳飞的精忠报国，戚继光的抗倭，闻鸡起舞，霍元甲抗击外国大力士，革命女侠秋瑾，义侠大刀王五等。随着多媒体教育技术在学校的普及，使在课堂上播放影视片成为可能。现在已经把许多武术历史人物典故拍成了影视片，这为我们进行武术历史人物典故的教育提供了非常好的影视素材。武术影视是武术传播的重要途径，同时也是传播武德的重要形式。如在影片《叶问》中充分体现出了中国人的一种不屈不挠、英勇顽强的民族精神；在《截拳道》中宣扬了李小龙的仁义精神；在《龙门客栈》中宣扬的是行侠仗义、除暴安良、劫富济贫的侠义精神；《太极宗师》则体现了杨露禅习武的坚持不懈、永不放弃的精神等。教师要善于利用各种武术历史人物的相关素材，激发出学生学习的兴趣，以提高对学生武德培养的效果。

3 结语

学校武术是武术发展的一个非常重要的内容，学校武术教育应该把武德教育摆在首要的位置，把"仁""义""信""勇"作为学校武德传承的主要内容，这既符合当前学校教育特别重视学生的素质教育，尤其是思想道德品质教育的要求，又使学校武术教育真正具备了"传承民族文化，弘扬民族精神"的教育功能，使学生在学习武术的过程中逐渐实现思想境界的提升、道德品质的修炼以及精神气质的培育，从而有力地推动学校武术教育持续、健康、良性的发展，使学校武术成为名副其实的"传承民族文化，弘扬民族精神"的有效载体和手段。

第三章 学校武术教育中技击功能的传承现状及对策

习近平总书记在中央党校建校80周年庆祝大会暨2013年春季学期开学典礼上讲话指出:"中国传统文化博大精深,学习和掌握其中的各种思想精华,对树立正确的世界观、人生观、价值观很有益处。[1]"武术是中国传统文化的优秀代表,理应成为培养当代青少年健全人格、健康体魄和"刚健有为"[2]之民族精神的必要手段和途径。在当今经济全球化发展、文化多元竞争的背景下,传承、传播优秀武术文化是青少年必须肩负起的历史使命。武术文化传承的根本在于教育,尤其是学校武术教育。相比社会、竞技武术教育,学校武术教育具有组织严密、职能专一、内容系统、形式稳定、受众群体庞大等优势特点,理应成为武术文化发扬光大的重要场所和领地。

纵观学校武术教育发展史,不难发现,因社会政治、经济环境变迁,西方体育项目强势开展,以及竞技武术运动迅猛发展,以竞技武术套路为主要运动形式的学校武术教育,逐渐暴露出各种问题。诸如学校武术课程指导思想、目标不明确,内容不完整,课程结构设置不合理,课程实施存在诸多问题,课程评价缺失等[3],使学校武术呈现出表面繁荣下的技击凋零景象。如何在学校教育中传承和发挥技击功能,不仅是当前武术改革和发展研究的薄弱点,也是传统武术教育教学有效开展的关键。本研究以口述历史访谈为基点,在获取、

---

[1] 习近平. 习近平在中央党校建校80周年庆祝大会暨2013年春季学期开学典礼上的讲话 [DB/OL]. http://cpc.people.com.cn/n/2013/0303/c64094-20656845.html, 2013-3-3/2015-10-23.
[2] 张岱年,程宜山. 中国文化论争 [M]. 北京:中国人民出版社,2006:37.
[3] 朱广收. 体育院校武术国际化课程设置现状的调查研究 [D]. 上海:上海体育学院,2010:18-33.

整理、分析和研究口述历史资料基础上，倾听、思考和探究知名武术家隐蔽的声音及教育经验、人生态度，探寻历史真相、明晰发展现状，探求学校武术教育技击功能在当代传承的新路径。

1 学校武术教育中技击功能的传承现状

学校武术教育中技击功能的没落有时代背景原因，但武术教育思想、理念所引起的功能体系和结构的异化才是问题关键。武术的核心技术是攻防，用以"防身制敌"是其最基础也是最本质的功能。武术锻炼，是在提高攻防格杀必备体能的同时又能习得攻防技术，提高攻防技能，掌握防身制敌的本领[1]。技击是基础，健身、娱乐、竞技等为派生，是技击功能的依附，没有攻防技击技术的习练、阐释，忽视技击功能的发挥和弘扬，所希冀的武德培养、体质健康的促进以及业余文化生活的丰富等目标将失去根基。因此，在武术功能体系和结构的序位中，技击功能理应为重中之重。然而，当前学校武术教育中技击功能的传承现状不尽如人意，主要表现为传承目标定位、主体技击意识培养、武术技击素材选择、武术技击方法四个方面的问题。

1.1 学校武术教育技击功能传承目标定位与实践的错位

中华人民共和国成立以来，竞技武术的蓬勃发展对学校武术产生了重要影响。一方面，竞技武术走向世界竞技舞台，增进了国际社会对武术的认知以及国人的文化自信，一定程度上带动了学校武术教育的普及性开展。另一方面，竞技武术的习练目标、技术内容、训练方法、竞赛方式、管理体系、评价模式被移植到学校武术教育，促进了学校武术的科学化、规范化和标准化，然而全面移植和复制导致教育领域的不适应和弊端也层出不穷。概括而言，因忽略教育场域的目标功能的多元性以及学生群体的身心特点，使培养人、发展人全面品质的学校武术教育特征化为泡影。《武术课程指导纲要》中关于培养学生自

---

[1] 康戈武.中国武术实用大全[M].修订本.北京：中华书局，2014：15.

卫防身的目标设置，在以竞技武术套路为主要内容的学校武术教育实践中，成为一种虚无缥缈、遥不可及的理想。

"我长时间接触竞技武术，曾经在我的概念当中套路就是武术的全部，在那个时期竞技武术就是武术的全部，因为我们去参加全国比赛也好，还是观摩也好，看到的都是这些东西"（邱丕相）。竞技武术套路运动的全面开展表现出一支独大的局面，左右了学校武术教育的内容、手段和课程目标设计。当前全国各级各类开展武术课程的学校中，初级、简化的"竞技武术"套路是最主要的内容，如依据查、华、炮、洪、弹腿、少林等拳种综合整理创编的长拳类套路；在传统杨氏太极拳基础上，按由简入繁、循序渐进、易学易记的原则，去其繁难和重复动作的简化太极拳。这些新编长拳或太极拳，虽有传统技法精华，但在教学实践中，与竞技武术同出一辙，皆表现为单纯的套路运动形式，鲜有攻防格斗内容。当然，学校武术教育出现这样的状况有其历史背景和原因。"1957年拳击打死人后拳击取消，武术散打也不提，一开始武术捧出来的就是套路运动，不提打"（邱丕相）。受中华人民共和国成立之初国际、国内政治形势、经济发展水平、社会文化需求等因素影响，无论是竞技武术还是学校武术，运动形式都局限于套路，不提打，不讲究技击实战。"1956年有个座谈会，蔡（龙云）老师等很多专家在争论，武术是舞还是击，击与舞的争论嘛。新中国不提倡打，到了70年代末80年代初，好多人反映，你们这武术运动员练的什么武术啊？路上碰到小流氓自己都吓得跑，连一点自卫能力都没有，不用说救女孩子了，自己都害怕。这就是因为，昨天我讲的武术发展三个阶段，到了花法以后就单纯求花法了。戚继光讲满篇花草，从技击格斗方面是没有功夫了，当时张山也一直在提这个问题，后来国家考虑，单搞套路不行，不能一条腿走路，要搞对抗项目"（邱丕相）。到1989年，竞技武术散打历经十年试点试验后如火如荼开展起来，然而，学校武术教育未能紧跟潮流，依然延续着"单腿走路"的旧有模式。

近年来，《新武术类课程教学指导纲要》在总的课程目标中，将基本的防身自卫知识和技能培养纳入指导教学内容，配套的新教材也做了相应删改和调整。如删减初级套路，增加动作组合，突出基本技法，表现出"淡化套路，突出方法，强调应用"的特征。新纲要在指导思想层面提升学校武术教育重视技击的可能。不过除却宏观层面的价值，中、微观层面缺位，或者希冀学校教育部门设计对应的具体课程目标和实施细则，已被现实教学实践过程的"无效"证明此路不通，原因不能不作深究。另外，从长远来看，"淡化套路"的指导思想会使技击功能的传承效果大打折扣并逐渐受到抑制。原因在于：一方面，套路是技击动作传授和学习的载体，零散的技术动作及组合有利于掌握攻防格斗技法，但不方便记忆，难以在整体上予以理解和把握并形成知识结构，传承效果大幅受限。另一方面，如果不改变教育政策和大纲指导下的"被动"施教内容的僵化模式，无论是套路、组合还是以单个技法为教学内容，都会让习武主体技击文化体验愿望落空，使文化自觉意识、防身自卫技能和健康体魄的培养目标沦为华而不实的理想。"淡化套路"的策略方向并非提升武术技击功能传承的对症良方，长此以往，技击功能的传承不仅因中、微观目标缺位而受阻，也将因教学实践与之错位，距离学校武术教育目标愈行愈远。

1.2 学校武术教育主体的武术认知、期待与冲突

1.2.1 教师群体关于中国武术技击功能传承路径的认知与冲突

武术教师处在整个武术教育系统的中枢位置，起着知识和技能的吸收、整合以及传递功能，对技击功能的认知和践行关系着武术的命运和前途。然而，绝大多数武术教师以完成大纲规定内容为最高宗旨，教授规定套路技术内容，导致武术教学有技术内容无文化内涵、有套路组合形式无防身制敌效果，千百年积淀的文化内涵在学校似乎被分化成"体育项目""传统文化"两个单体而存在，只见体育不见文化。

究其原因，主要在于学校生态系统内外部文化环境、制度政策、人际关系等因素对教师自身技击认知、技击素质、教学自主性、个体创造性的制约，导致教师群体技击素养普遍低下，职业角色认同意识淡薄，关于武术的职业热情和创新动力不足。一名优秀的武术教师，首先，要对武术有种坚韧不拔的毅力。"当时我们学武术遇到了一个好老师，在他的教学中，除专业技巧、教学能力、教学方法这些以外，更重要的一个东西，我觉得我们学到的就是对武术的热爱"（曾于久）。其次，武术教师要注重言传身教。"哪个老师武德、技术高的话带的徒弟都是棒的。武术界有句话说得很好嘛，有什么样的老师就

有什么样的徒弟。像我们张文广老师,我在成长过程中一直受张老师的影响、带动和教育。他为人师表,对我们的确影响很大"(夏柏华)。"身教重于言教",武术教师要善于用自己的言行和技击素养潜移默化地影响学生,促进学生技击意识、武德修为的培养和提升。然而,学校武术教育的开拓创新以及技击功能的传承不能完全依靠教师的武术热情、教育良知与内涵修养,而是在问题诊断及处方选择中将教师群体作为重要的因素加以考量,引导教师理解、认同并主动参与技击传承路径的探索与实践,最大限度地解决和规避经济、社会和人际环境之间的种种冲突,否则学校武术教育技击功能传承困难的现状难有改观。

1.2.2 学生群体关于中国武术技击功能的期待与冲突

"我们那时候讲侦探打黑贼,做游戏,每天晚上打,后头看到有武术表演,看到煤矿工人武术队啊经常表演。我就参加那个,刚开始练什么小炮锤,小炮锤很枯燥的,练了几个月。武术队里头有一个练了四年的,跟我打架,叫我给打败了,从这儿开始我不学了,他学四年都没用处"(习云泰)。习云泰教授学生时代的习武经历和感触,至少可以告诉我们,学生习练武术的直接目标在于克敌制胜、防身自卫。如果在实战中不能获胜,技术手段不能检验于实践、不能打,就会像习老师当年一样觉得"没用处",并因失望等心态放弃继续习练,造成武术人群不必要的流失。当然,这个例子不能说明技击一定是武术的终极目的,但必然是习练武术的心理基础和前提。至少在习练之初,兴趣爱好尚未养成,对武术尚未有深刻理解和体会,需加强技击功能的挖掘、传授和阐释。利用技击学习和对抗模拟,同时获得快乐体验和心理满足,初步培养起武术兴趣。兴趣以需要为基础,唯有对武术感到肉体和精神需要,才会热心于接触,积极从事这项活动并探索其奥秘,持久的兴趣和动力则需要对满足其深层次需求的武术优势和价值方面的认同。

人类共同的解剖、生理结构和规律,决定了武术同世界其他武技类项目拥有大体一致的格斗技术手段。不同的是,历经几千年演变的武术,广泛融合传统哲学、伦理学、养生学、中医学、兵法学、美学等传统文化思想和观念,其整体运动观、阴阳变化观、形神观、气论、动静虚实说、刚柔说、体用说、尚武崇德说等运动理念和学说,内容丰富、理论深刻,不仅重视技术习练,更注重内外兼修、德艺兼备，这正是武术的优势所在[1]。武术是中国身体文化的象征，是中国屹立于世界民族之林的文化符号。学生在民族文化层面上的了解和认知，有益于体会中国传统文化刚健有为和自强不息的民族精神。在技击方面的历练，有益于培育保家卫国、舍己为人、英勇顽强的作风和意志，满足英雄角色扮演和完美品质的心理诉求。然而，去技击化的学校武术教育，忽略甚至漠视学生群体个性需求和心理期待，极大地削减了学生技击参与和文化体认的机会。自觉习练武术的学生规模萎缩，校园武术活动数量愈来愈少，长此以往，武术将失去学校这块战略要地。

1.3 学校武术教育技击素材的选择标准单一，内容结构僵化

"武术要讲继承，但光继承还不行，还要发展要创新，这样武术才有生命力"（习云泰）。创新是以现有的思维模式提出有别于常规或常人思路的见解为导向。利用现有的知识和物质，在特定的环境中，本着理想化需要或为满足社会需求，而改进或创造新的事物、方法、元素、路径、环境，并能获得一定有益效果的行为。武术创新是武术人主观能动性的高级表现形式，是推动民族进步和社会发展的不竭动力。民国初年，马良创编新武术，吸取体操等西方体育教学训练方法手段，开创武术教学训练的新模式，提升了传承效率，打破了师徒制的传承传统，这是一种创新。"武术要创新发展，应该是在继承传统的基础上进行改造、创新、发展"（庞林太）。中华人民共和国成立以后，竞技武术套路的蓬勃开展，改革开放以后散打项目的试验、改革和发展，成为传统武术理论和实践与时俱进的创新成果，推动了武术的现代化进程。

然而，中华人民共和国武术教育发展至今，在技击内容和素材的选择上，无论形式或内容都表现出标准单一、选择盲目的特征，技击素材日渐陈旧、僵化甚至缺失。中华人民共和国成立以后，学校武术引用竞技武术套路的教育内容和训练模式，对传统武术鲜有涉及。武术教育简化为单纯的套路教学过程，缺乏技击内容的拆解分析与专门练习。部分学校、部分教师虽将擒拿格斗或散打加入到课堂教学内容，丰富了教学内容和形式，但却具有个体选择的随意

---

[1] 邱丕相.中国武术文化散论[M].上海：上海人民出版社，2007：13.

性、典型性、不成体系和非可持续性。中华人民共和国武术教育60多年的持续发展，到今天已步入模式单一而僵化、继承不足而异化、创新动力减弱而匮乏的窘境，严重制约了学校武术教育现代化改革进程。

1.4 学校武术教育技击方法注重工具性传承，忽视技击智慧的开发

技击智慧的开发分思维智慧、技术智慧和修养智慧三个方面。技击思维智慧体现为进攻和防守中精神的专注、对技术的理解，对格斗形势的仔细观察、准确判断，对格斗对手行为的预见并迅速采取行动策略和实施技术行为的综合思维能力。如太极拳中以静制动、以柔克刚、避实就虚、借力发力，主张一切从客观出发，"随人则活，由己则滞"等，主要体现为"技击意识"。

技击技术智慧凝结在技术本体之中，并体现攻防的单个技术结构和技术应用过程所显出的稳定特征，如太极拳技术的尚圆求变、求整合一、以点制全。中国武术的擒拿，以中医经络、解剖学知识为基础，"尚巧不尚力""以巧取胜"，充分体现了设计的有效性、连续性和技巧性，具备显著的技击艺术化特征，是源于千百年技击实践智慧的结晶。

技击修养智慧则是为了获得高水平的技击能力和武术修为进行的学习、归纳、总结等，讲究"静心观照""刚健有为""天人合一"。"修养智慧"探讨的是人生与宇宙的本质问题，表现的是人自身内外兼修、神形兼备、虚怀若谷等积极的自我完善[1]，具有不断求真、求善、求美的特征。学校武术教育是促进学生健康和技能水平、培养文化情感和促进文化认同、激发技击智慧和提升心智水平的重要手段。

当前的武术教育过程普遍呈现一种重视技术传承，忽略技击智慧开发的特征，是一种身体的"填鸭式"教学模式。攻防实践的互动过程，停留在技术和方法的"教""学"层面，注重工具效能，忽视动作文化内涵、拳理阐释、拳架组成、运动规律、技术要求、攻击原则等深层探究与引导，忽略延传渊源、古人先贤对身体的理解方式、传统养生手段选择倾向、运动思维特点、人际交

---

[1] 马旭君.基于元认知理论的太极拳智慧探析[J].浙江体育科学，2010，32（1）：84-86，99.

流与武术切磋模式的点拨与讲解，致使学校武术教育战略的整体推进受阻、效果大打折扣。同时，也导致学校武术教育对象——新时代学生出现文化意识淡薄，武术技击思维"迟钝"、观念"僵化"等不利于武术发展的趋向。如此，学校武术教育进退两难。

2 学校武术教育中技击功能的传承对策

2.1 从国家和民族层面强调尚武精神，加强行政干预力度

缺乏智慧的意志力是虚弱的，缺乏意志力的智慧是危险的。古今中外的经验告诉我们，意志与智慧的高度辩证统一是民族图强的不二法门。当今中国正需要一种精神把整个民族牢牢凝聚在一起，这就是尚武精神[1]。1919年，孙中山写下"尚武精神"四个字，并说："中国的拳脚技击，与西方的飞机大炮有同等的作用。"当然，此话并非认为技击真可当枪当炮，上阵杀敌，而是指敢于拼搏、直面强敌，敢于亮剑的凛然正气，可以摧毁一切困难和恐惧。处于国际纷争中的国家不能没有"尚武精神"，充满竞争的生活、工作的现实社会环境中，个体同样需要坚毅、勇敢、不屈不挠之"尚武精神"。

邱丕相教授回忆："我们教指委在黑龙江开会，晚上吃饭的时候黑龙江省教育厅副厅长有感而发：'我这次到日本去，日本少年小孩的学习太厉害了，大冬天穿着短裙短裤，一二一走的非常抖擞有精神，日本武士道精神现在还在发扬，我们中国的孩子不能这么娇里娇气。'"日本教育部门和社会各界十分重视学生忧患意识的建立和尚武精神的培养。相比来讲，我们沉浸和陶醉在泱泱大国中，提及忧患和危机意识，至多关乎升学、就业和升职等现实生活具体问题。对国家长治久安和繁荣昌盛缺乏"国家兴亡、匹夫有责"的使命感和拼搏精神。另外，学生群体近年来流露出对"民族英雄"的淡漠感，无疑是当今学校武术教育缺乏"尚武精神"贯彻落实的具体表现。

---

[1] 尚武精神.［DB/OL］. http://baike.haosou.com/doc/6322443-6536049.html，2015-1-7/2015-10-23.

武术之"尚武精神"重在通过武术锻炼学生精神、劲力和敏捷灵便，培养凶猛、刚强、坚毅、"临大难而不惧"[1]等内在气质和品质。强调"尚武精神"的武术，则应该是以徒手或器械格斗技术为基本内容。建立在真实或虚拟的两两对抗中的身体格斗技能，在实际或假想的危机局面中而引发的危机意识是培养"尚武精神"的手段。技击动作的格斗对抗是核心。戚继光在《纪效新书》中说："凡比较武艺，务要学习实战本领，真可对搏打者，不仍学习花枪等法，徒支虚架，以图人前美观。[2]"如果仅仅是"图人前美观"，忽略其技击实战功能的学校武术教育，与学生练习舞蹈或体操又有何异，"尚武精神"的价值追求只会事倍功半。学校武术教育，受国家教育理念、教育制度和政策的制约，也是当前国家教育方向和趋势的客观反映。缺乏尚武精神，丧失技击功能的武术教育是政治、经济、社会、文化等各种因素综合作用的结果，单纯的学校武术教育改革无异于隔靴搔痒。

因此，政府及教育行政部门从国家和民族角度出发，转变教育理念，制定相应的教育制度和行政策略，向全社会尤其是青少年学生提倡"尚武精神"。通过加大行政干预力度，促进学校武术课程的全面落实，建立目标引导、榜样激励、行政监督、同行评价，形成完善的学校武术教育机制，促使学校等教育管理机构和相关领导认真贯彻落实弘扬尚武精神的方针政策，并在具体规章、制度、内容和方法体系建设方面，做出积极响应和转变，主动采取措施摒弃隐忧，保障校园安全与和谐。一方面，学校在政府和教育部门的政策引导和经济支持下，加强场地、设施、护具等研制，最大程度降低教学训练以及模拟比赛中的受伤概率、避免伤害事故的发生，保障运动的健康开展。另一方面，设计武术"文化"方案，如充分发挥武德伦理、礼仪教化的作用，杜绝"暴戾之气"或"扰乱秩序"等负面影响的产生。

学校武术教育具有典型的教育性和规范性特征，是传承民族优秀文化和智慧的有利条件，是集中优势力量传播武术文化，培养刚正坚毅品格以及进取拼搏精神的场所。从国家和民族层面强调"尚武精神"，加强政策引导、加大扶持力度、实施奖励措施，不仅是落实学校武术技击功能传承的措施，也是促成

---

[1] 温力.尚武精神及其对武术发展的影响[J].武汉体育学院学报，2009，43（8）：6-11.
[2] 戚继光.纪效新书[M].北京：中华书局，1996：88.

民族意志与智慧高度辩证统一的手段,是对中国文化精神"天行健,君子以自强不息"的最佳诠释。

2.2 由技击上升为文化教育,增强技击文化意识

"借古以开今"属于武术技击文化继承与发展的命题。借古并不仅是延传古老的武术技术体系,更是传承武术所蕴藏的文化内涵。邱丕相教授说:"武术绝不是仅学个拳术来健身的问题,而是要通过这个培养我们刚强、勇敢、不怕的精神,也要培养宽容、厚德的品格。这两方面正好武术都有,所以我说武术含着很深的中国文化。我一直也提倡,武术首先是通过传播技术,渗透中国文化的基本精神,就是刚健和宽容这两个方面。"

摆正历史悠久的武术文化在当代学校武术教育中的位置,正确对待传统武术的动作技术、功法练习手段、武德规范、伦理习俗等的本体连续性,是现今武术文化教育发展的基点。跳出形形色色的武术分类传统,从武术技击的核心价值和功能上把握与演绎并不意味着要否定竞技武术,也不是要摒弃套路的程式化演练,而是以势势相承的套路作为习武入门之法,继而以拆招、喂招、模拟实战等应用实践的方式深入学习武术。从技术修习中体悟阴阳变化、相生相随的辩证法传统,理解以人为本、天人合一的境界追求,从格斗实践中养成技击文化意识。由此,组成学校武术教育的基本活动样式和技术发展的基本内容,并深刻反映出中国传统文化讲究"技进乎道"的特征。

"道"最初意义是道路,后来引申为做事的途径、方法、本源、本体、规律、原理、境界、终极真理和原则等。"技进乎道"包含技的传授和道的体悟相辅相成的两方面,但不表示这是事物发展的两个阶段,而是一体两面。技术的传授是道的体悟基础。武道又以武艺和精神的高层次的配合予以彰显,就此体悟并加以贯彻力行,促使武技精进。因此,技术实践作为追求道之境界的必要手段,首先要求全面学习、深刻理解蕴藏在武术技术中的攻防内涵。武术教师要有意识有能力解读动作中的技击内涵。"每一个动作都要有攻防含义,要有攻防意识,你才能教武术"(陈昌棉)。在教学过程中,武术的基本功,手法、眼法、身法、步法等组成要素,以及功法练习等手段,都以武术攻防为核心,一招一式皆需攻防意识的贯注,搏击技术与功法的纯熟,这是武技进阶武

艺的基础。

其次，须强化武术套路练习。套路是技击招法的串连和程式化，是强化和巩固技术练习成果的重要手段。从武术修为层级来讲，既是武术习练者由技进乎道的初始阶段，也是必要过程。没有攻防技击意识不能称之为武术，无攻防技术的娴熟则难以在实践中加以运用，摒弃或淡化套路的练习手段则难以恒久。同时，也会缺少对传统武术程式逻辑、结构文化的体会。只有将单个技术、技法和套路科学有效结合，树立起文化意识，勤加练习，才能"拳练千遍，其意自现"。这里的"意"便是武术所蕴藏关于天、地、人的哲学观念、医学理念、美学趋向、伦理规范、兵学策略等，由此才可达到"由招熟而渐悟懂劲，由懂劲而阶及神明"。所以，武术技术习练不局限在技术本身，而要通过技术传授文化，以完善人、发展人，通过四肢运动以鼓荡精神、心灵，厘清包裹在种种表象世界内的天人、人人、自我与本我的关系，最终净化心灵、修炼心志、修养心性，即"武术有四德，健身、强身、防身、修心，最重要的是修心"（陈昌棉）。修心是学校武术文化教育应追求的一种境界，也是"由身及心""由术及道""阶及神明"的关键所在。

2.3 由单一拳种进阶中国武术，维护武术系统生态

"有很多的拳种是好东西，做非物质文化遗产给保护起来。但是作为遗产它只能是起保护作用，真正要发展必须要在这个基础上进行整理、规范、简化才能推广，所以武术实际上现在是面临着一个转型的问题"（陈顺安）。武术的现代化转型和发展不能停留在"武术"宏大叙事上，必须要树立拳种意识、技击意识。推行"一校一拳"，以当地学校作为主体整理、规范和简化具有传承和教育价值的传统武术项目，增强对武术文化多样性和人类创造力的尊重，从而在保护和抢救非物质文化遗产的同时，还有益于保持我国拳种多样性、差异性，提升传统武术的当代交融、激荡和创新发展的活力。传统武术拳种的技术教学，须在有限动作技术教学中，掌握基本的技击方法、技击理念，领会技击精神。"你不要去学这个拳就专门学它的套路，你要学这个拳的基础东西"（陈顺安）。武术的学练不在于技术或套路的多寡、长短，而是要从可以反映拳种基本特点的核心技术出发。针对小学、初中、高中不同阶段学生的身体和

心理发育水平，科学设计内容和方法体系。从小处着手，善加启发、引导，以做到融会贯通、一叶知秋，最终形成拳种意识、文化意识。自觉发掘蕴藏在广袤中国大地上的武术拳种、技术体系，传承武术文化。

学校武术教育不同于民间武术的传承之处在于，要在遵循年轻一代身心发展规律的前提下培养人、教育人，通过武术攻防技击的习练，意在把某种本就潜藏在人身上的东西引导出来，有目的、有计划、有组织地增进知识和技能。形形色色的各门各派，纷繁复杂的多样化拳种有精粹也有糟粕，有的能起到强身健体、自卫防身的作用，有的仅仅只是表演展示的技巧。"第一次就是在广西搞全国武术观摩交流大会，大会上民间出来的人很多，包含的内容也很多，包括练硬气功的，后来到加拿大去了。我记得有一个广东的农民，他的手老茧很厚，鹅卵石，啪，劈断了。还有湖南的这个卧叉，在上面做表演，当然这里面有些是功夫有些还是技巧"（邱丕相）。许多表演性的功夫，如特技类武术的"卧叉""吞剑"等，硬气功类中的"劈石""断碑""枪顶咽喉"等，并不适合学校武术教育。其内容选择要避免简单的"拿来主义"，而要审慎考察其是否具有深厚的文化积淀和教育价值，是否符合科学性、教育性、健身性、地域性、理论与实践相结合以及实效性的原则，要对繁杂的内容去粗取精、去伪存真，甄选精粹以在丰富武术教育内容的同时，维护博大多元的武术系统生态。

2.4 多维度解析技击方法，更新习武主体思维方式

学校武术教育教学，除了在教与学之间传承技术文化外，还需通过技术教学激发学生思维方式的完善。多维度解析技击方法，首先要求教学方法和手段上灵活多变。传统的教学方法有讲解、示范、图示、情景模拟、游戏法、分析探究法等，教师在教学实践中，应该根据不同的教学阶段和进程，合理有效选用不同的教学方法，尤其要注重攻防格斗技术的拆手、喂手、抢手等的情景模拟和实践。引导学生多维度深入理解动作、把握拳理、掌握正确的方法。实践是检验真理的唯一标准，冲拳、踢腿等技术动作是否合理有效，接触到手靶、脚靶便能有所感悟。适时纠错，更容易激发学生的钻研兴趣和自学动机，提升技术水平。另外，教学方法的灵活多变要求有完善的教学手段作为保障，规范

的武术场地设施，标准的刀、枪、剑、棍等各类器械，完善的手靶、脚靶、沙袋及其他辅助器材配备，配合以现代化的教学手段，如网络多媒体、计算机、音像等，从视觉、听觉、触觉等角度，全方位、多层次刺激和强化学生的武术认知过程。

其次，对技术的攻防内涵、技击原理进行深层阐释。武术技击技术的应用因环境、对手不同而变化。同一攻防技术的使用也因劲力、角度等的变化而变化，这就要求教师在教学过程中，对技术动作的讲解要全面，对攻防内涵、技术原理的阐释要透彻。"授人以鱼，不如授人以渔"，技术教学和原理教学要合理搭配、相得益彰，尤其是在中学、大学阶段，注重运用诱导启发式教学方式，培养学生灵活应变、举一反三的能力，让其学会全面、辩证地看待问题，养成不守旧、善于开拓创新的思维习惯。武术教育不只是技术的传承、身体的锻炼，更应该是在此基础上对学生心理、思维能力的提升。关于这一点，学校和教师应牢固把握。其实，这也正是中国武术区别于西方体育项目独特的文化基因。"武术啊，民族传统体育也好，它里面训练方法和教学方法实际上从根子上是与西方体育不一样的。因为它文化基因不一样，实际上它的训练方法、竞赛方法也应该不一样。有些是我们向西方学习的，有些是融入了西方的东西，但实际上区别很大。我说它应该是独立的，它和西方文化是不一样的，是中国文化支撑的一种体育"（邱丕相）。

培养学生武术"和谐"的技击思维方式。习武是对中国传统伦理条律和门规戒律、自然观的体会和修行，是以肢体运动为形式、引导体认蕴藏在招数背后的文化精神、价值观念和思维方式的综合过程，表现为身体、技术、思维三位一体的文化规训形式与结构。即通过武术教育实践，塑造学生健康体魄、提高技术水平的同时，传承"刚健有为""和与中""崇德利用""天人协调"等中国传统文化精神。培养中国武术独具特色的技击思维，包括"朴素的辩证思维、以类度类的类比思维、天人合一的整体思维、口传身授的经验思维"[1]等，这些思维方式是古代追求"和谐统一"的本体论思维方式的传承，是一种"以人为本""和谐"的思维方式，内在地规范和制约着技击主体的行为模

---

[1] 高志. 论传统武术的文化结构和思维方式[J]. 体育与科学，2009，30（3）：33，42-44.

式，促进校园与社会和谐稳定。其实，"习武之人并不嚣张好斗"便是这种技击思维方式的体现。露丝·本尼迪克特在《文化模式》中论述："当好斗的本能被制度化时，他所采取的形式更多的是遵循其他的思维习惯，而不是原始冲动中所暗示的习惯。好斗只是对风俗之球的接触，即一种可以抑制的接触。[1]"

2.5 强化套路、突出技击，巩固技击功能传承效果

促进学校武术教育技击功能的传承，应以"强化套路，突出技击，保质求精，终身受益"作为教改理念，以"一校一拳、打练并进、术道融合、德艺兼修"作为教改思路，以"强身健体、自卫防身、修身养性、立德树人"作为教改目标，以"武术礼仪和武德、武术文化教育、武术基本动作和基本功、武术套路、武术格斗"作为教育内容，积极探索学校武术"趣味引导，套路与格斗随行，礼仪与武德始终，功力自修，展演激励"的立体化教学新模式，努力构建从小学到大学的学校武术教育新体系和四级课程体系[2]。"武术要创新发展，应该是在继承传统基础上进行改造、创新、发展"（庞林太）。不讲继承的创新犹如无源之水、无本之木，建立在中小学传统武术文化的继承、兴趣的培养和技能的积累基础上，改造、创造和拓展大学武术教育教研体系，是促进武术技击功能的传承与传播的必然途径。

"中小学学习武术，这个人群是很庞大的，不要忽略这个人群，你说现在老年人他学的简单，学的很少，他们主要是用来健身的。真正继承下来，应该在青年当中，中小学当中"（张山）。技击功能在青少年人群中的传承，应扎根在各地中小学本土武术教育资源，科学筹划、协调发展，教育内容设置等差有序、兼顾各方，合理规划设计各级各类学校课程目标、内容、方法和评价体系。学习传统武术套路，要少而精，通过拆招、喂招、抢招等方式培养学生的技术运用和反应能力，提升技击水平。关于实战，"我的看法，第一种是实战的，第二种就是拳家们模拟的，假设对方打我的头我怎么打，假设对方打我的

---

[1] 露丝·本尼迪克特.文化模式[M].何锡章，黄欢，译.北京：华夏出版社，1987：36.
[2] 吉洪林.学校武术竞赛研究——基于全国学校体育联盟（武术项目）的教改思路[D].上海：上海体育学院，2015：64-66.

腰我怎么打。它假设了很多形式，设计了很多招法……一般的情况下，拳家们假设的东西有一定的个人防身技能"（邱丕相）。但更应该注重通过技术的教学培养武术兴趣、提升身体素质，初步领略传统武术天人、人人、人我的伦理规范和处世智慧，为武术技击水平的进一步提升打下心理、身体和技术基础。

对传统武术各拳种门派招法体系的习练，一定程度上可以提高技击水平。然而，传统武术的招法具有攻防含义，但并不一定具备现代散打等实战技术所具备的优势，实战的直接有效性要求必然导致传统拳术演练、对练风格特点的丧失。"对抗项目一开始在搞实验的时候也是希望保持中国传统特色，有的提出，你是八卦的我是形意的，报名上来打，一打，那大家看，形意也看不到八卦也看不到"（邱丕相）。另一方面，武术套路习练是作为防身自卫技能学习的基础，同散打等直接技击形式在技战术、心理素质要求等方面有很大的区别。"套路的东西与实战有距离，所以说北体、武体、浙江在实验以后慢慢地才形成今天散打的体系"（邱丕相）。因此，强化套路的同时要突出散打、短兵、长兵等技击实战项目的习练，两手抓、两手都要硬。高等学校的武术教育要总揽全局，不仅要认真贯彻"百家争鸣、百花齐放"的方针，形成不同形式和风格拳种流派自由发展、不同武术理论自由争论的氛围和环境，还要加强散打等脱胎于中国传统武术的实战项目的教学、训练和竞赛，共同建构科学合理、层层递进的学校武术教育技击功能传承体系，巩固技击功能传承效果，推进武术事业的新发展。

3 结论

武术的攻防技术是古人先贤归纳总结、演绎创新后形成的技术化、逻辑化、理性化的经验和智慧，是通过身体的磨练、精神的规训，在对抗或真实模拟对抗过程中体验、化解和转化攻击，进而逐渐释放积压的各种不良情绪，疏导、缓解和规范人类攻击性的一种手段。武术技击的学习对人类攻击性本能的"疏川导滞"比人类社会中的诸如风俗、禁忌、法律、政权等社会控制手段的"水来土挡"更为有效，并且一定程度上，社会强加于个人的生活方式中的"妥协的压抑"恰恰是攻击性的诱因[1]。学校武术教育通过技击实践的方式和途径对本能进行抑制和移情,不仅可以宣泄攻击性情感,促进健康,还可利用蕴藏在武术中深厚的传统文化陶冶、熏染性情,促进教育发展,提高人类文明程度。武术技击功能传承不仅是武术教育改革和发展的基础,也是传统武术文化延传的关键,是在当今世界风云变幻、利益诱惑和文化争夺中保持文化自觉和文化自信的保障。唯有立足传统技法和原始形态,积极适应时代发展要求,主动分化、转化进而开发和建构新的学校武术技击功能传承体系,才能逐步达成形神兼备、德技兼修、术道并重、天人合一的理想追求和价值期盼,促进人的全面发展和人类和谐理想的实现。

---

[1] H. 马尔库塞. 当代工业社会的攻击性[J]. 伯幼, 任荣, 译. 哲学译丛, 1978(6): 19-25.

第四章 竞技武术套路国际化发展历程、问题及对策

近年来口述史研究的广泛开展，使各阶层间建立起了广泛的联系和相互理解的归属感[1]。作为中国文化载体的武术，在其发展和传承中所具有的独特价值和武术家在武术领域的重要地位，成为亟须开展武术口述史研究的重要缘由。本研究选取的武术家群体都是中华人民共和国武术发展的见证者，参与了武术发展的政策制定，并亲历了武术重大历史事件，这为探索隐去的历史细节和武术发展进程中鲜为人知且具有转折意义的历史事件，提供了充足的口述历史资料。这些口述历史资料在丰富武术学科研究视角的同时，一方面拓宽了武术史学的研究视野，为中华人民共和国武术史的发展做出了有益补充；另一方面也增强了武术史学的人文关怀，对传统文化的弘扬和人文素养的提升有着重要的文化和历史意义。

1 竞技武术套路国际化发展历程

1.1 竞技武术套路国际化发展的开端：访美表演

中华人民共和国成立后，武术于1957年被列为体育竞赛项目。随着第一部《武术竞赛规则》的颁布，1959年开始正式实施武术竞赛制度，成立武术运动

---

[1] [英]保尔·汤普逊.过去的声音——口述史[M].覃方明,等,译.沈阳：辽宁教育出版社,2000：107.

队。在传统华拳、查拳、花拳、炮拳等基础上编写了甲、乙、丙三个组别的长拳类拳械的竞赛套路,并制定了自选拳械套路的竞赛标准。但鉴于当时的政治环境,武术的对外交流很少,思想上也颇为保守。直到1974年武术访美之前,仅有两次对外交流:一次是1960年7月,以参加社会主义国家青年联欢节的名义,在布拉格进行表演;另一次为中缅两国友谊和两国政府间的经济合作,中国体育代表团访问缅甸并进行武术表演。

武术访美表演的成行,始于美国国务卿基辛格访华期间在北京体育学院观看了青训队的武术表演。青训队队员极具精气神的表演,当场引起了基辛格的兴趣,收到去美国白宫的表演邀请。在周恩来总理的批示下,中国武术代表团于1974年6月抵达美国,表演了规定拳、棍术、南拳、长穗剑、集体太极拳、集体剑等项目。据当时随行人员郭省聚回忆,中国武术走出国门、走向世界的热潮应该是从1974年中国武术团成功访美后开始的,访美的成功成为世界各国邀请中国武术出国表演的开端[1],"随后陆续外访了75个国家,通过去世界各地的表演将武术推向了世界"(门惠丰)。同时,打开了中国武术国际交流的大门,拉开了竞技武术套路国际化发展的大幕。

1.2 竞技武术套路国际化发展的推进:援外交流

中国武术的对外表演交流,吸引了一大批来华访问的个人或团体,逐渐形成了以技术指导与培训、学术交流与讲座为主的对外传播形式。尤其是1978年11月16日邓小平在接见日本友人时,挥毫写下"太极拳好"的四字题词,极大地提高了太极拳在国际上的地位,吸引了日本各地武术组织、代表团甚至个人前来交流学习。"其中,日本京都、静冈等地代表团来上海学习就有几十次"(王培锟)。

1980年举办的武术工作座谈会,提出了要加强武术国际交流的口号。随着国际交流的日益频繁,许多中国武术专家、教练员受邀到国外讲学授艺。在武术对外传播推广的同时,也吸引了更多世界各地民众想要来中国学习武术。面

---

[1] 张山.武林春秋[M].北京:人民体育出版社,2012:50.

对国外来中国学练武术日益增长的需求，为解决国内对外招生面临的场所等问题，国家体委决定在北京体育学院开设招收国外来华学习武术的短训班，后来短训班逐渐发展成本科教育，各地方的体育院校也相继开始招收国外留学生。这一时期，武术国际化交流的一个重大特色就是从过去被动坐等到主动邀请的转变。1981年，国家体委派钱源泽赴墨西哥援外教学，任期一年，钱也因此成为中华人民共和国成立后第一位援外武术教练员。此后，派出的教练员不断增多，来华访问的团体也越发频繁，"仅自1982年以来的十多年间，就接待境外来访的武术团体282次，来访人数约4121人次，光北京体育学院就培训了3万多人次的外籍武术学员。[1]"国内也多次举办针对运动员或教练员的国际武术培训班，制作各类中英文教材在国内外宣传发行。武术在国际上的普及进入了一个新的发展时期。

1.3 竞技武术套路国际化发展的转折：赛事举办

"改革开放"后，武术对外交流活动日益增多，竞技武术"再一次经受了中西融合的考验"[2]。为了解国外人员参与武术的热情，摸索国际武术活动举办的经验，1982年9月，在南京举行了"中国武术国际友好表演赛"，虽然仅有5个代表队参赛，但此次赛会影响之大，堪称中国武术史上第一次国际交流盛会。众多国外媒体竞相报道，为中国武术对外传播起到了良好的宣传作用，更为后来武术国际性赛事的举办打下了良好的基础。

同年12月5日，第一次全国武术工作会议召开，达成了把武术积极稳步地推向世界的共识。为贯彻这一方针，1984年4月在武汉举行了国际太极拳邀请赛，这是我国首次举办国际性武术单项赛事。6月，受日中友好协会邀请，中国武术代表团承担了在日本大阪举行的"第一回全日本太极拳·中国武术表演会"的裁判工作，此次是国内首次派出队伍担任国外武术比赛的裁判工作，也是"中国《武术竞赛规则》在国外比赛的第一个执行者，是中国武术走向

---

[1] 国家体委武术研究院.中国武术史[M].北京：人民体育出版社，2014：457.
[2] 郭志禹.竞技武术国际化综论[J].上海体育学院学报，2002，26（4）：28-30.

国际武坛的一个初步尝试"[1]。10月，在武汉举行的全国武术比赛期间，中国武协邀请了美、法、德、意、日等国家和地区的武术组织负责人，就国际武术组织和武术国际化发展的问题进行讨论磋商，"主要讨论武术应如何向国际推广，最终大会达成共识，并形成书面文件。一是中国武术协会牵头在第二年举办世界武术邀请赛，二是成立国际武术联合会常委会"（张山）。1985年，第一届国际武术邀请赛后，国际武术联合会筹备委员会在西安成立。1986年，亚洲武术联合会筹委会成立。又经过一年的筹备发展，亚洲武术联合会成立。1987年9月，首届亚洲武术锦标赛在日本横滨举行，这是中国武术代表队第一次出国参赛。1988年7月，亚洲体育单项协会批准亚洲武术联合会为该会会员，到1990年第11届北京亚运会，竞技武术套路作为正式比赛项目出现在亚洲最高竞技舞台的赛场，标志着"武术套路的竞赛已跨出国门，走向世界"[2]424。

1.4 竞技武术套路国际化发展的走向：奥运之路

汉城奥运会期间，亚奥理事会全体会议通过了将武术列为第11届亚运会正式比赛项目的决议。随后中国武术研究院成立武术竞赛套路编写组，完成了长拳、太极拳、南拳和刀、枪、剑、棍七项竞赛套路的编写工作，并决定在1990年第11届北京亚运会武术比赛上使用新编定的武术竞赛套路，这次编写对规范竞技武术套路做出了巨大贡献。

1990年10月，历经五年的筹备与发展，旨在推动各个国家地区武术团体联合与统一发展的国际武术联合会在北京成立。一年后，盛况空前的第一届世界武术锦标赛在北京举行。从1984年国际邀请赛到1991年世界锦标赛的发展，标志着武术"正式进入世界竞技体育比赛的行列"[2]441。1994年10月，国际武术联合会被世界单项体育联合会正式接纳入会。1999年6月，国际奥委会承认国际武术联合会。同年，国际武联技术委员会决定将南刀、南棍及太极剑竞赛套路列为正式比赛项目，并完成了第二套国际武术竞赛套路的创编工作，为

---

[1] 张山.武林春秋[M].北京：人民体育出版社，2012：234.
[2] 国家体委武术研究院.中国武术史[M].北京：人民体育出版社，2014.

进一步促进武术套路国际化的创新、改革与标准迈出了重要一步。2002年，国际武术联合会正式成为国际奥委会成员，竞技武术的地位得到了权威国际体育组织的认可。北京2008武术比赛的成功举办，为竞技武术套路国际化发展画上了浓墨重彩的一笔，可以说是竞技武术国际化发展的里程碑事件。在对陈昌棉老师的口述采访过程中，陈老师讲述了在一次国际比赛中，一位外国女运动员包裹着代表自己国家信仰的头巾在练南拳的场景，陈老师对于中国武术走入世界颇为感慨，对如此多国家的人喜爱中国的武术感到无比的高兴与自豪。

2 竞技武术套路国际化发展问题

2.1 各国发展规模不均暴露武术国际化推广的失衡

在竞技武术套路国际化推广与发展中，区域整体水平发展不均、各国普及程度差异显著、未深入民众之中，只停留于为专业队比赛服务的层面，成为竞技武术运动在各个国家或地区发展的桎梏。

首先，竞技武术的国际化推广虽已建立各种国际武术竞赛组织，并定期举办武术国际赛事，但这种仅局限于各国专业队竞赛的发展推广方式，限制了武术在国外民众中的普及和宣传力度。现实的发展程度与武术走向世界的理想效果形成了鲜明反差。"在罗马的一次世界武术锦标赛上，只有运动员在比赛，没有观众。罗马市民都不知道当地举办武术比赛，赛场非常萧条。虽然武术已走入世界推向国际，但在民众普及的程度上还差距很大，许多情况是少数几个人代表一个国家来参赛"（邱丕相）。

其次，虽然各国相继成立的武术组织和不断加入国际武联的团体越来越多，但其组织的建立和数字的统计并不能真实反映武术在该国的普及推广程度。许多组织团体仅是该国华侨在支撑其发展。一个最真实的反映就是，曾有报道指出许多国家的当地民众在被问及是否知道武术套路、是否听说过某拳种的名字时，很大一部分人竟然问这是不是一道美味可口的中国菜。一方面是因为各国对武术的宣传推广和普及力度存在差异，另一方面也是因为比赛的技术内容脱离大众。也就是说，现有的竞技武术套路技术是否适应国外人员学习训练需求，是否在发展过程中需要做出调整与转变，都是我们需要认真思考的。在口述的过程中，许多武术家都提到了竞技武术套路在习练时易造成损伤，这是武术国际化发展的重要问题。尤其，国外教练大部分是私人教练，如果运动员训练负伤是需要教练负责的。"竞技武术难度大，比赛训练容易受伤，受伤后的治疗和保险就是需要面临的问题，故而成为世界各国竞技武术的发展障碍"（陈顺安）。

2.2 动作评价的模糊限制了武术套路竞赛的发展

竞技武术是中西交流融合的产物，其生发变化一直存在着和谐与抵牾的双重变奏。从套路技术自身的发展来看，最早开始进行的武术套路比赛，吸取了西方体操的评分方法，在借鉴的基础上保留了它的技术风格、精神风貌、功力特征等。但由于竞技武术套路毕竟是以服务竞赛为主，在高水平运动员都可以很好地完成套路的技术动作时，如何明确第一的归属权就需要新的操作量化标准，而技术动作的风格特点和精气神的个性特征又较强，难以做出具体的量化，因此对于具体技术动作的评价成为竞技武术套路的改革重点。"动作不好评判，人为因素过多，以及太多的印象分不利于运动员的评比，因此规则需要具体化"（庞林太）。

为了增强套路竞赛的可比性和利于裁判评分的可操作性，有关专家、学者在动作设计方面提出了两条改革思路：一是指定难度的提出，二是难度动作的分组。通过指定难度动作的设定，让所有运动员都必须做规定的难度动作。"比如抛枪，一个前滚翻再接枪。接不住就要扣分，扣分要有严格的规定，这样便于评价操作，从而确定指定难度"（邱丕相）。这种方式实施的结果是普遍提升了运动员的竞技能力，拔高了竞技武术套路的难度水平和准入门槛，但当所有运动员都可以完成指定难度动作时，指定难度的方案就走不通了。接下来就是通过武术套路难度分组来进一步区分难度层级，将动作难度分为A、B、C三个难度等级，C级难度动作起评分最高，A级难度起评分最低。而对于各种难度的掌握又出现了限制评价客观性的问题，技术动作区分的模糊，使武术竞赛的操作评价进入了瓶颈期。到底如何比较、评判，如何进行动作难度的改革设计，如何打造一个既适合比赛又适宜推广的国际化项目，成为竞技武术套路改革需要直面的问题。

2.3 严格的评判标准缺失导致关于竞赛不公的争论

赛事的举办发展反映出竞技武术套路在以竞赛为主的国际化发展中所面临的问题，其中最突出的一点，即评判标准的确立。严格的评判标准是赛事公平与公正的重要保障。由于竞技武术套路评判区分度不高，导致各类比赛在面临金牌最终归属的问题上，各代表团总有争论。尤其在水平较高的国际比赛上，前几名武术运动员水平的差距微乎其微。"千银不抵一金"[1]的竞技观念，暴露的是竞技体育发展价值取向上的错误认识。

武术套路竞赛硬性指标的缺乏是其国际化发展中的难题，评判标准也成为武术进入国际比赛的障碍，这一难题不解决一方面不利于国外的竞赛推广，另一方面，无论在国内或国外，评价的困难容易导致人为的串通与操控，冠亚军的名次归属难以界定。再加上武术套路不具备很强的可比性和强调观悟式的中国传统文化等特点，在面对以明确标准严格规定的西方竞技体育项目和西式文化的影响时，武术套路比赛在国际化发展的道路上更具挑战性。对于一场要靠裁判控制，通过让分、压分和各方面权衡来评分的比赛，很多做法都是违背竞技体育原则的，会让更多的人诟病这个项目举办的科学性。在充分研究本项目特点的基础上，要发掘适宜武术套路运动的国际化评分操作办法，并且，以奥林匹克运动会为目标的竞技武术套路，需要通过认真研究规则和裁判法，进而迈出走向奥运的坚实一步。"要便于具体化，便于评判、便于把控、便于操作，在现有规则的基础上继续完善和发展评判标准"（庞林太）。

2.4 大众传媒和文化差异造成武术国际传播的障碍

竞技武术套路国际化不仅是借鉴外来文化的自我改造，更是通过西化改造后再向外输出传播中国文化的过程。这个过程不仅依托于国家力量的推动，还有赖于现代传媒手段的运用。早在武术访美之前，李小龙的功夫片就风靡世

---

[1]易剑东.中国体育体制改革的逻辑基点与价值取向[J].体育学刊，2011，18（1）：14-25.

界，而以《少林寺》为代表的内地武侠电影的输出，所造成的轰动效应更成为影响国外友人来中国学习武术的缘由。

然而传媒发展的效应并非完全正面，在以华语影片为主要媒介的武术国际传播道路上，国外民众对武术的认知很大程度上受到武侠影片的误导。"许多武打片的输出，使众多外国人误认为中国武术都是和尚、道士创造的。因此我们在对外交流中需要对这些误解进行相应的解释"（王培锟）。商业驱动下的传媒对武术的呈现表达，成为影响武术国际传播的障碍，这种障碍源于中西文化不同的理解差异。在武术对外教学中，文化的差异经常会反映在对武术术语的解释与理解上。"比如说，什么叫气，什么叫气沉丹田，有上丹田，脐上、脐下等众多说法。这让许多外国人产生疑虑，对不知所云的说法而感到无所适从，不了解各种说法迥异区别的原因。对气在周身游走不理解，认为这是个人的感觉和意识，不具备普遍性，这是海外教学中外国人常常提出的问题"（王培锟）。源于中国传统文化的武术气论、丹田论、五行论等，在一定程度上衍生出的玄妙、神秘的特征，造成了外国人难以理解的文化差异，这种难以言传的经验式体悟在教学中限制了对教学对象的解释，从而阻碍了国外习练武术的人群对运动项目特征、功能及表现价值的多方面理解[1]。这对于以理性实证研究为基础的西方传统，在身心行为的观念上呈现出文化的先天不一致性和跨文化的交流障碍。

3 竞技武术套路国际化发展对策

3.1 规范标准的订立与简化动作的适应改变

难度标准的量化和技术动作各环节的改变，是在为促进套路技术的规范化发展做出适应国际化发展的转向。从对外发展的国家视角来看，一项运动要在世界广泛开展需要具备普遍推广的习练条件，需要运动技术的简化统一和标准规范。"传授国家的东西，必须要有标准"（王培锟）。

---

[1] 陈青. 论中华民族体育文化多元研究范式[J]. 体育学刊，2016，23（4）：1-5.

首先，是动作要简单易学，将烦琐复杂的技术动作进行简化，突出拳种特色，强调动作规范，改变过去的拿来主义形式，在保留动作特点和技术风格的形式上，将武术套路中繁难复杂的动作进行简化，把冗长的套路重新进行串联组合。这样既便于对外教学以适应外国人的学习方式和特点，又可以不失拳种的风格特色。例如，阚桂香老师结合自身所学创编出陈氏太极拳的简化套路，吸引了许多外国人前来学习。"外国人二十四式太极拳都会，但陈式太极简化套路都不知道，因此慕名而来的人很多"（门惠丰）。其次，无论竞赛还是作为教学内容的竞技武术，都需要统一简化的规范动作作为支撑，借鉴其他国际化项目的技术规范方法，根据国外人员身心特征的具体情况，有针对性地设计动作规范和教学标准，从而便于外国人习练。比如，"创编一些南拳短套，以适合美国人的豪放气质"（陈顺安）。最后，竞技武术套路的发展应与传统武术的发展区别开来，竞技武术套路的国际化应以技术动作的简化规范为基础，建立国家标准以便于推广与普及，把"协调区域整体发展"[1]作为最终目的，从而实现竞技武术国际化的发展。

3.2 难度技术的创新与动作编排的实践路径

竞技武术套路中的难度动作是武术比赛中一项重要考核标准。武术难度技术始终是不断发展的，难度动作组合也随着运动员身体素质和技术水平的提高而不断改变。难度技术的发展，是由武术套路运动的发展规律所决定的。当技术水平发展到一定时期，需要根据拳械的发展特点创造新的难度动作，改革动作组合的设计，充分利用武术的技术要素，发展武术自身独有的特色难度，而不是对体操等项目的移植嫁接。难度难创新，很大程度上在于指导难度发展的思想认识问题。

创新难度的第一可选择办法，就是结合武术的攻防动作来创编难度动作。"难度上的提高，即在腾空动作中融入拳法和腿法的技击元素。如拿剑在空中运用各种剑法，刺两剑或三剑再加入各种造型，落地后再将坐盘、弓步、仆步

---

[1] 安晓辉. 竞技武术国际化推广的现状诊断及战略选择研究——以第9届世界武术锦标赛为视角[J]. 武汉体育学院学报，2010，44（6）：63-68.

等步法融于定势"（庞林太）。高质量的难度动作可以在套路演练中营造精彩的高潮气氛。竞技武术需要竞技性、观赏性来吸引观众。竞赛的评分和观赏的需要影响了难度动作的发展，难度技术组合的设计除了要考虑高质量、新颖美观外，还应考虑难度动作的设计编排是否合理，技术的发展不能以牺牲运动员身体为代价，使难度技术合理规范，减少运动员受伤情况，按照正确的动作要领和方法进行训练比赛。另外，组合难度要有变化，难度动作发展需要思维的超前意识，要看到发展的未来而不是停滞的现状。难度动作的提出必然会受到人们的异见诘问，只有不断解决难度发展中所出现的各种问题才能完善发展的成果，从而集众人之智改革创造新的难度动作和技术组合。

3.3 公平公正的执裁制度与评价方法的协调一致

公平公正是竞技武术比赛中裁判所应遵守的最基本原则和需要维护的职业底线。建立公平公正的执裁制度，需要解决两方面的问题：一是执裁形式，二是评价方法。执裁形式主要采取"回避制"的打分方式，选派与比赛前几名无关的裁判上场执裁的大回避方式和不能给自己国家运动员打分的小回避方式相结合的办法来确保公平公正。

竞技武术的国际性比赛不同于国内的比赛，国际比赛涉及国家利益和荣誉，在众目睽睽的国际赛场上，不能有弄虚作假的行为。作为裁判员，要树立正确的执裁理念，精通业务，熟悉竞赛规则和裁判法，不能有个人东西掺杂其内。通过亲身的实践体验来提高自己的执裁能力。"精通规则既包括书面文字上的精通，又包括含义及运用上的精通，需要自己亲身经历、实践与研究"（夏柏华）。另外，从评价方法上，竞技武术套路规则最初借鉴体操的评分方式发展到今天产生的各种问题，已经充分表明竞技武术不能完全按照更高、更快、更强的要求来评价，不能完全用科学量化的方式来评价。而且体操也非全部量化，需要评估性的方式来评判。"可以借鉴解放初期'粗估细评'的武术竞赛评价方式。所谓粗估，即中国武术手眼身法步、精神气力功一套练下来以后给人的整体印象，依照功力、协调、精气神、技术规格等打一个总体分，好坏是可以分辨比较出来的。确定一个基本分值后再通过一些技术细节的细评，如对犯规失误的扣分来确定分数"（邱丕相）。评估性评判的重点，在于裁判员的业务能力。既要通晓拳种的特点，也要明确套路演练的风格，对于动作和劲力的表达能从一拳一腿的功夫中看出来，这是对裁判员粗估能力的要求。"细评"则需要量化标准的制定，在认真研究技术特质的基础上对比赛中出现的实际问题进行研究，以此来论证量化标准的可行性。"动作难度一个分值，身法、劲力一个分值，再加印象分，三个分加一块，具体扣分要符合规则"（习云泰）。

3.4 文化自信的树立与借鉴西方的和谐发展

人是文化主体又是文化的对象，武术作为文化的符号总是与传播密不可分[1]。武术是中国特色的文化类型，竞技武术又是中西结合改造下的产物。在吸收、借鉴西方文化促进中华民族文化与世界文化交融的同时，要让中国文化得到世界的认同，即建立文化自信，树立民族自尊。

文化自信首先建立在本民族对于自身文化的了解程度上，即武术文化的"本土化发展"[2]。传统文化对国内民众的影响以及由影响造成的对于价值的认同，决定了文化对外输送和普及的力度，自己都不自信、不认同，何谈他者对你的承认与肯定。"意大利人跟我说：'中国的太极拳是全世界的一个健身法宝，是中国第五大发明！'这句话从西方人口中说出来，我们自己是不敢说的"（门惠丰）。虽然近代中国曾饱受战争影响，但历经了一个世纪争取民族独立和自强民主的运动，中国人应该抛弃过去弱小贫贱、技不如人的思想观念。改革开放后，中国对外交流活动的增多已让世界各国人民对武术痴迷向往，许多外国人是为了解中国文化来学习武术。竞技武术套路的发展在以进军奥运为目的的同时，需要最大程度保留其民族特色，在国际竞技舞台上凸显中华民族体育项目的内涵特点，需要举国民众的呼唤和国家各部门的协同努力[3]，通过不断深入研究，找到适宜竞技武术套路国际化发展的道路，提升

---

[1] 霍尔.表征：文化表征和意指实践[M].徐亮，陆兴华，译.北京：商务印书馆，2013：2.
[2] 赵进.武术文化传承与发展式微的社会学分析：基于中、日、韩的跨文化比较[J].首都体育学院学报，2012，24（1）：20-24.
[3] 张长念，王岗.中国武术发展文化转型的时代动因[J].首都体育学院学报，2014，26（1）：11-15.

西方社会对于我们民族文化的尊重与认同，而不能在西化道路上渐行渐远，以至于无法还原其本来的面貌。"不能将传统武术、民族传统体育项目的特点丢了，失去项目特点就没有了特色，没有了国际性与民族性"（夏柏华）。当然凸显项目特点、适应转型大潮还需要武术科研工作者进一步发掘武术文化的精髓，担负好文化研究发展的重任。对于武术教育工作者要继续将武术的技术特质、价值信仰、精神内涵传递到学生的一言一行当中去，使学校成为树立文化自信的根据地和大本营。竞技武术套路的发展在树立自我文化认同的同时，应以更加开放和包容的心态去看待竞技武术套路的发展，反观武术之本真，回望脱离母体的路程，在"推进不同体育文化间的宽容和理解"[1]的基础上，在继承传统的基础上进行改造、创新与发展，在摒弃文化霸权和维持文化保守主义之中，找寻适宜竞技武术套路国际化发展与改革的和谐之路。

4 结语

竞技武术国际化发展是全球一体化所带来的、不可避免的文化输出与输入结果，其发展将作用在一定的社会历史时期与"其他价值共存"[2]的和谐共生中。竞技武术套路在由国内走向国际的过程中，其竞赛制度、规则、方法和配套措施也发生着适应性变化，不断遭受中西文化交流碰撞的考验和挑战。"没有离开发展的代价，也没有离开代价的发展"[3]。在重新审视和回顾竞技武术套路国际化发展的背后，是为竞技武术套路的更好发展探求新思路，在重构竞技武术套路国际化发展蓝图的同时，也为当今武术学科的研究开辟了口述史学的发展新路。

---

[1] 洪浩. 竞技武术发展理论之研究[J]. 体育科学, 2005, 25 (8): 88-94.
[2] 栗胜夫. 中国武术发展战略研究[M]. 北京: 人民体育出版社, 2003: 258-260.
[3] 陈永辉. 竞技武术套路发展战略研究[J]. 中国体育科技, 2006, 42 (1): 108-110.

第五章 竞技武术套路难度动作发展历程及对策

难度动作是突显竞技武术竞技性、艺术性的主要元素。随着竞技武术的发展，难度技术成为影响比赛最后得分的主导因素，直接决定着比赛的成绩。难度动作完成情况对比赛的成绩起到决定性作用，甚至可以说竞技武术比赛很大程度上就是难度动作的比拼。回顾竞技武术发展历程，可以发现现代武术是以难度动作的变化为核心而发展的。从最初突显武术的艺术性，到武术追逐高、难、美、新竞技性发展道路，难度动作都是武术改革的重心。如果说动作体系是武术规则、训练、场地等体系改革的依据，那么难度动作则是武术动作体系变革的核心。因此，可以说难度动作的变革引领着武术动作规则、训练、场地等体系的改革。由此可见，难度动作的变革历程就是竞技武术的发展历程。通过对难度动作发展的时间特征和武术发展的时间特征进行相关性分析，可以从难度动作的视角为竞技武术的发展提出相应对策。

1 竞技武术难度动作发展历程

1.1 难度未现，难度不难：武术在传统与竞技中徘徊（1949—1958）

中华人民共和国竞技体育的发展初期大致为1949—1958年，这10年间武术的表演、健身功能逐步成为其主要属性，为竞技武术的发展奠定了基础，但在武术中发展难度动作的想法还未被提及。在1949年全国体育总会筹备委员会上，朱德指示"要广泛采用民间原有的许多体育形式"，武术等项目受到了广泛的关注。这个时期武术发展基本遵循了原有的模式，但是武术改革已被提上日程。1959年《武术竞赛规则》的颁布，可视为武术工作的开端。

这一时期老一辈武术家正处于武术训练阶段，通过对他们训练内容的分析可以清楚地了解这一时期难度动作的发展状况。同时，通过他们对其他武术家的描述也能大致了解此时武术的发展状况。武术家庞林太对1957年左右王子平、李超群、张锡太等人技术风格的回忆，表明了武术在这个时期的发展情况：

"王子平啊他是老的那个练法，灵活的那种，他已经改造了。他这是一个创造，老年人表演，照样打，照样满台好，当然这和他白胡子的形象有关系，更重要的是动作好，又有形、又有草，他表演就像写书法，将楷书、行书、草书结合在一起的那种"（庞林太）。

"李超群八仙剑练得相当漂亮，五路长拳是他的拿手好戏，那个是最漂亮的。他们家乡里边练五路长拳的很多，通常表演，他一露五路长拳，别人都不敢练了。动作漂亮，舒展大方，身法很灵活，步伐有快有慢，有轻有重，韵味十足，他就是这么一个风格，就是一个很简单的退步都非常漂亮，那时很多人做不到的，他那个徒弟也做不到，还有他要对拳非常漂亮，他那个'抄腿'也不一样，匍匐抄腿，匍匐摔倒"（庞林太）。

"张锡太是一个继承派的，一招也不改。和常振芳他们在一块练的时候，别人研究手法、改改动作，他却不改。他说累得慌就是长功夫，出手跺脚噔噔直响，练的是什么？动作的朴实无华、有力、经典、规范，一招一式，平淡无奇，很经典，很朴实，很有功力。中华人民共和国成立初期的武术，也基本上是传统武术，保持了传统武术套路的内容，有改动，但不大。1953年的民族形式武术表演大会，和1956年、1957年的汇演，都是这样子状态。他练功最突出的一点，就是他打得我认为很好，功夫相当了得，练完以后他却说自己下桥子了，下桥子就是退步了。练完了以后一个接一个旋风脚，连起来不腾空，打得干净利落，这是给我印象深的。还有就是打扫堂腿，左扫堂、右扫堂，一画一个圈，在土地上有那个痕迹，给我印象很深的"（庞林太）。

从上述对武术家演练风格的描述中可知,王子平的演练风格韵味十足,将个人对武术的理解融会贯通,体现出了高深的武术境界。李超群的演练以身法见长,动作舒展,体现出武术快慢相接、节奏分明的特征。张锡太的演练朴实无华,动作经典规范,注重基本功的练习,体现出深厚的武术功底。武术高、难的发展并没有出现在这些武术家的演练风格中,甚至有关武术演练的表演性描述也很少,三位武术家的演练体现出的是武术的韵律、节奏、功力以及动作的朴实无华,以自己对武术的理解演绎着传统武术的表演属性。发展武术难度的理念在这个阶段还没有出现,武术也基本保持了传统的发展模式,虽然其中也有旋风腿等动作,但是这时候都是地面动作,是在练完套路之后的素质练习项目,这时候的旋风脚等动作难度系数不高,总体而言这个时间段武术的难度动作特征可以归结为"难度未现、难度不难"。

反观1949—1956年武术项目情况可知,武术发展重心还未确定,武术未来的出路还不明朗,武术还在传统路线与竞技路线之间的发展模式中挣扎,通过对这一时期武术赛事、社会舆论、竞赛规则的分析有助于了解当时武术发展状况。1949—1956年举办了部分武术赛事,但是独立的武术比赛还未成形,武术多与其他形式的民族传统体育一起举办。在武术赛事中,比赛内容多以传统武术为主,并且赛事还不具备竞赛的性质,比赛缺乏竞赛规则。因此,大部分的赛事冠名为武术表演大会,突出武术的表演性,淡化竞技性。直到1956年在北京举行的武术表演大会上才制定了5条40字的实验性评分标准,完整的竞赛规则到1959年才正式出版[1]。这一时期最大型的武术赛事是1953年在天津举办的全国民族形式体育表演及竞赛大会,这次大会将武术设定为表演项目,与骑术、民间体育等置于同一单元,参赛武术运动员145人,传统武术套路参赛项目332项,参加表演的拳术包括少林、武当、太极、八卦、螳螂、通背等139个套路,显示出传统武术在这一时期的兴盛程度。

但是这一赛事也将武术推上了舆论的风口浪尖,对武术发展造成了较大的影响。受中华人民共和国成立初期的政治意识形态的影响,传统武术被认为是封建残余,在1953年民族形式体育表演及竞赛大会后,《新体育》针对武术

---

[1] 邱丕相. 中国武术史[M]. 北京:高等教育出版社,2008:175.

撰文指出"毕竟是在封建社会中形成的，不免会受封建性的影响……所以，如何使民族体育更能具备锻炼身体的实用价值和树立优美的形象，就是今后民族形式体育发展的方向"[1]。此后武术赛事长时间停办，很大程度上影响了武术项目的发展。在国内也引发了关于武术属性及发展问题的探讨，温敬铭、蔡龙云、吴高文、毛伯浩、郑怀贤等人参与了这次讨论。1957年6月，《体育文丛》编辑部举办武术性质问题的学术研讨会，邀请温敬铭、蔡龙云、吴高文、郑怀贤等21人参加，在此次会议上，众人就武术未来发展基本达成共识，认为必须经过整理研究，发出新芽，绝对反对砍掉老树接新枝的办法[1]，确立了以传统武术为基础的发展模式。正如武术家在访谈中所说"当时武术发展就是正好赶上他们那个武术发展的那种争论，就是武术到底走这个"高、难、美、新"哪，还是说……温老师当时基本的观点就是，老树发新芽，在传统的基础上进行改革、进行创新"（曾于久）。

但是，这一成果仅限于学术上的成就，在实际中并没有得到很好的运用，主要是这一时期武术项目的发展已属于国家相关部门主导。1956年刘少奇同志在同国家体委负责人的谈话中指示："要加强研究，改革武术、气功等我国的传统体育项目。研究其科学价值，采用各种办法，传授推广。"国家意志和社会舆论倾向表明，经过科学论证的武术才能在社会上推广，这是武术发展的前提。因此，改革是被视为封建残余的武术的唯一发展出路。在改革思想的指导下出现了一系列的新编拳，如顾留馨等编创的24式太极拳、张文广编创的青年拳等。这些拳术打破了传统武术原有的生态体系，体现出拳术的表演属性，但是其基本素材还是来自传统武术，并未脱离传统武术，武术难度动作也并未在这些拳术中出现，武术在传统和竞技的发展路线上徘徊。

从总体上而言，在1949—1958年，发展武术难度的想法还未被提及，武术中的旋风脚等难度动作属于地面动作，还不具备难度属性。因为武术的发展形式还不够确定，传统武术深厚的群众基础阻碍了竞技武术的发展。传统武术的拥护者希望将新的武术形式建立在传统武术的基础上，从技击、健身、表演等方面探讨了在传统武术基础上发展新的武术形式的合理性和必要性。但是，

---

[1] 周伟良.竞技武术套路的历史透视[J].体育文化导刊，2003（7）：18-21.

从社会舆论的走向和国家意志而言，武术表演及竞赛价值成为了武术改革的主要方向，并在最后的几年结束了近10年的传统武术与竞技武术发展路线的纠缠，确立了以表演和健康为武术的主要属性，为日后长时间内竞技套路运动一花独放的局面奠定了思想基础，同时也为难度动作的发展提供了思想条件。

1.2 难度模糊，废立不定：武术在表演性与技击性争论中彷徨（1959—1992）

武术家庞林太回忆指出"1959年之后，传统武术套路有着程度不同的改变，从传统武术汇演中可以看出，包括现在和以后的传统武术，都进行了改动，特别是现在，套路进行了很大的变化，可以看出原因是什么？'表演效果的需要'！"武术家庞林太在1959年开始带领队员参赛，为了满足比赛的需求，他按照竞赛规则开始对队员进行针对性训练，并且对比赛套路依据比赛规则进行改变，他的叙述中体现出两点：第一，1959年是武术竞技性的开端；第二，为了满足武术的竞技性，对传统武术套路进行了改变，但是改变程度不大。回顾1959—1964年武术发展的历史，武术竞技化路线初定，主要以发展武术的表演性为主。1959年对原有的简单规则进行了修订，其中明确提出了自编套路的比赛项目，同时规定了竞赛套路的组别、内容、动作规格标准、错误动作扣分标准等。武术竞技化路线越来越明晰。1960年，李梦华提出难度大、质量高、形象美的武术技术发展方向，并指出提高难度才能反映出水平不断地提高[1]。这时的"左倾"思想对武术难度的发展起到了促进作用。在"左倾"思想的影响下，传统武术被压制，尤其是传统武术的技击性成了禁忌话题，正如夏柏华在武术理论课教学中，谈及武术概念时提到了武术技击性，就有学生提醒老师不要谈武术的技击性，因为被别人听到是很危险的事情[2]。传统武术被改变为以表演为主，大大促进了武术难度的发展。

---

[1] 刘同为.武术套路运动竞技化历史寻绎[J].北京体育大学学报，2006，29（2）：287-289.
[2] 昌沧，王友唐，郭博文，等.四牛武缘[M].北京：人民体育出版社，2004：40.

但是这一时期武术工作者对武术难度概念认识很模糊，还没有形成难度的观念，对到底何为武术难度动作没有清晰认识。因此，武术难度在这段时间的发展非常有限。武术工作者对武术中难度动作形式及训练方法进行了初步的探索，出现了以"空中塑形"[1]46为代表的难度动作，并且由最初的抽象的"空中塑形"逐步发展到具体的二起脚、旋风脚等具体动作。从武术家庞林太的口述史料中可以大致了解这段时间武术难度的发展历程和情况："受竞技体育影响，1960年以后开始了'空中设计'，打了以后空中一个马步"哗"一下，这个做的挺好。空中设计跳那么高，那时候没有难度的要求，还不是难度，只是提出了空中设计。"（庞林太）"20世纪60年代的二起脚接旋风脚三不落，传统套路中的二起脚接单叉、分马腿接提膝独立、探海、叉腿平衡等动作，就是当时的难度动作"（庞林太）。这些动作都是借鉴舞蹈、体操动作作为增强观赏性而编创的，发展难度主要目的是为了增强表演性，而不是将难度作为竞技武术的重要元素，因此这一时期竞赛规则还没有形成针对难度的评分细则。

经过一段时间的发展后，武术难度动作的发展路线被改变。1964—1966年在贺龙的影响下难度动作被暂时搁置，以发展武术技击为主，这是武术发展模式的第一次转向。但是这次反转持续时间很短，被随后爆发的"文化大革命"中断。1963年，贺龙在观看北京体育大学长穗剑表演后对武术的"花式"练法感到不满，反问"这和舞蹈有什么区别？你们的武术队敢和我的小分队比试比试吗？[1]41"贺龙认为武术的主要功能在于技击。贺龙在谈到武术的传承时说，"你们老先生不要保守，这武术啊要往下传……有继承，武术它才有生命力，你们老先生不要保守，要传给下一代。他主要思想就是要打"（习云泰）。武术家夏柏华当时正在现场，分析认为"这兵武是同源的，军人对武术看法跟一般人绝对不一样"（夏柏华）。因此贺龙才会如此重视武术"打"的功能。

在贺龙元帅的影响下，北京体育大学指出"武术再不改革，就没有出路了"，并指示武术系立刻着手武术的改革。改革以武术的技击训练为主，学校到部队请教官担任教练，教授师生武术的技击技术，学校还和部队进行交流活

---

[1]昌沧，王友唐，郭博文，等.四牛武缘[M].北京：人民体育出版社，2004.

动，促进武术技击性的发展，学校老师也专心挖掘武术中的技击技术，还原武术技击风貌。在这两年，武术走上了以技击为主的路线，武术的表演属性被暂时搁置，武术难度动作也未能取得新的进展，而这次短暂的转向随着1966年"文化大革命"的爆发而中断。

1966—1972年"文化大革命"左倾思想被进一步扩大化，传统武术和技击是重点批判对象。少林拳、罗汉拳被戴上"宣扬迷信，为和尚歌功"的帽子；醉拳被戴上"宣传醉汉主义，对现实不满"的帽子；太极拳则戴上了"资产阶级活命哲学"的帽子，甚至对练任何武术者都认为是准备打架或反攻倒算[1]。很多武术资料也在"文革"中被销毁，正如武术家习云泰回忆抄家情形时所说"抄书，都是有关武术的旧书，武术的多，具体名字我记不清楚了"（习云泰）。武术活动在这期间全部停滞。"文革"中后期，在周总理的关怀下，武术项目得以重新开展，而"文革"期间对传统武术的打压和对武术技击性的批判为"文革"后期武术表演属性的发展奠定了基础，使武术发展完成了向表演性的转向，为难度动作的发展奠定了基础。

1971年基辛格访华，观看武术表演，并邀请中国武术队访美，为中国武术的恢复提供了契机。当时负责青训队训练的是门惠丰和夏柏华，门惠丰认为："中国武术团访美把武术一下子挽救回来了，随后又促成了武术访非，我们去了6个国家。两个半月的时间天天表演。这之后就不断的外访，后来达到75个国家。"（门惠丰）在武术访问美国和非洲后，为国家外交打开了局面，1972年武术活动开始陆续恢复，在武术出国表演的刺激下，以发展武术的表演功能为主，难度动作成为武术表演性的主要增长点。1973年对旧的竞赛规则进行了修订，新规则中设置了0.7分的出色完成难度动作和创新难度的分值，规则突出了武术难度的重要性，武术难度动作得到了很好的发展，这一次难度动作的发展随着1979年的规则修订而终止，这是武术发展的第二次转向。

1972—1978年，武术的表演性获得了飞速发展，但是其中也出现了问题，引起了1979年的规则改革。1972—1978年，所使用的规则过于注重武术表演性的发展和跳跃动作的使用，武术动作越来越快，跳跃动作越来越多，武

---

[1] 杨建营，等. 从竞技武术套路的发展历程探讨其未来趋向[J]. 北京体育大学学报，2009，32（3）：135-138.

术中的技击性动作越来越少，并导致器械越来越轻薄等现象，武术离其本真越来越远。在这种情况下，众多武术家和相关部门意识到这一情况的严重性，提议进行新一轮的武术规则修订。1972—1978年以武术表演性为主的发展模式使武术难度动作得到了很快的发展，但出现了极化现象，难度动作的泛滥直接导致了1979年的《规则》中出现了限定部分难度动作的条款。1979年的竞赛规则针对武术难度动作做了专门调整，取消了难度动作加分这一项，为了减轻武术表演化带来的负面影响，规定了14个限制使用的跳跃及翻腾动作[1]，这是武术发展方向的第三次转向，这一修订基本沿用至1992年。

虽然新的规则限制了部分武术动作，并且规则中难度分值降低，但是在这段时间，武术的难度动作还是取得了快速的发展，这一规则间接为难度动作的发展带来了新的契机，未被限定的跳跃翻腾动作成了重点发展的对象，缩小了难度动作的范围，运动员和教练员的训练重心也更加集中，致使难度动作在这段时间出现由横向"量"的发展转变成纵向"质"的飞越，部分难度动作已达到了现在的难度水平。从庞林太口述史料中可知，在1983年，旋子转体720°、旋风脚720°等高难度动作就出现了，并且还出现了难度动作之间的简单连接。庞林太在回忆当时的训练时指出："1983年我就注重发展难度，部分队员旋子转体720°就已经能过去了……比赛当时做的是这个难度，720°下来以后，再上一步旋风脚，旋风脚下来仆步亮掌……就是现在正规的规定套路、自选套路，就是那个，但是没提出发展难度来嘛，也没难度动作，实际上有难度，没说它是难度嘛，有规定套路，规定拳，1975年嘛。完了1979年、1983年也是嘛。"（庞林太）

从上面这段论述中可知，在自选套路和规定套路中都有难度动作，但是当时人们对难度的认识有限，对难度动作的价值和存在意义认识不够，这时的难度动作还被称为跳跃动作、翻腾动作，并未将其作为体现武术竞技性的主要元素。1959—1992年，武术发展有了新的气象。首先，出现了武术竞赛规则，并且规则逐步细化，出现了项目、性别等分组。其次，有了规定套路和自选套路，武术赛事形成了以自选套路和规定套路为主的比赛内容，引导着武术竞技化的发展。最后，武术赛事从民族传统体育综合赛事中独立出来，形成了独立

---

[1] 张茂林，等.武术套路竞赛规则的演变及其对武术发展的影响[J].体育学刊，2006，13（1）：78-81.

的赛事体系，并日渐成熟。这段时期武术表演性和技击性的争论还在持续，两者的争论直接影响着武术竞赛规则的制定和修改，决定着武术比赛的竞赛内容和形式，引导着武术的整个发展进程，随着两者争论的分化最终形成了武术套路和武术散打两个项目。武术难度动作受武术发展路线的影响，在1959—1964年和1973—1979年阶段，在以武术表演性为主流的武术发展模式下，难度动作得到了快速的发展，经历了由以模糊"空中塑型"为主到有具体难度的发展历程。而在1964—1966年、1979—1992年以发展武术技击为主流，武术难度动作的发展受到了影响，改变了难度动作的发展趋势，同时也改变了整个中国武术的发展局面。对两个阶段总结而言，这段时期武术技击性和表演性争论导致了这段时期武术发展路线的左右摇摆，武术的难度也随着发展路线的变化而废立难定。

1.3 难度明晰，发展迅速：武术发展迅速，走出国门走向世界（1993—2004）

20世纪90年代，中国开始申奥工作，武术也开启了申奥进程。在1994年的武术工作总结会议上，武术运动管理中心重新确立了武术"高、难、美、新"的发展路线，使武术向奥运项目靠近，武术的"创新"和"难度"成为了重点发展对象。尤其是武术难度，作为武术竞技属性的展示窗口受到了格外的重视。在1996年的规则中，不仅出现了指定难度动作，还设置了0.2分的难度创新分值。这一规则在后期得到了进一步发展。九运会后，新规则将难度分为难度连接和难度动作两部分，进一步细化了难度的组成，为难度的创新提供了指导。同时，随着武术学科的发展，1997年武术开始招收博士研究生，培养了大批的武术科研人才，针对武术难度动作和训练方法的研究成果对武术训练起到了很好的指导作用。到21世纪，新的裁判规则施行切块打分，难度被划分为独立的版块，10分制的评分模式设置了2分的难度动作分，进一步突出了难度动作的重要性，并且细化了武术的难度等级，借用体操的难度等级划分方式。从难度连接和难度动作两方面构建了由低到高的武术难度体系。难度体系的构建使武术评判更加客观科学，做到有依有据。这次规则的修订再次将难度分值加大，王培琨认为难度分值太高会再次误导武术的发展，"建议将难度分值控制在最低的0.5分"（王培琨），最后还是将难度分设为2分。通过上述规则可知，到这时人们才清晰认识到武术难度的本质，对何为武术中的难度动作有了准确的把握，打破了以往将翻腾跳跃动作笼统地视为难度动作的模糊性。武术难度动作能体现出竞技体育的价值和意义，成为武术项目的吸睛点之一，吸引了大批的人从事武术训练。

武术难度的发展明确了竞技武术的属性，确立了武术入奥的发展路线，武术得到了迅速的普及和发展。20世纪90年代是武术发展最为迅速的时期，国内习武风气盛行，各类武术馆校如雨后春笋，并形成了产业集群，促进了武术产业的大发展。1998年体育人口普查显示，体育人口中近半数为武术人口。在国际上武术也有了很大的发展，先后传播到世界5大洲，截至2001年，武术已经传播到86个国家，并成立了国际武术联合会，在各个洲又相继成立了欧洲武术协会、南美功夫协会、非洲武术联合会、大洋洲武术联合会等武术组织。1999年，国际奥委会通过决议接纳国际武术联合会为其下属协会，确立了武术作为竞技体育项目的合法地位。武术赛事也密集举办，武术先后成为全运会、亚运会等大型赛事比赛项目。世界武术锦标赛作为全球最高级别的武术赛事，每两年举行一次，先后在中国、马来西亚、美国、意大利、亚美尼亚等地举行，形成了巨大影响。在各大洲，武术锦标赛也都形成了固定赛制，这些都表明武术在这段时间获得了飞速发展，开始走出国门，走向世界。

1.4 发展停滞，难度普及：竞技武术发展陷入瓶颈（2005—2015）

第十届全国运动会之后，武术经历了一段平稳的发展期，持续到2008年武术申奥失败。庞林太认为，"第十届全国运动会到现在都10年了没有发展难度……现在的自选套路里面，主要是查拳动作加上流行动作，原来是查拳、华拳动作，华拳动作现在基本没有了，少林拳动作基本没有，就查拳动作，有踹腿、仆步亮掌、踹退、弹踢，弹踢呢别的拳是矮踢腿，不是这个前踢腿，还有这个抓肩，是七路查拳动作。现在套路里面不都是这些，还有流行动作，拍脚砸拳等，就这些"。武术家邱丕相认为，"竞技武术走进了一个死胡同了，不归路。再往下走，走进奥运会，要是这样比的话，比了一届以后可能就没办法退出来了"。2008年奥运会以后，竞技武术的发展陷入了瓶颈，主要表现在三个方面：第一，自第十届全国运动会至今竞技武术难度动作没有再发展，旋子转体720°、旋风脚720°等难度动作现已普及，且近10年难度动作都没有创新。第二，竞技武术动作体系的萎缩，竞技武术本来是在查、华、炮、红4种拳的基础上改编而成，而在现在的武术竞赛中出现了查拳动作一枝独秀的局面，其他3个拳种的动作很少涉及，剩余的也是砸拳、单拍脚等连接动作，套路编排僵硬，缺乏创意和生气。第三，武术的竞赛规则近10年也未再修订，规则仍然存在判断不够客观，对武术发展导向过于艺术化，偏离武术本质的问题。在这些综合因素的影响下，近年武术开始逐渐萎缩，从事武术的人群越来越少，武术馆校大量关闭，武术赛事观众寥寥无几，学校武术基本以竞技武术为教学内容，教学内容与学生预期差距较大，这些都影响了武术的发展，表明武术的发展陷入了巨大的困境。

2 竞技武术难度动作发展对策

2.1 明确武术难度动作本质，确定难度动作的发展方向

在武术中发展难度已经有近40年的历史，但是对有关难度本质、难度特征和难度形式的界定很少。武术工作者对武术难度存在一定的疑惑，武术难度为何物，它的存在目的和意义为何是困扰武术工作者的重要问题。现有概念将武术界定为"以技击为内容，以套路和散打为主要形式，注重内外兼修的传统体育项目"[1]，从定义中却找不到武术难度动作所对应的武术属性，概念的模糊使武术难度动作的形式、内涵也无从知晓，这是多年武术难度动作发展摇摆不定的重要原因。正如武术家庞林太所困惑的，"旋子转体360°是攻防动作吗？侧空翻是攻防动作吗？外摆腿跳起来扫人这也算攻防动作？旋风腿、里合腿打人，这可以算攻防动作，不能勉强。那旋子转体是什么呢？旋子又是什么呢？侧空翻又有什么攻防性，是不是武术动作？"（庞林太）因此，在未来竞技武术的发展过程中，有必要对武术难度的本质进行清晰的界定。本质是指事

---

[1] 周伟良. 武术概念新论[J]. 南京体育学院学报，2010，24（1）：10-13.

物本身所固有的、决定事物性质、面貌和发展的根本属性[1]，而概念是对事物本质的界定和描述。毛泽东在《矛盾论》中明确提出了共同本质和特殊本质的概念，并指出："人们在认识事物的共同本质之后，将深入研究具体事物的特殊本质。[2]"因此，必须对武术难度动作有准确的定位，才能为武术难度的形式和内涵挖掘奠定基础。

武术难度和武术是部分和总体的关系，总体的发展建立在部分发展的基础上，武术难度动作的发展就是武术总体的发展，武术概念的细化和武术难度内涵的挖掘就是武术总体的发展。着手武术难度概念的界定，挖掘武术难度的内涵是武术难度发展的第一步。从武术难度发展历程而言，难度动作可能归属于武术的艺术性和竞技性两种属性，虽然两种属性并非是相互对立，但是两者间存在着差异，两者的差异将武术难度动作的发展导向不同的方向。如果难度动作从属于武术的艺术性，那么武术难度动作更大的价值在于探求世界深层和内在的真实本质，而不是把现实中的东西重新"反映"出来[3]。通过难度传达给人们武术的形式、气韵、神韵、意境、布局、节奏的美学追求及文化归属[4]。如果难度是以展现武术的竞技性为主，那么武术难度更大的价值在于对人类身体极限的挑战，通过速度、高度、旋转度数展现出积极向上的生活态度和拼搏进取的精神。不同的发展取向决定了难度动作发展的不同形式，因此发展武术难度的第一步是在武术概念中找到武术难度的对应价值，使难度动作能更好地服务于武术的发展需求。

2.2 综合多方力量，改变武术难度的研发模式

武术难度的创新是非常复杂的过程，武术管理部门也了解难度动作对竞技武术的重要性，曾多次组织专家对难度动作进行攻关。在访谈的专家中，武术家庞林太曾负责组织教练员和专家进行难度创新工作，他认为在难度编创过程

---

[1] 洪浩. 竞技武术发展理论之研究 [J]. 体育科学, 2005, 25 (8): 88-95.
[2] 毛泽东. 毛泽东选集: 第1卷 [M]. 北京: 人民出版社, 1952: 128.
[3] 郭声健. 艺术教育 [M]. 北京: 教育科学出版社, 2001: 213.
[4] 梅杭强. 武术套路运动技法的艺术思维本质与方式研究 [J]. 天津体育学院学报, 2013, 28 (1): 26-30.

中都是以教练员和专家为主,但是效果并不理想。因为教练员和专家虽然有着丰富的理论和经验,但是运动员才是难度动作的执行者,在难度的创新过程中忽略了运动员的作用,使难度的创新更多停留在理论层面,因此武术家庞林太认为"现在把最优秀的运动员叫去一起编,这个或多或少能够解决一些这样的问题……他们是正当年,你(教练员和专家)只是光看,他是实把式"(庞林太)。武术难度的理论创编相对较为容易,尤其是现代科学技术的发展为武术难度动作的发展提供了多种便利,通过计算机建模可以对难度动作进行设计,通过对完成动作的滞空时间、旋转、翻转度数的计算,结合运动员的身高、体重等参数准确计算出完成动作所需要的力量、速度、加速度等相关指标,指导运动员的训练,使训练做到有的放矢。我国体育科技创新的重点之一就是紧密结合运动实践[1]。但是由理论到实践确实是一个非常漫长的过程,并不是运动员能达到力量、速度、旋转度数等理论数值后就能完成难度动作。因此,通常一个运动员为了攻克一个难度动作需要付出数月乃至数年的时间。让优秀运动员参与难度动作编创,即使不能完成新编的难度,但哪怕仅仅是比划动作或者在辅助下完成,将难度理论变成实践,也能够为理论提供数据支持。

很多教练员和运动员对难度认识不够,将难度看成封闭的体系,从单一维度考虑难度的创新。"难度的类型是规定的,随着时间的推移,它应该发生改变,难度要发散,组合难度要有变化才行"(庞林太)。言下之意,难度的模式是多样的。就武术难度形式而言,武术难度动作以绕人体矢状轴旋转为主,如旋风脚、旋子转体两大主要难度动作都是绕矢状轴旋转的动作,人们对武术难度的认识也被局限在这种形式内,武术难度的发展急需创新,突破已经普及化的难度体系,就必须打破这种思维观念。武术难度体系主要包括平衡腿法类难度、跳跃扑跌类难度以及被动连接难度。跳跃扑跌类难度是创新的主体,从现有的难度而言,人体冠状面的旋转在武术中比较少见,这是武术难度可以完善的一个方向,由平面的技术向立体技术发展[2],由两维运动模式向三维运动模式发展。武术难度动作的创新应由以专家和教练为主的理论创新模式变成

---

[1] 田野. 对我国体育科技工作若干问题的思考[J]. 体育科学,2009,29(2):3-7.
[2] 王岗. 现代竞技武术套路技术体系及其价值取向[J]. 上海体育学院学报,2006,30(3):63-65.

以专家、教练、运动员以及科技人员为主的实践创新模式，从动作形式和人员组合的变化等方面来保障武术的难度创新。

2.3 降低难度动作分值，设置难度创新分

在整个竞技武术的发展过程中，武术难度和竞技武术发展呈现出一定的规律。在武术难度发展较好较快的年代，竞技武术发展也较好。如在1959—1964年、1973—1978年、1993—2004年这3个阶段，武术难度动作因受到规则照顾而得到较好发展。同样，竞技武术也发展良好。但是在难度分值过高或者规则过于提倡难度的情况下，会误导竞技武术的发展。如1973—1978年的规则过于注重武术难度的发展，最后在1979年的规则修订中出现了限定动作的条款，避免武术过于表演化，偏离武术本真。

在现有的规则体系中，武术难度共占2分，在演练水平和动作质量相当的情况下，武术难度成为取胜关键。武术的演练水平和动作质量的评判标准并不清晰，在高水平运动员中做出清晰的区分更是难上加难，这就导致了2004年以来，武术比赛呈现"得难度者得天下"的倾向。在2004年新规则编订时，武术家王培锟等就提出武术难度的分值过高，将会对武术发展产生不利影响，建议将武术难度分设定在0.5分左右，但是最后并未得到认同。现在武术难度的发展进入了瓶颈，竞技武术发展也陷入了低谷，其主要原因之一是缺乏武术难度创新的动力。武术家庞林太认为竞技武术难度发展缓慢的原因有两个，"一是因为武术难度难搞，二是容易出现受伤的情况，影响总分"（庞林太）。因此，目前武术难度发展的主要方法是减少武术难度分值，将其调整到适合的分值水平，并通过设置创新分值，使难度的创新成为影响武术比赛的主要因素。鼓励难度创新，打破武术比赛以求稳为主的发展方向。

2.4 加强武术科研，以科技助力难度的创新

现代科技对体育运动的影响越来越大，在高水平比赛中更是如此。如现代奥运会很大程度上是参赛国之间的科技较量，它不仅是体育科技实力的集中体现，而且涉及生物科学、信息科学、材料科学等领域内高新技术的比

拼[1]。现代运动员的职业寿命越来越长,取得成绩的周期和记录的保存时间都在缩短,这些都和科技的发展息息相关。

受现代科技影响最大的是游泳项目,尤其是新材料和新技术泳衣的开发改变了游泳项目的局面。通过复制和改善鲨鱼皮肤表面沟槽状结构,使摩擦阻力最大减小了近10%[2]。在高科技泳衣的帮助下,运动员在2007年打破了21项世界纪录,2008年刷新了108项世界纪录,2009年在罗马世锦赛上43次刷新了31个项目的世界纪录,成为迄今为止破世界纪录最多的项目[3]。在田径赛场上运动员的跑鞋重量在100克左右,而跑鞋重量每增加100克就增加运动员1%的能量消耗,跑鞋重量的减轻使运动员可以节省更多的体能。在篮球、足球等项目中,用新材料制成的服装增加了透气性和舒适性,新的运动辅助设备的开发减少了运动员的身体消耗和运动损伤。目前武术领域新科学、新技术的使用还较少,从武术场地、器械到武术训练方法都需要科学技术的支持。用新材料制成的武术器械重量更轻,使用更方便,使用新材料制成的场地、服装更贴合武术项目特征,增加运动员的舒适度;运用生物科学的最新制品可以明显提高运动员承受训练负荷的能力;运用现代信息技术可以提高训练和比赛中的信息采集、传输和处理能力;运用现代心理和生理生化技术可以对运动疲劳进行监控,避免出现过度疲劳的现象,减少运动损伤的发生;运用现代的营养、恢复手段可以加速运动员体能恢复。

竞技体育和科技已经形成了相互促进的关系,竞技体育成绩的取得离不开科技。反过来竞技体育成绩的进步也反馈给科技,促进科技的进一步发展。根据难度动作发展的需求,将科学技术迁移到创新过程中,可开发出辅助训练的设备保障运动员的训练安全,收集训练数据指导运动员的训练过程等。武术难度动作未来的发展必然离不开科学技术的使用,加强武术科研是未来发展难度的必由之路。

---

[1] 李元伟.科技与体育——关于新世纪体育科学技术发展问题[J].体育科学,2002,38(2):2-8.

[2] Brian Dean, Bharat Bhushan, 等. 湍流流动中鲨鱼皮表面流体减阻研究进展[J]. 力学进展, 2012(6):821-836.

[3] 沈克印,等.体育科技与体育伦理理性整合的支点——由高科技泳衣引发的伦理思考[J].北京体育大学学报,2010,33(7):4-7.

3 结语

　　武术难度动作由1959年以前作为素质练习的旋风脚、扫腿等基本的素质练习动作发展而来。1959—1964年是难度的初步发展阶段，由"空中塑形"过渡到二起脚、旋风脚等具体动作，但是武术难度在这段时间还很模糊。1965—1966年武术发展转向，武术技击性成为主流，武术难度的发展暂时停滞。1966年爆发的"文化大革命"中断了武术的发展，直到1973年武术才再次进入发展轨道。1973—1978年受"文革"影响，武术的技击化发展路线被中断，重回艺术性发展路线。1979—1992年随着武术艺术的过分发展，担心武术发展偏离其本质而暂停了艺术化发展路线，难度动作被限定使用。1993—2004年在武术申奥政策的导向下，武术难度动作再次成为发展重点，这一时期武术在国内外飞速发展。随着2008年武术入奥失败，竞技武术难度动作基本已经普及，武术发展也陷入瓶颈。由此可见，武术难度动作和竞技武术的发展状况具有很高的相关性。这种相关性表明可以通过对难度动作的改革促进竞技武术的发展。因此，需要明确武术难度动作本质，确定难度动作的发展方向；综合多方力量，改变武术难度的创新模式；降低难度动作分值，设置难度创新分；加强武术科研，以科技助力难度的创新。

第六章 竞技武术南拳体系的发展历程及对策

南拳是我国南方拳种的总称，是组成武术的重要内容之一。中华人民共和国成立后，随着竞技武术项目的兴起，竞技南拳也得到了前所未有的发展。本文运用口述历史的研究方法，一方面对竞技武术南拳体系的发展历程进行研究，弥补竞技南拳历史文献的不足；另一方面深入探究竞技武术南拳套路体系国际化发展的内因、背景及发展轨迹，为当今竞技武术南拳套路在国际舞台上的更好发展开拓一条新的道路。

1 竞技武术南拳体系的发展历程

"所谓南拳，是分地区性的拳种。以长江为界，长江以南是南方拳种，长江以北是北方拳种。过去练南拳的人，就以南方的人为主，北方练南拳的人是没有的。所以南拳的特点呢？就是与南方人的习惯有关系。南方地少人多，要找一块空地方练拳很难，不像北方地大人少，要找一个大一点的地方活动就很好找。另外南派与北派的拳种在风格特点上有着非常明显的区别，一看就看得出来，这就是地方的区别"（陈昌棉）。由于地域原因，使不同的地区形成风格迥异的地方拳种，正是这些地方拳种的形成与发展丰富充实着传统武术体系的内容。南拳作为地方拳种的主要代表之一，在传统武术发展史上也占有重要地位。据《小知录》记载：在明代有"使拳之家十一""使枪之家十七"，其拳有"赵家拳""南拳""勾挂拳""披挂拳"[1]。由于各地传承与发展的情况不同，经过历代武术家的精心研练，派衍创新，南拳已发展为风格各异的庞杂拳种[2]。

中华人民共和国成立以后，竞技武术项目飞速发展。南拳作为武术的重要拳种之一，于1960年被列为全国武术竞赛项目。从1990年第11届亚运会开始，先后创编了"南拳""南棍""南刀"的规定竞赛套路，逐步形成了竞技武术南拳体系。因此，竞技南拳发展至今，不论是套路编排的科学性、风格特点的一致性还是整体的运动技术水平，都有了较大的提高和发展[1]。而纵观竞技武术南拳体系的形成与发展历程，大致可分为以下四个阶段。

1.1 萌芽期：以传统功法为依据，初步明确竞技南拳技术风格体系

在西方体育的影响下，民国时期就出现了武术套路竞技项目的萌芽。但是，现代意义上的竞技武术套路则是在中华人民共和国成立以后才逐渐形成的。"新中国成立前的武术，被称为传统武术，是原流派的传统武术，各种拳种比较原始。新中国成立初期的武术，也基本上是传统武术，保持了原传统武术套路的内容，也有改动，但不大"（庞林太）。直到1953年举行的"全国民族形式体育表演和竞赛大会"，武术作为主要内容，拉开了竞技序幕。南拳作为武术的重要组成部分之一，紧跟竞技武术项目的发展步伐，以传统南拳为基础，初步明确竞技南拳的技术风格特点。

传统南拳是指在长江以南地区传承下来的拳种。长江以南幅员广阔，拳种繁多，仅广东一省，见之于拳书的就有洪家拳、刘家拳、蔡家拳、李家拳、莫家拳五大家，套路数百。福建省有咏春拳、五祖拳、鹤拳、罗汉拳、地术拳等。广西有周家拳、屠龙拳、小策打等。浙江有洪家拳、鱼门拳、孔家拳等。湖南有巫家拳、洪家拳、薛家拳等。江西有硬门拳、字门拳等。四川有峨眉

---

[1] 邱丕相.中国武术教程：上册[M].北京：人民体育出版社，2004：96.
[2] 胡金焕，孙崇雄.南拳汇宗[M].福州：福建人民出版社，1985：1.

拳、白眉拳等。上海有浦东南拳、江苏南拳等[1]。传统南拳虽种类繁多，但大多数拳种较之北方拳种有着其特殊的共性。如传统南拳拳术多上肢动作，常常一步几手，步伐沉稳，给人一步一个脚印的印象。不论发长劲、短劲的动作，都追求猛勇彪悍的阳刚之美，还常常乘势发声，以声催力，以声助威[2]。

在竞技南拳套路创编之初，依据传统南拳拳种功法的共性之处，首先确立了竞技南拳套路的技术风格特点。尽管各地南拳风格和特点有个体差异，却也存在共性，即重拳法较少腿法，腿法强调低腿，主张"腿不过膝"。全套动作以技击实战动作为主，很少有花巧性的动作穿插其中，常以发声吐气助长肌肉的发力。重步型、步法和桩功，较沉雄，少蹿蹦翻腾。重象形，如双形、十形、十二形等，均是从动物搏斗的技法中模仿提炼而成，重取意而不重形似，与北派的象形拳的重形似不同[3]。萌芽时期的竞技南拳套路中，主要是以传统的功法特点为主，注重技术风格的演练，贯穿众家多派的优点，主要表现在几个方面：动作朴素、步伐稳健、手法较多、进退快速、灵活多变、左防右攻、能攻能守、短桥短马、步伐多变，间有跳跃动作、线路灵活多变[4]。

1.2 形成期：以公平竞技为原则，统一创编竞技南拳规定套路体系

中华人民共和国成立以来，于1960年将南拳列为全国武术竞赛项目。竞技南拳形成初期也面临很多问题。首先，亟待解决的是竞技南拳套路的编创问题。"竞技南拳是后发展起来的，以前练的就是传统的拳谱"（陈昌棉）。首先，传统南拳涵盖的拳种众多，除了要抓住共同的风格特点之外，还要在竞技南拳套路的动作编创上对南方不同拳种之间做充分的参照和考量，编创出符合公平竞技原则的南拳竞技套路。其次，由于当时地域性差异以及拳种间的门户之见，使在我国北方地区会练南拳的人并不多。参加竞技南拳比赛的只限于南方诸省，人数较少。

---

[1] 袁东，贾文琴，胡宝林.南拳[M].昆明：云南大学出版社，2014：1.
[2] 康戈武.中国武术实用大全[M].北京：中华书局，2014：211.
[3] 李朝旭，刘庆华，杨胜峰.岭南南拳运动风格及其技理技法形成的文化社会学研究[J].广州体育学院学报，2009（1）：49.
[4] 郭裔，赵保强.对南拳竞赛发展及演变的分析比较[J].解放军体育学院学报，2004（1）：73.

"由于历史的原因,在南拳进入武术竞技赛场后,名列前茅者绝大多数为南方诸省市的运动员。时至六运会,男、女冠军仍为广东选手所获,男子前五名均为广东选手"(王培锟)。竞技南拳项目的大规模开展,还需要解决全国范围内的推广问题。"1978年我就发出邀请,请全国各地的人来免费学南拳。每年冬季我们都请全国各地的人来。通过这样的方式,到1980年以后,每个省比赛都要有竞技南拳项目。从几个省的几个队伍,到全国都要有长拳、南拳、太极拳三个大拳种。这样的话能够把竞技南拳推向全国,就没有南北之分了"(陈昌棉)。为了让南拳这一重要的拳种在全国得以推广,六运会之后,国家体委在竞赛规程上进行了重大的改革,规定全国武术比赛中各参赛队,男、女6名队员中限报长拳、太极拳、南拳各2名,有力地促进了南拳运动在各省市的普及与提高。各武术队在队员项目选择上进行相应调整,有相当多的长拳运动员改项,并向南方各省学习南拳,一时间全国掀起学练南拳的热潮。

竞技南拳逐步由地方拳种发展到全国比赛指定项目,历经几十年的改革与发展。到1990年第11届亚运会,由中国武术协会组织专家创编了国际统一的南拳竞赛套路。至1992年年初,中国武术研究院再次组织部分南拳专家及优秀运动员创编"南棍""南刀"竞赛套路,形成并完善了竞技南拳项目的规定套路体系。竞技南拳项目发展至今,不论是套路编排的科学性、风格特点的一致性,还是整体的运动技术水平,都有了较大的提高和发展[1]。

1.3 探索期:为提高比赛观赏性,制定竞技南拳服装器械标准体系

竞技南拳国际规定套路的推广,在整个竞技南拳项目的发展过程中有着开局之功。然而竞技武术南拳项目下一步面临的发展问题就是如何提高竞技比赛的观赏性。"从传统武术汇演中可以看出,传统武术的各种套路都进行了很大的改动,原因是什么?表演效果的需要"(庞林太)。竞技武术套路项目在发展的过程中,始终以国际赛事为目标,为提高比赛的观赏性,不仅在技术上向

---

[1] 邱丕相.中国武术教程:上册[M].北京:人民体育出版社,2004:96.

"高、难、美、新"靠拢，服装器械上也逐步制定出一套标准，极大地提升了竞技南拳项目的形象。作为竞技武术项目的重要组成部分，竞技南拳项目在服装器械的形制规范上紧跟步伐，形成一系列的标准体系。

在六运会之前，整个竞技武术项目在服装器械上还没有统一的要求。"从1974年开始，河北省举办的运动会我就担任总裁判长，我看到那时候，服装没有统一要求，器械也没有那么鲜明的规定"（刘鸿雁）。那么竞技南拳项目的发展就更加的单薄，在全国赛事中只有南拳拳术套路项目，没有南拳器械项目，在服装上也没有明确详尽的标准。"这个问题是第六届全运会以后，徐润生管的。他说好像这个武术比赛不公平啊，长拳是长短兵，这算是小全能一项，算一块金牌，南拳一块金牌，太极拳一块金牌，这不完整嘛，也不够公平。经过反复讨论和研究，上面就决定太极拳加一套剑，南拳必须加一长一短，跟这个长拳对等起来，总体就是这个思想。后来让我做组长，我们编这个南刀、南棍的时候就是从这个问题的角度来考虑的"（王培锟）。在备战七运会时，国家体委就组织南刀、南棍编创组，有王培锟，还有广西周树生、广东董德强、福建许金民、湖北队袁林林、北京队薛毅、北京体育学院朱瑞琪、浙江项金生等，选调优秀的南拳运动员。在国家的支持和众人的努力下，成功编创南刀、南棍的竞赛规定套路，并且在创编中制定了一系列的器械技术标准体系。

南刀、南棍的编创初期，就有了严格的形制标准。"当时给我们的任务很艰巨，一个月要把两个南拳器械套路编出来。南棍容易，因为南棍各个地方练得很多。广东啊、福建啊、还有浙江，他们这都有。所以我们南棍很快就通过了，但是编南刀，到底什么是南刀？没有，过去哪有南刀啊？南方有鬼头刀、九环大刀、蝴蝶刀等，没有南刀这一说法的。编出来以后，才承认这个叫南刀。我们就想，首先不能搞双的，因为长拳项目里器械都是单把的，不是双剑，不是双刀，如果用蝴蝶刀的话，就是双的，不合适。这个鬼头刀呢，拿出来哗啦哗啦的不好，那个九环大刀，好像用来代表我们中国兵器的话也别扭。后来我们想，重新设计一把，就设计成这个了。用蝴蝶刀的护手把，然后刀身变长，两把刀把它变成单刀。就这样把这个南刀的刀型定下来了。当时的南刀很重的，形制和重量都有标准"（王培锟）。在以后的比赛中，为了更好地适用于运动员，南拳器械的标准化水平不断提高。南拳器械标准化水平的提升，一定程度上推进竞技南拳项目向"高、难、美、新"发展，增加竞技南拳比赛的观赏性。还有南拳竞赛服装，也在不断提高标准化水平。1991年版的竞赛规则对南拳竞赛服装的款式要求"中式对襟、无领、无袖背心"。特别提出"男子侧面两把缝，要用5条带连起来，中间距离1.5寸"[1]90。1996年版的《规则》里对南拳竞赛服装款式要求："对襟、无领、七扣中式直排，女子为短袖上衣，男子为无袖背心。"其他规定均与1991年版完全相同[1]126。2003年版的《武术套路竞赛规则》放宽了对南拳参赛服装的款式要求，各队运动员可根据实际情况量体裁衣，自行设计。

1.4 发展期：向国际化赛事追进，不断完善竞技南拳竞赛规则体系

七运会后，南拳、器械竞技的系列项目在全国竞技武术赛事中得以确立，也被正式列为"亚洲武术联合会""国际武术联合会"的竞赛内容。1997年"南拳""南刀""南棍"还被列为《国际武术推广教程》的主要内容之一推向世界。此后，南拳得到武术界的极大重视，"那时候各个专业队的运动员非常全面，长拳、南拳、太极拳选一样，拳种里面，刀枪剑棍里面选两样，长兵、短兵，运动员训练这一套素质要全面，速度、力量都要全面"（陈顺安）。南拳的竞赛规则也随之不断修订与完善。

1960—1989年武术竞赛规则进行了四次修改，南拳竞赛套路经历了从传统南拳套路特征基础上逐渐发展成现代南拳套路的特征[2]。1991年出台新规则，南拳套路的内容规定上增加了对跳跃动作、跌扑滚翻动作等的要求，但与以往并无大变，仍偏向传统和基本功功底的要求。直到1996年新规则出台，随着世界各类武术赛事的举行，中国武术和南拳发展向国际推广和传播的步伐日益加大，国内竞技套路水平普遍提高，新规则中增加了"指定动作"与"创新难度"的规定，也首次出现了南拳主要动作规格的常见错误和扣分标准。为南拳规则的变革迎来了新的开端[3]。2002年武术套路竞赛试行规则增加了难度

---

[1] 中华人民共和国国家体育运动委员会.武术竞赛规则[M].北京：人民体育出版社，1991.
[2] 王培锟.漫步武林[M].北京：人民体育出版社，2012：183.
[3] 张娟娟.南拳竞赛规则演变及发展趋势研究[D].武汉：湖北师范大学，2012：17.

动作，并对难度动作进行了量化，确定难度等级和分值，运动员可根据自身情况选择难度动作，这在一定程度上引导和促进了南拳项目的国际化发展。

2 竞技武术南拳体系的发展对策

随着竞技武术南拳套路运动的快速发展，我国已将竞技南拳项目推向世界的大舞台。然而在竞技南拳的国际化传播过程中，仍存在一些不容忽视的问题。因此本文使用口述历史的研究方法，在访谈武术家的过程中，针对竞技南拳存在的问题积极寻找对策。希望竞技南拳项目未来的发展，不仅能达到国际大赛的规格，更能成为我国传统文化的标识。

2.1 扎根传统南拳基本功法体系，继承发展传统南拳技术精华

竞技南拳技术体系的发展，应始终以传统南拳基本功法为基石。竞技南拳套路技术的创新不能够脱离传统。"传统武术要继承、整理、发扬、光大，一定不能否定传统武术，你没有发现其中的博大精深，那是因为你没有去挖掘。你光看着这个人老了，不能动了，这不行。毛主席在延安座谈会上讲到，用之不尽，取之不绝的源泉在民间"（门惠丰）。实际上在访谈武术家时，多位武术家都曾反复强调竞技武术套路和传统武术水乳交融，是一脉相承、不可分割的有机整体。"因为新编的套路并不是说它不是传统的，它仍然是传统，是把传统当中的精华聚集在一起，你不能说竞赛套路就不是传统。武术就是传统项目，不管是哪一个武术项目它都是传统武术，不管是竞赛套路也好，规定套路也好，它还是传统的，因为它没有离开武术的概念，不能把传统跟竞技截然分开"（陈顺安）。

竞技南拳应有选择性地继承传统南拳技术的精华，尤其是传统南拳基本功法的继承与发扬。传统南拳的基本功法是练南拳的基础，也是重中之重。例如，在南拳的传统功法中，最基本的就是扎马步，下盘沉稳是南拳最主要的风格之一，因此练南拳之前一定要先练下盘。"练拳主要就是扎马步，以前你扎的马步不稳，老师不让你练动作。再古老的就是烧香，烧一炷香的时间，看有

多少人能坚持不动，以前老一辈的老师是这样教学生的"（陈昌棉）。基本功法扎实才能突出南拳的技术风格和运动员本人的特点，因此技术风格特点是武术项目的灵魂，不容丢失。"以前的武术完全是风格不一样，枪就是枪，剑就是剑，每个人都突出技术风格，没有在难度上追求，而是在它的韵味上去追求，内涵上去追求"（陈顺安）。前几年，在为申请武术列入奥运会项目时，由于过于强调"难度动作"，极具特色的南拳也与长拳等项目一样，忽略了基本技术与技法，令套路演练形式与方法产生了较大的变化。但随着武术运动的发展、人们认识的提高以及对优秀传统文化的重视，武术逐步回归原来固有的面貌也是必然的。现今，重提南拳的传统技法与训练确实有必要。不过对于竞赛"难度动作"也是不可缺少的一部分技术内容。竞技南拳体系无论如何不能绕开传统南拳的基本功法，应选择性地继承传统南拳功法的精髓。

2.2 加强竞技南拳自选套路创新，丰富竞技南拳项目体系内容

竞技南拳套路体系继承传统功法之后，紧接着就是创新。创新是发展的动力，是竞技武术南拳体系得以丰富完善的源泉。"所有的东西不能千篇一律，要风格各异。风格各异后相对来讲竞技武术的精彩程度就增加了，就能吸引人"（陈顺安）。竞技南拳自选套路的发展正是这种时代需求的产物，自选套路在保障传统风格的特点下，充分展示自身的技术能力，突出难度，但是始终不能脱离南拳技术体系的范畴。"是这样的，因为比赛比的是运动员的技术、运动员的特点、运动员整体发展和整体的活动能力，因此你要突出你的技术，给人一个新的感觉，那么你套路里面既要有规定的动作，还一定要有自选的动作。你的自选和难度是否最难、是否最好，就是决定比赛结果的重要问题"（陈昌棉）。竞技南拳自选套路技术与难度动作的创新，增强了南拳比赛的观赏性，逐步推进了竞技南拳项目的发展进程。

竞技南拳自选套路也包括器械项目的自选套路，器械南刀、南棍的创新包括难度动作与器械技法的创新。"南刀的创新主要体现在强调刀的用法、刀的力度、刀的技能，并且又要不同于长拳的单刀。单刀如果说是这样单手砍，南刀用的是双手砍下去。因为南刀的分量较重，如果南刀很轻的话，如何体现出南刀特有的用法和力度，还用得了那个劲吗？用不着的"（王培锟）。竞技南

拳器械自选套路的技法创新，不仅能够突出传统南拳功法的特点，还能在一定程度上反映出运动员的运动技术水平。"所以，当时南刀、南棍的编创就是这样的理念。当时很讲究技术，一般人没有经过专门的传授、训练，很难达到这种水准"（王培锟）。像这种既表现出传统南拳的风格特点，又反映运动员技术水平的动作应给予更多的保留，不能只是片面追求难度跳跃动作的突破，忽视传统技法的创新。尤其是在竞技南拳项目飞速发展的今天，急需继续加强竞技南拳自选套路的创新，丰富竞技南拳项目体系内容。只有竞技南拳项目体系内容不断的丰富与创新，才能为竞技南拳项目的推广与发展铺平道路。

2.3 提高服装器械的标准化水平，大力弘扬传统南拳文化内涵

随着竞技武术南拳套路项目的快速发展，竞技武术南拳套路的服装器械标准化程度滞后现象越来越明显。我国已将武术作为优秀传统文化的代表之一推向世界。因此亟须对竞技武术南拳项目服装器械标准进行制定与改良，提高竞技武术南拳套路服装器械的标准化水平，争取使"标准化"后的竞技南拳套路项目的服装器械，不仅能符合国际大赛的要求与审美，还能成为我国传统文化的标识。

竞技南拳项目器械南刀、南棍套路刚刚创编出来时，对南刀、南棍都是有国家标准规定的。"南棍、南刀都很重的，后来比赛南刀变成铁片的了。第一批南刀、南棍的书，翻开都是有规范的。具体到刀是多长，多少重量，多少尺寸，都有标准的。棍直径是多少，要求要有多粗，要有力量"（王培锟）。后来，随着竞技南拳项目向国际化赛事要求的"高、难、美、新"等方向发展，南拳服装器械的标准不断变更，南刀、南棍的材质改变、重量变轻，服装更加丰富多样化，不断提升竞技南拳器械项目的观赏性，也使竞技南拳项目服装器械的标准化水平在探索与实践中呈螺旋状缓慢上升。

竞技武术南拳项目器械服装作为竞技南拳体系的外在物品，代表着整个竞技南拳甚至是竞技武术的形象。因此，其标准化进程事关竞技南拳项目发展的兴衰。在进一步构建中国武术南拳项目形象、传播传统南拳文化的进程中，服装器械的标准化水平起到了不可低估的重要作用。对于竞技武术南拳器械的标准化发展策略，应着手制定更适合南拳运动形式的新材料、新标准，不断提

高竞技武术南拳项目的标准化水平。在制定竞技南拳的服装标准时，应有效地整合中西方美学与服装设计学知识，完善南拳服饰设计，加入传统南拳文化标识，提高竞技武术南拳服装的标准化水平，大力弘扬传统南拳的文化内涵。

2.4 依据国际标准完善竞赛规则，促进竞技南拳的国际化传播

中华人民共和国成立后，竞技武术南拳体系的发展从传统到竞技、从指定动作到自选套路、从注重技击性到"高、新、难、美"，始终没有停下脚步。正是随着时代需求的不同，竞技南拳规则也在摸索中不断地变革和完善。在继承传统南拳的风格和特点后，竞技南拳更突出地表现其竞赛性，在难度、美感上有着其独特的追求。"现在的比赛需要有一种机制去改变它，比如，说刀、枪、剑、棍不能做同样的难度，要有明显的区别，这样竞技武术就不会那么单一"（陈顺安）。运动员在比赛中不仅要充分发挥南拳的技术水平和风格特点，还要高质量地完成难度动作，使竞技南拳项目更加饱满。

竞技南拳规则的不断修订始终见证着竞技南拳项目的发展历程，为竞技南拳项目的发展保驾护航。在当今全球化进程中，真正的发展必然要走向国际化。竞技南拳难度动作的创新是以国际赛事的"高、难、新、美"为目标和方向的，因此竞技南拳规则的修订，也是不断在向国际化赛事靠拢。2008年北京奥运会影响了南拳竞赛套路的风格，使竞赛规则不断地向"高、难、新、美"的国际标准发展。例如，竞技南拳的竞赛规则中对难度动作的要求，就必须要以国际标准为参考模板，科学公正地对难度动作进行分级和解析，制定出符合国际规则的详尽的评分准则，才能不断提高竞技南拳项目在世界范围内的接受度，促进竞技南拳项目的国际化传播与发展。正是随着竞技南拳竞赛规则向着国际化方向的不断修订与完善，竞技南拳项目的发展也趋于成熟，使竞技南拳项目不只是在国内得以发展，更是推广到了国际范围。

3 结语

以农耕文明为背景，中国人整体上形成了安土重迁的性格，各地又呈现

出不同的特征。武术中的南拳北腿、东枪西棍等地域特色，就说明了地域环境对于武术的强烈影响。这一影响在发展缓慢、较为封闭的封建社会中进一步固化，并形成一种文化认同和具有地域特征的非物质文化遗产。近年，非物质文化遗产的研究正得到一些口述史学者的极大关注。因此，武术作为一种非物质文化遗产，用口述历史的方法对竞技武术南拳体系进行研究，既是为竞技武术南拳项目的发展提供新的视角，更是为武术的研究提供新的思路。

第七章　中华人民共和国成立初期武术的生存状态及启示

不同的史学视角对中华人民共和国初级阶段的划分持有不同观点。政治史视角对中华人民共和国成立后中国历史阶段划分存在两种划分标准，一是以中国共产党执政自身建设以及领导国家建设的方针为标准；二是以中华人民共和国在发展过程中政府所采取的政策、方针为标准进行划分。大部分学者认为第二种以国家建设事业的发展变化脉络为划分标准更加科学和客观，因此政治史依据国家政策将1949—1956年划分为中华人民共和国初级阶段。文化史视角对中华人民共和国历史的划分以文化发展目标为划分标准，将1949—1956年视为中华人民共和国历史发展的第一个时期，以新民主主义文化向社会主义文化转变为主要目标。由此可见，大部分史学研究者将1949—1956年视为中华人民共和国初级阶段，因此本文所指的中华人民共和国初级阶段限定在1949—1956年。

1949—1956年，中国完成了新民主主义社会向社会主义社会的过渡，最后通过一系列的改革确立了现代社会经济、政治、文化等基础，从而影响了整个中国的走向。武术作为传统文化，受一系列政策和文化变化的影响，在这个时期也发生了较大变化。为了解武术变化的深层次原因，本文以武术在该时期的生存状态为研究对象，通过对该时期武术生存状态的研究，了解武术发展变化的原因及过程，同时为现代武术的发展现状提供借鉴。选用1949—1956年作为研究的时间限定，主要是因为在该时间段内，武术的发展基本处于自然生长状态。虽然国家成立相关的机构对武术进行管理，但并未出台针对性政策来影响武术的民间生态，这种生态在1956年确立了武术的竞技化发展道路之后发生了改变。

"生存状态"具有生物学和社会学双重意义，指在生存发展过程中由于自身因素及外界因素的复合影响而形成的综合状态。武术生存状态的变化原因是综合性的，从生存状态视角出发，为本研究提供综合化和生活化视角，将生活中仪式、风俗、村落等变化的原因与武术变化的原因相联系，对武术发展变化的原因进行全方位解读。从结构功能主义角度而言，任何一种社会文化都必然满足于人类生活的实际需要。人们思想观念反应了社会结构的特征，社会结构的变化必然会改变人们的生存状态和思想观念，生存状态和思想观念的变化成为武术生存状态变化的直接原因。由此可见，人的生存状态和武术的生存状态之间存在着因果关系，要想重现武术的生存状态，必须建立在对同时代的人的研究基础上。老一辈武术家群体是重现武术1949—1956年生存状态的完美对象。首先，他们亲历了1949—1956年的社会变革。其次，他们长期处于武术场域之内，是中华人民共和国成立初期武术生存状态的见证者和武术当今生存状态的缔造者，是最了解武术发展变化的群体。

因此，本文通过对武术家群体的访谈，达到了解中华人民共和国成立初期武术生存状态的目的。使用口述史研究方法对武术生存状态进行研究具有独特优势，因为生存状态不仅是一种物理状态，同时也包含着精神状态。历史学界将口述史定为史学和史学研究方法，口述史兼具史料收集、研究方法和学科分支三种特性[1]，尤其是口述史史料收集形式凸显了与传统史学研究的差异，口述史研究方法凸显了历史的生动性和鲜活性。因此，本研究采用口述史研究方法，在直接体会武术家对这段历史的情绪以及所感受到历史的活力的同时，还能体会到当时社会变革带来的改变和人们对改变的态度。

---

[1] 王宇英. 当代中国口述史为何与何为[M]. 北京：中国大百科全书出版社，2012：15.

1 中华人民共和国成立初期武术的生存状态

1.1 经济制度改变,动摇了武术生存根基

武术是传统文化生态的一部分,同时也是传统文化生态下的产物。传统的政治、经济、文化是武术文化形成的基础。传统的经济模式为武术的发展提供了诸多便利。以小农经济为主的自给自足模式压制了物质资料的繁荣,重农抑商的政策导向抑制了人们追求经济繁荣和物质丰足的意识,使人们满足于农业社会闲适的生活模式。农时以外的大量闲置时间为从事武术活动提供了时间的保障,表演、收徒传艺等能产生额外的经济效益,满足了习武人的生活所需,除此之外还能为习武人带来额外的心理满足。因此,武术不仅是作为一项技能,还作为一种生产资料,在家族和师徒两种传承制度的保障下能传承数百年。正如武术家杨振铎所说,"从我曾祖父开始,就开始在北京教拳了,并以此为生。到我祖父、父亲,一直在教拳。所以我们兄弟在家的时候,因为是所谓世家,我们兄弟几个起小儿就练拳"(杨振铎)。在中华人民共和国成立前,武术给这个家族带来的不仅是物质上的满足,还包括精神和社会地位上的满足。

在中华人民共和国成立后,中国共产党立即对经济制度进行了一系列改革,这些改革是后续国家现代化和科学化建设的前奏。改革丰富了所有制形式,提升了工业在工农业产值中的比重,开始了中国工业化和现代化的进程。经济建设成为国家和民族的首要任务,经济模式的变化打破了狭隘、闭塞、自给自足的模式,确立了以经济建设为重点的发展策略,激发了人们对物质的渴望,改变了传统的自给自足的经济模式,国家开始大力推动工业型经济的发展。

在传统的农业经济下,人们必须按照自然规律的变化安排时间,农忙和农闲之时人们所从事的活动有明显差异。传统武术的练习也受季节的影响,武术家在回忆前辈的练武场景时指出,"有的是常年练,有的是到了冬天练,到了春天该干啥就干啥去。冬天没事的时候,一个人领着一帮子人,开始练武"(刘鸿雁)。在农业经济体制下,人们必须遵循自然规律,人们各类活动时间的安排必须在确保农时的情况下进行。工业经济的发展打破了自然对人们活

动时间的限制，消除了由季节性气候变化所导致的农忙与农闲时人们活动的差异，使人们的时间安排更为细碎，但是也更为规律。武术由季节性的集中练习转变为以天为单位的练习方式。工业经济实行按劳分配，多劳多得，极大地激发了人们的工作热情，人们将大量的时间投入到获取生存资料的活动中，工业经济带来的稳定收入使武术的价值由获取生存资本的生产资料转变为更具休闲意义的运动项目。同时，人们从事经济活动的心理预期发生了变化，不再满足于经济上的自给自足。如何获取更多的生活资料，成为人们更加关注的问题。经济制度的影响主要表现在改变了人们的时间投入、物质需求和人们对武术的诉求，时间投入的改变减少了人们从事武术活动的时间，淡化了传承多年的习武风气；物质需求的改变和工业经济带来的稳定性收入，进一步弱化了武术的存在价值，使武术作为生产资料的重要性减弱；对武术价值诉求的改变减弱了人们的习武动机。由此可见，经济制度的改变，从根本上动摇了武术的生存根基。

1.2 社会道德内涵改变，转变了武术人伦关系

武术的武德、师徒关系以及与其他传统文化之间的关系，构成了传统文化生态系统的另一层面。武德以儒家刚健有为、尊礼崇德的思想为指导，形成锄强扶弱、重义轻利、恪守承诺的行为导向。武德在传统道德允许的行为范围内，为武术人划定了特定区域，将习武者的行为约束在特定范围内，并赋予武术以社会使命，确立了武术的正直形象，从而提高了武术的社会地位，使习武人能获得社会的尊敬，也满足了习武人的精神需求。在封建伦理制度的基础上，武术形成了特有的师徒关系。传统的师徒关系是通过模拟血缘关系的形式，将外来人员纳入门派、社团、派系、家族之内，构成一个新的群体，保障了技艺的传承、稳定与延续，同时也拉近了门派成员之间的关系，增加了成员之间的认同感和凝聚力。习武人以武术为中介形成一个群体，武德和师徒关系进一步增强了这个群体面对外界挑战和各种突发情况的能力。因此，武术门派和社团等在中华人民共和国成立以前较为盛行，而这些也符合传统文化生态。

在中华人民共和国成立初期确立了新的道德标准，改变了武术人伦关系。道德关系的历史嬗变实则是道德权利与义务关系的调整与重构，它从一个侧面

反映了权利主体社会地位的升迁变化[1],权利主体的变化是武术人伦关系改变的重要原因。在封建社会中,社会治理形成了"德主法辅"的模式,道德伦理成为了社会治理的主要准则。在封建社会,伦理道德是社会管理的权利来源,传统社会在传统道德伦理的管理下形成了等级森严的不平等社会关系,以等级关系来界定权利范围和区分地位尊卑。因此,传统道德的实质是为个人和家族服务的,它的受益者是等级制度的上层人物。1949年,中国开启了马克思主义指导下的新道德建设,社会主义理论指导下的道德与传统道德内涵截然不同,社会主义道德是社会法制的补充,以集体主义为基础,倡导公而忘私、毫不利己、专门利人,社会主义道德的实质是为群体服务,它的受益群体是人民大众,两者之间的差异使武德的内涵与新的社会道德产生了冲突。以法制为基础的社会运行机制建立在公平、公正的基础上,刑上至大夫、下达庶民,成为公平、公正的守护神。武德匡扶正义的功能被法律取代,并且武德锄强扶弱的价值取向暗含了违反社会法制的可能,与社会法制相抵触。在新的道德环境下,武德所提倡的行为已不适用于法制社会,在武德规训下形成的、武术的高大形象随着社会道德内涵的变化而被逐渐消解。

武术的师徒关系建立在传统伦理基础上,在封建社会中的地位十分重要。孟子言"天降于民,作之君,作之师",把师与君相提并论,突出了师的地位。师的重要作用在于承担着传道、授业、解惑重任,除此之外教师的言行是封建礼法制度的体现,他们以亲身示范演绎着何为道德、何为伦理、何为礼法。因此,在封建等级制度中,师被列为天、地、君、亲、师五伦之内。传统伦理关系赋予师以尊贵的地位,在传统武术中这种关系表现得尤为明显。师父和徒弟的关系犹如父与子的关系,传统道德伦理赋予师父类似于父的掌控权利,要求徒弟做到"事师犹如事父",在徒弟和师父之间形成了一种从属关系。徒弟拜师必须经过敬祖、递贴、拜师、敬茶、献礼等多个仪式[2],这些仪式表明徒弟已经被这个"家族"接受,同时也提醒学生还肩负着为师门尽忠、为师父尽孝、维护同门之义的义务。中华人民共和国成立后,新道德标准下传统的师徒关系发生了变化。首先,师父地位发生了变化,打破了武术师徒

---

[1] 周仁准.我国传统社会道德关系的现代嬗变[J].理论导刊,2014(2):40-43.
[2] 邢登江.武术拜师仪式变迁调查研究[J].体育文化导刊,2013(8):116-119.

间的束缚关系。师父和徒弟为同一阶层,这一改变使以教师为中心的家族式的人伦关系被打破。其次,师生关系发生了改变,师徒关系不再是传统的从属关系,而是一种契约关系,在契约关系下徒弟的诸多义务被免除,并且两者处于平等的地位。在调查的武术家中,14位武术家无一人经历传统的拜师仪式,武术家的老师们也未向徒弟收取任何的学习费用,徒弟尊敬老师但是不依附于老师。武术家门惠丰、江百龙、习云泰、邱丕相、王培锟等在后期的工作中与老师之间的关系由师徒关系转变成同事关系,等级森严的传统人伦关系在新的社会道德体系中被以平等为主的同事关系、朋友关系所取代。

1.3 生活模式改变,改变了武术生存空间

在风俗改造时所开展的清理民间反动"会、道、门"活动中,对庙会、灯会等活动进行了改造[1],并严禁各种有可能危害社会稳定的组织形式。由此,传统武术形成的各种组织也被取缔。传统的庙会、灯会等活动是接触和了解武术的重要场所,武术家在回忆儿时经历时描绘了武术在庙会、灯会中所充当的角色,武术家刘鸿雁回忆时指出,"你到了庙会的时候,我的前辈就会表演空手夺刀、对练、擒拿,当我小的时候,看着他们,非常欣赏"(刘鸿雁)。武术家夏柏华回忆庙会的情形时指出,"我们民间的灯会呀,好多动作就是架子的东西……这些跟武术都有关系的。我小时候跑过这个灯,就这样打打闹闹,摆个架子打斗,从小就喜欢这个"(夏柏华)。庙会、灯会等活动是武术传播的重要场所,对庙会、灯会等风俗习惯的改造剥夺了宣传武术的平台,减少了民众接触和了解武术的机会。

在传统社会中武术是司空见惯的活动。家庭、宗族、村落中到处都有武术的存在,从小的耳濡目染形成了良好的习武氛围。在被调查的武术家中,回忆儿时的武术启蒙大致可以分为两类:一类是受家族影响,另一类是受周围环境的影响。武术家杨振铎的家族从清代开始就习练武术,传承至今。家族将武术视为家族遗产,族内的习武风气十分兴盛,从小的耳濡目染对后来的武术工作

---

[1] 范小芳,童学. 中国共产党与新中国初期社会风尚的演变[J]. 中国共产党史研究,2008(3):12-18.

成就起了决定性作用。武术家陈昌棉是在幼年时受哥哥的影响,武术家习云泰是受家族前辈的影响而从事武术工作。其他武术家对于幼年时的武术启蒙也有十分清晰的记忆,但有异于家族传承的是,他们都受益于身边的尚武氛围。武术家习云泰从小在煤矿长大,看煤矿工人武术队表演是他对武术的最初记忆,而后跟工人们一起学习了小炮锤。武术家吴彬也表示小时他最初习武是跟在家附近的一位老者学练了小红拳和大红拳。武术家袁祖谋则是从小在家附近看着别人练拳。武术家庞林太、夏柏华则表示他们最初对武术感兴趣是受武侠小说和英雄人物的影响,民间所流传的关于《岳飞演义》《三国传》等小说中描绘的英雄形象和高超技艺使他们对武术心驰神往。

这些在1949年以前是十分常见又非常典型的生活场景,这些场景同时也构成了武术的生存生态。庙会、灯会活动中的武术通过精彩的表演向大众展示了武术技艺。说书艺人通过刻画一系列的英雄形象,突出了习武人的气节和品质,凸显了武术的教化作用。在街头巷尾随处可见的习武群体,为人们提供了学习和体验机会。众多的拳种分布满足了不同学拳者的需求。在中华人民共和国成立后,风俗习惯的大规模改造使人们对武术的观念发生了变化。在1953年,第一届全国民族形式体育表演及竞赛大会后,《新体育》评论道,"毕竟是在封建社会中形成的,不免会受封建性的影响……如何使民族形式体育更能具备锻炼身体的实用价值和树立优美的形象,是今后民族形式体育发展的方向"[1]。武术被定性为封建遗留。

中华人民共和国成立初期,对社会风俗习惯进行了集中改革,在风俗习惯改革方面完成了对封建和旧社会、旧习俗的改造,破除了封建迷信,移风易俗,净化了社会风气,树立了科学的健身观念[2]。中华人民共和国成立初期体育被视为治疗人民"孱弱体质"的良药。为了推动群众体育的发展,1952年毛泽东主席为中华全国体育总会提出了"发展体育运动,增强人民体质"[3]的口号,推动了全民体育的热潮。但是这一时期的运动项目主要以广播体操以及西

---

[1] 周伟良.竞技武术套路的历史透视[J].体育文化导刊,2003(7):18-21.
[2] 于昆.变迁与重构——中华人民共和国成立初期社会心态研究[M].北京:中国社会科学出版社,2014:9.
[3] 田雨普.新中国60年体育发展战略重点的转移的回眸与思索[J].体育科学,2010,30(1):3-10.

方的体育运动为主，尤其是"劳卫制"的实行，推动了球类、田径、自行车、举重等一些旨在增强职工身体基本素质，同时对运动技术水平要求不高的运动项目的普及和发展[1]。在全国各地兴建各类体育设施，1949—1952年年底，已建成各类体育场地10271个，是中华人民共和国成立前的2倍多。1953—1956年，又增长了1倍多。公共运动场所的建立将人们生活带入了集体化模式，推动了西方体育运动的普及与发展，从根本上改变了人们的休闲模式[2]。

以科学化改造风俗习惯是改革的目标，生活模式的改革趋向于以集体主义为主要发展方向。在政治和舆论的推动下，科学、理性成为习俗和文化的评价标准，挤占了传统文化的话语权。对传统风俗习惯以及生活模式等传统文化生存载体的改造，剥夺了传统文化的生存空间。中华人民共和国成立后苏联模式开始在国内盛行，西方生活模式也开始在国内普及，篮球、游泳、体操等运动挤占了原本属于武术的文化空间。国内对武术的错误定位使人们从心理上开始排斥武术，传统的说书则被评价为"愚昧人民的封建毒素"。所以说，庙会、灯会、说书等风俗习惯的改造削弱了武术的影响力，在多因素的合力作用下，挤压了武术的生存空间。

1.4 教育体制转变，制约了武术人才的培养

中华人民共和国成立后，为了加快教育的发展，初期提出了"全心全意向苏联学习"的口号，教育制度很多照搬苏联的教育模式。为了促进体育教育，采取了引进苏联学校体育思想、翻译前苏联体育教材、聘请苏联专家讲学等措施，以促进国内体育教育的发展[3]。受此影响，在学校受教育的年轻一代大多数开始从事篮球、足球、体操、田径等运动项目，武术被人忽略。1949—1956年，武术家们多数处于初、高中阶段，调查表明多数武术家在这期间都未系统地学习过武术，甚至很多的武术家在这期间将武术暂时搁置，直至大学之后才接受了完整、系统的武术训练。武术家们在学校的经历也进一步表明，

---

[1] 曹继红. 新中国行业体育协会的历史变迁 [J]. 体育学刊，2008，15（5）：37-41.
[2] 刘宇. 国家话语下的宣教与娱乐——以北京市第一人民文化馆为个案（1949—1953）[J]. 中国共产党史研究，2014（8）：115-123.
[3] 闫金兰. 中国学校体育思想发展历程及趋势 [J]. 体育学刊，2003，10（5）：138-140.

武术于1949—1956年在学校普及程度较低。武术家邱丕相在小学练了一段时间，后来初中又练了一段时间，在初、高中阶段主要是学习篮球、排球、田径、体操等体育项目，在大学也是从游泳专业转到武术专业后才进行了系统的武术训练。武术家庞林太在访谈中也表示他们初中阶段的课程中根本没有武术课，在高中的体育课也是学习田径、体操、篮球等项目。武术家张山在高中前一直是竞走运动员，并取得了很好的成绩，在大学时期才学习了武术。武术家庞林太也是到大学之后才系统学习武术。国家意志对武术也持否定态度，1950年颁布了新中国首部小学体育课程实施标准，规定的小学体育教学内容有体操、游戏、舞蹈、技巧运动、球类运动、田径运动[1]，其中不包括武术。在中华人民共和国成立前，1942年的教学大纲中还有国术的教学内容，中华人民共和国成立后武术从课程大纲中移除，这种情况持续到1961年。在1961年的体育教学大纲修订中，武术才被重新规定为中小学教学内容。这些武术家都是凭借后来的成倍付出，才走上了武术事业的巅峰。

这些都表明在1949—1956年，武术在学校的普及程度很低，严重制约了武术人才的培养。国内教学理念全盘照搬苏联模式是导致武术人才匮乏的原因之一，但是制约这段时间武术人才培养的因素还有3个：第一，国家对传统项目的定位，武术被划为封建遗留，在以传授科学知识为主的学校开展显然不合适。第二，教学内容匮乏。武术在被定位为封建遗留后长期无人问津，直到1956年刘少奇同志在同国家体委负责人的谈话中做出"要加强研究，改革武术、气功等我国的传统体育项目，研究其科学价值，采用各种办法，传授推广"的指示后，才打开了武术发展的新局面，并于1957年出现了《青年拳》等新编拳法的教学内容。第三，缺乏武术师资。在1949—1956年各大院校武术专业也还未能建立，上海体育学院直到"1958年才建立了武术水上系，而真正的武术专项班到1959年才建立"（王培锟），"北京体育学院也是在1958年才建立武术系"（张山）。这些导致武术人才的断层，现存中国武术九段全国仅有16人就是很好的证明。武术人才的断层不仅影响了武术的发展，并且致使很多传统武术流失，造成了不可挽回的后果。所以说，对西方教育内容的沿用

---

[1] 课程教材研究所. 20世纪中国中小学课程标准. 教学大纲汇编：体育卷[M]. 北京：人民教育出版社，2001：32.

虽然推广了西方体育教育内容，但同时将武术排除在体育课程体系外，使武术教育在中国的发展落后于其他运动项目。

1.5 对传统的排斥，削弱了文化间支撑关系

武术、戏曲、中医是在同一文化下成长起来的三种文化形式，三者在发展过程中不断渗透形成了相互支撑的关系。通过借用传统医学理论，武术形成了擒拿和点穴两种技法[1]，借用中医养生观点、筋络理论和对人体运动形式的客观认识，形成了《五禽戏》《八段锦》《易筋经》等传统功法。武术和戏曲也有密切联系，在元朝禁武政策的影响下，武术开始融入戏曲中，出现了专业的武生角色，随着戏曲的发展，更是进一步分化出了武生、武旦、武净、武丑等角色，而且戏曲和武术的训练内容很多也都重合。武术套路的发展也受益于戏曲表演形式，武术动作的节奏、表演韵律等直接受到了戏曲表演形式的影响。武术家们的亲身经历也证明了武术与戏曲、中医之间的相互支撑关系。武术家陈昌棉跟随老师学习了蔡李佛拳，还学习了中医正骨之术。武术家习云泰的老师郑怀贤不仅是一名武术家，更是著名的骨科医生，并创立了全国第一个运动医学系。武术家夏柏华从小就学习戏剧，他的老师原来是武生，教他戏曲中武生的技能，他是由武戏过渡到武术行业的，他所经历的训练都是戏曲的训练。门惠丰也是受戏曲的影响而喜欢上武术的，他回忆幼年时看到的戏曲训练时指出："戏曲演员经常练些武功，其中就包括拿大顶、蝎子爬、劈叉、踢腿等基本功的东西，小的时候看他们练这些功夫，并开始喜欢武术。"（门惠丰）他对戏曲训练内容的回忆表明了武术和戏曲的密切联系。这些人都是在戏曲和中医的影响下走上了武术道路，最后成为了九段武术家。由此可见，武术和戏曲、中医形成了相互支撑、相互融合的共生关系，而武术、戏曲项目的相似性也为两者之间人员的流动提供了可能。

中华人民共和国成立初期，对社会进行的一系列改造使人们对科学所意味的现代化充满了憧憬，传统则被推到了现代的对立面，成为了落后的代名词，并展开了对中医、戏曲等传统文化的改造运动。1949年9月，上海中华医学会

---

[1] 程大力.论传统医学与武术的相互渗透[J].成都体育学院学报，1990（3）：12-19.

举行的"改造中医座谈会"拉开了中医改造的序幕,毛泽东等人明确表示中医文化对中国贡献巨大,但是中医的"科学化"改造脚步并未停下。1951年,中医进修学校所颁布的课表中仅有简要针灸学、针灸正骨术、中医学术研究3门中医课程,其余为西医课程。中医医师执照发放数量大幅下降,根据针对1953年全国92个大中城市163个县的调查结果显示,合格中医数为14000人,绝大多数中医被取缔[1]。1951年5月5日,周恩来签署发布了《关于戏曲改革工作的指示》,明确了"改人、改戏、改制"的戏曲改革任务,确立了去神、去古、去秽、去冗、去滞的改革标准[2],确立了艺术为社会主义文化建设服务的改革方向[3]。

对传统文化的改革,激起了人们对传统文化的抵制态度。文化作为人编织的意义之网[4],文化网络的改变使人们对整体文化的理解也出现了偏差。武术的健身理念源于中医理论,对传统中医的科学化改革否定了传统中医理论健康理念,武术的健身功能也受到影响,在传统穴位基础上形成的技击术受到了怀疑。对传统戏曲文化的改革也意味着对武术表演形式和内容的否定。武术和中医、戏曲在发展过程中相互支撑、相互融通的关系被破坏,同时也破坏了武术和戏曲之间的人员流动机制。对中医和戏曲两种传统文化的改革,也标志着武术无法逃离被改革的命运。1956年国家将武术列为竞技体育项目,1957年大规模的套路编创运动标志着武术走上了改革之路。

2 武术生存状态变化因素分析

2.1 认识论的转变

武术生存状态的变化是多种因素共同作用的结果,然而在诸多因素中认识

---

[1] 李洪河. 新中国成立初期中医科学化的历史考察[J]. 当代中国史研究, 2011, 18 (4): 70-79.
[2] 胡星亮. 论二十世纪中国戏曲的现代化探索[J]. 文艺研究, 1997 (1): 47-62.
[3] 王萤. 中国共产党1949—1976年戏曲政策的探索[J]. 哈尔滨师范大学社会科学学报, 2014 (5): 164-166.
[4] 克利福德格尔茨. 文化的解释[M]. 长沙: 译林出版社, 2014: 5.

论的变化是武术生存状态最为直接的变化因素。认识论通常被定义为"关于知识的理论",主要考察知识何以可能[1]。柏拉图认为知识是被证实为真的信念,可以从知识的来源、属性和判断标准三个方面来考察知识。认识论的转变建立在对信念、真理及证实方法彻底变革的基础上。在新的认识论下,"真"的评判以科学为标准,科学观念在"五四运动"以及新民主主义的推动下已经深入人心。在中华人民共和国成立后,科学技术成为突破西方封锁的唯一途径。在经济建设方面,科学技术的使用使中国经济在3年内恢复到战前的最高水平。

1952年和1956年的两次扫盲运动进一步宣传了科学的观念,加之中华人民共和国建国后唯物主义哲学教育的盛行,使人们形成了经验主义和实用主义观念。人们对科学理解的简单化、极端化趋势,使科学成为一种新的"形而上学",成为一切的评价标准。在传统文化方面,对传统中医、武术等的排斥,也表明人们的评价标准已然发生变化。"证实"作为判定知识科学性的主要手段,新认识论主要遵循了外在论的观点,从外在的自然环境下寻找"信念"成立的证据,而传统文化的感性特征难以通过实证手段证实,使人们对一切感性的、非直观的传统文化持怀疑和否定态度。因此以实践性和客观性为主的确证方式和以科学为主的评价标准的确立,使人们的认知模式逐渐转变成狭隘的科学认识论,从而影响了武术生存状态的变化。1956年,在获得对武术、气功等传统项目进行科学化改造的指示后,武术进入了相对快速的发展时期,但是这个时期武术发展的形势和内容已经与传统武术相左。这也证实了正是因为科学认知观念的确立,改变了人们对传统武术的态度,从而影响了武术的生存状态。

2.2 集体主义的兴起

中华人民共和国成立后,在共产党的领导下民族情绪高涨,集体利益高于一切的观念在民众间达成共识,人民的团结达到了前所未有的高度,但是也必须辩证看待集体主义。从国家建设的角度而言,集体主义使中国的政治、经济、文化、生活在短时间内走上了正轨。历史经验证明了崇尚集体主义对未来

---

[1]文史哲编辑部.知识论与后形而上学:西方哲学的新趋向[M].北京:商务印书馆,2011:9.

文化、制度的发展造成了一定的消极影响。集体主义最为显著的特征是集体中每一个人的个性消失,他们的感情与思想都在关注同一件事[1]。集体意识的至高地位淹没了个体理性,忽略了个体理性的价值。个体认知的多样性被集体意识的普遍性取代,多样性的消失意味着文化发展的自然选择过程,被计划和个体意志所决定的单一发展模式所取代。集体主义处于组织的统一调整之下,任何组织的政策、制度、方案都源于对未来的估计,这种估计必然存在局限性。中华人民共和国成立初期,中国的国家重心转移到经济建设和思想建设上,1953年完成了对农业、手工业、资本主义工商业的社会主义改造,在思想建设上开始了反官僚主义、反对命令主义、反对违法乱纪行为的"三反"运动,进一步巩固了集体主义的地位。同样,认知观念以及对传统文化的排斥态度在群体之间达成了共识,对教育制度、道德观念、生活方式等方面的变化也都欣然接受。这一时期存在的武术发展路线的争论表明存在多样化发展需求,然而在集体主义语境下武术的发展走上了集体选择的单一道路,这就使少数人的认知和需求被人们所忽略。

2.3 文化生态的改变

1949—1956年一系列的改革改变了武术传统的生存土壤,这一系列的变化通过武术家对这一段时间内的生活经历得以凸显。经济模式的改变使传统营生方式发生变化,稳定的收入来源使武术作为生产资料的价值降低,从而使从事武术活动的人群减少。道德人伦的变化使传统的等级关系、师徒关系被改变,以武术为中介形成的拟血源纽带的束缚作用减弱,从而使以武术为中心的小团队组织逐渐消散。生活习惯的变化使传统村落文化逐步退出,城市化的生活模式逐步兴起,西方的生活方式开始渗透并挤压传统武术的生存空间。传统的庙会、灯会等传统民俗文化的消逝减少了民众了解武术的渠道。教育体制的改变,以苏联为模版的体育课程体系的建立,使整个国家体育工作的重心转移至西方体育项目上,使武术人才的培养受到了影响,武术教育的发展落后于其他体育项目。对传统文化的排斥以及唯科学主义观念的盛行使传统文化思想土

---

[1] 古斯塔夫·勒庞. 乌合之众心理学[M]. 北京:新世界出版社,2011:10.

壤流失，对戏曲、中医的改造打破了同一文化下不同形态文化间的共生关系，尤其是对中医内容和戏曲形式的否定等同于直接否定了武术的健身等功能，使武术走向竞技化的路线。武术得以栖身的经济、道德、风俗、教育、思想土壤在新的社会形态下完全被改变，武术的生存状态开始发生变化。

3 中华人民共和国成立初期武术生存状态对现代武术发展的启示

历史价值论认为历史是人类价值活动的产物或结果[1]，人类活动在历史发展过程中起着关键性作用。历史的发展所体现的正是人类思想、制度的演进过程，因此以史为鉴可达到"知兴替"的目的。中华人民共和国成立初期完成了由新民主主义社会到社会主义社会的历史转变，一系列改革措施的实施改变了武术的生存环境，使武术的生存状态发生了极大的转变。因此，通过对比两种不同社会环境下武术生存状态，从中探索武术生存发展的有利因素，为促进武术在现代社会更好的发展提出以下对策。

3.1 着力挖掘武术经济价值，夯实武术发展的基础

经济基础改变削弱了武术作为生产资料的价值，这是影响武术在中华人民共和国成立初期生存状态的主要原因。在农业经济时代，武术作为生产资料价值受到重视，产生了专业的护院武士、镖师等群体，武术得到较好发展。在计划经济体制下，工业经济取代了武术作为生产资料的价值，使武术职业人群锐减。在市场经济条件下，以市场需求为基本导向，追求传统文化的经济价值，成为文化发展的主要动力。如韩国的跆拳道、日本的空手道和剑道等[2]，通过自身改革使之适应市场经济的需求而获得飞速的发展，产生了以培训、赛事、服装、器械、

---

[1] 王学川.历史价值研究的意义与任务[J].理论与现代化，2008（4）：23-28.
[2] 郭玉成，刘庆庆.日本武道构建国家形象对中国武术的启示[J].山东体育学院学报，2014，30（1）：56-60.

段位考核等为一体的文化产业发展模式,满足了人们的经济需求,并逐渐发展成为风靡全球的运动项目。从目前形势看,从事武术项目的人群很少,与武术有关的赛事、器械、服装、段位考核为一体的产业集群还未能完全形成。因此,在未来武术发展的过程中,应注重武术产业的发展,吸引更多的人去从事武术的推广与普及工作,通过武术产业的发展来夯实武术发展的基础。

3.2 加强现代武德内涵阐释,确立新的武术人伦关系

道德辩证法认为,道德具有流变性,随着思想和价值观念的变化而变化,武德也如此[1]。在武术的发展过程中,武德一直作为行为规范而存在,很少有人将武德实践上升到理论层次,对武德内涵、范围、具体规范做出明确的界定。因此,武术人对武德的理解一直处于模糊不清的状态。这种情况导致虽然时代在变化,但是人们对武德的了解仍然没有变化,人们对武德的误解严重阻碍了武术的发展。尤其是现代社会,传统武德所提倡的部分行为规范与现代社会制度以及道德体系相抵触,已成为现代社会道德和武术发展的阻滞力量,必须通过对武德的重新阐释,重新发挥武德塑造武术形象的功能,将武术塑造成满足现代社会需求的文化力量。在现代社会,武术师徒、同门关系的本质已经发生变化,调节武术人与社会人之间的关系,构建和谐、平等的武术人伦关系都必须以武德为指导。因此必须注意武德的时代性,在不同的时代、政治环境下对武德进行新的阐释,使其沿着时代的前进方向发展。

3.3 改革武术教学内容,凸显武术教育的科学性

教育是文化传承和人才培养的重要途径。在中华人民共和国成立初期,因为武术教育受教师不足、教学内容缺乏等原因而未能进入中小学课程大纲,武术人才的培养受到了限制,反而使国外的体育项目得到了飞速发展。武术作为传统文化承担着培育民族性的重任,因此教育部将武术列为7个重点支持的学

---

[1] 姜熙,朱东.从伦理学道德结构论角度建构现代武德体系[J].首都体育学院学报,2008,20(1):39-44.

校体育项目之一,但是现代武术课程还不能达到现代体育课程所要求的科学性要求。武术教学方法基本沿用体育教学方法,教学方法陈旧与现代教育学和心理学的理论脱节,致使武术课枯燥,减少了学生对武术的兴趣。缺乏教学评价,无法客观评价武术教育的教学效果,致使武术课堂无法受到学校重视。武术教学内容缺乏连贯性,致使学生从小学到中学再到大学都在重复学习。因此发展武术教育的重点就在这3个方面,一是改革教学方法,突出方法的实用性和趣味性;二是改革教学内容,突出武术教学内容的连贯性和层次性;三是设定评价标准,突出武术教学评价的科学性。

3.4 构建武术文化生态,树立系统性的文化保护观点

文化生态是在同一文化下的文化群落、文化圈甚至文化链所形成的一个相互依靠的系统[1],文化生态中的信仰、风俗、仪式、艺术等多种具体文化形态相互关联、相互支持,形成一个文化的生命之网。传统文化生态构成了传统武术生存的基础,但是传统经济制度、社会道德、教育体制、生活模式的改变使武术文化生存生态受到了严重的破坏。文化不是"生物性"的因素,它的产生源于人的"心理性"活动[2],武术文化生态的变化以思想观念的改变为起点。因此,无论是保护武术文化生态还是保护武术文化,最终都是保护人的思想观念。人生活在由经济制度、法律制度、政治制度等构成的结构化社会中,社会制度与思想观念的相互作用促进了文化生态的形成。人对文化的观点是武术在经济制度、法律制度、政治制度中的价值体现,当文化不能在结构化的社会中找到其存在的价值时,就必须做出相应的调整,使其满足经济、政治、教育等制度的需求,通过凸显其价值而影响人的思想观念。在人们认可文化的价值后,便能通过人们的实践促使形成新的文化生态。

在中华人民共和国成立初期,武术的封建性使其难以适应新的政治制度;武德所提倡的不平等性和等级性,使其难以适应社会主义道德规范;武术的神秘性和经验性使其难以适用于新的教育制度,在多种因素的影响下武术因逐渐

---

[1] 高丙中. 关于文化生态失衡与文化生态建设思考[J]. 云南师范大学学报,2012,44(1):74-80.
[2] 爱德华·希尔斯. 论传统[M]. 上海:上海人民出版社,2014:10.

失去了存在价值而被人们忽略。在武术改革后，武术逐渐找到了在政治、经济、道德生活中的地位，并且受到了关注。近年的研究使武术文化、健身、竞技、教育等价值受到了关注，但是这些价值还未能得到很好的利用，新的武术文化生态还未能形成。因此，武术在未来的发展重点是以系统性的观念为指导进一步发挥武术的价值，促进新的武术文化生态的形成。

4 结语

在1949—1956年的现代武术发展的初级阶段，社会环境的变化使武术进入了一个承前启后的关键时期，重现这段历史对武术的历史与未来具有重要参考价值和借鉴意义。研究基于历史文献与口述史料的对比分析，认为武术在中华人民共和国成立初期的生存状态表现为：经济制度改变，动摇了武术生存根基；社会道德内涵改变，转变了武术人伦关系；生活模式变化，改变了武术生存空间；教育体制转变，制约了武术人才的培养；对传统的排斥，削弱了文化间支撑的关系。认识论转变、集体主义的兴起、文化生态的变化是生存状态形成和变化的主要背景与原因。结合武术生存状态及原因，提出促进未来武术发展应该注意以下4个方面的问题：挖掘武术经济价值，夯实武术发展基础；阐释现代武德内涵，确立新的武术人伦关系；改革武术教学内容，凸显武术教育的科学性；构建武术文化生态，树立系统性的文化保护观点。

第八章 "文革"时期的武术生存状态及启示

"文化大革命"（1966—1976）是一场在特定历史条件下发生的空前规模的特殊政治运动，在中国社会发展进程中刻下了印迹尤深的一笔。"文革"初始，"破四旧"之风迅猛地刮向全国各地，武术的处境步履艰辛。在"文革"特殊历史时期下，以口述史研究还原历史，这种"活态"的文化补给不仅可避免武术的"史随人走"，还具有如下意义。

首先，基于"中国武术史"研究而言，因其缺乏鲜活的口述史料在近年来几乎陷于停滞。在各版《中国武术史》等权威武术教材、著作中，所涉该时期的武术篇章多一笔书过。在每年发表的大量武术史学论文中，对于"文革"时期的武术史实鲜有涉及。甚至可以说，武术确实存在着"文革史"，但似乎并没有"文革"记忆。其次，从学科建设而言，任何成熟的学科建设一定有其成熟的学术史梳理，并全面记录该学科的发展历程，其间包括理论与问题、观点与思潮、学人与学派、刊物与篇章等[1]，武术在这历时十年的特殊时期所呈现的关于上述种种的传承与变革，值得学界进行富有深度的开掘和富有广度的阐扬。最后，从研究方法而言，口述研究可以填补重大历史事件和普通生活经历中那些没有文字记载的空白或弥补其不足，而身处"文革"时期的武术人，其人生与习武经历均跨过这一特殊的社会历史进程与武术发展时期，对这部分亟须挽救的"活态"历史研究而言可以说尚属起步。这对口述研究方法在武术领域的应用是或为初步、或为引发、或为推进、或为展开的武术口述史研究范

---

[1] 金大陆. 一个观点，两个提倡——在《体育与科学》庆典会上的发言[J]. 体育与科学，2013，34（1）：21-23.

式的探索。

诚如著名武术史学者旷文楠先生所言，"武术的历史研究，是传统文化研究的重要组成部分，对武术发生、发展历史进程的探讨，对武术演进特点与规律的总结，对于更好地继承与发展中华武术，有着重要意义"[1]。历史的车轮始终前行，在武术学术日益繁荣的今天，对"武术文革史"或"文革武术史"进行研究，从武术学本身来说是丰富、弥补、完善了武术历史的"文革"史料，从"文革"史研究的角度来讲，则更为全面、深刻、广泛地实现了"多重关照"[2]下的史学研究意义。

1 "文革"时期的武术生存状态探析

1.1 武术在"破四旧"的岁月中被禁止

任何社会或事物的发展与进步必然要经历由"破"至"立"，以"新"代"旧"的过程。"文革"之初，"破四旧，立四新"运动从表面来看，确实符合这一客观规律的要求。但在此历史进程中，"破"和"立"以及"新"与"旧"作为一个历史概念，并没有明确的科学界定[3]。这种盲目意识导致全国一切领域陷入十年浩劫。

在"破四旧"话语的鼓噪下，民众对当时社会思潮与力量不可抗拒，诸多民族传统技艺在此时遭到批判。武术也未能幸免，如少林拳、罗汉拳被谬误为"为和尚歌功"，醉拳则是"宣扬醉汉主义"，练习太极拳者更是被荒唐地封为资产阶级活命哲学[4]。"几乎所有的文化活动都在文化大革命时期没有了，特别是体育、文艺表演这一类都没有了"（曾于久）。"武术谁都不敢

---

[1] 旷文楠. 中华武术历史研究的回顾与展望[J]. 成都体育学院学报，1995，21（1）：1-6.
[4] 王宇英. "文革"口述史的理论与实践[J]. 首都师范大学学报：社会科学版，2007（1）：20-24.
[3] 金春明. "破四旧，立四新"的历史反思[J]. 中共中央党校学报，1997（1）：20-26.
[4] 易剑东，谢军. 中国武术百年历程回顾——面向21世纪的中国武术[J]. 体育文史，1998（4）：27-29.

出来练，民间武术是没有的"（邱丕相）。在此背景下，"禁武"拉开了"文革"时期武术生存的序幕，并集中表现为如下方面。

一是民间习武授拳被禁止，剥夺了群众习武的基本权利。"一开始武术没有受影响，后来搞'破四旧'武术就受影响了，因为武术是传统的东西，封建的东西。后来武术就干脆不让练了，刀枪都入库了，公园里几乎没有人练习武术了"（张山）。"公园里面几乎看不到练武术的"（王培锟）。很多老一辈武术家只能私下进行活动，"那时候还习武，照面都是拿枪的，可以开枪的，根本没办法，顶多在屋里稍微活动活动。屋子门都不能出，到外头根本不行……"（习云泰）。二是武术教学、训练、科研等工作被禁止。"学校里面根本都没有上课了，全部都停掉了"（陈顺安）。"没教学任务，学生、教师都荒废了，全停了"（邱丕相）。三是武术运动队解散及赛事被禁止。"那时候全国禁止开展武术活动，院校一律不设武术队，各省市的武术队全部撤"（习云泰）。"'文化大革命'开始以后，山西就宣布解散武术队，党组已经开会解散武术队"（庞林太）。"比赛也基本停了"（张山）。四是武术史料、书籍被大量查抄和毁灭。"我家遭了三、四次抄。第一次抄书，以后就乱七八糟看着好的就都拿了，我也没值钱东西在这儿。就遭了几次抄书，都是有关武术的旧书，武术的多，具体名字我记不清楚了。因为我的书桌就在外头，他们抄都是抄武术的，抄家的都是搞武术的。武术的流失啊"（习云泰）。

1.2 武术家以"反动学术权威"之名遭受批斗

1966年6月1日，一篇名为《横扫一切牛鬼蛇神》的社论号召刊于人民日报，舆论改变了众多所谓资产阶级的专家、学者们的命运走向。在武术领域，老一辈武术家成为被打压批斗的对象。"他们都到张文广老师家抄家，抄张老师的资料，站板凳上批斗他，要把他搞成反动学术权威……我后来也被他们抄过，抄家"（夏柏华）。"学生反对老师，总是批判老武术家，这是我感觉最不好的"（王培锟）。"老师都是弯着腰挨批斗的"（曾于久）。在采访的过程中，邱丕相教授在回忆"文革"时期经历时，也凝重地谈到"大家冲到他家（把他）拖出来，把衣服一扒，一脚踹到草地上。马上把搅到一起的浆糊和墨汁掇到他身上，变成牛鬼蛇神了嘛。斗鬼会，斗鬼会嘛"（邱丕相）。

在那个特殊的岁月里，被批斗的缘由也毫无理智可言。"批判老武术家传统的东西，随便挖一句就批判他们。搞什么技术第一啊。我们中间也被批判过一次，批判什么呢？当时我们是抓运动队训练的，结果好像是给他们训练得过度了，说没有人性"（王培锟）。"我'文革'的时候有这么一个罪状。林荫堂（作者注：民国时期广东五虎将之一）去世了，我亲自过去（祭奠），这成了一个罪状"（陈昌棉）。

除了批斗、抄家等，"大字报"是"文革"时期中国政治生活中一种独特的政治工具。在"文革"时期，"大字报"也"顺理成章"地成为了打倒老一辈武术家的利器。"队里边给我贴'大字报'，说我是权威，我当时那么年轻，什么权威？给我写'大字报'"（庞林太）。"这天晚上夜里五点钟左右的时候，就有学生找我，说习老师外面贴你'大字报'了，贴一大排，这一大排就是打倒'四老一少'：郑怀贤、王树德、肖应鹏、兰素珍，这是'四老'，他们年龄大嘛。'一少'就是我，就是新型反革命分子，新型反动学术权威"（习云泰）。除了批斗老一辈武术家，武术攻防也不可理解地成为攻击对象。"后来我知道有些老师受到冲击，原因是批'右派'吧。其中有个'右派'言论之一，叫作'唯技击论'，叫右派论。我们说这个积极性不浓，他给你上升，提高，叫作'唯技击论'。我知道温敬铭受影响，我进去的时候赶上定性批判"（夏柏华）。

老武术家们的共同回忆，对于这段活态史料的呈现，绘出了"文革"时期武术家生存状态的无可奈何。尽管口述史料常常囿于个人视野、经历的有限而流于琐碎，但普通人的角度却因其多维而又本色的平实，才恰恰关照到了"文革"历史呈现与研究过程中的盲区[1]。

1.3 武术在"文革"时期为迎合政治形势而异化

武术在"文革"十年政治运动的涤荡中，布满了印刻有那段岁月特有的文化符号。武术为迎合政治形势，而被异化为语录拳、诗词拳等表现形式。这无疑是在尴尬境地中的无奈之举。"用武术动作表达毛主席的语录的含义的确是牵强

---

[1] 王宇英.当代中国口述史：为何与何为[M].北京：中国大百科全书出版社，2012：101.

附会的形式,但在那个年代一切都被扭曲了,谁敢、谁又能提出异议呢"[1]?"'文革'你们没经历过,是个很奇怪的事情"(刘鸿雁)。传统的艺术形式被禁绝了,取而代之的是一种令今天的人很难相信的东西[2]。"文革"时期武术的异化形式主要表现为如下方面。

首先,出现了语录拳、诗词拳等操化类拳术。"工农结合嘛,就是搞那政治化,最好笑就是什么呢,就是体操先搞的,叫语录操。我们那时候搞语录拳,'下定决心,不怕牺牲',就是搞这个表演,一边念着毛主席语录,一边练这个拳,这叫语录拳"(夏柏华)。"我还编过什么红军不怕远征难,基本上接近那个词的形象吧"(邱丕相)。"那时候都在琢磨把毛主席的诗词编成歌,怎么就不能把毛主席的歌曲都加上武术动作呢"(刘鸿雁)?这种为达到某种政治目的而衍生的"新生事物",在着力突出"把'无产阶级文化大革命'进行到底"的思想涌动下,被注入了旺盛的生命力。"毛主席语录拳编完了以后教给学生。全国都到这里来学习啊,在哪学教啊?在天安门,安上大喇叭,所有到天安门参观来玩的,都会学一点毛主席语录拳啊"(门惠丰)。"还有《蝶恋花》'我失骄杨君失柳'那个"(夏柏华)。

其次,是以落实为工农兵服务、武术与工农兵相结合的宗旨,创编实用工农具的武术套路[3]。如在当时极"左"思潮下,北京体育学院革委会认为:"旧武术、摔跤,都是在继承民族传统的幌子下,走着一条颂古非今、宣扬封建迷信、培养资产阶级个人主义的修正主义道路。"为使武术真正为"无产阶级政治服务、为工农兵服务",该院"武术革命战斗队"与南口铁路机械厂的工人一起研究、琢磨,对武术、摔跤进行改革[4]。"怎么改革嘛,按照毛主席的语录来练,器械呢,单刀换成菜刀,盾牌换成锅盖,就这样拿着锅盖、菜刀对练。大刀就改成铁锹、锄头。我是专门练铁锹跟扁担对打的"(门惠丰)。"门惠丰把那个朴刀动作改为铁铲,我是把棍术弄扁担的。所有都停课闹革命,我们就被那个叫作武术革命战斗队。晚上有点时间我们练练,有

---

[1]迟振国. 文革轶事——毛主席语录拳[J]. 体育文化导刊,2003(8):64.
[2]张静如. 中国当代社会史:第3卷(1966—1978)[M]. 长沙:湖南人民出版社,2011:376.
[3]周之华,张有峰. "文革"时期北京武术的研究[J]. 中华武术·研究,2013(6):72-74.
[4]程世刚. "文革"语录操的"出笼"经过[J]. 文史博览,2008(3):56-58.

时也教教工人"（夏柏华）。老武术家张文广先生在其《我的武术生涯》著作中也记述到"在接受工人阶级再教育之余以铁锤为器械创编了'大小铁锤'套路"[1]。

在整个访谈过程中，武术家个人叙述的相关细节，不仅填补了"文革"武术历史研究的空白，也为该段历史提供了记忆的体温。如"讲到'文革'时期的武术，越'左'越好了。走向工农兵，为工农兵服务，把对练改成镰刀啊、铁锤啊、锅盖、锄头，拿出来当器材对练"（邱丕相）。"表演一个枪，飒爽英姿舞支枪。菜刀、锅盖、斧头、扁担，用生活用具打对练"（王培锟）。

1.4 武术教学得以复苏

1970年，北京体育学院（现在的北京体育大学）开始试点开班，同年吴彬老师被认命为武术教研室组长[2]。全国其他地区在恢复招生的时间上存在着一定滞后。北京体育学院作为第一个恢复武术教学的单位，为武术教学的复苏做出了一定贡献。"北京体育学院有了武术班，影响全国啊，自己去全国各地招生，但是要考虑阶级成分，都必须是工农兵。北京体育学院招收武术班，这一下全国都知道了，原来武术没有取消，周总理一批，全国一招生，这一下子轰动很大。国家开始招生了，这对武术是一个大的挽救"（门惠丰）。

随后，全国各地区的大学才开始普遍恢复招生，"老师都回来了，老师热情很高的，每天早上都安排辅导，兴趣班体操、篮球、田径全部都安排满了"（曾于久）。"青训队进校，就从青训队开始恢复教学，渐渐抓起来，然后恢复武术招生。第一个招的就是青训队，派人到底下招的，那时候特别要求，政治审核很严格。我们在一起训练，但是训练是分男女两个队，门惠丰管女队，我管男队。后来考试的时候，我们武术又招了很多人，一次就招了接近40个人，招生力度从来没那么大，在当时来说啊"（夏柏华）。两年后，上海体育

---

[1] 张文广. 我的武术生涯[M]. 北京：北京体育大学出版社，2002：167.
[2] 张娟. 十年"文革"期间北京武术的演变[D]. 北京：首都体育学院，2012：22.

学院也开始恢复招收武术专业的学生，"1973年开始教学，招工农兵学员，还不招本科生"（邱丕相）。然而当时武术招考的形式却没有那么严格，实行的是群众推荐、领导批准、学校复审相结合的招生办法，"那时候来的学生，都是在农村表现不错的，大队推荐的，工作单位盖章的，我们去看看可以就行"（王培锟）。

1.5 武术训练、赛事的恢复为武术提供发展基础

1971年后，周总理在全国体育工作会议上充分肯定了"文革"前17年体育工作的成绩。1972年，国家体委召开全国训练工作会议，明确提出："努力提高我们运动水平，迅速赶超世界水平，是体育战线一项迫切任务。[1]"同年，《新体育》杂志复刊，为全面恢复和发展竞技体育提供了舆论准备[2]。全国各地开始重新组建专业运动队，召开不等规模的运动会。这为"文革"浩劫之初几近废止的武术训练、竞赛提供了发展基础。

前文述及，1970年北京体育学院开始恢复教学，并组织建立了青训队。1971年浙江省武术队建队，"1971年建队恢复训练，我们就提出要出去学习，不学，只靠我们自己的力量将永远是落后的，因为我们浙江在以前的比赛当中整体水平都在全国的下游，没办法"（陈顺安）。次年，"1972年以后组建了广东队"（陈昌棉）。但当时由于"文革"的冲击，各地市罕有练武术者，因此广东武术队在组建之初，运动员多是从体操专业中选拔出来的，"都是转的，体操和武术有点接近嘛。1972年恢复训练，邱建国那时候是第一批人，体操运动员来改练武术的"（陈昌棉）。四川省成立武术队时间稍晚，直至1978年5月才由省政府批准成立四川省武术运动队。"我说我是搞武术的，最好成立一个武术队。后来请示党委，同意了，我到重庆招生。全省的、原来技术好的都抽过来当教练。后头我打个报告到省委，成立四川省武术队"（习云泰）。

---

[1] 杨鸣亮，黄波. "文革"体育新思考[J]. 体育文化导刊，2013（11）：142-144.
[2] 傅现农. 竞技体育状况的阶段划分及理由[J]. 体育文史，1998（6）：51-53.

在竞赛方面，"1972年5月份开始，安徽搞了第一届全国武术邀请赛，十几个单位参加，搞得还不错，我赶快给体委写了个报告。9月份，'文革'后第一次比赛就在山东济南举行，'文革'以后的第一次比赛就开始了"（张山）。就此拉开了"文革"后武术竞赛的序幕，在1973年国家体委审定《武术竞赛规则》后，1974年，在山西、辽宁、聊城、西安、上海等地纷纷举行了武术比赛。"'文化大革命'以后，慢慢恢复武术比赛，最早在上海是1974年左右，上海体院就组织了一个队，就是上海高校队。参加上海市武术比赛，在上海普陀体育馆举行的"（邱丕相）。诚然，如上所述，武术训练、竞赛在经历过阵痛之后，已呈现出"春风吹又生"的良好态势，但"文革"影响之深，在武术身上并未完全褪去。如"我是场内裁判长，我们就发现'文化大革命'一些带有政治性、戏剧舞蹈化的东西很明显。你看，把那个红灯记的那些动作用上了。完全照抄戏剧动作，我们当时就很反对"（夏柏华）。再如，"那时候呢比赛当中主线就是'批林批孔'，不断地在进行批评，批判属于'封、资、修'的，裁判员也不叫裁判员，叫什么评判员，比赛嘛也不评名次，就显示一下。除了裁判员，当时还有一批工农兵评论员，检查有没有'封、资、修'的东西，把武术技术硬扯到这方面来，包括批师道尊严，当时张文广老师受到批评，我记得在体育报上发表了很大一版，北京体育大学师生'批林批孔'，其中矛头也对向张文广老师，张文广老师是个非常好的老师，非常谦虚平和，非常没有门户之见的一位老先生，'文化大革命'时期我有印象的是这一点"（邱丕相）。

2 "文革"时期武术口述史研究的启示

2.1 尊重历史：重建"文革"武术史，还原武术"文革"记忆

对于当代中国而言，"文革"所留存的影响之深，并不是一道挥之易去的默然记忆，但在诸多领域，一直以来似乎又是一个讳莫如深的话题。对已走过千余年沧桑岁月的中华武术而言，承载着厚重的文化与历史，但提及武术"文革"史，似乎无处寻其踪迹。

人类进入现代社会，一个重要的人本要求就是对记忆的珍重，对自己的文化历史记忆的重视……实际上，一切遗产的意义都是记忆，或者说都是为了记忆[1]。从这个意义而言，武术家或是武术人是源于民间的中华武术的重要载体，由于其本身所具备的民间性特点，也决定了其在社会特殊历史时期的生平记忆、人生经历，能够弥补所谓公开文献作为权威记忆、官方记忆以及主流记忆的不足。在口述史研究领域，个人生命历程的回忆，抑或是在重大社会历史时期的个人记忆，一直被认为具有重要的史学资源价值。

此外，一部真正的历史、一项真实的事件、一个真切的社会，并不是由一些精英人物、社会上层的思想与意识形态，以及典型的文化特征所构成[2]。从这个视角而言，那些经历过"文革"风雨、文化程度较低、缺乏一定身份地位，却倾尽一生于武学的民间拳师对于塑建"文革"历史与记忆当更具意义。如果将他们的口述史衔接地域史、行业史，应当能成为还原"文革"武术面貌的重要组成。发动于1966年的"文化大革命"至今已有五十多年的历史，在生命成熟期走过"文革"的上述人群，而今或已步入年迈之年，如继续漠然视之，那只能徒留"艺随人走""史随人去"的莫大遗憾。

对于中国武术史而言，如果说民国之前的史实资料由于年代久远而遗失、流失，难于"重现天日"。那么，对于发生在当代中国的"文革"历史，加之众多亲历者仍健在的今天，以及口述研究方法才初步在武术研究领域应用的当下，抢救这份留存于历史中无声无息的"活态史料"和"珍重记忆"显得时日紧迫。这不仅是武术人对中国历史的集体回忆，更是当代人对中国历史的尊重，对国民历史情感的尊重[3]。

2.2 正视历史：对于史料去伪存真，注重严谨性与客观性

一般而言，历史常常是没有记录的那部分更为重要、珍贵。在"文革"时期，普遍存在着谁拥有了文字权，谁就拥有了历史的诠释权。尤其就"文革

---

[1] 冯骥才.记忆是重要的精神财富［J］.群言，2004（2）：28.
[2] 李向平，魏扬波.口述史研究方法［M］.上海：世纪出版社，2010：3.
[3] 袁金宝.武术文化软实力的构成内涵及提升路径研究［J］.北京体育大学学报，2014，37（5）：50-56.

史"而言，较为权威的史料往往附着有明显的政治色彩，甚至夹杂着严重的抽象或逻辑推理的痕迹，且多侧重于政治史和党史方面，以至忽略了社会史和文化史问题。而回忆录等对社会史、文化史着墨较多的史料往往是由政治、社会地位较高的人士撰写，凡人之声与底层之音相对缺乏。那些能兼顾社会史与文化史，又具有普通民众视角的文字史料却多为文学作品[1]，往往伴有强烈的感情色彩，甚至存在伪造、夸大事实、哗众取宠的倾向。这对学术价值的探讨与史料的搜集造成了极大的困难。

此外，"文革"历时十年之久，十年间政治行为与社会活动错综交错，所涉人群既有政治人物，也有农民、学生、工人、教师等。然而，大多数研究在对"文革"问题复杂性的阐释中，一概而论明显多于对时代背景、社会角色、地域区间、阶层阶级等的深入剖析。呈现出对"文革"所涉种种，从整体上视为"政治工具"，从个体上视为简单的政治符号，"思维僵化""荒诞无知""观念保守"等的描述已然成为一种共性描述，甚至是刻板印象[2]。由此，先入为主的认知致使在研究过程中的价值判断会或多或少地影响立论的严谨性与客观性。

综上而述，就"文革"武术史的塑建而言，在文字史料与口述史料的处理中需要重新审视，去伪存真、严谨客观地对口述与文字史料进行互证、还原与梳理，而不是人云亦云，肆意批判。任何事物都应一分为二地看待，尤其是对于口述史料，即便口述历史往往可以弥补原有历史史料、史学研究中的诸多空白与不足，对于未能留下文献史料的历史事件而言，颇具深远的填补意义。但从回忆多元性的角度来看，针对同一事件，不同的见证者，或因有意偏袒，或因记忆不全，所做的描述也会不同[3]3。诚如英国著名历史学家阿瑟·马威克在《历史学的本质》（The Nature of History）中直言："不以文字史料为依据的历史虽然也是历史，但不是严谨的和令人满意的历史。[4]"因为"口述历史与其他学科的研究资料一样，有可信的，也有不可信的。没有任何一种资料是绝对可以信赖的，任何资料都需要用其他资料加以对比"[3]10。所

---

[1] 王宇英.当代中国口述史：为何与何为［M］.北京：中国大百科全书出版社，2012：101.
[2] 刘小萌.中国知青口述史［M］.北京：中国社会科学出版社，2004：13.
[3] 唐纳德·里奇.大家来做口述史［M］.王芝芝，姚力，译.北京：当代中国出版社，2006.
[4] 杨豫，胡成.历史学的思想和方法［M］.南京：南京大学出版社，1999：212.

以，唯有文字与口述史料的甄别和互证才能保留和传承武术"文革史"的故事与记忆。

2.3 传承历史：挖掘、阐扬隐蕴其中的有益成分

承载千年历史的中华武术，在"文革"的荡涤中历经了无数的坎坷起伏，之所以没在政治运动中泯灭，反而在不利的环境中适应、生存、发展，必然有其独到之处。而这些久经锤炼而成的品格，从某种角度而言，也是其载体——习武人群，所内化于身心的品质。在尤为特殊的历史环境中，这些品格与品质所隐蕴的精华值得挖掘、传扬。重建"文革"时期武术亲历者过去的历史事件、历史记忆，并透过他们的人生经历与人生经验，来去糟取精具有深远的现实意义。

口传身教是武术最为传统也是最为重要的传承方式之一，在口述研究的视域下，"口传"其实就是自然形态的口述历史。自然形态的口述历史是人类之间传承知识、经验、文化的重要手段。简言之，即通过语言交流来实现上述所言。可以说，口述历史培育了人类个体的文化心灵和基本人格[1]。对于武术的"口传"而言，其内容不仅是技术层面的教授，还是围绕技术习练、拳理感悟而升华成的诸如社会责任、人生经验以及精神境界的人类心理信息。然而，自然形态的口述历史或语言交流，由于司空见惯，所以时常被熟视无睹，因而一代又一代的口述历史多以随生随灭、任其流失而终。所以，将口述历史进行梳理、记录，其意义不仅在于保存历史事件的资料，更在于其是具体记录人生经验、个人心理与情感的宝贵资源。这些经过甄别、记录、保存下来的宝贵资源，其终极价值就是用于人类的教育。收藏人类记忆、研究人类记忆、传承人类记忆，最终使之成为重要的人类教育资源。诚如英国口述历史家保尔·汤普逊所言："口述历史用人民的语言把历史交还给人民，它在展现过去的同时，也帮助人民自己动手构建自己的未来。"

就亲历"文革"时期的习武者而言，我们希望通过对老一代人的这种借由思想、感情经验交流所发掘的生命口述史研究留存于武术史的长河中[2]，

---

[1] 陈墨. 口述历史门径：实务手册[M]. 北京：人民出版社，2013：2.
[2] 李向平，魏扬波. 口述史研究方法[M]. 上海：世纪出版社，2010：29.

使其不仅能丰富武术史的研究成果，更在于发掘与传承历史中能惠及当下的精华成分。

3 结语

当前，关于"文革"时期武术口述史料的整理与搜集才仅仅迈出一小步，对隐匿于"文革"时期的声音而言只是冰山一角。武术口述历史的目的不仅仅在于填补历史空白和还原历史，也不是"恢复过去史实"的工具，而是从该时期个人经历、社会、文化、精神的角度出发，去挖掘其在当时社会全新的文化内涵及其丰富的生命力。作为武术源起国，对于"文革"特殊时期的武术历史，进行发掘、梳理、扬弃，是我们的责任与使命。

武术家口述史研究

第九章 中华人民共和国成立后的武术对外交流历程及启示

中华人民共和国成立以来的对外文化交流扮演了非常重要的"开路先锋"和"外交先行官"角色,是沟通各国、各民族人民心灵的桥梁和通道[1]。对于中国文化的发展繁荣及对外文化交流工作,党中央始终要求中国文化要走出去,发挥软实力的作用,且已将政治、经济、文化、社会、生态五位一体纳入国家战略发展规划。如今,在大文化概念、全球文化格局的视角中,武术的对外交流已成为一项旨在发挥中国文化辐射作用和影响力,促进人类文化多元化发展和世界和谐的系统文化工程。

武术是优秀的中国传统文化,伴随着国家文化发展战略的实施,厘清中华人民共和国成立以来武术对外交流的历程,牢固把握新中国武术对外交流的脉络、相关影响因素之间的互动关系,总结成功的经验和失败的教训迫在眉睫。本文以中国武术口述史研究为基础,探讨中华人民共和国成立后的武术对外交流历程及启示,为深入探索武术文化对外交流和传播路径,搭建灵活、有效的交流模式,提供有益借鉴。

1 中华人民共和国成立后武术对外交流发展历程

1.1 中华人民共和国成立之初"政治挂帅"的访问表演开启了武术对外交流新形势

武术作为民族传统文化,对外交流和传播受国家和民族的外交政策制约。

---
[1] 李岩松. 论新中国成立初期中国音乐文化对外交流的特点及作用[J]. 学习与探索, 2012 (4): 140-143.

下篇　武术家口述史专题研究

中华人民共和国成立时，冷战的铁幕已将世界一分为二，面对历史和地缘条件的限制，在美苏之间，中国做出"联苏抗美""一边倒"的外交战略选择[1]，并且制定相应的外交政策，如"打扫干净屋子再请客""另起炉灶"。周恩来在解释如上外交政策思想时明确指出："帝国主义总想保留一些在中国的特权，想钻进来。有几个国家想同我们谈判建交，我们的方针是宁愿等一等。先把帝国主义在我国的残余势力清除一下，否则就会留下它们活动的余地。帝国主义的军事力量被赶走了，但帝国主义百余年来的经济势力还很大，特别是文化影响还很深。[2]"

把美欧等帝国主义国家的经济、文化、社会暂时排斥在外的政策环境，一方面，使武术不受外来文化干扰，得以独立、自由和快速发展。"中华人民共和国成立初期，谁都不敢出来练武术，民间武术是没有开展的。1952年，国家发出毛主席'发展体育运动，增强人民体质'的号召以后，国家体委成立了一个武术科，负责管理、组织、推广民间活动，这个武术科最早编了初级拳、简化太极拳，后来又组织了比赛，编创了比赛套路"（邱丕相）。1952年，毛泽东为中华全国体育总会第二届代表大会写了"发展体育运动，增强人民体质"的题词，并号召凡能做到的都要提倡，释放了大家的体育和武术热情。第二年，即1953年，在天津市举办的全国民族形式表演和竞赛大会上，作为主要表演项目的武术，共有145名运动员参加并进行332个武术项目的表演，形式多样、精彩纷呈，全面展示了新中国民族体育挖掘成果和武术风貌。"在天津举行了第一届全国民族传统体育观摩大会，在大会结束的时候，蔡（龙云）老师和蔡鸿祥老师表演了一个四路华拳对打，当时有照片，很精彩的"（邱丕相）。1955年，国家体委运动司开始设立武术科（后改为武术处）。武术管理机构的成立不仅促进了武术运动的有序组织和管理，还组织创编了便于大众习练的简化太极拳等拳术套路，出版相关书籍，为中华人民共和国成立初期武术的大众化普及和推广奠定了基础。此后，为了适应和引领国内的武术发展形势，1958年，中国武术协会宣布成立，1959年，由其组织起草的《武术竞赛

---

[1] 姚遥. 新中国对外宣传史：建构现代中国的国际话语权 [M]. 北京：清华大学出版社，2014：75.
[2] 谢益显，等. 中国当代外交史（1949—2001）[M]. 北京：中国青年出版社，2002：5.

规则》颁布实施，这是新中国第一部全面的、科学的、系统的竞赛规则，是武术"步入现代竞技体育行列"[1]415的重要标志，具有里程碑式的意义。"有《规则》以后就开始了，1959年全国青少年武术运动会和第一届全运会武术比赛就是按照这个规则进行的"（庞林太）。"一直到1973年以前，印象中都是按那个《规则》（1959年《规则》）走。1973年以后做了改革，但是不离开这个主题"（王培锟）。这一时期，学校武术教育也获得迅速发展。1958年，国家体委召开全国体育院校负责人座谈会，强调要把武术列为全国体育学院必修或选修课程，会后，北京体育学院和上海体育学院相继设立武术系，其他体育院校设武术专项选修课，从教学上加强了武术的比重和地位，促进了武术教学、训练和科研工作专门人才的培养教育[1]398。

另一方面，作为一种国家外交战略和对外宣传策略，武术的对外交流很少。这一阶段，无论是官方、民间抑或个人，或系统，或分散的文化交流几乎全部处于停滞状态。武术的对外交流和推广，虽在中华人民共和国成立以前的历史中业已出现，逐步发展，但在1960年以前的中华人民共和国，这一进程被暂时中断。

进入20世纪60年代，中国面临"中苏关系蒙上阴影"后两大国际势力的夹击，"两面反，积极争取中间地带"成为当时最重要的外交战略选择。体育作为"外交先行官"和辅助手段做出了自己的贡献。1960年6月，应捷克斯洛伐克共和国邀请，由李达上将率领的中国体育代表团参加该国第二届全运会"友谊晚会"的表演，这是继五年前"159人体操队"成功出访后，又一次参加该国体育盛会。"我当时（1955年）去是表演体操。表演得比较成功，到大使馆的时候，那大使……很出名的一个人，他讲'你们表演得好，我们外交工作都好做'"（习云泰）。相比而言，此次代表团规模更大、项目更多，其中就有中国青年武术队。这是中华人民共和国的武术首次走出国门，揭开了武术对外交流的序幕。同年年底，武术队随同周恩来总理率领的"访缅友好代表团"赴缅甸作巡回表演，受到该国人民的热烈欢迎[2]。这两次出访，武术作为外交策略和手段，呈现出一种"政治挂帅"的特点。虽然，受此局限，交流的国家和地区单一，并且以"单向交流"的表演为主，辐射深度、广度有限，但是，

---

[1] 国家体委武术研究院. 中国武术史 [M]. 北京：人民体育出版社，1996.
[2] 邱丕相. 中国武术史 [M]. 北京：高等教育出版社，2008：192.

作为新中国武术走向世界的第一步,却具有重要的象征意义。武术不仅走出了国门,增进了国际友谊,而且,作为代表团中唯一的中国传统体育项目,展示了良好的国家形象和优秀的民族文化积淀,增强了武术人乃至中国人民的文化自信,同时也是对新中国武术发展成果的检验和肯定,为武术确立发展方向,为拓展对外交流空间奠定了坚实的基础。

1.2 "文革"时期的"武术访美"事件推动了武术对外交流的逐步恢复与发展

1966年"文化大革命"开始以后,武术活动遭遇停滞和扭曲:武术运动队解散,学校武术教育活动停止,部分武术家遭受批判,武术对外交流活动停滞。传统的武术习练活动和形式隐匿不见,社会上逐渐出现并开始流行颇具时代特色、别样的革命武术形态,如"毛主席语录拳""蝶恋花"等。"那时'文化大革命',怎么改革练拳呢?按照毛主席的语录来,你不是单刀嘛,换切菜刀,盾牌就用锅盖。大刀就改用铁锹,大铁锄啊,就锄啊抢啊。我是专门练铁锹跟扁担对练的,两个人,一个人拿着扁担当农民,把那个手巾弄在头上,另一个扛着铁锄当工人,把白手巾往脖子上一系就是工人。我是工人拿着铁锹,他在我前面走,回头就给我一扁担,一低头过去了,我就给他一铁锹,两个人就对打对练起来了"(门惠丰)。这一时期国内武术遭遇前所未有的破坏和扭曲,虽然出现替代形态,但极具意识形态和革命象征的武术在国内、国际政治局势和文化环境中,失去了对外传播的基础和条件。直到进入20世纪70年代,基辛格访华期间观看北京体育学院青训队武术表演并邀请中国武术队访美,才迎来对外交流的契机。

"'文革'的时候各个项目都停顿了,周总理呢就提出来让北京体育学院成立一个青训大队,向全国招收青少年进行训练"(门惠丰)。这个青训队是"遵照周总理高瞻远瞩的指示,为全面培养各个体育项目的后备力量而招收的,也是为了适应国际交往的需要而组建的"[1]。这一时期,"乒乓外交"

---

[1] 昌沧.四牛武缘[M].北京:人民体育出版社,2004:268.

促进了中美两国关系的突破的案例，成功激活了中国领导人的外交新战略。周恩来敏感地意识到，体育外交将成为特殊时势下对外宣传的有效形式。并且，通过民间完成政府或党不宜出面的外事活动也是他始终争取的对外策略之一。据时任中国人民对外友好协会会长王国权回忆，周恩来曾多次就民间外交工作向他作出指示："对外文化交流工作要扩大新中国在国际上的影响，凡是不宜由政府和党出面的外事活动均通过民间渠道进行。[1]"由于这一策略的转变，促成了体育各大项目包括武术的积极出访和对外交流。据时任国家体委第一副主任的姚晓程回忆："美国乒乓球队访问北京以后，尼克松在华盛顿宣布了'缓和美中关系五项新步骤'。以后，一系列重要的外事活动接踵而来……历史的进程已经到了这个时刻，体育外事活动也空前繁忙起来。摆在国家体委面前的首要任务，是要组织各种队伍出访美国、日本、东欧；要迎接世界各地友好代表团来访……。[2]"然而，"文革"初期，大量干部被下放到"五七干校"学习劳动，国家体委业已陷入瘫痪状态。经周总理多次协调和斡旋，新的体委领导班子才于1971年8月8日正式走马上任，"肩负起借'乒乓外交'推进中美和解大战略的特殊任务"[3]。国家体委从"文革"的冲击中迅速恢复并开始履行职能，为武术的对外交流提供了组织保障和政策支持，也使成立于1970年的北京体育学院青训大队武术队迅速发展和扩大，引领武术逐步走出"文革"的影响。

1971年7月，美国国务卿基辛格博士秘密访华期间到北京体育学院参观。门惠丰教授当时是北京体育学院区队长兼总教练，负责体操和武术两个班。据门教授回忆，"夏老师（夏柏华教授，武术班教练）带着小孩在这边表演，我当时就在旁边看着。体操表演完了以后，大家都没有什么表情，看完武术以后就来精神了，就问国家体委（军管会）副主任李青川'这是什么项目啊？'他就说'中国武术，中国传统的体育'，他没有见过这么有精气神的，那个小孩一抱拳提神气，太好了。'我们想邀请中国武术团到美国表演行吗？'李青川说'我们请示请示领导'。夜间就给周总理打电话，周总理说'去，这是好机

---

[1] 王国权.王国权回忆录[M].北京：中国社会出版社，1996：115.
[2] 姚晓程.戎马情思[M].上海：上海教育出版社，1998：162–163.
[3] 姚遥.新中国对外宣传史：建构现代中国的国际话语权[M].北京：清华大学出版社，2014：220.

会'"（门惠丰）。庄则栋的"乒乓外交"为中美关系的恢复创立了契机，毛泽东用了一句"用小球转动大球"总结，"这次是用武术，又是一个大的国际交往嘛"（门惠丰）！

　　武术访美为"文革"期间武术招生的恢复提供了机遇。周总理同意基辛格对武术队的访美邀请，但当时"武术招生取消，遭遇批判"（门惠丰），各地武术训练活动停滞，只有青训队武术班的12名小队员，人员不够，且"要到美国表演嘛，我说咱们这小孩（青训队队员）哪有这个水平啊"（门惠丰）？遂借此机会向周总理打报告申请批准武术招生，"一批准就是全国招生，这一下子轰动很大，国家招生对武术是一个很大的挽救。打着这个名义就把运动员招来，优秀的运动员，各个省市好的，招到北京来集训，集训40天，集训完以后就去了美国白宫"（门惠丰）。1974年6月3日到7月24日以郭雷为团长的中国武术代表团一行38人，在美国和墨西哥的8个城市进行了12场访问表演。这次武术访美不仅推动了中美两国关系正常化的进程，加速了中华人民共和国走向世界的步伐，提升了武术的国际认知度和认可度，也为"文革"期间遭破坏和阻断的武术教育、教学、训练活动的全面恢复和推进创造了契机。一定程度上是"中国武术团访美把武术一下子挽救回来了，随后又促成了武术访非，我们就一块去了6个国家。两个半月的时间，天天表演"（门惠丰）。"同年9月，应日本邀请，中国少年武术代表团访日，通过访问表演，增进了两国人民的友谊。此后，国家多次组织武术团队出访表演，足迹遍布五大洲"[1]，处处引起轰动，不仅履行了"人民外交"的义务，同时也向世界展示、推广和传播了中国的优秀传统文化项目。"出访非洲六国的时候，一个体育场几万人在那里观看，田径场上临时搭起一个舞台，就舞台这里有灯光，站台上看不到下面一个人，但一个节目表演完了，'哗哗'全场掌声都来了，看不到人，全是掌声"（陈顺安）。中国武术队在世界上广泛、积极地推广武术，吸引众多人群投来关注的目光，促使他们从感官体验、身体经验，到培养武术兴趣，增加了武术习练人数，扩大了国际传播的群众基础。

　　另外，国际社会和民间团体的积极响应推动了民间武术的双向交流。"文革"后期，国际民间团体陆续来访，逐步与内地各武术组织建立起稳定的交流

---

[1] 国家体委武术研究院. 中国武术史 [M]. 北京：人民体育出版社，1996：455.

关系和友谊。如1974年6月5日—17日，由佐藤隆之助任团长的日本太极拳代表团一行16人，访问我国北京、上海、杭州和广州等城市。1975年，由宗道臣率领的日本少林寺拳法代表团，分别在北京和上海进行了专业的交流表演。自此，国际民间武术交流迎来了发展的春天。

1.3 "改革开放"后竞技武术引领了武术对外交流的快速发展和全面推进

党的十一届三中全会召开前夕，时任国务院副总理邓小平为来华访问的日本众议院副议长三宅正一题写"太极拳好"的横幅。这是武术对外交流史上具有重要意义的历史事件，不仅是对三宅正一爱好中国传统文化、民族体育项目的一种赞赏和肯定，也预示着将来的"改革开放"将是立足于政治、经济、文化传统的渐进式改革而非全盘西化，使其成为十一届三中全会之前向世界庄严宣告中国将进行"改革开放"的先声，是在向世界宣布中华民族及中国文化有能力和信心，进行自我更新、自我发展的改革开放[1]。进入80年代，随着"改革开放"政策的不断深入，武术对外交流活动日益频繁[2]。1982年，为适应武术事业发展的需要，第一次全国武术工作会议隆重召开，并提出"要积极稳步地把武术推向世界"。在这一方针指导下，武术开始系统、全面、有计划、有步骤地向国外推广[3]。

首先，通过援外教学、开办国际培训班、招收留学生等方式培养武术技术骨干，充实武术向世界普及和传播的人才资源库。从1982年起，受一些国家和地区的邀请，中国武术协会多次选派优秀运动队、教练员赴日本、墨西哥、加拿大、英国、新加坡、菲律宾、澳大利亚、意大利、泰国、马来西亚、文莱、尼泊尔、中国香港、中国澳门等国家和地区进行援外教学，"1984年以后，就陆陆续续地到国外教学和表演。我们到日本教学比较多，学校去的人很多，像蔡（龙云）先生、王菊蓉、邱（丕相）先生，郭志禹可能也去过"（王培

---

[1] 吕继光.邓小平同志"太极拳好"题词的由来[J].体育文化导刊，1999（4）：31.
[2] 国家体委武术研究院.中国武术史[M].北京：人民体育出版社，1996：455.
[3] 邱丕相.中国武术史[M].北京：高等教育出版社，2008：193.

锟）。这个时期援外的工作重点是进行技术教学，"当时他们对技术不了解，刚开始主要就是技术教学"（王培锟），随着武术工作的推进，越来越多的武术专家参与到培养国外技术骨干、传播中国武术文化的工作中去。1988年，中国武术协会委派以张山为组长的武术专家教学组赴波兰执教，1989年张福云、李成祥去新加坡执教，邬树堂、易亚林到尼泊尔执教，宋文到香港执教等。"1992年我去了一次韩国，是代表亚武联去的，是裁判给教练员办训练班，1993年再去的时候，就是给他们组建国家队"（王培锟）。

为了满足武术发展要求，国家体委积极主动转变思路，在我国多地以及东南亚国家和地区先后多次举办武术运动员、教练员、裁判员训练班，培养了大批精英、骨干。同时，为了满足日益增长的武术学习需求，国家体委决定在北京体育学院开设招收国外来华学习武术的训练班，"北京体育学院可以招留学生了，开始是短训班，后来又是本科，慢慢的，全国都开展起来了"（门惠丰）。"十年内，北京体育学院培训了三万多人次的外籍武术学员"[1]。依托中国的物质援助和人力、技术支持，多个国家和地区纷纷成立武术代表队，举办武术竞赛，为国际武术组织的成立和国际武术赛事的举办打下良好基础。

其次，筹建国际武术组织，举办国际武术比赛。1984年全国武术比赛期间，中国武术协会邀请法国、联邦德国、意大利、日本、墨西哥、菲律宾、新加坡、瑞典、美国、泰国和中国香港、中国澳门等国家和地区武术组织负责人到武汉参观比赛，就成立国际武术组织和武术国际化等问题进行讨论磋商，拟定第二年举办第一届国际武术邀请赛。"1984年全国武术比赛的时候，邀请了国际上12个国家和地区召开了一个座谈会，主要是讨论武术如何向国际推广。最后形成了几个文件，第一，由中国武术协会牵头，1985年搞一次国际武术邀请赛（陕西西安第一届国际武术邀请赛）；第二个呢，尽快成立国际武联筹委会，在西安成立的……"（张山）。1985年第一届国际武术邀请赛后国际武术联合会筹委会成立，同年，由意大利武协牵头组织的欧洲武术联合会在意大利波伦亚市成立，并于次年举办了第一届欧洲武术锦标赛。1986年，南美武术功夫联合会成立。1987年，亚洲武术联合会在日本横滨成立，并举行了第一届亚洲武术锦标赛，这是中国武术代表队第一次出国参加比赛。1988年，亚洲体

---

[1]国家体委武术研究院.中国武术史［M］.北京：人民体育出版社，1996：457.

育单项协会批准亚洲武术联合会成为该会会员，直到1990年北京第十一届亚运会——中华人民共和国在自己土地上举办的第一次综合性国际体育赛事，武术作为开幕式表演和正式比赛项目，向来自亚奥理事会的37个国家和六千多名教练员、运动员，以及报道比赛的媒体记者和观赛的外国游客接近20多万人展示了风采，为传播中国武术形象，打开国际空间赢得了一次重要机遇，标志着"武术套路竞赛已跨出国门，迈向世界"[1]424。

最后，民间武术交流的繁荣。伴随着竞技武术走出国门，成为世界体育大家庭的一员，民间武术也随之发展开来。虽然自武术产生以来，无论是通过侨居国外的华人华侨，还是异国文化使者，从未停止过武术国际传播的努力，然而，科学、系统、规范的传播形式和强大动力，则源于竞技武术登上国际舞台后的发展势头，源于国人传统文化自觉意识的觉醒，以及专门化、组织化的协会、培训中心、武术研究会等民间组织保障。1982年全国武术工作会议召开以后，随着竞技武术在世界上的推广和传播，国际友人和团体到中国学习武术的热情与日俱增，中国武术协会、国家体委武术研究院以及各省市民间武术团体积极接待来访武术团队，据不完全统计，"1982年以来的十几年间，仅河北、福建等十一个省、市，共接待武术团队282次，来访人数4121人次"[1]457。其中，同日本的民间武术文化交流最具代表性。

"日中武道研究会跟我们的友谊很深，到今年已经31个年头了。实际上真正交往还不止31年，在前期80年代开始就有好多日本团到这里来交流武术，因为那时候日本的太极拳等各方面都很想到中国来交流，包括畸部的太极拳武术协会，包括静冈的武术代表团，也包括京都，还有东京的一些代表团"（陈顺安）。日本京都日中武道研究会从1984年组织代表团到中国学习和交流至今，连续32年到杭州进行武术交流访问，他们的主要成员是公司普通职工、幼儿园老师、汽修工、福利院护士等，可以充分表明，在这个历史阶段，武术业已走进普通民众的生活，成为普通民众喜闻乐见的体育项目，构筑着普通民众"武术"健身养性的生活方式。"这个团都是日本底层社会的那些人，包括老师、幼儿园的阿姨、工厂里的工人，很朴实，学习很认真，学习态度非常好，非常

---

[1] 国家体委武术研究院. 中国武术史 [M]. 北京：人民体育出版社，1996.

感动人"（陈顺安）。与日俱增的来访友人和团体，不仅对国家推广的长拳、南拳、太极拳等竞赛项目认真学习和研究，对很多国内普通人知之甚少的八卦鸳鸯钺、武当对剑等传统武术内容也兴趣盎然。"但是像这个团呢，它不完全是学太极拳，它的宗旨就是对武术进行研究，它是一个专门对各种武术感兴趣的一个组织"（陈顺安）。普通大众对武术的认知，已经逐渐从竞技武术转移到适合普通人练习的、更具文化内涵的传统武术项目，改变了此前以长拳为对外交流主要内容的竞技范式和格局，一定程度上促进了竞技武术和传统武术的协调发展。

1.4 21世纪初的"武术入奥"事件见证了武术对外交流的辉煌

"将武术列为奥运会的正式比赛项目，是每一个中国人的梦想，为了这个梦，武术界人士为之奋斗了半个多世纪。1936年，中国选拔和组建武术队，随同中国奥运代表团奔赴柏林奥运会表演和展示。这次奥运会，中国体育代表团"全军覆没"，唯独赛场外的武术表演极大吸引了欧洲人民的兴趣，每到一处都引起轰动，赢得阵阵掌声，获得了意想不到的效果。从武术走近奥运会殿堂的这一刻起，武术人便已描绘了神圣的奥运梦想"[1]，无论经历了多少战火硝烟，延续至今，这种情节从未割断。1990年北京亚运会的成功举办成为武术跨入国际体育项目行列的重要一步。两年前的汉城奥运会期间，亚奥理事会在全体会议上表决通过了将武术列为第11届亚运会正式比赛项目的决议，北京亚运会不仅是中华人民共和国成立以来第一次举办的综合性国际体育赛事，也是武术第一次作为正式项目出现的国际综合性赛事。经过14天的激烈角逐，中国选手大面积丰收，金牌和总奖牌总数均位居第一，成为中国在国际舞台上扬眉吐气的象征，也是对近代中国被称为"东亚病夫"的某种回应。此次盛会不仅使更多的国际友人了解了中国，也使世界了解了中国武术，感受到中国自强不息和积极进取的民族性格。武术作为正式比赛项目在赛场上大放异彩，源自武术项目本身的文化优势，以及国家、人民和每一位武术工作者的共同努力，

---

[1] 洪浩. 武术奥运战略新思考[J]. 搏击·武术科学，2010，7（9）：1-2.

进一步鼓励了中国及中国武术走向世界舞台的热情和决心。1991年，中国正式向国际奥委会提交了申办奥运会的申请书，武术随后逐渐开启了艰难漫长的申请进入奥运会之路。

  首先，武术须获得国际奥委会承认。1990年10月，经过五年的多方努力，旨在推动各国家和地区武术团体联合与统一，促进国际武术运动发展的国际武术联合会在北京成立，"从此揭开了国际武术运动的新篇章"[1]。第二年，武术顶级赛事——世界武术锦标赛首次在北京拉开帷幕，从1984年武汉国际邀请赛到1991年第一届世界武术锦标赛的发展，标志着武术"正式进入世界竞技体育比赛的行列"[2]。1994年10月22日，世界单项体育联合会正式接纳国际武术联合会入会。1996年，国际武联开始对"武术进入奥运赛场"这一课题进行研究，并于1997年在意大利举行的国际武术联合会代表大会上，首次提出入奥设想。随着1998年6月大洋洲武术联合会在新西兰首都惠灵顿成立，国际武联拥有4个洲际会员组织，达到国际奥委会承认的基本要求，并正式向国际奥委会递交入奥申请，第二年，即1999年6月，国际武联被国际奥委会临时承认。2002年2月，国际奥委会第113次全会通过了正式承认国际武术联合会的决定，武术成为奥运会正式承认的体育项目。至此，武术的地位得到了国际最权威的体育组织认可，逐渐步入中华人民共和国成立建国以来武术对外交流和发展的巅峰。

  为适应发端于西方文化土壤的奥运会，中国武术开始大刀阔斧地进行西方式改革，虽然具体的奥运设项方案，男子长拳、南拳、刀术、棍术和女子长拳、太极拳、枪术、剑术8项竞技武术套路内容，本身就是中国武术借鉴西方体操项目经验竞技化的产物，但是"为了适应奥林匹克运动的游戏规则，不惜再度削足适履"[3]，然而，在"奥运瘦身计划""时间匆忙，准备不足""民族性与国际性的悖论"[4]等种种因素的影响下，中国武术未能进入2008年奥运会正式比赛项目名单。2002年在瑞士洛桑召开的国际奥委会执委会上，中国武术遭项目委员会否决，武术进入2008年奥运会宣告失败。此后，

---

[1] 周伟良.中国武术史[M].北京：高等教育出版社，2003：123.
[2] 国家体委武术研究院.中国武术史[M].北京：人民体育出版社，1996：441.
[3] 洪浩.武术奥运战略新思考[J].搏击·武术科学，2010，7（9）：1-2，5.
[4] 蔡宝忠.竞技武术走向奥运的历程及启示[J].体育科学，2004，24（1）：73-77.

中国奥委会和国际武联经过不懈努力和竭力争取,最终使国际奥委会批准,在2008年奥运会比赛期间,举办北京2008武术比赛。据担任第11届北京亚运会和"北京2008武术比赛"中国武术队总教练的庞林太先生回忆,"我们一直等待这个事(武术是否入奥),2007年好像北京知道这事,但知道的人也很少。后来我们知道以后,也没有太多影响,进了更好,没进也一样的训练,训练和比赛应该是一样,不要没有进入就不认真了,这没有必要,没有进才要更好地发挥、要创奇迹。一句话就概括完了,就是要认真工作,热爱武术,热爱武术事业,努力探索"(庞林太)。奥运会历史上唯一一次的与奥运会比赛同时进行的武术比赛的成功举办是武术对外交流史上最浓墨重彩的一笔,具有走出国门、迈向世界的划时代意义。同时,中国武术勇于改革创新的时代特色和武术人自强不息的优良作风,为开拓武术对外交流新局面提供了不竭的力量源泉和广阔的发展空间。

2 武术对外文化交流中存在的问题

2.1 武术国际交流与推广的技术内容问题

中国武术的内容体系是对外传播交流的主要因素。中国武术拥有博大精深、丰富多样、完善的武术技术体系,然而由于个体化喜好、项目功能侧重异同、传统武术传承现状等主客观原因,武术文化的对外交流局限于以竞技武术套路为主体的技术传播。武术内容、运动形式、交流主体的选择,虽体现出一定的历史合理性,但难以掩饰当今武术文化整体推进中的无序、混乱和失衡。考察中华人民共和国成立以来武术对外交流发展历程,不难发现,武术内容结构中竞技"一支独大"以及竞技武术技术体系的趋同趋势,是制约竞技武术交流层次进一步提升的关键问题;传统武术技术体系繁多杂乱,科学化、规范化力度不足,是阻碍其广泛普及和深度发展的决定性因素。这两方面共同铸成了当今武术发展的无力和迷茫局面。

一方面,竞技武术"一支独大"和技术趋同性问题。中华人民共和国成立至"改革开放"初期,武术的对外交流主要以官方为主,以竞技武术套路为主体，通过技术援助、开设系列培训班、组织竞赛等方式，广泛促进了竞技武术的国际化、科学化和标准化工作，引领武术走向世界竞技舞台，然而，竞技武术在传播内容中的"一支独大"一定程度上压缩了传统武术的生存空间。"我长时间接触竞技武术，在我曾经的概念当中，套路就是武术的全部，在那个时期竞技武术就是武术的全部，因为我们去参加全国比赛也好，还是观摩也好，看到的都是这些东西"（邱丕相）。竞技武术作为携带西方文化基因的竞赛项目，是基于传统武术与时俱进、开拓创新的产物，属于武术但并不代表中国武术的整体。竞技武术在国际交流和文化传播中的现代化、标准化优势，使其在宏观和微观体制、政策、方针、管理模式、经济投入等方面占尽先机，致使传统武术出现了不占天时（比竞技武术古老，"过时"），不占地利（传统武术典型的地域性树立了文化传播的第一道"门槛"），也不占人和（与当今追求"速食文化"的心理倾向格格不入）的态势。然而，这种不平衡并不会长久，竞技武术基于传统武术的现代改良创新为其带来优势的同时，也暗藏危机。参照奥林匹克格言和竞技体育理念"更快、更高、更强"打造的，追求"高、难、美、新"发展方向的竞技武术，因技术趋同逐渐丧失后发力量，健康、可持续发展成为问题。"竞技武术是需要量化，是需要发展难度，但是不能丢掉我们传统的东西……所有的东西不能千篇一律，要把它风格各异，风格各异了我们武术的精彩程度也就来了，才能吸引人"（陈顺安）。项目趋同的竞争和压力刺激竞技武术创新和发展的异化，为创新而创新，逐渐脱离了武术项目本质规定性，出现"类体操""类舞蹈"等似是而非的形态，失去了持续发展的根基。"我一直所说的，对专业队来讲，你们不要凭空想象去编动作，否则的话，你就会越离越远，变成纯粹的形体表演，当然，舞蹈动作很舒展很漂亮，但是严格来讲，不是武术了"（邱丕相）。竞技武术曾引领武术走向辉煌，但也在这个过程中渐渐迷失了"自我"，不得不引人深思。

另一方面，传统武术科学化问题。改革开放以后，国家政治、经济和文化环境发生了翻天覆地的变化，武术的对外交流和传播，无论从深度还是广度上，都取得骄人的成绩。尤其是20世纪80年代，由功夫电影、电视剧、武侠文学风靡掀起的一波波武术热，促使大批国际武术爱好者到中国学习和交流。传统武术内容丰富多彩，不仅有程式化的套路表演，还有擂台对抗的实战技术；有个别科学化、标准化的规定套路，还有更多精彩纷呈、风格各异的传统套路与功法，不仅体现为技术程式，也蕴含着深厚的文化内涵。然而，纷繁复杂的多样性背后，哪一项才真正具有民族价值、文化价值、科学价值、健身价值？哪一些更具推广价值？而这个问题，在现代传统武术的宣传策略和推广过程中，逐渐演变成"哪一个拳种、哪一派、哪一家才是正宗"的话语结构，逐渐异化成传承谱系正宗与否的价值标准。讲究正宗无可厚非，问题关键在于讲究技术传承纯粹是传承正宗的固步自封，容易导致技术的僵化与理念的偏狭，背离传统武术与时俱进的特性；另外，各种明确夸大、有美化意图甚至欺骗的宣传噱头，吸引武术爱好者趋之若鹜，并使"盲从"得以从心理机制上再度强化。在先前时代潮流"裹挟"之下，因"无知"或"盲从"导致的那份从影视、广播、报纸杂志或武侠类书籍文本中建构而来的武术梦，与现实越走越远、越来越虚幻，以至于当亲身参与客观真实、"朴实无华"的武术运动实践之时，"武术神话"无迹可寻，"武侠梦"无可依托。此外，当代社会，"健康"已经成为大众关注的重要问题，越来越多的人选择武术作为促进其健康的方式，然而，因部分技术科学化工作的滞后，致使受伤、过度劳损等现象频繁出现，其存在的合理性和优势正在慢慢消解，需要国家武术管理部门和传统武术界加以重视并彻底改革。其实，上述两个问题异质同源，归根结底都是因为传统武术的科学化程度不足。当然，这个科学化是包含诸多方面的，不仅涵盖技术内容、训练方法，还应包括各种基础理论、仪式、传承方式、教育理念、传播手段等，需要从内而外彻底检视与改革。

2.2 武术国际交流与推广的"文化能力"问题

"文化能力"包括文化内涵的认识能力、文化传播工具的掌控能力、文化平台的利用能力三方面。

第一，对武术文化内容体系和结构，以及对交流国文化环境缺乏全面和系统的认知。首先，作为对外文化传播主体的专业武术学生，具有较高的文化水平，但普遍缺乏高水平的技术修养，较少涉及传统武术文化的磨砺，缺乏对武术文化精神的体悟。"本科四年学习的东西根本不够啊，一定要到民间再去学一些东西，促使自己提高。其实有很多传统的东西也应该学，然后练出来的风格要有自己的特点，那就基本可以说你这几年没有白学，我觉得现在这一方面的要求不够"（邱丕相）。民间武术传播重技术轻文化，或者对文化内涵认识得不深刻也是影响综合文化能力提升的因素。武术文化的交流是整体的推进，单个技术交流或文化阐释都是不全面的，缺失文化的技术交流是空虚乏力的，缺乏技术的文化说教无异于空中楼阁。其次，文化能力问题还体现于对传播对象语言、行为、情绪、心理、态度等背后存在的异质文化根源敏感程度和洞察能力的忽视，不利于理解传播对象、表达同感，不利于武术"文化"工作的推进。

第二，中国武术文化传播工具应用能力。语言作为传播武术最主要的工具，相比文字、图像等符号，在对习练者身体技术、技能和精神意志方面的影响更为直接和生动，在构建武术社会现实方面具备独一无二的符号和代码功能，跨文化交流中，外语的运用能力直接影响武术传播效果。"我一再后悔，我当时选这个俄语，到欧美去教学语言有障碍啊……如果说，我们真正有这个条件，能够把这些东西用英语表达出来，我认为他们的提高会很快的"（王培锟）。"他们当时都要出去，我说出去就出去，到外面去发展。走虽然蛮可惜，但也是一种自愿到国外去发展和传播武术的方式。然而，有的运动员由于社交能力比较弱，只会自己练，最后就放弃了，蛮可惜的"（陈顺安）。

第三，中国武术对外交流对象和文化平台的打造、利用能力，是制约武术普及率和效果的关键。从1960年出访捷克斯洛伐克到1974年成功访美，从国际武联、各大洲武术联合会的成立到世界大型武术赛事的周期性开展，武术的对外交流取得举世瞩目的成就，到今天，国际武术联合会已经拥有146个会员国[1]，武术文化辐射面之广阔史无前例。然而，许多国家的武术习练群体却很小，并未真正普及。"我们有146个国家加入了国际武联，但有很多国家人数很少"（邱丕相），有的武术组织"游离于国家和地区习武人群之外"[2]，辐射深度和影响力远远不足。邱丕相教授在回忆罗马世界武术锦标赛期间的感受时说："我们说武术走向世界、推向国际，但是在罗马世界武术锦标赛上，当地的市民都不知道，只有运动员，没有观众。所以我感觉，武术真正走向世界不那么容易。"

---

[1] INTERNATIONALWUSHUFEDERATION. Introduction［EB/OL］. http://www.iwuf.org/iwuf/，2016-8-12.
[2] 蔡宝忠. 竞技武术走向奥运的历程及启示［J］. 体育科学，2004，24（1）：73-77.

（邱丕相）武术的群众基础薄弱，个中缘由，除项目本身的国际影响力外，传播媒介和平台的打造与利用不足是问题关键。如何利用现代化传媒手段，打造强势网络话语平台，提高传播广度和频度，是亟须解决的重要问题。

2.3 武术国际交流与推广的文化冲击、文化冲突问题

文化交流中文化冲击的问题主要表现在两个方面。一方面是武术对外交流的国内教练员、运动员、民间武术家面临的文化冲击。文化交流的前提是人际交流，武术的对外传播首先受人际交流的影响和制约。武术人工作和生活中各种人际关系处理情况和交流活动的效果，对其职业热情、生活乐趣，以至于对其人生观、价值观、世界观都将产生巨大的影响。"在异域文化环境中，面临着巨大的文化冲击，在国内正常的生活模式，比如如何购物，如何交流，什么时候回答，什么时候不回答。符号可能是语言，也可能是身体姿势、表情、风俗或准则，这些都在成长过程中学会并运用自如，内化为身体的一部分。然而，在对外交流中，当人们同外部群体成员，在其自身的文化中进行面对面接触时，就会产生文化冲击的感受，表现为基本价值观、信仰和行为方式受到挑战，不仅要求其改变话语结构和模式，还需要依靠形形色色的符号来调节和维持冲击下的平静和效率"[1]。另一方面，参与学习的国外武术组织、团体及个人遭遇来自中国传统文化的冲击。双方面临的文化冲击和冲突，归根结底是异域文化与本土文化的价值观、思维模型和评价标准的冲突问题。这种冲突除了影响武术人的传播效果，还使受众对武术文化产生误解，对中国武术形象的塑造不利。

以孔子学院为例。进入21世纪，随着中国经济发展和国际交往的日益广泛，世界各国对汉语及中国文化的需求急剧增长，我国在借鉴英、法、德、西等国推广本民族语言经验的基础上，探索在海外设立以教授汉语和传播中国文化为宗旨的非营利性教育机构"孔子学院"[2]。从2004年韩国首尔第一家孔子学院挂牌成立，以其惊人的速度迅速推广和发展，截至2015年12月1日，全

---

[1] 萨默瓦，波特.跨文化传播[M].第4版.闵惠泉，等，译.北京：中国人民大学出版社，2010：242.
[2] 国家汉办.孔子学院总部[EB/OL]. http://www.hanban.org/，2016-8-16.

球134个国家（地区）建立了500所孔子学院和1000个孔子课堂。武术在各孔子学院主要通过"开设武术课、举办武术讲座、进行武术表演、在夏令营中开展武术学习活动"[1]等形式对外传播武术文化，是21世纪以来中国武术对外交流最优秀的传播平台之一。然而，也出现了一些宣扬孔子学院是中国对外实施"文化侵略"的不和谐声音。除个别媒体或个人别有用心的造谣和污蔑，更多地是基于文化冲击、文化冲突后的扭曲、误读和误解。

国外个别媒体别有用心的"中国威胁论""文化侵略论"难以遮蔽中国"和平发展"的核心价值观。武术传播为国际社会解读中国"天人合一""中庸"等哲学思想及"和平崛起"的发展战略，提供了富有特色的新途径。"传统武术是中国人千百年智慧的结晶，体现着历代中国人的世界观、人生观、价值观"[1]。这项传统身体文化中所蕴藏的伦理道德观念和审美价值取向，需要我们"自觉抽象"并继承发扬，使其成为具备永恒价值的精神资源[2]。然而，改变他人的观念是一个缓慢的过程，如何在冲突中发扬中华文化精神、塑造良好的"武术形象"，建构"中国形象"，将是亟待深入研究的重点课题。

2.4 武术国际交流与推广的制度建设和体制改革滞后问题

在大众传播媒介快速发展的影响下，中国武术逐渐从小范围的人际传播，走向群体传播以及官方组织等国际传播，扩大了的武术传播渠道和规模，为武术走向世界开辟了一条通途，然而，大范围的组织传播对传播者的遴选工作要求更高，繁杂庞大的工作量、认定机构的非权威性、派驻工作的紧迫性以及国内优秀教练员的缺乏，致使推广进程中难免出现泥沙俱下、鱼龙混杂的状况。"我们武术界很多人到外面教太极拳就是为了糊口，不会太极拳的好些人就看个录像带，跟着比划比划以后就教起来了，教完了就可以生存了。但他们仅仅是为了生存，没有想到过真正掌握我们民族的文化，练好以后把真的东西拿出来教人"（门惠丰）。这种伴随大发展出现的看似无关大局的问题，却会对整

---

[1] 郭玉成，李守培. 武术在孔子学院的传播与中国国家形象的构建[J]. 体育学刊，2013，20（5）：122-126.
[2] 仲呈祥. 敬畏经典与文化自觉自信自强[N]. 文汇报，2011-03-10（5）.

个习练人群关于武术的认知、认可产生影响，对良好武术形象乃至国家形象的建立，以及今后开展武术活动有百害而无一利。快节奏的社会生活带来"快餐式的武术文化"，也造成文化传承根基的动摇和缺失，门惠丰教授意味深长地说："时代变了，也出现了武术继承危机。"这些问题有关组织、管理、制度设计，但问题的关键表现于武术文化对外交流体制中制度建设的滞后。

3 中华人民共和国成立后武术对外交流历程的启示

3.1 转变武术传播思路和理念，实现传播目标"人"的回归

技术是武术对外交流的载体，是民族文化传承和传播的基石，展示文化、传承技艺两者相辅相成。有形而上"道"的理想追求，也要有形而下之"术"的支撑，武术理论除却说教的基本方式，也须利用身体技术叙事。

一方面，武术的对外交流要以传统武术为主，竞技武术为辅，培养健康武术人生。技术的选择与习练是武术对外交流和传承的开始。首先，普通民众的武术传承和传播，要以传统武术为主，竞技武术为辅，牢固树立服务人类健康意识，以促进身体健康为终极目的，推进武术作为健身手段的意识培养。"过去张之江讲的嘛，练武术的目的是什么，大的话强种强国，再具体一点就是强身健体，防身自卫"（夏柏华）。其次，加速武术技术动作体系、训练方法体系和竞赛规则体系的科学化、标准化、规范化、系统化、稳定化。"好好研究竞技里的那些不科学、不规范、违反生理的东西，把更规范、更具数据化的、更能操作的东西融到里面，使它更加完善，使我们的竞技武术成为一个让世界上所有的人翘起大拇指的武术项目"（陈顺安）。最后，在传统武术广泛传承的基础上，以竞技武术为突破，抓住重点，以少部分有意参加竞技比赛的青壮年为主体，利用科学化的训练手段、标准化的技术体系、完善的管理体制、公平的规则和赛制共同维护和促进世界竞技武术的开展。"武管中心也是第一次推出这种比较系统的、规范的、标准化的东西，实行标准化是为了能把我们武术非常规范地推向世界，让世界所有的人都能承认我们的武术，那么我们现在

就要去做这件事情"（陈顺安）。

另一方面，武术的对外交流，要以武术美吸引人、以武术文化影响人。首先，要通过多元化的手段，如改进服装、器材、场地设施以及拳种标识体系，深化传统武术文化的内涵，先以武术的独特美来吸引人。"上次去法国贝尔希国际武术演武大会，每年都有一届，那时候张小燕去表演，我们看了她重新设计的服装，服装的改变就把这个太极拳变成一种非常漂亮的艺术表演，与灯光一配，美轮美奂、赏心悦目"（陈顺安）。其次，以武术蕴藏的传统文化影响人。利用技术教学、习练过程，顺其自然、潜移默化地影响和培养坚毅、果敢、沉着、大方的精神气质，传递中国文化精神。"现在她（张小燕）要搞传统武术，在法国成立了一个法国张小燕中国传统武术协会，她说我就传播中国武术、传统武术，现在很好，每年都带一帮法国人到中国来，来到武术发源地学太极拳等。法国人一边学还要找人给他们讲中国传统武术理论，他们很喜欢听。他们完全没想到我们练武术的还有这么多的文化底蕴"（陈顺安）。最后，练习武术要转变思路，除了对拳术技术规范和内涵严格要求外，还要突出习练人群幸福感的培养，注重项目习练带给人们愉悦的身心感受，增强自信，提升幸福水平，促进武术认同。"我们2003年到日本去表演排了一台戏，观念就完全改变了。当时排了一个《太极》，请的都是国家有名的运动员，上来练一遍，完了以后对练，然后集体练，把它串在一起形成一整套非常优美的太极舞。当时还专门请了美国好莱坞的导演过来，看完以后他问'你们练拳是不是很痛苦呀？为什么他们练太极拳那个表情给我感觉很痛苦，在那里好像很忧郁……这样的东西你怎么推到世界上去。'人家说你这个项目不是给人一种快乐的感觉，很幸福的感觉，人家谁来学你这个东西，这个说得很对。我们讲严肃，到最后每个人都在那里愁眉苦脸地练，需要面带微笑，但不是嬉皮笑脸，很自然还要有自信感，运动员马上就做出来了，一台戏练出来很阳光……我在教学训练中用上了，效果很好。进这个意念很快，原来严肃，没什么意念，现在要有自信心、幸福感，这个意念很快就上来了。原来都瘪瘪的在那里，现在马上有了气场"（陈顺安）。

武术的交流与传播，需要"以人为本""以健康为本""以幸福为本"大胆改革和创新，唯有如此，才能实现"人本"意义上的融贯对接，才能更好地传递和发挥民族文化的世界价值。

3.2 深刻认识自身文化的内涵与特征，传播武术文化核心价值观

"中国武术已不是一种纯粹的技术、技能，也不只是教授思想文化的理论、学科，而是具有中华民族特色、博大精深的生命与人文互相交融的文化系统"。可以从以下3个层面具体阐述。

首先，武术的物质文化层。"技术属于文化的范畴。从大文化的角度来说，技艺技术技能也是传承下来的文化，就像刺绣、剪纸，武术也是技艺技能，也属于物质文化，这是大文化范畴"（邱丕相）。武术的物质文化包含各拳种、门派的武术技术体系、器材器械，传统的武术练功房、具有武术标识的道教佛教圣地，如少林寺、武当山等，丰富多样的武术练功服、表演服等各类服饰标志，武术遗址、碑刻等。需要在保留、保存、保护具有文物价值和传承价值的文化实物基础上，综合利用开发现有资源；有意识、主动创造新的武术物质文化，丰富武术物质文化体系。诚如门惠丰教授所言："东岳太极拳创造的武术文化有物质文化层面的，如花费了45万元建在泰山顶上的太极亭，修的是个八角亭，亭角装了八个龙头。亭子上的牌匾'东岳太极亭'是我自己写的，写了好几天呢。还切割了一块6米直径的泰山石摆在那儿，后来又修了一个，都是泰山石切割的，邓小平的题词'太极拳好'就刻在上面。我们以此为契机制造了一个武术文化的实物，这是真正的武术的遗迹。当然还有我们创编的东岳太极拳本身。"（门惠丰）同时，牢固树立武术"精品"意识，改善武术制造业"低端""粗制滥造"的局面，重塑产业格局，增强武术物质产品竞争力。

其次，武术的制度文化层，是由习武人在社会实践中组建的各种行为规范、准则及各种组织形式体系，是处理人与人之间社会关系的智慧结晶。武术中所直接包含的制度、习俗、习惯的背后凝结着人们的思想、观念和心态。"武术中有文化。就是它除了技术以外，延伸出很多东西，比方说拳谱、拳谚、拳规、拳诫等，是围绕技术产生的一系列东西。我记着三四年以前，到达拉斯访问了一个白眉拳拳馆。它里面的拳规非常详细，高年级同学见低年级同学怎么样，低年级见高年级同学应该行什么礼，平常在马路上见老师应该怎么样，到他家里了应该怎么样，逢年过节应该怎么样，同学之间应该怎么样。这

些就是有关武术的一些制度，属于人类的文化"（邱丕相）。现代社会价值观等方面发生了很大的变化，但是对传统文化仍是情有独钟，原因在于属于传统文化的礼仪、制度、规范等建构了一个人的文化记忆。武术产生于封建社会，其拳规、拳戒等制度和习俗带有显著的血缘宗法制度的基因，如"一日为师终生为父"的观念等，其中有精华也有糟粕。传承传统武术文化，我们要抱着一种与时俱进的心态，批判地继承。如夏柏华教授既立足传统又具时代新风，订立收徒标准和要求。"我考虑过收徒的传统应该与时俱进，要传授好的东西，更主要是示范作用，所以我收徒有四个点：第一是选择标准，就按我那64字武术训，特别前8个字'德才兼备、以德为先'是我择徒第一条标准。第二是收徒目标，收你们将来干什么？要'完成武业、服务社会'，继承我这武术事业，服务社会。第三是不收钱、不磕头。第四，因为武术界有门派之争，团结很重要。所以我就有一个要求：'你原来的师父必须同意，而且要他推荐，这是尊师重道'……把武术真正传统的根保下来，再加上一些好的东西去引导，把这一支武术的力量传下去"（夏柏华）。

最后，武术的精神文化层。精神文化是"属于思想、观念、精神范畴的文化，是代表一定民族特点和反映其理论思维水平的思维方式、价值取向、伦理观念、心理状态、理想人格、审美情趣等精神成果的总和"。"武术技术当中蕴含着文化，蕴含着中国的哲学、中国的美学、中国的兵学、中国的养生学、中国的伦理学。你像阴阳之道，五行相生相克的学说，特别最重要的一点就是武术反映了中国文化的基本精神。中国文化的基本精神是什么，就是'天行健，君子以自强不息；地势坤，君子以厚德载物'，这正好反映了对待世间的态度是刚和柔两个方面，人既要自强刚健，又要包容厚德，恰恰在这两方面武术都有要求的。所以武术绝不是仅仅学个拳术健身的问题，通过习练培养勇武刚强坚毅的精神，也在培养宽容厚德的品格。我一直提倡，武术首先是传播技术，在传播技术的过程当中有中国文化，让他们感悟中国文化的基本精神，就是刚健和宽容这两个方面"（邱丕相）。

武术的对外文化交流与传播，首先是一个文化输出过程，良好、优质的文化输出过程必须基于对武术三层面文化的深刻认识，并加以深入挖掘、整理、掌握和创新，在提升"文化"能力的同时，结合党的十八大提出的"三个倡导"，积极塑造新时代的武术文化精神，彰显天人合一、刚健有为的文化价值追求，践行社会主义核心价值观。在"各美其美、美人之美"思想指导下，营造"和而不同"的多元文化共生共荣生态，共同促进人类身体技术文化的繁荣，促进民族文化的国际共享。

3.3 保障武术对外交流的平等与民主，塑造"和谐""文明""道义"的武术形象

武术形象的建立仰赖所有对外传播主体的话语、行为、风俗习惯、心理倾向以及交流和沟通模式，对外交流是一系列自主和非自主行为的综合，是一个国家、民族文化"刚健有为"特质的展现，也是对个体思维、言语、行为的习惯偏好抑或陈规陋习的流露。在交流活动中，突出优秀民族文化基因的表达，同时也要防止陈规陋习等对个体形象乃至群体、国家形象的破坏。这就需要作为传播主体的国家、组织和个人要树立跨文化传播的平等心态，以体现大国风范、武人气度。

摒弃个人中心论，相互尊重、加强沟通，凸显武术对外交流中的平等，以"各美其美、美人之美、美美与共、天下大同"的理念同国外武技类项目求同存异、取长补短。"武术是一个民族文化遗产，不要老是认为这是博大精深的，这是我们自己国家的民族文化，老外没有的，总是以老人自居"（陈顺安）。交流的平等首先要文化传播者与受众的沟通和交流的身份平等、角色透明、言论自由、强化互动。其次是思维方式的平等，新时代武术对外交流并不是走出圈子和重建圈子的问题，而是在更广阔的意义层面建构一种平等意识，在这个与交流对象或者说受众共同建构的群体中找寻自己的位置，发出自己的声音，展示和传播自己的文化，不能固执于"说教"等同于教与学，要知道，再好的文化，只有受众接受才算真正实现传播。武术文化的全球化与受众的日常生活秩序和社会心理结构密切相关，受众群体的生活习惯、当地的风俗、文化传统，以至于受众群体参与武术行为的切实需求，理应成为武术国际传播亟待考虑的关键因素，至少在意识层面应建立平等概念、建构合作共赢的思维模式。

传播和发扬中国武术，还需要有对外文化交流中的民主氛围。首先，管控媒介暴力，把握媒介民主的尺度。交流的民主包括媒介的民主和交流主体的民

主。目前武术的大众文化传播，尤其是影视武术的叙事方式，大多表现为以暴制暴、伸张正义、替天行道的暴力表达和宣泄方式。虽然出现了中国文化和传统习俗强化表达的转向，但还是充斥着暴力场面以及不和谐的虚拟社会情境，成为塑造武术良好形象的障碍。其次，简政放权，打造交流主体民主平台。武术文化的对外交流，不能局限在国家文化资源的视角下被官方组织"垄断"而一支独大。在对外文化交流日益频繁和深化的时代背景下，克服思维惯性，放开权力、放低身段，鼓励和支持民间组织及个人进行武术对外交流和文化传播，以"把关人"的身份切实履行监督、监管责任，塑造和谐、文明、道义的武术形象，进而构建"和谐""文明""道义"的国家形象，促进新时代武术对外交流的可持续发展。

3.4 坚定武术文化"走出去"战略，重构科学、系统、完善的文化发展战略

中国武术的对外交流需要树立高远的发展理念，制定科学系统的全球化发展战略。"武术的国际发展是一项综合性文化工程，它的有效推广应该是在国务院协调小组的领导下，由国家体育总局牵头，由教育部、文化部、财政部等相关部委积极配合参与的国家级行为"。

武术文化发展战略的制定，是着眼于中国传统体育文化根本利益的长远主张。作为实施形态和组织文本的武术发展规划，必然造成现有武术文化秩序的变动和重组。武术文化发展战略是在国家整体战略和国家文化战略的前提下，为武术文化的对外交流、传播和拓展提供全部合法性和合理性依据。在"文化强国"大战略背景下的"武术文化战略"，武术在"文化强国"的过程中担任何种角色，处于何种位置，发挥何种作用，代表的民族文化、民族精神的形象，将是我们首要思考的问题，武术如何在强国兴邦的文化进程中找到自己的归宿和落脚点，也是武术发展战略的逻辑起点和立足点。

武术文化战略是武术对外推广和交流内容、原则和方法的总纲，是一个完善的系统，它受制于外部关系和内部关系的双重制约。首先，武术文化的内在

质的规定性，是区别于其他体育项目如"足球""篮球"等发展战略，也是区别于中国其他文化内容的关键因素，同时也是具备中国特色传统的体育文化区别于国外类似武技类文化的基本内涵。武术在内外构成关系中的内容、地位、价值、特色和方法，决定了其在全球化语境下推广策略选择的原则和规定。武术文化软实力需要在相对稳定的、科学合理的顶层设计下彰显。其次，中华人民共和国成立初期的武术在时代潮流的浪花中徘徊，在"文革"破坏中异化留存和逐渐恢复成长，改革开放后在一系列路线、方针、政策下，重新走上快速发展通道，使今日能在改革和保护传统拳种方面、竞技武术国际推广和赛事举办方面、文化内涵的深层阐释和科学化方面，取得较大成就。几十年的交流历程告诉我们，牢固树立"大武术观"的战略方针，研究武术对外交流所依赖的主客观环境，认识武术自身发展变化的规律性，以"武术标准化"战略措施为基本手段，实现"走出去"战略谋划和目的，是实现武术对外交流的正确选择，但需要进一步细化和深化。

新时代的顶层设计，如"段位制的设立与改革""武术入奥计划""武术标准化""大武术观"，为武术的现代化改革和发展、国际传承与传播指明了前进的方向，同时也树立了一定的基础。"武术博大精深，这么多拳种，这么复杂的东西要把它简单化，因为只有最简单的东西才能更科学，更规范，更利于推广"（陈顺安）。然而，关于武术国际发展的种种问题，具备科学合理的文化战略规划并不是终极目的，需要继续从交流实践中总结规律，发现问题，审慎、大胆地提出解决方案，深化设计理念、细化操作手段。不能滞留在政策文本或研究报告中，要将理念转化成切实可行的实施细则。诸如民间武术拳种的科学化问题，"有很多的拳种是好东西，做非物质文化遗产给保护起来，它只能起保护作用，真正要发展必须要在这个基础上进行整理、规范、简化"（陈顺安）。这就需要建立人才储备库、设立技术研究推广中心，组织专人研究，专门管理，保障组织管理规范、高效，再将科学化的、依据文化战略设计的交流内容和方法贯彻实施，才能实现当代武术的传承和发展。即"武术发展不仅需要武术运动管理中心的顶层设计，还需要把精细化的方案拿出来执行"（陈顺安）。

4 结语

"世界资源和社会要素在全球范围内重组着国家的未来,国家之间的竞争已经不再仅仅是国家硬实力的角逐,而是基于文化实力、社会能力的博弈"[1]。而这种文化和社会能力,在武术的对外交流中,最先体现为对历史的挖掘整理、认知与把握能力。武术家口述历史研究为我们全方位审视中国武术史和建构现代武术发展方略打开了一扇窗户。在口述史料与文献史料的互证中,探寻隐匿于过去的历史细节;在官方史料之外,倾听隐蔽的个体声音,重拾武术历史记忆,这不单是武术人的文化责任和历史使命,更是一种能够源源不断从中继承、改革、发展并获得超越自身文化局限的关键能力,是推动武术"积极参与世界文化的对话交流,不断丰富和发展中华文化"[2]的重要举措。

---

[1] 胡惠林. 当前中国文化战略发展的几个问题[J]. 艺术百家,2011(6):36-43.
[2] 中共中央办公厅,国务院办公厅. 关于实施中华优秀传统文化传承发展工程的意见[N]. 人民日报,2017-01-26(6).